KYROU   ANABASIS

페르시아 원정기

제1판 1쇄 2011년 8월 20일
제1판 5쇄 2024년 9월 10일

지은이 – 크세노폰
옮긴이 – 천병희
펴낸이 – 강규순

펴낸곳 – 도서출판 숲
등록 – 2004년 3월 4일 제2014-000045호
주소 – 경기도 파주시 돌곶이길 108-14
전화 – (031)944-3139 팩스 – (031)944-3039
E-mail – book_soop@naver.com

ⓒ 천병희, 2011. Printed in Paju, Korea
ISBN 978-89-91290-41-9 93900
값 26,000원

디자인 – 씨디자인

KYROU ANABASIS
Xenophon

페르시아 원정기

크세노폰 지음 | 천병희 옮김

옮긴이 서문
고립무원과 리더십에 관하여

크세노폰의 『페르시아 원정기』는 다운스(R. B. Downs)의 『세상을 바꾼 책들』(*Books That Changed the World*)에 포함될 만큼 서양에서는 이미 기원전부터 군 지휘관을 비롯해 단체의 지도자가 되고자 하는 사람이라면 반드시 읽어야 하는 책으로 정평이 나 있다. 그러나 유감스럽게도 우리나라에서는 이 책이 제대로 소개되지 않아 독자의 이해를 돕기 위해 간단히 해설을 붙인다.

1. 『페르시아 원정기』의 제목

먼저 이 책의 제목에 관해 간단히 설명하자면, 그리스어 제목은 Kyrou anabasis이다. anabasis는 소아시아의 낮은 해안지대에서 소아시아의 높은 내륙지방 또는 페르시아 고원을 향해 '올라가기'라는 뜻이다. 따라서 Kyrou anabasis를 직역하면 '퀴로스의 올라가기'가 될 테고, 이를 조금 의역하면 '퀴로스의 내륙으로의 행군' 또는 '퀴로스의 페르시아 원정'이 될 것이다. 그래서 라틴어 제목이 Expeditio Kyri(퀴로스의 페르시아 원정기)가 된 것 같다. 기원후 2세기 전반에 활동한 그리스 출신의 저술가 아르리아누스(Flavius Arrianus)가 자신이 쓴 알렉산드로스 대왕의 페르시아 원정기를 Alexandrou anabasis라고 한 것은 이를 모방한 것이다. 그러나 '퀴로스의 아나바시스' 또는 '아나바시스'라는 제목을 달아서는 독자들이 감을 잡지 못할 것 같아 나는 '퀴로스의 원정기'와 '페르시아 원정기' 두 가지를 놓고 저울질한 끝에, 간단하면서도 내용에 더 잘 부합하는 듯하여 후자를 제목으로 택했다.

2. 『페르시아 원정기』의 내용

기원전 402/1년 페르시아 왕 아르타크세르크세스 2세의 아우 소(小)퀴로스는 형을 왕위에서 축출하고 스스로 왕이 되려고 용병을 모집한다. 유능하고 경험 많은 그리스군 장군들을 통해 1만 1천 명이 넘는 그리스 용병을 모집한 그는 기원전 401년 3월 왕명에 순종하지 않는 피시다이 족을 응징한다는 핑계로 뤼디아 지방의 수도 사르데이스를 출발해 내륙으로 행군하기 시작한다.

같은 해 9월 퀴로스군은 바빌론 근처의 쿠낙사(Kounaxa)에서 페르시아 왕의 군대와 마주치는데, 퀴로스는 이 전투에서 전사하고 만다. 그리하여 퀴로스를 따르던 그리스인 용병대는 졸지에 적국의 한복판에서 고립무원의 처지가 된다. 게다가 퀴로스를 따르던 페르시아인들은 그가 죽자 곧장 페르시아 왕 편이 된다. 설상가상으로 그리스인 용병대를 이끌던 지휘관들은 페르시아 태수 팃사페르네스를 믿고 협상차 페르시아 군 진영으로 갔다가 붙들려 처형당한다. 이런 절망적인 상황에서 그리스인 용병들은 페르시아의 복잡한 정치와 지형, 그리고 기후에 직면하게 하게 된다.

새로운 지휘부가 선출되는데 아테나이 출신의 크세노폰도 그중 한 명이다. 이들은 열띤 토론 끝에 페르시아인들의 중재 제의를 거절하고 자력으로 살길을 찾기로 결정한다. 그리스인들은 적대적인 부족들의 집요한 공격을 받으며 천신만고 끝에 흑해 연안에 있는 그리스의 식민시(植民市)들에 도착한다. 기원전 400년 1월 말 그들은 트라페주스에 도착하고, 같은 해 10월 뷔잔티온에 도착한다. 그러나 그리스인 용병대는 그곳의 스파르테인들에게 환영받고 존경받기는커녕 냉대만 받게 된다. 그들에게는 심지어 시내에 들어가는 것조차 허용되지 않는다. 그리하여 성난 군사들이 도시를 약탈하려는 것을 크세노폰이 적극적으로 설득하고 만류하여 간신히 제지한다.

온갖 고난을 무릅쓰고 같은 동족의 도시라고 찾아갔다가 적군 취급을 당하고 식량마저 떨어진 절망적인 상황에 놓인 그들에게 트라케 왕자 세우테스가 군사작전에서 자기를 도와주면 식량을 대주고 급료를 지급하겠다고 제의한다. 그리하여 그리스인들은 작전을 성공적으로 수행한 뒤 끈질긴 협상 끝에 밀린 급료를 받아낸다.

그사이 6천 명으로 줄어든 그리스인 용병대는 도로 소아시아로 건너가서, 기원전 399년 봄 크세노폰의 지휘 아래 어느 부유한 페르시아인의 재산을 약탈하여 오랜만에 전리품을 얻게 된다. 같은 해 3월 이들은 드디어 페르시아의 태수 팃사페르네스와 파르나바조스를 공격하기로 결정한 스파르테 장군 티브론에게 인계된다. 그러나 이들은 스파르테의 국내 정세가 불안정해지자 그리스로 철수한다.

『페르시아 원정기』는 그 언어와 문체 때문에 앗티케(Attike) 방언을 배우고자 하는 이들이 반드시 읽어야 하는 텍스트로 오랫동안 인정받아왔으며, 학자들도 그런 형식적 특징에 주목해왔다. 그러나 최근 사료(史料) 및 문학작품으로서의 중요성이 부각됨으로써 형식적 가치와 내용적 가치에 대한 평가가 비로소 균형을 이루고 있다고 할 수 있다. 또한 『페르시아 원정기』는 기원전 5세기 말 페르시아 제국의 문화와 관습, 행정과 군 편제, 그리스인들과 페르시아인들의 관계, 서양 최초의 본격적인 용병대 경험에 관해서뿐 아니라 크세노폰의 생애에 관해서도 신뢰할 수 있는 정보를 제공해준다.

『페르시아 원정기』는 한 군인이 쓴 회고록이자 자서전이다. 그러나 여기에는 퀴로스에 대한 저 유명한 추도문과 함께 계략에 넘어가 포박, 처형당한 그리스인 장군들의 성격 묘사가 포함되어 있다. 크세노폰의 저서가 대개 그렇듯, 『페르시아 원정기』도 특정 장르로 분류하기가 쉽지 않다. 이 책은 역사서도 아니고 여행기도 아니며, 이 두 가지 요소를 겸비하고 있다고 말하는 것이 사실에 가장 가까울 것이다.

3. 크세노폰의 생애

70년 이상의 파란만장한 인생을 살다 간 크세노폰(기원전 430/25년경~355/50년경)은 기원전 5세기 말과 4세기 전반부 정계와 지식인 사회에 큰 영향을 끼친 인물들 가운데 몇 명과 친분이 두터웠던 것 같다. 거기에는 철학자 소크라테스와 스파르테 왕 아게실라오스도 포함된다.

크세노폰은 직업군인이자 저술가였다. 그의 저서 중에는 철학서로도 역사서로도 분류할 수 있는 것이 한둘이 아니다. 실제로 그는 고대에는 일차적으로 철학자로, 그다음에는 역사학자로 여겨졌다. 그는 조국 아테나이에서 추방되어 스파르테와 가까이 지내며 중간적 처지에서 남다른 경험을 쌓을 수 있었고, 따라서 자신이 살던 격변의 시대를 꿰뚫어볼 수 있는 남다른 통찰력을 갖게 되었다. 그의 저서들은 시대정신의 산물이면서도 그것을 넘어서서 새로운 사고의 지평을 열어주는데, 특히 『페르시아 원정기』는 이 점에서 좋은 본보기가 될 수 있을 것이다.

『페르시아 원정기』는 크세노폰에 관해 고대의 다른 어떤 기록보다 더 많은 정보를 제공해준다. 그러나 이 말은 그에 관해 우리가 알고 있는 것은 그리 많지 않다는 뜻이기도 하다. 실제로 이 책에 나오는 몇몇 구절은 그의 생년(生年), 그가 아테나이에서 추방된 시기와 원인, 그와 소크라테스의 관계라는 그의 생애에 관한 세 가지 쟁점에 해답이 아니라 오히려 논쟁의 불씨를 안겨주고 있다. 그렇다 해도 『페르시아 원정기』는 그의 생애와 관련해 가장 중요한 사실을 거듭 확인해주고 있다는 데 이의를 제기할 사람은 아무도 없을 것이다. 말하자면 크세노폰은 역시 군인이었으며, 군사적 사고방식이 그의 세계관의 밑바탕이 되었다는 것이다.

고대의 많은 작가들이 그렇지만, 크세노폰에 대해서도 우리는 그가 정확히 언제 태어났는지 모른다. 확실하게 말할 수 있는 것은 아마도 기원전 430년과 425년 사이에 태어났으리라는 것이다. 3권 1장 25절에서 그는 자신이 너무 젊기 때문에 친구 프록세노스가 지휘하던 부대의 지휘권을 군사들이 자기에게 맡기지 않을 수 있음을 암시하고 있다. 그리고 우리는 프록세노스에 대한 추도문에서 그가 죽었을 때 30세쯤 되었다는 것을 알 수 있다(2권 6장 20절 참조).

그래서 오늘날 대부분의 학자들은 크세노폰이 프록세노스보다 더 젊었을 것으로, 그러니까 기원전 401년 당시 20대 후반이었을 것으로 추정하며, 그럴 경우 그의 생년은 기원전 428년경이 된다. 그러나 나중에 트라케의 세우테스가 크세노폰에게 우의를 돈독히 하기 위해 서로 상대방의 딸을 아내로 삼자고 제의하는데(7권 2장 28절), 세우테스가 크세노폰한테 결혼할 만한 딸이 있다고 생각할 정도였다면, 당시 여성은 10대 초반에도 흔히 결혼했다는 사실을 고려하더라도 크세노폰을 앞서 말한 것처럼 젊은이로 보기는 어렵다.

크세노폰의 생애에 관한 또 다른 주요 쟁점은 그가 아테나이에서 언제, 왜 추방당했느냐는 것이다. 크세노폰은 자신이 조국에서 추방당했다는 사실을 언급하면서도(5권 3장 6~7절), 그 시기와 원인에 관해서는 말이 없다. 이에 관해서는 펠로폰네소스전쟁(기원전 431~404년) 때 스파르테를 적극 지원하여 아테나이의 패배를 재촉한 퀴로스 2세의 '페르시아 원정'에 그가 참가했기 때문이라는 견해와, 나중에 알게 되어 절친한 사이가 된 스파르테 왕 아게실라오스를 수행하여 그가 기원전 394년 봄/여름에 소아시아에서 그리스로 돌아가 코로네이아 전투에서 아테나이와 테바이 연합군에 맞서 스파르테 편을 들었기 때문이라는 견해가 있는데, 오늘날에는 대체로 둘 다 추방의 원인이 되었을 것으로 보고 있다.

『페르시아 원정기』에는 또 크세노폰과 소크라테스의 관계에 관한 언급이 나오는데, 크세노폰이 퀴로스에게 봉사하려고 소아시아로 떠나려 하자 소크라테스가 그에게 먼저 델포이에 가서 아폴론 신에게 물어보라고 충고하는 대목(3권 1장 4~8절)이 그것이다. 여기서 크세노폰이 퀴로스 2세의 그리스인 용병대에 참가할 것을 권유하는 프록세노스의 초청장을 보여주자, 소크라테스는 퀴로스를 지원하다가는 아테나이 당국의 의심을 사게 될 것이라며 델포이에 가서 신탁(神託)에 물어보라고 권한다. 그래서 크세노폰은 델포이에 가서 여행을 마치고 무사히 귀향하려면 어느 신에게 제물을 바치고 기도해야 하는지 묻는다. 그리하여 크세노폰이 그 답변을 듣고 아테나이로 돌아와 소크라테스에게 전하자, 여행을 해야 할 것인지를 먼저 묻지 않은 것을 나무라며 신이 그토록 단정적으로 대답했다면 신탁의 충고에 따르라고 소크라테스가 조언한다.

이 이야기로 미루어 우리는 크세노폰과 소크라테스가 가까운 사이였다는 것을 알 수 있다. 크세노폰은 자신의 신상에 관해 거리낌 없이 소크라테스에게 이야기하고, 소크라테스는 젊은이가 고향에서 오해를 사지 않을까 염려한다. 여행을 해야 하는지부터 먼저 묻지 않았다고 소크라테스가 그를 나무라는 장면은 부자(父子) 사이나 다름없는 관계였음을 말해준다. 그러나 일반적으로 두 사람은 그리 친한 사이는 아니었던 것으로 믿어지고 있다. 그들의 관계가 정확히 어떤 것이었든, 크세노폰이 자신을 소크라테스의 추종자라고 여겼던 것만은 확실한 듯하다.

크세노폰이 죽은 해도 그의 생년과 마찬가지로 정확히 알려져 있지 않다. 그가 쓴 『그리스 역사』(Hellenika)에서 언급되고 있는, 연대를 추정할 수 있는 마지막 사건이 기원전 350년대 중후반에 일어난 것으로 미루어, 아마도 그는 기원전 350년대 후반에 세상을 떠났을 것으로 생각된다.

4. 『페르시아 원정기』의 성격

크세노폰은 『그리스 역사』 3권 첫머리에서 『페르시아 원정기』에 관해 이렇게 요약하고 있다. "어떻게 퀴로스가 군대를 모아 가지고 이 군대를 이끌고 자기 형을 치러 내륙으로 행군했으며, 어떻게 전투가 벌어졌으며, 어떻게 퀴로스가 죽었으며, 어떻게 그 뒤 그리스인들이 무사히 바닷가로 돌아올 수 있었는지는 모두 쉬라쿠사이 출신 테미스토게네스(Themistogenes)에 의해 기술된 바 있다."

여기서 우리의 주목을 끄는 것은 테미스토게네스라는 인물이다. 그 밖에 그에 관해 언급하고 있는 고대의 권위 있는 문헌은 『수다 사전』(Souda 라/Suda)뿐인데, 이 사전에 실린 그에 관한 항목은 『그리스 역사』에 나오는 구절에 근거해 구성된 것으로 의심받고 있다. 예컨대 영웅전으로 유명한 플루타르코스(Ploutarchos)는 크세노폰이 "자신에 관해 3인칭으로 언급함으로써 이야기에 신빙성을 부여하기 위해 자신의 저서가 마치 테미스토게네스라는 가공인물의 것인 양 말하고 있다"고 믿는다(Ethika 라/Moralia 345e 참조).

쉬라쿠사이 출신의 테미스토게네스가 설사 가공의 인물이라 해도, 퀴로스와 함께했던 1만 그리스인 용병대의 행군, 이른바 '1만 인의 행군'에 관한 이야기는 크세노폰의 것 말고도 두 편 이상 더 있었다. 우리는 크세노폰 자신을 통해, 페르시아 왕 아르타크세르크세스의 시의(侍醫)였던 크테시아스도 『페르시아 역사』(Persika)에서 이 이야기를 다루었음을 알 수 있고(1권 8장 26~27절 참조), 이 행군에 참가한 노장 소파이네토스도 『퀴로스의 페르시아 원정기』(*Kyrou Anabasis*)를 썼다. 크세노폰의 『페르시아 원정기』는 소파이네토스의 이야기에 대한 일종의 답변 성격을 띤다고 주장하는 사람들도 있다.

그 뒤 기원전 1세기 시칠리아 출신의 역사가 디오도로스(Diodoros라/Diodorus Siculus)도 '1만 인의 행군'에 관해 썼다. 그의 출전(出典)인 기원전 4세기의 역사가 에포로스(Ephoros)는 분명 크세노폰이 제공하는 것과는 다른 자료들을 이용하고 있으며, 또 디오도로스의 이야기로 미루어 이 자료들에 크세노폰은 언급조차 되지 않았던 것으로 판단된다. 만약 문제의 자료가 소파이네토스의 이야기라면, 그는 그리스인 용병대에서 크세노폰의 역할은 중요한 것이 아니었다고 생각했음이 분명하고, 크세노폰은 자신에 대한 이러한 평가에 반박하고 싶었을 것이다.

'anabasis'라는 제목은 앞서 말했듯이 '올라가기'라는 뜻으로, 퀴로스 2세가 군대를 이끌고 저지대인 소아시아의 해안지대에서 쿠낙사 전투가 벌어진 티그리스강과 에우프라테스강 사이의 고지대로 행군한 것을 뜻한다. 그러나 '올라가기'라는 표현은 전(全) 7권 가운데 처음 두 권에만 적용될 수 있어, 이 책은 오히려 내륙에서 해안지대로 내려가기 또는 퇴각(退却)이라는 뜻의 '카타바시스'(katabasis) 또는 흑해 연안을 따라가기라는 뜻의 '파라바시스'(parabasis)라고 불리는 편이 더 어울릴 것이다. 그러나 기원후 3세기 전반의 저술가 디오게네스 라에르티오스(Diogenes Laertios)는 그의 크세노폰 저서 목록에서 'anabasis'라는 표현을 쓰고 있다.

『페르시아 원정기』의 저술 연대도 그의 저서들 대부분이 그렇듯 확실하지 않다. 전에는 그의 저서들에서 사용된 불변화사(不變化詞)의 변화를 기준으로 『페르시아 원정기』를 그의 중기 작품으로 보는 경향이 있었지만, 오늘날에는 이런저런 연구들이 주장하는 연대를 액면 그대로 믿는 사람은 많지 않다. 확실하게 말할 수 있는 것은 『페르시아 원정기』는 그의 생애 후기에 씌어졌다는 것이다.

이러한 견해는 이 저서가 같은 사건들에 관한 다른 사람들의 보고에 대한 답변 또는 변명의 성격이 강하다는 점과도 일치한다. 그리고 많은 사람들은 스킬루스의 토지에 관한 그의 애틋한 묘사에 근거해 『페르시아 원정기』를 쓴 시기는 테바이군이 레욱트라(Leuktra) 전투에서 스파르테군을 격파하고 펠로폰네소스반도로 진격하며 그동안의 스파르테 패권을 종식시키는 과정에서 이 부동산을 잃은 이후, 그러니까 기원전 371년 이후일 거라고 추정한다. 그러나 이들 역시 그 이상의 확실한 증거를 제시하지 못하고 있다.

『페르시아 원정기』는 선례가 없는 저서이다. 기원전 5세기에는 전기와 자서전과 인종학의 요소들이 가미된 여행기가 흔했던 것이 사실이다. 그리고 때로는 지루하기까지 한 지리에 관한 설명은, 이 저서가 씌어졌을 때는 지리서 또는 지명사전이 드물지 않았음을 말해준다. 그 밖에도 크세노폰은 행군 목표와 휴식처 사이의 거리와 방향 식별에 도움이 될 만한 산과 강의 위치 따위를 간략하게 적어놓은 진중일기(陣中日記) 등을 참고한 것으로 생각된다. 크세노폰의 문학적 업적은 이러한 여러 가지 자료에 근거해 그리스인 용병대의 퇴각을 생동감 넘치게 기술함으로써 회고록 문학과 자서전 문학의 초석을 놓았다는 데 있다.

퀴로스(1권 9장 참조)와 포박되어 처형된 그리스인 용병대의 장군들에게 바치는 크세노폰의 추도문은 『페르시아 원정기』의 작품 성격을 이해하는 데 실마리를 제공한다. 이것들은 일종의 전기로, 좋은 지휘관과 나쁜 지휘관을 대비하기 위한 하나의 묶음으로 구상되었던 것 같다. 스파르테 출신의 클레아르코스는 적극적이고 유능하지만 지나치게 엄격하고, 보이오티아 출신의 프록세노스는 병사들을 존중하는 신사이지만 필요한 규율을 잡지 못하는 지휘관이다. 메논은 자신의 출세와 이익에만 관심 있는, 신뢰할 수 없는 무가치한 지휘관이다. 크테시아스의 저서에서는 메논이 그렇게 부정적으로 그려지지는 않았다고 한다. 또한 그의 이름에서 제목을 따온 플라톤(Platon)의 『대화편』(對話篇)에서도 메논은 결코 무뢰한이 아니다.

　이상적인 지휘관은 퀴로스이다. 그에게 바치는 추도문에서 크세노폰은 페르시아 궁전에서의 소년시절부터 쿠낙사에서 전사할 때까지 그의 생애를 추적하고 있다. 여기서는 추종자들로 하여금 충성을 다하게 하고, 훌륭한 군사들을 양성해내고, 호의를 베푸는 데서 친구들을 능가하고, 보복하고 응징하는 데서 적들을 능가하는 그의 능력에 초점을 맞추고 있다. 여러 가지 관점에서 퀴로스는 이상적인 그리스인이다. 그는 친구들을 돕고 적들을 해치는 데 능숙하다. 그는 자신의 동향인 군대가 자기 휘하의 그리스인들보다 열등하다고 불평하며, 자신이 가진 모든 물질적인 재산보다도 훌륭한 군사를 길러내는 자유(自由)가 더 부럽다고 고백한다(1권 7장 3~4절 참조). 크세노폰에게 퀴로스는 그리스인, 그것도 통찰력과 관용을 겸비한 그리스인의 정신을 지닌 존재이다.

　이상적인 지휘관에 대한 크세노폰의 관심은 그의 저서 곳곳에서 드러난다. 『그리스 역사』에서 그는 성공한 지휘관과 실패한 지휘관의 모습을 보여주고 있으며(6권 2장 4~32절 참조), 퀴로스에 대한 추도문은 스파르테 왕 아게실라오스에 대한 그의 찬사를 연상케 한다.

　그러나 퀴로스 2세의 초상과 가장 유사한 것은, 퀴로스 2세의 선조로서 아카이메니다이(Achaimenidai) 왕조(王朝)의 시조인 대(大)퀴로스의 교육에 관한 크세노폰의 가공적 이야기인 『퀴로스의 교육』(*Kyrou paideia* 라/*Cyropaedia*)이다. 대표적인 이상적 지휘관으로서의 이 두 사람의 연결고리는 추도문 첫머리에서 소(小)퀴로스의 입을 빌려 "대퀴로스 이후에 태어난 모든 페르시아인들 중에서 가장 왕답고 가장 통치할 자격이 있다"고 표현한 크세노폰 자신의 발언에 의해 이미 암시되고 있다. 소퀴로스를 훌륭한 지휘관으로 만든 탁월한 교육과 제왕다운 성품은 사실상 소퀴로스에게 바쳐진 『페르시아 원정기』의 중심 주제라 해도 과언이 아니다. 또한 크세노폰의 이러한 도덕적이고 교훈적인 전기의 실험들에서 우리는 소크라테스의 영향을 엿볼 수 있다.

『페르시아 원정기』의 자서전적 의미에도 관심을 가질 만하다. 이 저서는 군인들이 자신의 전역(戰役)을 기록해둔 회고록 또는 로마인들이 훗날 commentarii('수기' '회고록'이란 뜻)라고 부르던 것, 이를테면 율리우스 카이사르(Iulius Caesar)의 『갈리아 전쟁기』(*Commentarii de bello Gallico*)의 효시가 된다. 크세노폰이 사건들을 주관적인 견해에 따라 기술한다는 점은 널리 인정된 바 있다. 예컨대 그리스인 장군들이 팃사페르네스의 흉계에 빠져 처형당한 뒤 그리스인 용병대가 전의를 완전히 잃지 않고 회복할 수 있었던 것은 크세노폰의 격려 덕분이다. 그리고 이런 절망적인 상황에서 그가 군대에 자신감을 회복시켜주기로 결심하게 되는 과정은 자신과의 대화로 그려져 있으며, 그 자신은 제우스 신이 보낸 꿈에 의해 영감을 얻는다.

아닌 게 아니라 신들이 개입하지 않고 그가 솔선해 나서지 않았더라면 '1만 인의 후퇴'가 불가능했으리라는 주장은 전혀 근거 없는 과장이라 보기 어렵다. 군대가 자신감을 회복하는 데 그가 과연 얼마나 도움을 주었을까 하는 의문이 남긴 하지만, 그가 기술한 사건들을 알고 있던 사람들이 많았던 만큼 그가 사실을 지나치게 왜곡하고 과장하는 것이 가능했겠느냐고 반문할 수도 있는 것이다.

『페르시아 원정기』의 자서전적 경향은 이 저서가 지닌 변명의 성격에서 비롯된다고 할 수 있는데, 그러한 경향은 군대의 행위를 개별 지휘관의 시각(視却)에서 보려는 그의 성향과 무관하지 않다. 그리스인 용병대가 쿠낙사 전투를 치른 뒤 흑해에 이르는, 『페르시아 원정기』의 중간 부분에서 군대의 행위는 개별 부대 지휘관들의 행위로 축소되고 있다. 예컨대 '1만 인'이 카르두코이족(지금의 쿠르드Kurd족)이 사는 산악지대를 통과할 수 있었던 것은 크세노폰과 케이리소포스가 각각 후위와 전위를 지휘해 위급할 때 서로 도우러 달려갔기에 가능했다는 것이다(4권 2장 26절 참조). 또한 그들이 타오코이족의 나라를 통과하는 데 성공할 수 있었던 것은 소수의 개인들이 이 전략적 요충지에 남보다 먼저 도달하려고 경쟁을 벌였기 때문이라는 것이다(4권 7장 10~12절 참조).

여기서 병사들은 완전히 무시되고 있다. 그러나 이러한 기술 방법은 정도의 차이는 있어도 당시에는 역사 기술의 관행이었다. 작전이 성공할 경우 '1만 인'은 하나의 영웅적 전사 집단이 되고 이야기의 초점은 소수 지휘관의 공적으로 모아지는데, 그것은 호메로스의 양대 서사시에서 서술의 초점이 영웅들에 국한되는 것과 같다. 이 저서에서 제우스가 꿈을 보냈다는 등의 서사시적 잔향(殘響)이 들리는 것도 이와 같은 기술 방법과 무관하지 않을 것이다.

군대를 하나의 전사 집단으로 보는 것은 탁월한 지휘관을 찾아내려는 그의 관심과 무관하지 않다고 해도 거기에는 단순한 교육적 관심 이상의 것이 엿보인다. 『그리스 역사』에서 주요 사건들을 기술한 데서 볼 수 있듯이 크세노폰은 과거를 무엇보다도 개인, 특히 카리스마 있는 지도자의 행위로 이해하는데, 이 점에서 그가 유일한 예는 아니다. 역사 기술에서 개인의 역할은 기원전 4세기가 진행되면서 차츰 중시되다가 알렉산드로스(Alexandros 라/ Alexander) 대왕의 페르시아 정복에 관한 이야기들에서 그 절정에 이른다.

5. 『페르시아 원정기』의 정치적 배경

『페르시아 원정기』를 이해하려면 그 무렵 페르시아 제국의 역사와 통치 방법에 관해 어느 정도 알아둘 필요가 있다. 먼저 유념해야 할 것은 이 저서가 페르시아 왕자 소퀴로스가 왕인 형에게 반기를 든 사건을 이야기의 출발점으로 삼고 있다는 점이다. 그러나 소퀴로스가 자신의 형 아르타크세르크세스에게 반기를 든 것이 아카이메니다이 왕조 내의 최초의 왕위 쟁탈전은 아니다. 캄뷔세스(Kambyses)가 그의 아버지 퀴로스 1세의 왕위를 물려받은 것을 제외하고는 이 왕조의 왕위 계승에는 언제나 왕자들 사이의 권력투쟁이 수반되었다. 따라서 소퀴로스의 반란은 페르시아 궁정에서는 결코 새로운 일이 아니었다.

『페르시아 원정기』를 읽어보면 크세노폰이 아카이메니다이 왕조의 행정 조직에 관해 상당한 지식이 있었음을 알 수 있다. 이 점은 그의 다른 저서들도 마찬가지이다. 그는 현지 경험을 통해 당시 페르시아 제국에 관한 기초 지식을 많이 습득하였으리라고 믿어지지만, 그럼에도 자신은 페르시아어(語)를 모른다는 구절(4권 5장 34절)이 나오는 것으로 미루어 더 정확한 정보는 다른 사람들을 통해 얻을 수밖에 없었을 것으로 짐작된다.

페르시아 제국의 행정 조직에서 가장 중요한 인물은 물론 왕이다. 왕바로 밑에 제국의 여러 지방 관리자들이 있는데, 태수(太守 satrapes)들과 토착 통치자들이 곧 그들이다. 태수들은 궁극적으로는 왕의 권위에 종속되어 있고 왕에게 공물(dasmos)을 바칠 의무가 있지만 상당한 자치권을 누린다. 그들은 자신들의 군대를 통솔하고, 자신들의 시종들을 두고, 외교정책을 독자적으로 수행할 수 있었다. 토착 통치자들은 왕의 윤허를 받아 자신들의 나라를 다스리며 태수들 못지않은 반독립적(半獨立的) 지위를 누렸던 것으로 여겨진다. 태수들은 반드시 고급 군관(軍官)일

필요는 없지만, 사실상 그런 경우가 많았다.

하지만 태수의 독립된 지위에는 한계가 있었으니, 그들은 외교정책을 수행할 수는 있어도 왕의 뜻을 거스르거나 이행하지 못하면 가차 없이 그 결과에 책임을 져야 했다. 또 자신이 원하는 방법으로 공물을 거둘 수는 있지만, 왕의 마음에 들지 않으면 그 방법을 바꾸지 않으면 안 되었다. 왕은 각각의 태수에게 임명된 '왕의 서기(書記)'와 밀고자의 정보망을 통해 늘 신하들의 동정을 파악하고 있었다. 때에 따라서는 왕이 보낸 특별 대리인들이 업무에 개입하는가 하면, 필요한 경우 태수에게 다른 태수를 통제할 권한이 주어지기도 했다. 그리고 왕이 임명한 재판관들이 제국 전역에서 왕을 대신해 사법 업무를 관장했으며, 제국에 산재한 큰 정원이 딸린 시골 별장(paradeisos)에 왕이 체류할 때도 그곳은 중앙정부의 통제 아래 들어갔다.

그러나 아카이메니다이 왕조의 권력은 대체로 지방분권적이었다. 그 점은 개별 태수의 통치 영역에서도 마찬가지였다. 태수에 대한 부태수(副太守 hyparchos) 또는 총독(總督)의 관계는 왕에 대한 태수의 관계와 비슷했다. 그들도 독자적인 군대를 두었고, 자신들의 보물 창고에 거금을 모을 수 있었다. 다른 지방행정관도 눈에 띄는데, 케이리소포스와 크세노폰이 촌장(村長 komarchos)과 교섭하는 장면(4권 5장 10절 이하 참조)을 보면 그의 권한이 예상외로 큰 것에 놀라지 않을 수 없다.『페르시아 원정기』를 읽어보면 페르시아 제국은 몇 개의 자치구(自治區)로 나뉘어 있는 듯한 인상을 받게 된다.

페르시아 제국의 이러한 행정 조직은 무엇보다도 제국의 여러 지방에서 부(富)를 모으고 유지하기 쉽도록 고안된 것이다. 태수와 그의 부하들은 왕을 위해 공물을 모았고, 공물이 제때 모이지 않으면 할당량을 채우기 위해 애써야 했다는 것은 여러 기록과 문헌을 통해 잘 알려져 있다. 공물은 흔히 은(銀)으로 지불되었으나, 특히 왕 자신과 왕가의 생계비를 위해 물납(物納)되기도 했다. 예컨대 아르메니아의 한 마을은 왕에게 말 17필을 공물로 바치고 있다(4권 5장 24절 참조). 이런 물납은 태수와 그 밖의 다른 고관들에게도 적용되었다. 태수가 밀가루와 포도주와 말들에게 먹일 보리를 모아놓았다는 이야기(3권 4장 31절 참조)가 그 좋은 예이다.

아버지 다레이오스(Dareios 라/Darius) 2세와 형 아르타크세르크세스에 대한 소퀴로스의 관계는 복잡하다. 그는 기원전 407년 아버지에 의해 뤼디아, 대(大)프뤼기아, 캅파도키아의 태수로 파견된다(1권 9장 7절 참조). 또 이에 덧붙여 카스톨로스 평야에서 사열받게 되어 있는 부대들의 사령관으로 임명된다(1권 1장 2절 참조). 퀴로스는 대왕이 친히 보낸 사절로서 팃사페르네스를 대신해 그리스인들, 특히 스파르테인들과 협상하게 되어 있었다. 이제 퀴로스의 권한은 막강해졌다. 그는 이토록 큰 태수령(太守領)을 받은 데다 다른 태수들에게도 책임을 물을 수 있었다. 그리하여 팃사페르네스는 자신의 권한이 축소되자—그의 권한은 카리아(Karia) 지방에 한정되었던 것으로 보인다—퀴로스에게 적대감을 품게 되었다.

『페르시아 원정기』의 첫머리에서 알 수 있듯이 다레이오스 2세는 자신의 죽음이 임박한 것을 알고 퀴로스를 불러오게 한다. 노왕이 죽고 장남 아르타크세르크세스가 왕위에 오르자 팃사페르네스는 퀴로스가 왕위를 찬탈할 음모를 꾸미고 있다며 아르타크세르크세스에게 모함한다. 그래서 퀴로스는 체포되었다가 어머니의 간청으로 간신히 목숨을 구하고 복권(復權)되지만 그의 권한은 축소된 것으로 보인다. 그런 일이 있은 뒤 퀴로스는 모반을 꾀하는데, 퀴로스가 그런 생각을 품을 수 있었던 것은 페르시아 제국 행정 체계의 허점 때문이었다.

태수에게는 자치권이 부여되었는데, 이것이 종종 태수들 사이의 갈등의 원인이 되기도 했다. 이와 관련해 소아시아 서부지방에서 퀴로스가 팃사페르네스의 권한을 대신 행사하게 된 것이 양자 사이에 갈등의 원인이 되었다고 앞서 지적한 바 있다. 『그리스 역사』에서도 우리는 팃사페르네스와 파르나바조스가 서로 반목하였음을 알 수 있다(3권 1장 5절 참조). 그리고 퀴로스의 경우처럼 태수들이 왕에게 반란을 일으키는 때도 있었다. 퀴로스가 모병(募兵)에 성공한 것도 그가 팃사페르네스와 교전 중이라고 그의 형이 믿었기 때문이다(1권 1장 8절 참조). 바꿔 말해 퀴로스가 '1만 인'을 모병할 수 있었던 것은 그가 태수로서 누리던 독립성 때문이었다.

'1만 인'이 적국 한복판에서 살아남을 수 있었던 것은 무엇보다도 페르시아 제국의 지리적 특성에 기인한다. 그 무렵 페르시아 제국 내의 여러 지역은 페르시아인들의 통제에서 벗어나 있었는데, 『페르시아 원정기』에서 크세노폰은 뮈시아와 피시디아(Pisidia)와 뤼카오니아(Lykaonia)의 독립성에 관해 언급하고 있다(3권 2장 23절 참조). 그 밖에도 '1만 인'은 훗날 그리스인들이 선전하던 것과는 달리 페르시아인들에게 중대한 위협으로 여겨지지 않았던 것으로 생각된다.

『페르시아 원정기』에서 아카이메니다이 왕조의 통치와 관련해 또 한 가지 눈에 띄는 점은 왕족 여인들의 힘이 막강했다는 사실이다. 소퀴로스와 아르타크세르크세스의 모후(母后)인 파뤼사티스는 퀴로스를 도와 그를 왕위에 앉힐 뻔했다. 그 밖에 킬리키아의 왕비 에퓌악사는 군대에 밀린 급료를 지급할 수 있도록 거금을 희사한다. 그리스의 역사가들이 페르시아 문화를 여성적이고 나약한 것으로 특징짓기 위해 이른바 '규방정치'(閨房政治)에 초점을 맞춰 페르시아 궁중 여인들의 영향력을 과장한 면도 없지 않겠지만, 현존하는 기록들에 따르면 그것은 사실이었던 것으로 추정된다.

『페르시아 원정기』에는 그 밖에도 페르시아와 스파르테의 관계에 관한 귀중한 정보들이 들어 있다. 따라서 퀴로스의 반란을 전후한 양국 관계의 역사를 더듬어보는 것도 작품 이해에 도움이 될 것이다. 기원전 413/12년 겨울, 그러니까 아테나이와 스파르테가 다시 적대하기 시작한 지 1년 조금 지나서 다레이오스 2세는 서부지방 태수들인 팃사페르네스와 파르나바조스에게 명하여 소아시아의 그리스 도시들에서 공물을 징수하게 한다. 기원전 412년 여름부터 411년 봄까지 팃사페르네스는 스파르테인들과 일련의 협상을 벌여, 스파르테가 소아시아의 그리스인들에 대한 왕의 통제권을 인정하는 대가로 페르시아는 스파르테에 아테나이와 싸울 수 있는 함대를 건조하고 유지하는 데 드는 금전적·물질적 도움을 주기로 협정을 맺는다. 그러나 다레이오스 2세는 아테나이가 소아시아의 그리스 도시들을 통제하고 있는 만큼 아테나이를 주적(主敵)으로 간주하면서도 스파르테와 공개적으로 동맹을 맺기를 원치 않는다. 오히려 그는 스파르테와 아테나이 양쪽을 다 지원하는데, 그것은 이 두 나라가 서로 파괴하기를 바랐기 때문이다.

기원전 410년 팃사페르네스는 자신이 아테나이인들과 싸우라는 왕명을 따르고 있다고 주장하고(『그리스 역사』 1권 1장 9절 참조), 기원전 407년 페르시아는 펠로폰네소스전쟁에서 더이상 모호한 태도를 취하지 않는다. 다레이오스 2세는 이제 공개적으로 스파르테를 지원해준다. 그리고 이때 퀴로스가 뤼디아의 태수로, 그리고 카스톨로스 평야에서 사열을 받는 부대들의 사령관으로 파견된다. 바로 그 뒤(기원전 406년), 스파르테군의 최고사령관으로 파견된 뤼산드로스(Lysandros)는 대(對)아테나이 전쟁에 적극 개입하도록 퀴로스에게 요청한다. 이에 퀴로스는 군자금으로 500탈란톤(talanton)이라는 거금을 제공하며 필요할 경우 더 제공하겠다고 약속한다. 그리하여 이 두 사람의 우정은 이 지역에서 페르시아와 스파르테의 외교정책의 초석이 된다(『그리스 역사』 1권 5장 6절, 2권 1장 13절 이하 참조).

그 뒤 퀴로스가 반란을 일으키자 스파르테는 난처한 입장에 놓이게 된다. 『그리스 역사』에 따르면 스파르테는 왕권에 대한 퀴로스의 주장을 공개적으로 지원해준 것으로 생각된다(3권 1장 1~2절 참조). 그러나 『페르시아 원정기』에 따르면 스파르테는 퀴로스의 노력을 열성적으로 지원해주지 않았으며, 나중에는 퀴로스와 함께하던 그리스인들을 적대시하기까지 했다. '1만 인'은 스파르테인들에 의해 무법자로 선언되는가 하면(6권 6장 9절 참조), 어떤 스파르테 장군은 크세노폰의 머리에 현상금을 걸기도 했다(7권 6장 43절 참조). 그래서 '1만 인'은 격분한 나머지 스파르테의 통제를 받고 있던 뷔잔티온 시를 하마터면 약탈할 뻔했다. 스파르테인들, 특히 뤼산드로스는 퀴로스와의 우정으로 큰 이익을 본 것이 사실이다. 그러나 그를 공공연히 지원해주다가는 그들이 아르타크세르크세스와의 분쟁에 휘말리게 될 것이 뻔했다. 그래서 스파르테는 뤼산드로스의 외교정책에 따라 퀴로스를 지원하되 은밀히 지원했던 것이다.

그러나 기원전 400년 가을 아테나이가 패배하자 스파르테는 왕과의 협정을 파기하고 소아시아 거주 그리스인들의 자유를 회복해준다는 명분으로 페르시아에 선전포고한다. 『페르시아 원정기』에 따르면, '1만 인' 가운데 살아남은 자들은 소아시아에서 작전 중이던 티브론 휘하의 스파르테군에 합류한다(7권 8장 24절 참조).

6. 『페르시아 원정기』와 사회적 변화

'1만 인' 이전에도 펠로폰네소스전쟁 초기에 그리스인들은 태수들에게 고용된 적이 있었다(투퀴디데스[Thoukydides]의 『펠로폰네소스전쟁사』 1권 115장 4절, 3권 34장 2절, 8권 28장 4절 참조). 그러나 '1만 인'과 더불어 비로소 용병의 역사에 새 시대가 열렸다고 할 수 있다. 이전에 그리스의 직업군인들은 소수집단으로서 참주(僭主) 또는 외국 통치자의 정예부대나 호위대로 봉사했다. 그러나 소퀴로스의 그리스인 용병대는 규모 면에서 이전의 용병대들을 훨씬 능가하는 것이었다. 더욱이 그들은 자신들을 고용한 퀴로스가 죽고 설상가상으로 자신들을 인솔하던 장군들과 대장들이 처형당한 뒤에도 흩어지기는커녕 오히려 한데 뭉쳐 나중에 스파르테군에 합류할 때까지 2년 가까이(기원전 401년 여름부터 399년 봄까지) 성공적으로 전쟁을 수행한다.

이러한 사실은 그들이 비록 행군이 끝나갈 무렵 이탈과 파쟁을 겪기는 해도 하나의 집단으로서 상당 수준의 동질성을 유지 또는 발전시킬 수 있었음을 말해준다. 그리고 실제로 '1만 인'은 기원전 395년 아게실라오스 왕 휘하의 스파르테군과 함께하는 동안에도, 전에 '퀴로스군'이라는 이름으로 그랬듯이, 전임 지휘관의 이름을 따 '데르퀼리다스군'이라는 이름으로 여전히 특수부대로 취급되었다.

그런 의미에서 '1만 인'은 규모와 동질성 면에서 그 뒤에 등장하는 수많은 용병대의 효시라고 할 수 있을 것이다. 기원전 4세기에는 이미 대규모 용병대가 일반화되었기 때문이다. 이러한 추세는 경방패병 또는 경무장보병 부대가 그리스 세계의 전통적인 중무장보병 부대보다 전투에서 더 효과적이라는 사실이 입증된 것과 무관하지 않으며, 따라서 대부분의 용병은 경무장보병이었다. 또한 도시국가들은 점점 더 자체의 시민군보다는 용병대에 의존하게 된다.

그 이유는 더 연구되어야 하겠지만, 적어도 부분적으로는 앞서 말한 전술의 변화와 무관하지 않은 것 같다. 그리고 펠로폰네소스전쟁이 끝나는 기원전 5세기 말에는 가용 병력의 수가 늘어나 있었다. 스파르테의 경우도 성년완전시민(成年完全市民)의 수가 현저히 줄어들자 부득이 주변의 예속민인 '페리오이코스'(Perioikos)들 중에서 징집한 부대들과 용병대에 의존하지 않을 수 없게 된다. 끝으로, 분쟁에 말려들게 됨으로써 용병에 대한 수요가 늘고 그에 따라 공급도 늘었기 때문이다. 그 이유야 어떠하든, 기원전 4세기 중엽 그리스 세계에는 도처에 용병대가 있었음을 기록을 토대로 알 수 있다(Aineias ho taktios 라/ Aeneas Tacticus, 10권 10장 7절, 10권 10장 12~13절 그리고 크세노폰의 『라케다이몬인들의 정체』(*Lakedaimonion Politeia*), 13권 4장 참조).

그리스 세계 전체에 수많은 용병이 존재한다는 사실은 기원전 5세기 말부터 심각한 사회적 문제를 야기하게 된다. 도시가 그 용병대에 의해 함락되는가 하면, 영락한 용병의 무리가 그리스 세계를 유랑하며 닥치는 대로 아무나 공격했다고 한다. 탈영한 용병대의 문제는 더 심각한 사회적 문제와 연관되어 있었다. 말하자면 그들로 인한 사회적 불안이 기회주의적 용병대장들에 의해 악용될 수 있다는 점이다. 그래서 이 문제를 해결하기 위해 어떤 사람들은 이 골치 아픈 용병들을 페르시아 제국으로 보내 그곳에다 식민시(植民市)들을 건설할 것을 주창하게 된다. 아테나이의 웅변가 이소크라테스(Isokrates 기원전 436~338년)는 그의 저서 『필립포스』(*Philippos*)에서 유랑하는 용병들을 한데 모아 페르시아 제국을 공격해 그 일부에 이들을 정착시킬 것을 권하고 있다. 그런 방법으로 그리스는 페르시아인들과 용병의 위협에서 동시에 벗어나고자 했던 것이다.

이소크라테스의 이 두 가지 목표는 그리스 세계의 불화와 반목을 종식시키고 페르시아 제국을 정복한다는, 요즈음 학자들이 '범그리스주의'(panhellenism)라고 일컫는 것의 핵심이었다. 『페르시아 원정기』에서도 우리는 이 난해하고 다루기 어려운 개념의 몇 가지 단면을 엿볼 수 있다. 그것은 페르시아인들의 노예근성과 나약함을 암시해주는 대목들로, 크세노폰은 대왕의 군사들이 "채찍질을 당하며" 억지로 싸움터로 내몰렸다고 말하는가 하면(3권 4장 26절), 그들의 부복(俯伏)하는 관습을 비난하고 있다(3권 2장 13절 참조). 퀴로스도 자신의 동향인 군대가 그리스군보다 나약하다고 탄식하고 있다(1권 7장 3~4절 참조). 퀴로스는 또 페르시아 제국이 광대하고 인구가 많기는 해도 적군이 신속히 공격해오면 종이호랑이에 불과할 수도 있다는 사실을 알고 있었다(1권 5장 9절 참조).

페르시아 제국이 쉽게 정복될 수 있다고 생각한 사람들은 퀴로스 외에도 더러 있었다. 그리고 그들에게는 '1만 인'이 그러한 평가의 근거였다. 『페르시아 원정기』에 기술된 사건들이 일어난 지 약 20년 뒤에 씌어진 『축제 연설』(Panegyrikos)에서 이소크라테스는 명시적으로 이들의 행군을 언급하면서, '1만 인'은 아시아 전체가 그들에게 대항했음에도 불구하고, 또한 그들은 퀴로스를, 나중에는 장군들을 잃었음에도 불구하고 페르시아 제국을 지나 성공적으로 행군함으로써 페르시아인들의 나약함을 드러냈다고 말했다. 이소크라테스는 또 고향에서 살아남을 수 없는 가난한 사람들은 그곳에서는 충분히 살아남을 수 있을 것이며, 뛰어난 군사들을 인솔하게 되면 유능한 장군 한 명이 훨씬 더 큰일을 해낼 수 있을 거라고 주장한다(『축제 연설』 146~150 참조).

필립포스와 알렉산드로스 대왕의 군대와 '1만 인'을 비교할 수 있었던 후기 작가들은 이들을 이소크라테스 같은 사람들의 범그리스적 이상을 실현시킨 마케도니아(Makedonia) 군대의 선구자로 보았다(아르리아누스[Flavius Arrianus]의 『알렉산드로스의 페르시아 원정기』 1권 12장 3~4절 참조).

그러나 『페르시아 원정기』에서의 범그리스주의는 그리 간단치 않다. 크세노폰은 그리스인들이 페르시아에 정착할 것을 권하면서도 그럴 경우 그곳의 안락한 생활과 그곳 여인들에 빠져 고향으로 돌아가는 길을 잊어버리지나 않을까, 바꾸어 말해 그리스적 동질성을 상실하지나 않을까 염려하여, 그들이 고향으로 돌아가 고향 사람들에게 그들의 가난은 스스로 선택한 것임을 보여주어야 한다고 말하고 있다(3권 2장 24~26 참조). 적어도 여기서는 비그리스인들을 패배시키고 그들의 나라에 식민시를 세우는 것은 그리스적 동질성을 상실하게 한다는 점에서 반(反)그리스적 행위로 보고 있는 것이다.

7. 『페르시아 원정기』가 후세에 끼친 영향

『페르시아 원정기』는 그것이 씌어진 이후 꾸준히 읽히긴 했지만, 로마 제정기(帝政期)에 들어와서 주목받기 시작하다가 기원후 2세기의 역사가 아르리아누스에 이르러 그에 대한 관심이 절정에 이른다. 아르리아누스는 알렉산드로스 대왕의 페르시아 원정을 기술하며 그 제목을 『알렉산드로스의 페르시아 원정기』(Alexandrou anabasis)라고 했는데, 당시 크세노폰이 얼마나 높이 평가받았는지 단적으로 말해준다. 그의 역사 기술 방법, 명료한 문체, 세련된 앗티케 방언은 그리스인들과 로마인들에게 본보기로 여겨졌다. 그래서 기원후 1세기의 웅변가이자 철학자인 크뤼소스토모스(Dion Chrysostomos)는 웅변가가 되려는 사람이라면 『페르시아 원정기』를 읽으라고 권하면서, 이 저서에는 정치가에게 필요한 온갖 종류의 연설이 들어 있다는 점을 내세우고 있다(『연설』(Oratio) 18, 13~17 참조).

크세노폰의 이러한 명성은 20세기까지 이어졌다. 그러나 최근 몇십년 사이에 그의 명성은 그의 위대한 동시대인들인 투퀴디데스, 플라톤, 이

소크라테스에 견주어 상대적으로 빛을 잃어가고 있다. 크세노폰의 저서들에는 플라톤이나 투퀴디데스의 저술들에서 볼 수 있는 사상적 깊이가 없다는 것이다. 이런 평가에는 다름 아닌 『페르시아 원정기』가 인문고등학교 그리스어 수업시간에 문법 연습을 위해 단편적으로 읽히고 있다는 점이 결정적으로 기여했을 것으로 여겨진다. 사실, "그곳을 뒤로하고 퀴로스는 이틀 동안 10파라상게스를 행군해 인구가 많은 도시 펠타이에 도착했다. 그곳에 그는 사흘을 머물렀다"(1권 2장 10절)처럼 1권에 자주 나오는 상투적인 표현을 계속 읽고도 지루해하지 않을 사람이 어디 있겠는가!

   그러나 1권 끝 부분의 쿠낙사 전투에 이어 고립무원의 궁지에 빠진 그리스군이 퇴각하는 과정에서 벌어지는 사건과 모험들에 관한 박진감 넘치는 기술과, 폐부를 찌르는 크세노폰의 연설들을 읽다 보면 왜 이 책이 세계를 움직인 책들에 포함되었는지 충분히 이해할 수 있을 것이다.

2011년 7월
천병희

차례

( )안의 숫자는 장수(章數)를 뜻한다

옮긴이 서문 고립무원과 리더십에 관하여   005
일러두기   034

[제1권] 퀴로스가 형을 축출하고 왕이 되려 하다 035
(1) 퀴로스가 아버지의 부름을 받고 수사로 가다; 다레이오스 2세가 죽고 아르타크세르크세스가 왕위에 오르다; 퀴로스가 이오니아 지방으로 돌아와 군대를 모집하다
(2) 퀴로스가 사르데이스를 출발하다; 켈라이나이에 머물다; 클레아르코스가 용병대를 이끌고 도착하다; 에퓌악사와 만나다; 튀리아이온 평야로 계속 행군하다; 1만 그리스인 용병대가 용맹을 과시하다; 킬리키아의 여러 관문을 통과하다
(3) 1만 그리스인 용병대가 타르소이에서 더이상 행군하기를 거부하다; 클레아르코스가 회의를 개최하다
(4) 잇소이로 행군하다; 펠로폰네소스반도에서 전함들이 도착하다; 쉬리아 관문들을 통과하다; 그리스인 장군 두 명이 탈영하다; 에우프라테스강으로 행군하다; 퀴로스가 목적지를 밝히다; 에우프라테스강을 건너다
(5) 아라비아 사막을 지나 행군하다; 클레아르코스 부대와 메논의 부대가 충돌할 뻔하다
(6) 퀴로스가 배신자 오론타스를 처형하다
(7) 바뷜론을 향해 행군하다; 퀴로스가 1만 그리스인 용병대의 사기를 고취하다
(8) 페르시아 정부군과 조우하다; 쿠낙사 전투와 퀴로스의 죽음
(9) 퀴로스의 성격 묘사

(10) 페르시아 왕이 퀴로스의 진영을 유린하다; 1만 그리스인 용병대가 페르시아군의 공격을 격퇴하다

[제2권] **그리스인 용병대가 고립무원의 궁지에 빠지다** 087

(1) 퀴로스가 죽었음을 알게 되자, 1만 그리스인 용병대가 아리아이오스를 지원해주겠다고 제의하며 항복하라는 왕의 명령을 거부하다
(2) 1만 그리스인 용병대가 아리아이오스와 합류하여 페르시아 왕의 군대 옆에 진을 치다
(3) 페르시아 왕이 휴전협상차 사절단을 보내다; 1만 그리스인 용병대가 팃사페르네스와 함께 철군한다는 조건을 받아들이다
(4) 철군 시작; 1만 그리스인 용병대와 페르시아군이 서로 의심하다; 페르시아군이 1만 그리스인 용병대를 공격하려 한다고 페르시아 사자(使者)가 일러주다; 1만 그리스인 용병대가 티그리스강을 건너다
(5) 클레아르코스가 팃사페르네스와 협상하다; 그가 네 명의 다른 그리스인 장군을 데리고 재차 팃사페르네스를 만나러 갔다가 다섯 명 모두 체포되어 처형당하다
(6) 다섯 그리스인 장군들의 성격 묘사

[제3권] **그리스인 용병대가 카르두코이족의 나라로 행군하다** 125

(1) 그리스인 용병대가 절망의 나락에 빠지다; 크세노폰이 퀴로스군에 합류하게 된 사연; 크세노폰이 마음을 가다듬고 프록세노스의 대장들을 격려하다; 살아남은 장군들과 대장들이 회의를 열어 새로운 장군들을 선출하다
(2) 1만 그리스인 용병대의 전체 회의
(3) 1만 그리스인 용병대가 사륜거와 천막을 부수다; 페르시아인들이 1만 그리스인 용병대의 행동을 감시하다; 철군이 다시 시작되다; 1만 그리스인 용병대가 적군의 기병대와 궁수들에게 괴롭힘을 당하자 행군의 대열을 바꾸다
(4) 급조된 투석병과 궁수들이 페르시아군의 공격을 격퇴하다; 1만 그리스인 용병대가 겁주기 위해 적병의 시신을 심하게 훼손하다
(5) 팃사페르네스의 청야(淸野) 전술; 1만 그리스인 용병대가 티그리스강과 여러 산들에 갇히다; 한 로도스인이 짐승 가죽을 타고 강을 건너자고 제안하지만 그들은 산속으로 들어가기로 결정하다

[제4권] 그리스인 용병대가 흑해 남안으로 행군하다   163

(1) 1만 그리스인 용병대가 카르두코이족 나라의 산속으로 들어가 불필요한 가축들을 없애다; 카르두코이족이 마을을 버리고 고원에 올라가 위에서 1만 그리스인 용병대를 압박하다
(2) 크세노폰이 짐 나르는 가축들을 옆길로 해서 인도하다; 카르두코이족과의 전투
(3) 1만 그리스인 용병대가 평야와 켄트리테스강에 도착해 힘겹게 강을 건너다
(4) 아르메니아 지방을 지나 행군하다; 티리바조스와 휴전조약을 맺다; 1만 그리스인 용병대가 눈 덮인 마을들에 숙영하며 티리바조스의 진영을 약탈하다
(5) 눈 속을 행군해 천신만고 끝에 물자가 풍부한 마을들에 도착하다
(6) 1만 그리스인 용병대가 토착민들에 의해 봉쇄되었던 고갯길을 점령하다
(7) 1만 그리스인 용병대가 타오코이족의 요새를 공격해 함락하고 칼뤼베스족과 스퀴타이족의 나라를 지나 행군하다; 길라잡이가 1만 그리스인 용병대를 바다가 보이는 곳으로 안내하다
(8) 1만 그리스인 용병대가 협상을 통해 마크로네스족의 나라를 통과해 산속 고갯길에서 콜키스인들을 물리치고 트라페주스에 도착해 제물을 바치고 육상경기를 개최하다

[제5권] 그리스인 용병대가 파플라고니아 지방으로 행군하다   209

(1) 케이리소포스가 군대를 뒤로하고 전함을 구하러 가다; 1만 그리스인 용병대도 전함을 구하려고 노력하다
(2) 1만 그리스인 용병대가 드릴라이족을 공격하러 갔다가 요새를 함락한 뒤 힘겹게 철수하다
(3) 1만 그리스인 용병대가 트라페주스에서 케라수스로 행군하다; 크세노폰이 훗날 스킬루스에서 보낸 세월
(4) 1만 그리스인 용병대가 못쉬노이코이족의 나라에 들어가 한쪽 파벌이 다른 쪽 파벌을 공격하도록 도와주다
(5) 1만 그리스인 용병대가 칼뤼베스족과 티바레노이족의 나라를 행군해 코튀오라에 도착해서는 시노페에서 보낸 사절단을 접견하다; 크세노폰이 군대의 행위를 옹호하다
(6) 시노페인들이 1만 그리스인 용병대에게 뱃길로 여행하라고 권하다; 크세노

폰이 식민시를 건설할까 하다가 단념하다
(7) 군대를 파시스로 되돌리려 한다는 의혹을 크세노폰이 반박하며 군대의 기강이 점점 문란해지고 있다고 경고하다
(8) 장군들의 처신에 대한 심문; 아르메니아를 통과하며 폭력을 행사했다고 고발당하자 크세노폰이 그때는 불가피했다고 자기변호를 하다

[제6권] 그리스인 용병대가 보스포로스 해협으로 행군하다 ········· 255
(1) 파플라고니아인들과 휴전조약을 맺고 잔치를 벌이다; 1만 그리스인 용병대가 단독 지휘관을 선출하기로 결정하다; 크세노폰이 사양하자 스파르테 출신 케이리소포스가 단독 지휘관으로 선출되다
(2) 1만 그리스인 용병대가 배를 타고 헤라클레이아로 가지만 받아들여지지 않다; 아르카디아인들이 따로 떨어져나가다; 1만 그리스인 용병대가 세 패로 나뉘어 행군하거나 항해하다
(3) 아르카디아인들이 비튀니스인들에게 괴롭힘을 당하다가 크세노폰에 의해 구출되다
(4) 1만 그리스인 용병대가 칼페항에서 재결합하다; 제물이 길조를 보이지 않고 식량이 떨어지다; 그리스인 분견대가 파르나바조스의 기병대에 패하다; 살아남은 자들을 크세노폰이 구해주다
(5) 그리스인 분견대가 시신들을 묻어주려고 출동하다; 1만 그리스인 용병대가 협곡을 건너 파르나바조스의 기병대를 패퇴시키다
(6) 스파르테인 뷔잔티온 총독 클레안드로스 앞에서 1만 그리스인 용병대가 자신들의 행위를 변호하다; 1만 그리스인 용병대가 비튀니스 지방을 통과해 크뤼소폴리스에 도착하다

[제7권] 뷔잔티온, 트라케, 소아시아에서 있었던 일들 ········· 291
(1) 1만 그리스인 용병대가 보스포로스 해협을 건너지만 뷔잔티온을 떠나라는 명령을 받다; 도시를 공격하려는 군대를 크세노폰이 만류하다; 코이라타다스가 장군으로서 군대를 인솔하겠다고 자청하다; 1만 그리스인 용병대가 뷔잔티온을 떠나다
(2) 아낙시비오스가 1만 그리스인 용병대가 아시아로 돌아가기를 원하다; 세우테스가 1만 그리스인 용병대가 자기에게 와주기를 바라다

(3) 1만 그리스인 용병대가 세우테스와 손잡기로 결정하다; 세우테스 진영에서의 잔치; 1만 그리스인 용병대가 세우테스와 힘을 모아 트라케 마을들을 약탈하다
(4) 크세노폰이 숙영하는 마을을 트라케인들이 야습하다; 세우테스가 반란자들을 제압하다
(5) 급료 문제로 세우테스와 논쟁을 벌이다; 1만 그리스인 용병대가 트라케 마을들을 약탈하다
(6) 스파르테인들이 급료를 지급하고 군대를 고용하겠다고 제의하다; 세우테스의 뇌물을 받았다고 고발당하자 크세노폰이 반박하다
(7) 군대가 물자를 현지조달하고 있다고 세우테스가 불평을 늘어놓자, 크세노폰이 조목조목 그의 논리를 반박해 군대에 급료를 지급하게 만들다
(8) 1만 그리스인 용병대가 함선을 타고 람프사코스로 건너가 페르가모스로 행군하다; 크세노폰이 페르시아인 아시다테스의 재물을 약탈하는 데 앞장서다; 1만 그리스인 용병대가 스파르테 장군 티브론과 합류하다

부록 351
그리스인 용병대의 성격과 편제
그리스인 용병대의 병력
연대표
화폐 단위와 도량형 환산표
쿠낙사 전투 개념도
퀴로스군의 행군로

참고문헌 362
찾아보기 364

일러두기

1. 이 번역서의 대본은 Xenophon, Anabasis, ed. C. L. Brownson, revised by J. Dillery, Harvard University Press 1998(Loeb Classical Library)의 그리스어 텍스트이다. 주석은 Otto Lendle, *Kommentar zu Xenophons Anabasis*, Darmstadt 1995(Wissenschaftliche Buchgesellschaft)를 주로 참고했다. 현대어 번역 중에서는 J. Dillery가 손질한 C. L. Brownson, R. Warner(Penguin Classics 1972), R. Waterfield(Oxford 2009)의 영어 번역과 W. Müri (Zürich/Düsseldorf 1997)의 독일어 번역을 참고했다.
2. 본문의 고유명사는 그리스어 원전대로 읽었다. 예) 헬라스, 라케다이몬, 아이귑토스. 그러나 머리말, 차례, 주석, 찾아보기에서는 그리스, 스파르테, 이집트로 읽었다.
3. 권, 장, 절의 구분은 원전을 따른 것이다.
4. 〔 〕 안은 훗날 가필된 것으로 추정되는 부분이다.
5. 작품 개요 성격의 '차례'는 옮긴이가 정리한 것이다.
6. 본문 중 설명이 필요하다고 생각되는 부분에는 각주를 달았다.
7. 본문 뒤에 '찾아보기'를 넣어 고유명사를 쉽게 찾아볼 수 있도록 했다.

KYROU   ANABASIS

제1권

제 1 장

(1) 다레이오스와 파뤼사티스에게는 아들이 둘 있었는데,[1] 아르타크세르크세스가 장남이고 퀴로스가 차남이었다. 다레이오스는 병이 들어 죽을 때가 되었다 싶자 두 아들이 곁에 있기를 원했다. (2) 장남은 마침 곁에 있었다. 그러나 퀴로스는 그가 태수로 임명한 속주(屬州)에서 불러오게 했다. 그는 또 퀴로스를 카스톨로스[2] 평야에서 사열을 받는 모든 부대의 사령관으로 임명했다. 그래서 퀴로스는 팃사페르네스를 친구라고 믿고는, 파르라시아 출신 크세니아스 휘하의 헬라스[3] 중무장보병 300명을 이끌고[4] 내륙으로 올라갔다.[5]

(3) 다레이오스가 죽고 아르타크세르크세스가 왕위에 오르자, 팃사페르네스는 퀴로스가 형을 죽일 음모를 꾸미고 있다고 형에게 모함했다. 그러자 그의 모함을 믿은 아르타크세르크세스가 퀴로스를 죽이려고 체포하게 했다. 그러나 어머니가 잘 말해주어 퀴로스를 그의 속주로 돌려보내게 했다. (4) 퀴로스는 이런 굴욕을 당하고 구사일생으로 자신의 속주로 돌아오고 보니, 두 번 다시 형의 수중에 들어가고 싶지 않았고, 가능하다면 형 대신 자신이 왕이 되고 싶었다. 무엇보다도 그의 어머니 파뤼사티스가 그의 편이었다. 그의 어머니는 지금 왕이 된 아르타크세르크세스보다 그를 더 사랑했기 때문이다.[6]

(5) 퀴로스는 대왕[7]의 신하들 가운데 누구든 자기를 내방하는 자들

은 대왕보다 자기에게 더 호감을 품고 돌아가도록 만들었다. 또한 그는 자기가 다스리는 속주의 비(非)헬라스인들[8]이 전투 능력을 갖추되 자기에게 호감을 품도록 배려했다. (6) 그리고 최대한 은밀히 헬라스인 용병을 모집했는데, 이는 대왕에게 대비할 시간을 되도록 적게 주기 위해서였다.

퀴로스는 다음과 같은 방법으로 군대를 모집했다. 첫째, 그는 속주에 있는 도시 수비대의 모든 지휘관에게, 팃사페르네스가 그 도시들을 공격할지도 모르니 가장 용감한 펠로폰네소스인들[9]을 가능한 한 많이 모병하라고 지시했다. 왜냐하면 이오니아 지방의 도시들은 원래 팃사페르네스가 대왕한테서 받아 통치했지만, 당시에는 밀레토스 말고는 모든 도시가 반기를 들고 퀴로스에게 넘어가 있었기 때문이다. (7) 팃사페르

---

1 플루타르코스, 『비교열전』(일명 『영웅전』) 「아르타크세르크세스 전」 1권 2장에 따르면 다레이오스와 파뤼사티스에게는 오스타네스(Ostanes)와 옥사트레스(Oxathres)라는 아들 두 명이 더 있었는데, 이들은 퀴로스보다 손아래였다고 한다.
2 뤼디아 지방의 수도 사르데이스 동쪽에 있는 지역. 소아시아 서부에 주둔한 페르시아군은 이곳에서 해마다 사열을 받았다.
3 그리스의 그리스어 이름.
4 호위대로.
5 소아시아의 지형은 해안지대는 낮고 내륙은 고원이기 때문에 '올라갔다'고 한 것이다. 이 책의 원제는 직역하면 '퀴로스의 내륙으로 올라가기'가 될 것이다. 반대로 페르시아 고원에서 소아시아 서부 해안으로 이동하는 것은 '내려가기'(katabasis)라고 한다.
6 퀴로스는 다레이오스 2세가 왕위에 오른 뒤에 낳은 아들이다. 퀴로스가 형 아르타크세르크세스를 무시하는 듯한 태도를 취하는 것도 이 때문인 듯하다.
7 원전에 '왕'이라고 되어 있는 곳도 모두 '대왕'으로 번역했다. 페르시아전쟁(기원전 490~479년) 이후 페르시아 왕은 '대왕'(ho megas basileus)이라 불렸기 때문이다.
8 barbaroi. 이 말은 흔히 '야만인들'이라고도 번역되는데, 여기서는 대개 페르시아인들을 가리킨다.
9 당시 펠로폰네소스인들은 용병으로 인기가 좋았다. 퀴로스의 군대에서도 펠로폰네소스 반도 내륙에 사는 아르카디아인들이 그리스 용병대의 주축을 이루고 있다.

네스는 밀레토스인들도 똑같이 퀴로스에게 넘어갈 궁리를 한다는 사실을 미리 알아차리고, 그들 중 일부는 처형하고 일부는 추방했다. 그러자 퀴로스는 추방자들을 받아주고, 군대를 모아 추방자들을 복귀시키고자 밀레토스를 육지와 바다에서 포위 공격했는데, 이것이 그에게는 모병의 또 다른 구실이 되었다.

(8) 한편 퀴로스는 대왕에게 사자(使者)를 보내, 이 도시들을 팃사페르네스가 통치하게 하느니 차라리 아우인 자기에게 맡겨달라고 청원케 했는데, 그의 어머니는 이 일에 지원을 아끼지 않았다. 그래서 대왕은 퀴로스가 자기에게 음모를 꾸미는 줄은 꿈에도 모르고, 퀴로스가 모병하는 데 돈을 들이는 것은 그가 팃사페르네스와 전쟁을 하고 있기 때문이라고 믿었다. 따라서 대왕은 그들이 전쟁하는 것이 조금도 싫지 않았으니, 전에는 팃사페르네스가 다스렸으나 지금은 퀴로스가 자신의 수중에 들어온 도시들에서 대왕에게 정기적으로 공물을 바쳤기 때문이다.

(9) 퀴로스를 위해 아뷔도스 맞은편 케르소네소스에서 또 다른 군대가 모집되고 있었는데, 그 방법은 다음과 같다. 라케다이몬[10] 출신 클레아르코스는 추방자였다. 퀴로스는 그를 만나보고 경탄하게 되어 1만 다레이코스를 주었다. 클레아르코스는 금화를 받아서 그 돈으로 군대를 모아 헬레스폰토스 해협 북쪽에 살던 트라케인들을 케르소네소스에서 몰아냄으로써 그곳의 헬라스인들에게 도움을 주었다.[11] 그러자 헬레스폰토스 해협의 도시들은 클레아르코스에게 군대 유지비로 자진해 돈을 보내주었다. 그리하여 그곳에서도 퀴로스를 위해 군대가 은밀히 양성되고 있었다.

(10) 텟살리아 출신 아리스팁포스는 퀴로스의 친구였다. 고향에서 정적들에게 핍박받자 그는 퀴로스를 찾아가 정적을 이길 수 있도록 2천 명의 용병과 그들에게 지급할 3개월 치 급료를 부탁했다. 그러자 퀴로스

는 그에게 4천 명의 용병과 그들에게 지급할 6개월 치 급료를 내주며, 자기와 상의하기 전에는 정적들과 타협하지 말라고 부탁했다. 그리하여 텟살리아에서도 퀴로스를 위해 군대가 은밀히 양성되고 있었다.

(11) 퀴로스는 또 친구인 보이오티아 출신 프록세노스에게, 피시다이족이 자신의 영토를 침범한 까닭에 조만간 그들을 치러 출정할 터이니, 되도록 많은 군사들을 이끌고 오라고 명령했다. 퀴로스는 또 친구인 스튐팔로스 출신 소파이네토스와 아카이아 출신 소크라테스에게도 추방당한 밀레토스인들을 도와 팃사페르네스와 전쟁을 하려 하니 되도록 많은 군사들을 이끌고 오라고 명령했다. 그러자 그들은 그가 명령한 대로 했다.

---

10 라케다이몬은 펠로폰네소스반도 남동부에 있는 라코니케 지방을 가리키기도 하고 그 수도인 스파르테를 가리키기도 한다.
11 헬레스폰토스 해협의 유럽 쪽에 살던 그리스인들은 이웃에 살던 트라케인들의 침공을 받곤 했다.

제 2 장

(1) 이제 내륙으로 행군할 때가 되었다 싶자, 퀴로스는 피시다이족을 자기 영토에서 완전히 몰아내고 싶다는 핑계를 대며 마치 이들을 치러 가는 양, 비헬라스인들의 군대와 헬라스인들의 군대를 한데 모았다. 이때 그는 또 클레아르코스에게는 휘하의 군대를 모두 이끌고 오라고, 아리스팁포스에게는 고향의 정적들과는 타협하고 휘하의 군대를 보내라고 명령했다. 그는 또 여러 도시에서 용병들을 지휘하던 아르카디아 출신 크세니아스에게는 성채 수비에 필요한 인원만 남기고 군사들을 모두 이끌고 오라고 명령했다. (2) 퀴로스는 밀레토스를 포위 공격하고 있던 부대들도 소환했고, 밀레토스의 추방자들에게도 함께 출정할 것을 요구했으며, 원정 목적을 달성하면 그들을 고향에 복귀시킬 때까지 계속 노력하겠다고 약속했다. 그러자 그들은 퀴로스를 믿고 기꺼이 복종했으며, 무장을 하고 사르데이스로 그를 찾아갔다.

(3) 크세니아스는 여러 도시에서 모인 약 4천 명의 중무장보병을 이끌고 사르데이스에 도착했고, 프록세노스는 약 1천5백 명의 중무장보병과 5백 명의 경무장보병을, 스튐팔로스 출신 소파이네토스는 1천 명의 중무장보병을, 아카이아 출신 소크라테스는 약 5백 명의 중무장보병을, 메가라 출신 파시온은 3백 명의 중무장보병과 3백 명의 경방패병을 이끌고 도착했다. 파시온과 소크라테스는 밀레토스를 포위 공격하던 부

대에 소속되어 있었다. 바로 이들이 퀴로스를 위해 사르데이스에 도착했다.

(4) 한편 이러한 조치들을 보고 있던 팃사페르네스는 피시다이족을 치기 위한 무장으로는 규모가 너무 크다고 여기고는 약 5백 명의 기병을 이끌고 되도록 빨리 대왕에게로 달려갔다. (5) 그러자 대왕은 팃사페르네스한테서 퀴로스의 군대에 관해 듣고 반격할 준비를 했다.

퀴로스는 앞서 말한 부대들을 이끌고 사르데이스를 출발했다.[12] 그는 뤼디아 지방을 지나 사흘 동안 22파라상게스[13]를 행군해 마이안드로스강에 도착했다. 이 강의 너비는 2플레트론[14]이고, 그 위에는 함선 일곱 척을 묶어서 만든 다리가 놓여 있었다. (6) 퀴로스는 마이안드로스강을 건넌 뒤 프뤼기아 지방을 지나 하루 동안 8파라상게스를 행군해 인구가 많고 번성하는 대도시 콜롯사이에 도착했다. 그곳에서 그는 7일 동안 머물렀다. 그때 텟살리아 출신 메논이 중무장보병 1천 명과 경방패병 5백 명을 이끌고 왔는데, 이들은 돌로페스족과 아이니아네스족과 올륀토스인들로 이루어져 있었다.

(7) 그곳을 뒤로하고 퀴로스는 다시 사흘 동안 20파라상게스를 행군해 프뤼기아 지방의 인구가 많고 번성하는 대도시 켈라이나이에 도착했다. 그곳에 그는 궁전과 야수들이 득실대는 큰 정원[15]을 갖고 있었는데, 자신과 말을 단련하고 싶을 때면 말을 타고 야수들을 사냥하곤 했다. 이 큰 정원 한가운데를 마이안드로스강이 흐르고 있다. 이 강은 궁전 아래에서 발원하여, 켈라이나이 시를 관류한다. (8) 켈라이나이에는 또 성

---

12 기원전 401년 3월.
13 1파라상게스는 약 5.5킬로미터이다. 부록의 '도량형 환산표' 참조.
14 1플레트론은 약 30미터이다.
15 그리스어로 paradeisos. 영어 paradise는 여기에서 유래했다.

채 기슭, 마르쉬아스강의 수원(水源) 옆에 대왕의 요새화한 궁전도 있다. 마르쉬아스강도 도시를 관류하여 마이안드로스강으로 흘러드는데, 그 너비는 25푸스[16]이다. 전하는 이야기에 따르면, 이곳에서 아폴론이 음악 경연에서 마르쉬아스를 이기고 그의 가죽을 벗겨 동굴 안에 걸어두었는데,[17] 거기에서 강물이 발원하고, 그런 연유로 이 강은 마르쉬아스라고 불린다고 한다. (9) 크세르크세스가 저 유명한 전투[18]에서 패하고 헬라스에서 퇴각하던 도중 앞서 말한 궁전과 켈라이나이 시의 성채를 바로 그곳에 지었다고 한다.

그곳에 퀴로스는 30일 동안 머물렀다. 그때 라케다이몬에서 추방당한 클레아르코스가 중무장보병 1천 명과 트라케 출신 경방패병 8백 명과 크레테 출신 궁수(弓手) 2백 명을 이끌고 왔다. 동시에 쉬라쿠사이 출신 소시스는 중무장보병 3백 명을, 아르카디아 출신 소파이네토스는 중무장보병 1천 명을 이끌고 도착했다. 그리하여 퀴로스가 자신의 큰 정원에서 사열을 하며 헬라스인들의 수를 세어보니, 모두 합쳐 중무장보병이 1만 1천 명이요, 경방패병이 약 2천 명이었다.[19]

(10) 그곳을 뒤로하고 퀴로스는 이틀 동안 10파라상게스를 행군해 인구가 많은 도시 펠타이에 도착했다. 그곳에 그는 사흘을 머물렀다. 이 기간에 아르카디아 출신 크세니아스가 제물을 바쳐 뤼카이아 제(祭)[20]를 올리고 각종 경기를 개최했는데, 황금으로 만든 때밀이 솔을 상품으로 내놓았다. 퀴로스도 경기를 관람했다. 그곳을 뒤로하고 퀴로스는 이틀 동안 12파라상게스를 행군해 케라몬 아고라[21]에 도착했는데, 인구가 많은 이 도시는 뮈시아 지방에 가장 가까운 프뤼기아 지방의 도시이다. (11) 그곳을 뒤로하고 퀴로스는 사흘 동안 30파라상게스를 행군해 인구가 많은 도시 카위스트루 페디온[22]에 도착했다. 그곳에 그는 닷새를 머물렀다.

이때 그는 군사들에게 이미 3개월 치가 넘는 급료를 빚지고 있던 터라 군사들은 그의 막사를 찾아가 빚진 것을 내놓으라고 계속해서 졸라댔다. 희망적인 말만 반복해 들려주면서도 분명 그의 마음은 괴로웠을 것이다. 퀴로스는 돈이 있는데도 빚을 갚지 않는 그런 사람이 아니었기 때문이다. (12) 그곳으로 킬리키아인들의 왕 쉬엔네시스의 아내 에퓌악사가 퀴로스를 내방했는데, 그녀는 그에게 거금을 주었다고 한다. 아무튼 그때 퀴로스는 군사들에게 4개월 치 급료를 지급했다. 킬리키아 왕비는 킬리키아인들과 아스펜도스인들의 호위대에 둘러싸여 있었는데, 퀴로스와 왕비가 서로 사랑하는 사이라는 소문이 나돌았다.

(13) 그곳을 뒤로하고 퀴로스는 이틀 동안 10파라상게스를 행군해 인구가 많은 도시 튐브리온에 도착했다. 그곳 길가에는 프뤼기아인들의 왕 미다스에게서 이름을 따온 샘이 하나 있는데, 전하는 이야기에 따르

---

16 1푸스는 약 30센티미터이다.
17 아테나가 신들의 연회석상에서 손수 만든 피리를 연주할 때 그녀의 얼굴이 일그러지는 것을 보고 헤라와 아프로디테가 웃자, 아테나는 이다산의 샘물에 자기 얼굴을 비춰 보고는 그 까닭을 알고 피리를 던져버린다. 이 피리를 주운 마르쉬아스라는 사튀로스가 피리 연주의 대가가 되어 아폴론에게 연주 시합을 하자고 자청한다. 첫 번째 시합은 무승부로 끝나고, 각자 자기 악기를 거꾸로 세워 연주한 두 번째 시합에서 아폴론이 이긴다—키타라는 거꾸로 세워 연주할 수 있어도 피리는 그것이 불가능하다. 이긴 쪽이 진 쪽을 마음대로 해도 좋다는 계약에 따라 아폴론은 마르쉬아스를 나무에 매달아 산 채로 가죽을 벗겼다고 한다.
18 기원전 480년의 살라미스 해전을 말한다. 이 전투에서 페르시아 함대는 테미스토클레스(Themistokles) 휘하의 아테나이 함대에 크게 패했다.
19 앞서 나온 수에 따르면, 중무장보병이 1만 6백 명이고, 경무장보병이 2천 3백 명이다.
20 제우스 뤼카이오스(Zeus Lykaios)를 기리는 축제. 뤼카이오스라는 별명은 아르카디아 지방 남서부에 있는 뤼카이온(Lykaion) 산에서 유래한 것이다.
21 '도기(陶器) 시장'이라는 뜻.
22 '카위스트로스 강의 들판'이라는 뜻.

면, 미다스는 이 샘물에 포도주를 타서 사튀로스를 붙잡았다고 한다.[23]
(14) 그곳을 뒤로하고 퀴로스는 이틀 동안 10파라상게스를 행군해 인구가 많은 도시 튀리아에이온에 도착했다. 그곳에 그는 사흘을 머물렀다. 그리고 킬리키아의 왕비는 그에게 그의 군대를 보여주기를 청했다고 한다. 그러잖아도 보여주고 싶던 터라 그는 들판에서 헬라스인들과 비헬라스인들을 사열했다.

(15) 퀴로스는 헬라스인들에게 그들의 전투 규칙에 따라 대열을 짓되 대장들이 저마다 자기 부하들을 정렬하도록 명령했다. 그러자 그들이 4열 횡대의 방진(方陣)을 이루었는데, 메논과 그의 부대들이 오른쪽 날개를, 클레아르코스와 그의 부대들이 왼쪽 날개를, 다른 대장들이 중군(中軍)을 이루었다. (16) 퀴로스는 먼저 비헬라스인들을 사열했는데, 이들은 기병과 보병이 부대를 이루고 그의 앞을 지나갔다. 이어서 그는 헬라스인들을 사열했는데, 이때 그는 전차(戰車)를, 킬리키아 왕비는 사륜거를 타고 그들 앞을 지나갔다. 헬라스인들은 모두 청동 투구를 쓰고, 진홍색 키톤[24]을 입고, 정강이받이를 대고는 덮개를 벗긴 방패를 들고 있었다.

(17) 퀴로스는 전차를 타고 그들 앞을 모두 지나 방진의 중앙 전면에 전차를 세우더니 통역(通譯) 피그레스를 헬라스인들의 대장들에게 보내, 방진 전체가 무기를 앞에 들고 한 덩어리가 되어 전진하게 하라고 명령했다. 대장들은 이 명령을 군사들에게 전달했다. 나팔 소리가 울리자 그들은 무기를 앞에 들고 전진했다. 그들은 점점 더 빨리 걷다가 마지막에는 함성을 지르며 자진해 막사가 늘어선 쪽으로 뛰어갔다. 비헬라스인들과 그 밖의 다른 사람들은 깜짝 놀랐고, (18) 킬리키아 왕비는 사륜거를 타고 달아났으며, 시장의 상인들[25]은 물건을 버려둔 채 도망쳤다. 그러나 헬라스인들은 껄껄 웃으며 자신들의 막사로 돌아갔다. 하지

만 킬리키아 왕비는 헬라스군의 찬란한 모습과 질서정연한 모습을 보고 깊은 감명을 받았으며, 퀴로스는 비헬라스인들이 헬라스인들에게 주눅 드는 것을 보고 마음이 흐뭇했다.

(19) 그곳을 뒤로하고 퀴로스는 사흘 동안 20파라상게스를 행군하여, 프뤼기아 지방의 맨 동쪽 도시인 이코니온에 도착했다. 그곳에 그는 사흘을 머물렀다. 그곳부터 그는 뤼카오니아 지방을 지나 닷새 동안 30파라상게스를 행군했다. 그는 이 지방을 적지(敵地)라는 이유로[26] 헬라스인들에게 약탈하도록 넘겨주었다. (20) 이곳에서 퀴로스는 킬리키아 왕비를 가장 짧은 길로 해서 킬리키아로 돌려보내며, 메논의 부대 가운데 일부가 메논의 지휘 아래 그녀를 호송하게 했다. 한편 퀴로스는 나머지 군사들과 함께 캅파도키아 지방을 지나 나흘 동안 25파라상게스를 행군하여, 인구가 많고 번성하는 대도시 다나에 도착했다. 그곳에 그는

23 프뤼기아의 전설적인 왕 미다스는 길을 잃고 헤매던 반인반수의 사튀로스(satyros)를 환대해주었는데, 사튀로스가 그 보답으로 한 가지 소원을 들어주겠다고 한다. 이에 미다스는 자기가 만지는 것은 무엇이든 황금으로 변하게 해달라고 말한다. 그러나 그는 자기가 먹는 음식도 예외가 아님을 보고 사튀로스에게 소원을 취소해달라고 간청한다. 그리하여 그가 팍톨로스(Paktolos)강에서 목욕하자 그 뒤로 이 강의 모래에서 사금이 나왔다고 한다. 일설에 따르면 미다스는 자신의 정원을 찾곤 하던 사튀로스의 우두머리 실레노스(Silenos)의 지혜를 알아보려고 샘물에 포도주를 타서 취하게 만든 다음 붙잡았다고 한다. 실레노스가 미다스에게 무슨 말을 했는지 알 수 없지만, 일설에 따르면, 인간은 아예 태어나지 말거나 태어났으면 되도록 일찍 죽는 것이 좋다고 말했다고 한다. 미다스는 또 아폴론과 마르쉬아스의 음악 경연에서 아폴론에게 불리한 판정을 내린 까닭에 아폴론이 우둔함의 표시로 그에게 당나귀 귀를 달아주었다고 한다.
24 키톤(chiton)은 무릎까지 내려오는 민소매 옷으로, 허리에 혁대를 매게 되어 있다.
25 그리스 용병들은 군대를 따라다니는 상인들이나 지역 주민들한테서 그날그날의 식량을 사 먹었다.
26 퀴로스가 프뤼기아를 떠나면서 아버지에게서 받은 태수 관구의 경계를 넘어섰기 때문이다.

사흘을 머물렀다. 이 기간에 퀴로스는 왕실 서기 메가페르네스라는 페르시아인과 또 다른 고관을 자기에게 음모를 꾸몄다는 이유로 처형하게 했다.

(21) 그곳에서 그들은 킬리키아로 들어가려고 했다. 그런데 들어가는 길이 수레 한 대가 겨우 지날 수 있는 몹시 가파른 길인지라, 누가 앞을 막기라도 한다면 군대가 그곳을 통과하기는 불가능했다. 그리고 실제로 쉬엔네시스가 고지(高地)들에 자리 잡고는 들어가는 길목을 지키고 있다는 소문이 나돌았다. 그래서 퀴로스는 들판에서 하루를 머물렀다. 그러나 이튿날 사자(使者)가 와서 전하기를, 쉬엔네시스는 메논의 군대가 고지들의 안쪽인 킬리키아 땅에 와 있다는 소식을 듣고 또 라케다이몬인들의 삼단노선[27]들과 퀴로스 자신의 삼단노선들이 타모스의 지휘 아래 이오니아에서 킬리키아로 항해해온다는 보고를 받고는 고지들을 떠났다고 했다. (22) 그래서 퀴로스는 아무런 저항도 받지 않고 고지에 올라가 킬리키아인들이 파수를 보던 막사들을 둘러보았다.

그곳을 뒤로하고 그는 관개가 잘되어 온갖 나무와 포도덩굴이 무성한 넓고 아름다운 평야로 내려갔다. 그곳에는 깨, 기장, 수수, 밀, 보리도 많이 난다. 그곳은 바닷가를 따라 사방이 높고 험준한 산맥에 둘러싸여 있었다. (23) 퀴로스는 아래로 내려간 다음 이 평야를 지나 사흘 동안 25파라상게스를 행군해 킬리키아의 번성하는 대도시 타르소이에 도착했다. 그곳에는 킬리키아인들의 왕 쉬엔네시스의 궁전이 있었다. 도시 한복판을 퀴드노스라는 강이 흐르는데, 그 너비는 2플레트론이다. (24) 이 도시의 주민들은 가게 주인들 말고는 모두 그곳을 떠나 쉬엔네시스와 함께 산중 요새로 달아나고 없었다. 그러나 해안도시인 솔로이와 잇소이에 사는 자들은 그대로 남아 있었다.

(25) 쉬엔네시스의 아내 에퓌악사는 퀴로스보다 닷새 먼저 타르소

이에 도착했다. 그러나 평야를 향해 산을 넘다가 메논의 군대 가운데 2개 부대가 없어졌다. 어떤 사람들은 그들이 약탈하다가 킬리키아인들에게 베어졌다고 했고, 또 다른 사람들은 그들이 뒤에 처졌다가 다른 군대도 길도 찾지 못한 채 헤매다가 죽었다고 했다. 어쨌거나 그들은 중무장보병 1백 명으로 구성되어 있었다.

(26) 그래서 메논의 나머지 부대들은 타르소이에 도착했을 때 전우를 잃은 분풀이로 도시뿐 아니라 그 안에 있던 궁전까지 약탈했다. 퀴로스는 도시에 입성한 뒤 사람을 보내 쉬엔네시스를 불러오게 했다. 그러나 쉬엔네시스가 말하기를, 자기는 일찍이 자기보다 더 강한 자의 손에 맡겨진 적이 없는 만큼 자기 아내가 퀴로스를 설득해 언질을 받기 전에는 그의 앞에 나아가고 싶지 않다고 했다. (27) 마침내 두 사람이 만났을 때 쉬엔네시스는 퀴로스에게 그의 군대를 위해 거금을 주었고, 퀴로스는 그에게 대왕의 궁전에서 명예롭게 여겨지는 것들,[28] 즉 황금 고삐가 달린 말 한 필, 황금 목걸이 하나, 팔찌들, 황금 단검 한 자루, 페르시아 예복 한 벌을 주면서 그의 나라는 앞으로 더이상 약탈당하지 않을 것이며 끌려간 노예들도 붙잡히는 경우 돌려받게 될 거라고 약속했다.

27 삼단노선(trieres 라/triremis)은 당시로서는 최신형 전함으로, 좌우 양현에 노 젓는 자리가 3층씩 있고, 길이 37미터에 최대 너비 5미터이며, 노 젓는 인원만 170명이나 되었다. 이에 견주어 양현에 25명씩 외줄로 앉아서 50명이 노를 젓는 오십노선(pentekonteros)은 그리스의 초기 전함이다.
28 '페르시아 왕만이 하사할 수 있는 것들'이라는 뜻이다.

제 3 장

(1) 퀴로스와 그의 군대는 타르소이에 20일을 머물렀다. 군사들이 더이상 전진하기를 거부했기 때문이다. 그들은 이미 자신들이 대왕을 치러 간다고 의심하기 시작했다. 맨 먼저 클레아르코스가 자신의 군사들을 전진시키려 해보았다. 그러나 그들은 그와 그의 짐 나르는 가축들이 전진할 때마다 그와 동물들에게 돌을 던졌다. (2) 그때 클레아르코스는 하마터면 돌에 맞아 죽을 뻔했다. 나중에 강제로는 아무것도 이룰 수 없다는 것을 깨닫고 그는 자신의 군사들을 회의에 소집했다. 처음에 그는 눈물을 흘리며 한참 동안 서 있었다. 군사들은 이 광경을 보고 놀라서 입을 다물었다. 이어서 그는 다음과 같이 말했다.

(3) "전우들이여, 내가 지금 이 상황에 괴로워하더라도 여러분은 놀라지 마시오. 퀴로스는 내 친구가 되어, 조국에서 추방당한 나의 명예를 여러 가지 다른 점에서도 높여주었을뿐더러 내게 1만 다레이코스를 주었소. 그리고 나는 그 돈을 받아 내 개인 용도를 위해 빼돌리거나 탕진하지 않고 여러분에게 썼소. (4) 첫째, 나는 트라케인들과 전쟁을 하여, 케르소네소스에 살고 있는 헬라스인들을 약탈하려던 그들을 그곳에서 몰아냄으로써 여러분과 힘을 모아 그들을 응징했소. 그 뒤 퀴로스가 나를 불렀을 때 내가 여러분과 함께 그에게 간 것은, 그가 나를 필요로 할 경우 내가 받은 은혜에 대한 보답으로 그에게 도움을 주기 위해서였소.

(5) 그러나 지금 여러분이 나와 함께 전진하기를 원치 않으니, 나로서는 여러분을 배반하고 퀴로스의 우정을 계속 즐기거나, 아니면 그에게는 거짓말쟁이가 되고 여러분과 함께하거나 할 수밖에 없소. 내가 하려는 행동이 옳은지는 모르지만, 아무튼 나는 여러분을 택하여 꼭 그래야만 한다면 어떤 고난도 여러분과 함께 참고 견딜 것이오. 그러면 내가 비헬라스인들의 나라로 헬라스인들을 인솔해가서는 헬라스인들을 배신하고 비헬라스들의 우정을 택했다고는 아무도 말하지 못할 것이오. (6) 아니, 여러분이 내게 복종하고 따르기를 원치 않으니, 내가 여러분을 따르고, 꼭 그래야만 한다면 무엇이든 참고 견디겠소. 내게는 여러분이 조국이요 친구들이요 전우들이라고 생각하기 때문이오. 생각건대, 여러분과 함께라면 나는 어디서나 존경받겠지만, 여러분에게 버림받게 되면 나는 친구를 도울 수도, 적을 물리칠 수도 없을 것이오. 그러니 여러분은 여러분이 가는 곳으로 나도 가게 된다는 것을 믿으시오."

(7) 그는 이렇게 말했다. 그러자 그의 군사뿐 아니라 다른 군사들도 그가 대왕을 치러 가기를 거부한다는 말을 듣고 그를 칭찬했다. 크세니아스와 파시온의 부대들에서 2천 명 이상이 무구(武具)를 챙겨 들고 짐 나르는 가축들을 끌고 와서 클레아르코스와 함께 진을 쳤다. (8) 일이 이렇게 되자 퀴로스는 난감하고 괴로워 클레아르코스에게 사람을 보냈다. 클레아르코스는 그에게 가기를 거절했지만 군사들 몰래 사자를 보내 이번 일은 잘 해결될 테니 낙담하지 말라고 그에게 전하게 했다. 하지만 그는 퀴로스에게 자기가 가기를 거절하더라도 계속해서 자기에게 사람을 보내라고 전했다.

(9) 그리고 나서 클레아르코스는 자기 군사들과 자신을 찾아온 자들과 누구든 원하는 자는 모두 소집해놓고 다음과 같이 말했다. "전우들이여, 우리에 대한 퀴로스의 관계는 분명 그에 대한 우리의 관계와 똑같

소. 우리는 그를 따르기를 거부하는 까닭에 이제 더이상 그의 군사들이 아니며, 그 또한 더이상 우리의 급료 지급자가 아니란 말이오. (10) 하지만 내가 알기로, 그는 우리한테 당했다고 생각하고 있소. 그래서 그가 계속 사람을 보내도 나는 그에게 가기를 거절하는 것이오. 그 까닭은 무엇보다도 내가 그를 완전히 기만했다는 생각이 들어 부끄럽기 때문이고, 그 밖에 또 그가 나를 체포하여 나에게 당했다고 생각하고는 나를 응징할까 두렵기 때문이오.

(11) 그러니 지금은 우리가 잠을 자거나 우리 자신에 관해 무관심할 때가 아니라, 이러한 상황에 우리가 어떻게 대처해야 할지 의논할 때인 것 같소. 이곳에 머무르는 동안 어떻게 해야 우리가 가장 안전하게 머무를 수 있을지 숙고해야 할 것 같다는 말이오. 그러나 일단 떠나기로 결정하면, 어떻게 해야 우리가 가장 안전하게 떠나고, 어떻게 해야 우리가 식량을 구할 수 있을지 숙고해야 할 것이오. 식량 없이는 대장도 병졸도 무용지물이기 때문이오. (12) 그리고 퀴로스라는 사람은 자기 친구에게는 큰 가치가 있으나 자기 적에게는 위험천만한 인물이오. 게다가 우리 모두가 보아서 알고 있듯, 그에게는 보병과 기병과 함대 같은 군세(軍勢)가 있소. 생각건대, 우리는 그에게서 그리 멀지 않은 곳에 진을 치고 있기에 하는 말이오. 그러니 지금은 각자가 가장 좋을 것 같은 생각을 말할 때요." 이런 말로 그는 하던 말을 끝맺었다.

(13) 그러자 자기 의견을 말하고자 더러는 자진해, 더러는 클레아르코스의 권유로 일어서서 퀴로스의 동의 없이는 머물기도 떠나기도 어렵다는 점을 지적했다. (14) 그중 한 명은 서둘러 되도록 빨리 헬라스로 돌아가고 싶다며, 클레아르코스가 자기들을 데려다줄 것이 아니라면 되도록 빨리 다른 장군들을 선출하자고 제의했다. 그리고 시장에서—그러나 시장은 비헬라스인들의 부대 안에 있었다—식량을 구입한 뒤 짐을

꾸려서 퀴로스를 찾아가 출항할 수 있도록 함선들을 요구하되, 그가 함선들을 내주지 않으면 우호적인 나라를 지나 자기들을 고향에 데려다줄 길라잡이라도 요청하고, 그가 길라잡이도 내주지 않으면 가장 신속하게 전열을 갖추어 퀴로스와 킬리키아인들이 기선을 제압하지 못하도록 병력의 일부를 보내 고지들을 먼저 점령하자고 제의했다. "왜냐하면 이들에게서 우리는 많은 사람들과 많은 재산을 약탈했기 때문이오"라고 그는 말했다.

(15) 그 뒤를 이어 클레아르코스가 다음과 같이 말했다. "내가 그 행군에서 지휘관이 될 거라고는 여러분 가운데 어느 누구도 말하지 마시오. 내가 그래서는 안 되는 까닭이 한두 가지가 아닌 듯하여 하는 말이오. 하지만 여러분이 선출하는 사람에게 나는 최대한 복종할 것이오. 나도 누구 못지않게 복종할 줄도 안다는 것을 여러분이 알도록 말이오."

(16) 그 뒤를 이어 다른 사람이 일어서서, 마치 퀴로스가 고향에 돌아가기라도 하는 양 그에게 함선들을 요구하자고 촉구한 자의 어리석음을 지적했다. 그는 또 "우리가 계획을 망쳐놓는 그 사람에게" 길라잡이를 요청하는 것이 얼마나 어리석은지도 지적했다. "퀴로스가 우리에게 내주는 길라잡이를 우리가 믿을 요량이었다면, 우리를 위해 고지들을 미리 점령해주도록 퀴로스에게 요청하지 못할 것도 없지 않소? (17) 아무튼 나 같으면 그가 전함과 함께 우리를 침몰시킬까 봐 그가 내주는 함선에 오르기를 망설일 수밖에 없으며, 그가 우리에게 내주는 길라잡이가 빠져나올 수 없는 함정으로 우리를 인도할까 봐 그 길라잡이를 따르기도 두려울 것 같소. 그러니 우리가 퀴로스의 동의 없이 떠나야 한다면, 그 사람 몰래 떠나는 것이 상책인 듯하오. (18) 하지만 그것은 불가능하오. 그래서 말인데, 그 계획은 헛소리요. 그보다는 적임자들을 클레아르코스와 함께 퀴로스에게 보내 그가 우리를 어디에 쓰려는 것인지 물어

보는 것이 좋을 것 같소. 만약 그의 계획이 그가 전에 용병을 썼을 때와 비슷하다면, 그를 따르되 우리가 전에 그와 함께 내륙으로 행군했던 자들 못지않다는 것을 보여주는 게 좋을 것이오.

(19) 하지만 그의 계획이 먼젓번[29]보다 더 크고 더 힘들고 더 위험한 것으로 드러나면, 우리는 그에게 같이 행군하도록 우리를 설득해[30] 데려가거나, 아니면 우리에게 설득되어 우리가 고이 떠날 수 있게 해달라고 요구해야 할 것이오. 그렇게 하면 그를 따를 경우 우리는 친구로서 열렬한 지지자로서 따르게 될 것이고, 떠날 경우 안전하게 떠나게 될 것이오. 그가 어떤 대답을 하든 이리로 우리에게 알려주어야 할 것이고, 우리는 일단 들어보고 나서 이 일을 의논해야 할 것이오."

(20) 그렇게 하기로 결정되자 그들은 대표단을 클레아르코스와 함께 보냈고, 이들은 군대가 물어보기로 결정한 것들을 퀴로스에게 물었다. 퀴로스가 대답하기를, 자신의 적인 아브로코마스가 에우프라테스 강변에 있다는 말을 들었는데 거기까지 행군하는 데 12일이 걸린다며 그 자를 치러 가고 싶다고 했다. "그러나 그자가 도망쳐버렸으면 우리는 그곳에서 이 문제에 관해 의논하도록 합시다." (21) 대표단은 이런 대답을 듣고 군사들에게 전했으며, 그러자 군사들은 퀴로스가 대왕을 치려고 자기들을 인솔하고 있다고 의심하면서도 따르는 것이 좋겠다고 생각했다. 그러면서도 그들은 급료를 올려달라고 요구했다. 그래서 퀴로스는 그들 모두에게 종전에 받던 것의 반(半)을 더 주기로, 그러니까 군사마다 매달 1다레이코스 대신 1.5다레이코스를 주기로 약속했다. 그러나 그가 대왕을 치기 위해 그들을 인솔하고 있다는 말은 그때까지만 해도 적어도 공공연하게는 아무도 듣지 못했다.

제 4 장

(1) 그곳을 뒤로하고 퀴로스는 이틀 동안 10파라상게스를 행군해 프사로스강에 도착했다. 그 너비는 3플레트론이었다. 그곳으로부터 그는 하루 동안 5파라상게스를 행군해 퓌라모스강에 닿았다. 그 너비는 1스타디온이었다. 그곳으로부터 그는 이틀 동안 15파라상게스를 행군해 킬리키아의 맨 동쪽에 있는 인구가 많고 크고 번성하는 해안도시 잇소이에 도착했다. (2) 그곳에 그는 사흘을 머물렀다. 그러자 그곳에 라케다이몬 출신 퓌타고라스 제독이 지휘하는 펠로폰네소스 함선 35척이 퀴로스와 합류하러 왔다.[31] 그들은 별도로 퀴로스의 함선 25척을 지휘하는 아이귑토스[32] 출신 타모스의 안내를 받아 에페소스에서 그곳으로 왔는데, 타모스는 밀레토스가 아직 팃사페르네스에게 우호적이었을 때 바로 이 함선들로 그곳을 포위 공격해 팃사페르네스와의 전투에서 퀴로스를 지원했던 것이다.

(3) 라케다이몬 출신 케이리소포스도 퀴로스의 부름을 받고 그 함

---

29 퀴로스가 병석의 아버지를 만나러 갔을 때를 말한다. 1권 1장 2절 참조.
30 별도의 급료를 지급함으로써.
31 스파르테인들은 아테나이와의 펠로폰네소스전쟁 때 퀴로스가 자기들을 적극 도와준 보답으로 이 함선들을 보냈던 것이다.
32 이집트의 그리스어 이름.

대와 함께 도착했다. 그는 중무장보병 7백 명을 이끌고 왔는데, 퀴로스의 군대에서도 계속해서 그들을 지휘했다.[33] 함선들은 퀴로스의 막사 가까이 닻을 내렸다. 잇소이에서는 또 아브로코마스에게 봉사하던 헬라스 용병이—그들은 4백 명의 중무장보병이었다—탈영해 퀴로스 편에 가담했다. 그리하여 그들도 대왕을 치러 함께 행군했다.

(4) 그곳을 뒤로하고 퀴로스는 하루 동안 5파라상게스를 행군해서, 킬리키아와 쉬리아의 관문(關門)들에 도착했다. 이 관문들은 두 개의 성벽으로 이루어져 있었는데 킬리키아 쪽의 안쪽 성벽은 쉬엔네시스와 킬리키아인들의 수비대가 지키고 있고, 쉬리아 쪽의 바깥쪽 성벽은 대왕의 수비대가 지키고 있다고 했다. 그리고 양쪽 성벽 사이에는 카르소스라는 강이 흐르는데, 그 너비는 1플레트론이었다. 성벽들 사이의 공간은 3스타디온이었다. 그곳을 힘으로 통과하는 것은 불가능했다. 왜냐하면 통로가 좁고, 성벽들이 바다에 닿아 있으며, 통로 위에 가파른 바위들이 솟아 있는 데다 양쪽 성벽 위에 관문이 나 있었기 때문이다.

(5) 이 통로 때문에 퀴로스는 함선들을 불러오게 했으니, 중무장보병을 상륙시켜 적군이 쉬리아 쪽 관문을 지키고 있을 경우 성벽들 사이와 성벽들 저쪽에서 적군을 제압하여 그곳을 통과하기 위해서였다. 퀴로스는 아브로코마스가 대군(大軍)을 이끌고 있어 틀림없이 쉬리아 쪽 관문을 지키고 있을 줄 알았던 것이다. 그러나 아브로코마스는 그렇게 하지 않았고 퀴로스가 킬리키아에 와 있다는 말을 듣자마자 포이니케[34]를 떠나, 들리는 말로는, 30만 대군를 이끌고 대왕이 있는 곳으로 퇴각해 버렸다.

(6) 그곳을 뒤로하고 퀴로스는 쉬리아를 지나 하루 동안 5파라상게스를 행군해 포이니케인들이 사는 해안도시 뮈리안도스에 도착했다. 무역항이던 그곳에는 다수의 화물선이 정박해 있었다. (7) 그곳에서 그는

7일을 머물렀다. 그리고 이때 아르카디아 출신 크세니아스와 메가라 출신 파시온이 자신들의 가장 값진 물건들을 챙겨 싣고는 함선을 타고 떠나버렸다. 그들이 그렇게 한 까닭은, 그들의 군사들이 대왕을 치러 가는 대신 헬라스에 돌아갈 양으로 클레아르코스에게 넘어갔고,[35] 퀴로스가 클레아르코스에게 이들을 거느리도록 허용한 까닭에 자존심이 상했기 때문이라고 대부분의 사람들은 믿었다. 그들이 사라졌을 때 퀴로스가 전함들로 그들을 추격했다는 소문이 나돌았다. 그러자 더러는 그들이 겁쟁이들인 만큼 붙잡히도록 기도했고, 더러는 그들이 붙잡힐까 봐 동정을 금치 못했다.

(8) 퀴로스는 장군들을 소집해놓고 말했다. "크세니아스와 파시온은 우리 곁을 떠났소. 그러나 그들은 자신들이 아직 내게서 벗어나지 못했다는 사실을 잘 알아두어야 할 것이오. 나는 그들이 어느 쪽으로 갔는지 알고 있기 때문이오. 그들은 또 아직은 도망치지 못했소. 내게는 삼단노선들이 있어 그들의 함선을 나포할 수 있기 때문이오. 그러나 여러 신들께 맹세코, 나는 그들을 추격하지 않을 작정이오. 그러니 누가 내 곁에 머물러 있는 동안에는 내가 그를 이용하다가 내 곁을 떠나려 하면 붙잡아 학대하고 그의 재물을 빼앗는다고 아무도 말하지 못할 것이오. 천만에, 그들이 가게 내버려두시오. 그들에 대한 나의 태도보다 나에 대한 그들의 태도가 더 나쁘다는 것을 그들은 알고 있을 것이오. 사실 나는 그들의 처자들을 트랄레이스에 보호하고 있소. 그러나 그들은 처자들도 빼앗기지 않고 돌려받게 될 것이오, 나에 대한 이전의 공로가 있으니까."

33 케이리소포스 휘하의 중무장보병 7백 명은 스파르테 당국에 의해 파견된 것으로, 그리스 국가와 공식적인 관계를 맺고 있던 유일한 부대였다.
34 페니키아의 그리스어 이름.
35 1권 3장 7절 참조.

(9) 그는 이렇게 말했다. 헬라스인들은 퀴로스의 고결한 마음을 알게 되자, 전에는 내륙으로 행군하는 것에 다소 낙담하던 자들조차도 더 기꺼이 더 열심히 함께 행군했다.

그러고 나서 퀴로스는 나흘 동안 20파라상게스를 행군해서 칼로스 강에 도착했다. 그 강의 너비는 1플레트론이고, 그 물속에는 크고 순한 물고기들이 우글거렸다. 쉬리아인들은 이 물고기들을 신(神)으로 여기고는 해치지 못하게 했다, 비둘기와 마찬가지로.[36] 부대들이 진을 친 마을들은 파뤼사티스 소유였는데, 이 마을들이 그녀의 허리띠 비용을 감당하도록 그녀에게 주어졌기 때문이다.[37] (10) 그곳을 뒤로하고 퀴로스는 닷새 동안 30파라상게스를 행군해 너비가 1플레트론인 다르다스강의 수원(水源)에 도착했다. 그곳에는 쉬리아의 전(前) 통치자 벨레쉬스의 궁전과, 사계절 온갖 과일이 열리는 크고 아름다운 정원이 있었다. 퀴로스는 공원의 나무를 베어버리고 궁전을 불태워버리게 했다.

(11) 그곳을 뒤로하고 그는 사흘 동안 15파라상게스를 행군해 에우프라테스강에 닿았다. 그 너비는 4스타디온이었다. 강가에는 탑사코스라는 번성하는 대도시가 자리 잡고 있었다. 그들은 그곳에서 닷새를 머물렀다. 이때 퀴로스는 헬라스인들의 장군들을 불러놓고, 이번에 그들은 대왕을 치러 바빌론으로 행군하고 있으니 이를 알리고 군사들이 따르도록 설득하라고 명령했다. 그래서 장군들이 회의를 소집하고 이를 알렸다.

(12) 그러자 군사들이 화를 내며, 장군들은 벌써 오래전에 알고 있었으면서도 이를 은폐했다고 주장했다. 또한 그들은 전에 그것도 싸우기 위해서가 아니라 퀴로스의 아버지가 퀴로스를 불렀기 때문에 그와 함께 내륙으로 행군했던 군사들과 똑같은 급료를 지급하지 않으면 가지 않겠다고 했다. (13) 장군들이 이를 퀴로스에게 보고하자, 그는 그들이

바빌론에 도착하면 각자에게 은화 5므나를 주고, 그가 헬라스인들을 이오니아로 도로 데려다줄 때까지 그들의 급료를 전액 지급하겠다고 약속했다.[38] 그러자 대부분의 헬라스인들은 이 약속에 설득되었다.

그런데 메논은 나머지 군사들이 어떻게 할 것인지, 즉 퀴로스를 따를 것인지 아닌지 확실해지기 전에 자신의 군대를 따로 모아놓고 다음과 같이 말했다. (14) "전우들이여, 여러분이 내 말을 듣겠다면 위험에 처하거나 힘들이지 않고도 퀴로스에게 다른 군사들보다도 더 우대받게 될 것이오. 내가 여러분에게 어떤 일을 시킬 것이냐고요? 지금 퀴로스는 헬라스인들이 자기를 따라 대왕을 치러 가기를 간청하고 있소. 그래서 내 계획인즉, 다른 헬라스인들이 퀴로스에게 어떤 대답을 할 것인지 밝혀지기 전에, 여러분이 에우프라테스강을 건너야 한다는 것이오.

(15) 만약 그들이 그를 따르기로 투표한다면, 여러분이 맨 먼저 강을 건넜으니 도강(渡江)은 여러분의 공로로 간주될 것이오. 그러면 퀴로스는 여러분을 자신의 일에 가장 열성적인 자들로 여기고는 고마움을 느끼고 또 표시할 것이오. 그런 일이라면 그가 누구 못지않게 잘 알고 있기 때문이오. 한편 나머지 군사들이 그를 따르지 않기로 투표한다면, 우리는 모두 되돌아가겠지만, 그는 여러분을 유일하게 복종했던 가장 믿음직한 자들로서 수비대장[39]이나 부대장으로 쓰게 될 것이오. 그리고 여러분은 그 밖에 무엇을 원하든, 내가 알기로 퀴로스는 여러분의 친구인

---

36 전설에 따르면, 시리아 여신 데르케토(Derketo)는 물고기로, 그녀의 딸 세미라미스(Semiramis)는 비둘기로 변신했다고 한다.
37 페르시아 왕비들은 왕에게서 특정 지역을 하사받아 그곳에서 생기는 수입을 개인 용도로 사용했다.
38 용병들은 전쟁이 끝나면 대개 고향으로 돌아갔는데, 귀향하는 데 걸리는 날수에 대해서는 따로 급료가 지급되지 않았다고 한다.
39 비교적 수월한 근무에 속한다.

만큼, 그에게서 그것을 얻게 될 것이오."

(16) 이 말을 듣고 그들은 설득되어 다른 군사들이 대답하기 전에 강을 건너기 시작했다. 퀴로스는 그들이 강을 건넜다는 것을 알고는 마음이 흐뭇하여 통역 글루스를 부대에 보내 전하게 했다. "전사들이여, 나는 지금 여러분을 칭찬하고 있으며 여러분도 나를 칭찬하도록 배려할 것이오. 그러지 않는다면 나를 더이상 퀴로스로 여기지 마시오!"

(17) 그리하여 군사들은 큰 희망을 품고 퀴로스가 성공하기를 기원했으며, 한편 그는 메논에게 큰 선물을 보냈다고 한다. 그러고 나서 퀴로스가 강을 건너기 시작하자 나머지 군사들도 모두 그를 따랐다. 그리고 강을 건널 때 강물에 가슴 위까지 젖는 사람은 아무도 없었다. (18) 탑사코스 주민들은 이 강이 전에는 걸어서 건널 수 있었던 적이 한 번도 없었고 배를 타야만 건널 수 있었다고 말했다. 그래서 아브로코마스는 먼저 행군하며 퀴로스가 강을 건너지 못하도록 배들을 불태우게 했던 것이다. 따라서 신의 섭리에 의해, 왕이 되도록 정해져 있는 퀴로스 앞에서 강물이 뒤로 물러섰음이 분명한 것 같았다.

(19) 그곳을 뒤로하고 퀴로스는 쉬리아를 지나 9일 동안 50파라상게스를 행군해 아락세스강에 도착했다. 그곳에는 곡식과 포도주가 풍족하게 나는 마을이 많았는데, 그들은 사흘을 머무르며 그곳에서 식량을 준비했다.

제 5 장

(1) 그곳을 뒤로하고 퀴로스는 에우프라테스강을 오른쪽에 끼고 아라비아의 황무지를 지나 닷새 동안 35파라상게스를 행군했다. 이 지역은 땅이 평평하고 바다처럼 반반했으며 쑥이 무성하게 자라는 지역이었다. 그 밖에도 그곳에서 자라는 관목이나 갈대류는 모두 향신료처럼 향기가 났다.

(2) 나무는 한 그루도 없었으나, 온갖 야생동물과 아주 많은 수의 야생 당나귀와 수많은 타조가 있었고, 그 밖에 느시[40]와 영양도 있었다. 이들 야생동물을 기병들이 가끔 추격해보려 했다. 당나귀는 누가 추격하면 앞에서 뛰다가 멈춰 서곤 했다. 당나귀가 말보다 훨씬 빨랐기 때문이다. 그러다가 말이 다가오면 다시 같은 짓을 되풀이했다. 기병들이 간격을 두고 늘어섰다가 번갈아 사냥하지 않고서는 당나귀를 잡는다는 것은 불가능했다. 잡힌 녀석들의 고기는 사슴고기와 비슷했으나 더 연한 편이었다. (3) 타조를 잡은 사람은 아무도 없었다. 타조를 추격하던 사람들은 금세 포기했다. 왜냐하면 타조는 발로 달릴 뿐 아니라 날개로 몸을 들어올려 날개를 돛처럼 사용함으로써 금세 추격자에게서 멀어졌기 때문이다. 그러나 느시는 누가 갑자기 날아오르게 하면 잡을 수 있었다. 느시

---

40 나는 모습이 기러기와 비슷한 새로, 몸길이가 1미터에 가깝다.

는 자고처럼 조금밖에 날지 못하고 금세 지치기 때문이다. 느시 고기는 맛이 썩 좋았다.

(4) 그들은 이 지역을 행군해서 마스카스강에 도착했다. 그 너비는 1플레트론이었다. 그곳의 황무지에는 코르소테라는 대도시가 있었는데, 마스카스강이 그곳을 빙 둘러싸고 있었다. 그들은 사흘을 머무르며 그곳에서 식량을 준비했다. (5) 그곳을 뒤로하고 퀴로스는 에우프라테스강을 오른쪽에 끼고 황무지를 지나 13일 동안 90파라상게스를 행군해 퓔라이에 도착했다. 이 행군 기간에 짐 나르는 가축들이 많이 굶어 죽었다. 그곳에는 풀이나 나무가 아무 데도 자라지 않고, 나라 전체가 벌거숭이였기 때문이다. 그 고장 주민들은 강둑에서 잘라낸 맷돌들을 가공하여 바뷜론에 내다 팔고는 그것으로 곡식을 사 생계를 꾸려나갔다.

(6) 그곳에서 군대의 식량이 떨어졌다. 그래서 그들은 퀴로스의 비헬라스인 부대에 소속된 뤼디아인들[41]의 시장에서 밀가루나 보릿가루를 한 카피테에 4시글로스[42]씩 주고 사는 수밖에 없었다. 시글로스는 7과 2분의 1앗티케 오볼로스의 값어치가 있고, 1카피테는 2앗티케 코이닉스의 용량이었다.[43] 그런 이유로 군사들은 계속 육식(肉食)을 할 수밖에 없었다.[44] (7) 그리고 퀴로스는 이 행군 기간 동안 물 있는 곳이나 꼴 있는 곳에 도착하고 싶을 때면 먼 거리를 행군하게 하곤 했다.

한번은 수레들이 통과하기 어려운 좁은 늪지대가 나타나자 퀴로스는 가장 고귀하고 가장 부유한 수행원들과 함께 멈춰 서더니 글루스와 피그레스에게 비헬라스인들의 군대에서 몇 명을 데려가 수레들을 함께 끌어내라고 명령했다. (8) 그러나 그들의 작업이 느려 보이자, 그는 화가 난 듯 주위의 가장 고귀한 페르시아인들에게, 함께 거들어 수레를 빨리 끌어내라고 명령했다. 그리고 그때 사람들은 훌륭한 교육의 본보기를 볼 수 있었다. 그들은 서 있던 자리에서 자포(紫袍)를 벗어던지고는 값비

싼 키톤과 다채로운 바지를 입은 채, 심지어 그중 몇 명은 목에 목걸이를 걸고 팔에 팔찌를 낀 채 마치 경주하듯 매우 가파른 언덕 아래로 뛰어내려갔다. 그러고는 이런 장신구를 걸친 채 당장 늪 속으로 뛰어들더니 예상외로 빨리 수레들을 들어올려 밖으로 들어내는 것이었다.

(9) 대체로 퀴로스는 행군을 서둘렀고, 식량 준비나 그 밖의 다른 불가피한 목적을 위해 멈춰 설 때 말고는 지체하지 않는 것 같았다. 그는 자신이 빨리 행군할수록 그만큼 덜 준비된 대왕과 싸우게 되겠지만, 느리게 행군할수록 그만큼 더 많은 군대가 대왕에게 모이게 되리라고 생각했던 것이다. 누구든 유심히 살펴보면, 대왕의 왕국은 넓은 영토와 많은 인구에 강점이 있고, 누가 기습해올 경우 먼 거리와 군세의 분산에 약점이 있다는 것을 간파할 수 있을 것이다.

(10) 에우프라테스강 건너편 황량한 늪지대에는 카르만데라는 번성하는 대도시가 있었다. 그곳에서 군사들은 식량을 구입했는데, 그들은 다음과 같은 방법으로 뗏목을 타고 강을 건넜다. 그들은 막사의 덮개로 갖고 다니던 가죽들을 건초로 채운 다음 접어서 건초에 물이 닿지 않도록 꿰매 가지고, 이것들을 타고 건너가 식량이며 대추야자 술이며 기장빵을 구해왔던 것이다. 그곳은 기장이 아주 많이 나는 곳이었다.

(11) 그곳에서 메논의 군사 한 명과 클레아르코스의 군사 한 명이 무슨 일로 말다툼을 벌였는데, 클레아르코스는 메논의 군사가 잘못했다고 판단하고는 그를 몇 대 때려주었다. 그러자 그는 자신의 부대로 돌아가 이를 이야기했다. 그의 전우들은 이야기를 듣고 기분이 상했으며 클

---

41 뤼디아인들은 예부터 이름난 상인들이었다.
42 이 가격은 당시 아테나이의 통상적인 가격의 50배에 달한다고 한다.
43 부록의 '도량형 환산표'와 '화폐 단위' 참조.
44 당시 그리스인들은 육식을 많이 하지 않는 편이었다.

레아르코스에게 크게 분개했다. (12) 같은 날 클레아르코스는 도강(渡江) 지점까지 갔다가 그곳 상황을 시찰하고 나서 몇몇 수행원을 데리고 메논의 진영을 지나 말을 타고 자신의 막사로 돌아오고 있었다. 그리고 행군 중이던 퀴로스는 아직 도착하지 않았다. 그때 메논의 군사 한 명이 마침 장작을 패고 있다가 클레아르코스가 말을 타고 진영을 지나가는 것을 보고 그를 향해 도끼를 던졌다. 그자는 맞히지 못했으나, 다른 자가 클레아르코스를 향해 돌을 던졌고, 또 다른 자도 따라했다. 그러다가 함성이 일자 많은 자들이 따라했다.

(13) 클레아르코스는 자신의 부대로 돌아가 즉시 무장하도록 지시했다. 그는 자신의 중무장보병들에게 방패를 무릎에 기댄 채[45] 대기하라고 명령해놓고, 그 자신은 트라케인들과 기병을—그의 부대에는 40명 이상의 기병이 있었는데, 이들도 대부분 트라케인들이었다—이끌고 메논의 부대로 갔다. 그러자 메논 자신과 그의 부하들은 크게 놀라 무기를 가지러 달려갔다. 비록 그중 일부는 이런 사태를 당해 어찌할 바를 몰라 우두커니 서 있었지만. (14) 프록세노스는 마침 자신의 중무장보병 지대(支隊)를 이끌고 뒤늦게 다가오다가 즉시 양편 사이의 공터로 군사들을 인솔해가서 무장한 채 멈춰 서게 하고는 클레아르코스에게 계획을 포기하라고 간청했다. 그러나 클레아르코스는 자신이 하마터면 돌에 맞아 죽을 뻔했는데 그가 자신이 당한 일을 가볍게 이야기하는 것에 화가 나 그에게 중간에서 물러나라고 명령했다.

(15) 그 순간 퀴로스가 도착해 사건의 전말을 듣고는 즉시 자신의 투창을 양손에 집어 들고 마침 그곳에 있던 자신의 심복들을 데리고 중간 지점으로 말을 타고 들어가서 다음과 같이 말했다. "클레아르코스와 메논과 이 자리에 있는 다른 헬라스인들이여, 여러분은 자신이 무슨 짓을 하고 있는지 잘 모르고 있소. 여러분이 서로 싸우게 된다면, 나는 오늘

중으로 베어지고 여러분도 그다지 머지않아 그렇게 되리라는 것을 알아두시오. 왜냐하면 우리 사정이 나빠지면, 여러분이 보고 있는 이들 비헬라스인은 모두 대왕과 함께하는 자들보다 더 우리에게 적대감을 품게 될 것이기 때문이오." (16) 클레아르코스는 이 말을 듣고서 정신을 차렸다. 그리하여 양편은 싸움을 그만두고 막사로 돌아가 무기들을 제자리에 갖다놓았다.

45 필요할 때 언제든지 출동할 수 있도록.

제 6 장

(1) 그곳을 뒤로하고 그들이 앞으로 나아갔을 때 그들 앞으로 말들의 발자국과 배설물이 계속 눈에 띄었다. 대략 2천 필의 말이 지나간 자국으로 보였고, 이 기병대는 전진하면서 꼴과 그 밖에 쓸 만한 것은 무엇이든 불태우는 것처럼 보였다. 이때 대왕의 친척으로 군사(軍事)에 관한 한 페르시아인들 중 제일인자에 속하는 것으로 간주되던 오론타스라는 페르시아인이 퀴로스에게 음모를 꾸몄다. 그는 전에도 퀴로스와 전쟁을 한 적이 있으나 다시 화해했던 것이다. (2) 이자가 퀴로스에게 말하기를, 만약 자기에게 기병 1천 명을 내주면 매복해 있다가 앞에서 불을 지르는 이 기병대를 죽이거나 그들 중 다수를 생포하여 그들이 앞서가며 불 지르는 것을 막을 것이며, 또 그들이 퀴로스의 군대를 봤다고 대왕에게 보고하는 일이 결코 없도록 하겠다고 했다. 퀴로스는 이 계획을 듣고 쓸 만하다 싶어 그에게 각각의 기병대장에게서 파견대를 받으라고 명령했다.

(3) 그러자 오론타스는 기병대가 확보되었다고 믿고 대왕에게 가겠다며 서찰을 썼고, 자기를 친구로 받아들이도록 대왕의 기병대에 지시해놓도록 부탁했다. 그 서찰에는 또 이전의 우정과 충성에 관한 언급도 포함되어 있었다. 그는 이 서찰을 자기에게 충성을 다한다고 생각되는 자에게 주었다. 그러나 이자는 그 서찰을 받아 퀴로스에게 넘겨주었다.

(4) 퀴로스는 서찰을 읽고 나서 오론타스를 체포하게 하고 자신의 수행

원 가운데 가장 고귀한 페르시아인 7명을 자신의 막사로 소집하는 한편 헬라스인들의 장군들에게는 중무장보병을 인솔해와서 무장한 채 자신의 막사 주위에 배치하도록 명령했다. 그러자 헬라스인들의 장군들은 명령에 따라 약 3천 명의 중무장보병을 인솔해왔다.

(5) 퀴로스는 클레아르코스도 조언자로 불러오게 했다. 퀴로스 자신과 다른 페르시아인들은 그가 다른 헬라스인들보다도 더 존경받는 것으로 여겼던 것이다. 클레아르코스는 나와서 오론타스의 재판이 어떻게 진행되었는지 전우들에게 보고했다. 재판은 비밀이 아니었기 때문이다. 그의 말에 따르면, 퀴로스는 다음과 같이 말문을 열었다.

(6) "친구들이여, 내가 여러분을 이리로 부른 것은 내가 여러분과 의논해 여기 있는 이 오론타스와 관련해 신들과 인간들이 보기에 옳은 일을 행하기 위함이오. 처음에 내 선친께서 이자를 내 신하로 주셨소. 그 뒤 이자는 자신의 말에 의하면 내 형님의 명령에 따라 사르데스의 성채를 차지하고는 내게 전쟁을 걸어오기 시작했소. 그러나 나는 그와 맞서 싸워 그가 나와의 전쟁을 그만두는 것이 상책이라고 믿게 만들었고, 그리하여 나는 그와 우정의 악수를 주고받았소. 그 뒤"라고 그는 말을 이었다. "오론타스여, 내가 그대에게 부당한 짓을 한 적이 있는가?" "없습니다"라고 오론타스가 대답했다.

(7) 다시 퀴로스가 물었다. "시인하다시피 그대는 내게서 어떤 부당한 짓도 당하지 않았건만 훗날 뮈시아인들에게로 탈주해 내 나라에 가능한 온갖 해코지를 하지 않았던가?" 오론타스는 그렇다고 시인했다. "그대는 자신이 무력하다는 것을 알았을 때 아르테미스 여신의 제단[46]을 찾아와 후회한다고 말하고는, 나를 설득해 또다시 나와 언질을 주고

---

[46] 에페소스에 있던 유명한 아르테미스 신전을 말한다.

받지 않았던가?" 오론타스는 그것도 시인했다. (8) "그렇다면 그대는 내게서 어떤 부당한 짓을 당했기에"라고 퀴로스가 말을 이었다. "이번에 세 번째로 내게 음모를 꾸미다가 발각되었단 말인가?" 오론타스가 아무런 부당한 짓을 당하지 않았다고 말하자 퀴로스가 물었다. "그렇다면 그대는 내게 부당한 짓을 했다는 것을 시인하는가?" "그렇습니다. 시인하지 않을 수 없으니까요"라고 오론타스가 말했다. 그러자 퀴로스가 다시 물었다. "그렇다면 그대는 앞으로 내 형님에게는 적이 되고 나에게는 충실한 친구가 될 수 있겠는가?" "퀴로스여, 내가 그렇게 한다 해도"라고 그자는 대답했다. "그대는 다시는 나를 믿지 않을 겁니다."

(9) 그러자 퀴로스가 그 자리에 있던 사람들에게 말했다. "이자의 행동은 그러했고, 이자의 말은 지금 이러하오. 자, 클레아르코스여, 그대가 여러분 중에 맨 먼저 의견을 말해보시오." 클레아르코스가 말했다. "내 조언은 이자를 되도록 빨리 제거하라는 것입니다. 우리가 더이상 이자를 감시할 필요 없이 이자에게서 놓여나 자진해 친구가 되어주는 자들에게 은혜를 베풀 수 있도록 말입니다." (10) "이 의견에"라고 클레아르코스가 말을 이었다. "다른 사람들도 동의했습니다."

그러자 퀴로스의 명령에 따라 모두들, 심지어 오론타스의 친척들조차도 자리에서 일어나 그가 사형선고를 받았다는 표시로 그의 허리띠를 잡았다. 그러자 위임받은 자들이 그를 끌고 나갔다. 그러자 전에 그에게 충성하던 자들이 그를 보고는 그가 죽음으로 끌려가는 줄 알면서도 이때에도 그에게 부복(俯伏)했다. (11) 그가 퀴로스의 대신들 가운데 가장 충성스러운 아르타파테스의 막사로 끌려간 뒤 살아 있거나 죽은 오론타스를 본 사람은 아무도 없었다. 그가 죽었다고 확실히 말할 수 있는 사람은 아무도 없었고, 추측만 무성할 뿐이었다. 그의 무덤 또한 발견되지 않았다.

제 7 장

(1) 그곳을 뒤로하고 퀴로스는 바뷜로니아 지방을 지나 사흘 동안 12파라상게스를 행군했다. 세 번째 휴식처에 이르러 그는 한밤중에 평야에서 헬라스인들과 비헬라스인들을 사열했는데, 다가오는 새벽에 대왕이 군대를 이끌고 싸우러 올 거라고 믿었기 때문이다. 퀴로스는 클레아르코스에게 오른쪽 날개를, 텟살리아 출신 메논에게 왼쪽 날개를 지휘하도록 명령하고, 그 자신은 자신의 부대들을 정렬시켰다. (2) 사열이 끝난 뒤 날이 새자마자 대왕에게서 떠난 탈주병들이 와서 퀴로스에게 대왕의 군대에 관해 보고했다.

퀴로스는 헬라스인들의 장군들과 대장들을 불러 모아놓고 어떻게 싸울 것인지 의논하는 한편, 다음과 같은 말로 그들을 고무하고 격려했다. (3) "헬라스의 전사들이여, 나는 비헬라스인들이 부족해 여러분을 동맹군으로서 이리로 데려온 것이 아니오. 나는 여러분이 수많은 비헬라스인들보다 더 용감하고 더 강하다고 믿고 있고, 그래서 여러분을 데려온 것이오. 그러니 여러분은 자신들이 향유하고 있고 그 때문에 내가 여러분을 축하하는 그 자유(自由)에 걸맞은 전사들이 되어주시오. 여러분은 내가 내 모든 부(富)보다 자유를 몇 배나 더 선호할 거라고 믿어도 좋소. (4) 여러분이 어떤 싸움 속으로 들어가고 있는지 여러분도 알도록, 알고 있는 내가 말해두겠소. 우리의 적들은 다수인 데다 우렁찬 함성을 지르며 다가올 것이오. 그러나 여러분이 이것만 버텨낸다면, 그 밖에는 나로서는 부끄러운 일이지만 여러분은 아마 이 나라 백성들이 어떤 겁쟁이들인지 잘 알게 될 것이오. 그러나 여러분이 남자답게 행동해 내 거사가 성공하면, 나는 여러분 가운데 누구든 고향에 돌아가기를 원하는 자는 고향에 돌아갔을 때 고향에 있는 사람들에게 부러움을 사도록 해줄 것이오. 하지만 여러분 중에 많은 사람들이 아마도 고향에서 살기보다는 나와 함께 살기를 원하게 될 것이오."

(5) 그러자 사모스의 망명자로 퀴로스의 신하가 된 가울리테스가 그 자리에 있다가 말했다. "하지만 퀴로스여, 더러는 그대가 위급한 상황에 처해 있으니까 많은 것을 약속하지만, 거사가 일단 성공하고 나면 그것을 기억하지 못할 거라고 말하고 있소. 그리고 더러는 그대가 설사 기억하고 그렇게 하기를 원한다 해도 약속한 것을 다 지킬 수 없을 것이라 말하고 있소."

(6) 이 말을 듣고 퀴로스가 말했다. "오오, 전사들이여! 내 아버지의 영토는 남쪽으로는 사람들이 더워서 살 수 없고, 북쪽으로는 추워서 살 수 없는 곳까지 이르고 있소. 그 중간에 놓여 있는 모든 나라를 내 형님의 친구들이 태수로 다스리고 있소. (7) 만약 우리가 승리하면 나는 내 친구들이 이 나라들을 지배하게 할 것이오. 그러니까 나는 거사가 성공할 경우 친구들에게 빠짐없이 줄 수 있을 만큼 충분히 갖지 못할까 염려하는 것이 아니라, 나눠줄 친구를 충분히 갖지 못할까 염려하는 중이라오. 그리고 그대들 헬라스인에게는 각자에게 금관(金冠)을 하나씩 따로 줄 것이오."

(8) 그들은 이러한 말을 듣고 자신들도 훨씬 더 전의에 넘쳤거니와 다른 헬라스인들에게도 이 소식을 전했다. 그러자 다른 헬라스인들의 장군들도 퀴로스를 찾아가 승리하게 될 경우 자신들에게 무엇이 주어질

것인지 알려달라고 했다. 그러자 그는 그들 모두의 기대를 충족시킨 다음 돌려보냈다. (9) 퀴로스와 환담을 나눈 자들은 하나같이 그에게 전투에 참가하지 말고 자기들 뒤에 정렬해 있으라고 권했다. 이 기회에 클레아르코스는 퀴로스에게 다음과 같은 질문을 했다. "퀴로스여, 그대는 그대의 형이 그대와 싸울 거라고 믿으십니까?" "제우스께 맹세코, 그야 물론이지요"라고 퀴로스가 말했다. "그가 진실로 다레이오스와 파뤼사티스의 아들이고 내 형님이라면, 나는 싸우지 않고는 그 모든 것을 얻지 못할 것이오."

(10) 이때 부대들을 완전무장한 채 정렬시키자, 헬라스인들의 수는 중무장보병이 1만 4백 명이고 경방패병이 2천5백 명이었다. 한편 퀴로스 휘하의 비헬라스인들의 수는 10만 명이고, 낫을 단 전차가 20대쯤 있었다. (11) 적군은, 보고에 따르면, 그 수가 120만 명이고 낫을 단 전차가 2백 대였다. 그 밖에도 기병 6천 명이 있었는데, 이들은 대왕 바로 앞에 배치되었다. (12) 그리고 대왕의 군대에는 장군이 네 명 있어 각자 30만 명씩 지휘했는데, 아브로코마스 · 팃사페르네스 · 고브뤼아스 · 아르바케스가 그들이다. 이 가운데 90만 명과 낫을 단 전차 150대만이 전투에 참가했으니, 아브로코마스는 포이니케에서 출발해 전투가 끝나고 닷새 뒤에야 도착했기 때문이다. (13) 전투가 시작되기 전에 대왕에게서 탈주해온 자들이 퀴로스에게 그렇게 보고했다. 그리고 전투가 끝난 뒤 적군 중 포로가 된 자들도 똑같은 보고를 했다.

(14) 그곳을 뒤로하고 퀴로스는 헬라스군과 비헬라스인들의 군대를 모두 이끌고 전투 태세를 갖춘 채 하루 동안 3파라상게스를 행군했다. 그는 대왕이 이날 중으로 전투를 개시할 것으로 믿었던 것이다. 이날의 행군 중로(中路)에 깊은 도랑이 파여 있었는데, 너비가 다섯 길(orgyia)이요 깊이가 세 길이었다. (15) 이 도랑은 평야를 지나 12파라상게스쯤

내륙으로 뻗다가 메디아의 성벽에 닿아 있었다. [이곳에는 또 티그리스강에서 발원하는 운하가 네 개 있는데, 그 너비가 각각 1플레트론이고 매우 깊어 곡물 운반선들이 그 위를 지나다닌다. 이 운하들은 에우프라테스강으로 흘러들고, 서로 1파라상게스씩 떨어져 있으며, 그 위에는 다리들이 놓여 있다.] 그리고 에우프라테스강을 따라 강과 도랑 사이에 좁은 통로가 나 있었는데, 너비가 20푸스쯤 되었다. (16) 이 도랑은 대왕이 퀴로스가 진군해온다는 것을 알고 요새 대신 파게 한 것이다. 퀴로스와 그의 군대는 이 통로를 통과하여 도랑 건너편에 가 있었다.

(17) 이날 대왕은 싸움에 응하지 않았고, 후퇴하는 인마(人馬)의 발자국만 수없이 눈에 띄었다. (18) 그래서 퀴로스는 암프라키아 출신 예언자 실라노스를 부르더니 그에게 3천 다레이코스를 주었다. 왜냐하면 열흘 전에 그가 제물을 바치며 대왕은 앞으로 열흘 안에는 싸우지 않을 거라고 퀴로스에게 말하자, 퀴로스가 그에게 "그는 열흘 안에 싸우지 않으면 전혀 싸우지 않을 거요. 하지만 그대의 예언이 사실로 드러나면 나는 그대에게 10탈란톤을 약속하겠소"라고 말했기 때문이다. 그래서 퀴로스는 열흘이 지나자 이 돈을 그에게 주었던 것이다.

(19) 대왕이 도랑에 나타나 퀴로스의 군대가 통과하는 것을 제지하지 않자 퀴로스와 그 밖의 다른 사람들은 대왕이 싸울 생각이 없는 줄 알았다. 그래서 이튿날 퀴로스는 좀 소홀하게 행군을 계속했다. (20) 그리고 사흘째 되던 날 그는 자신의 전차에 앉아 행군했는데, 그의 앞에는 소수의 군사만 전열을 갖추고 있었을 뿐 대부분의 군사는 무질서하게 행군했으며, 군사의 무구들도 대부분 사륜거나 짐 나르는 가축에 실려 운반되었다.

제 8 장

(1) 시장이 붐빌 시간이 되고[47] 퀴로스가 쉬고자 했던 휴식처가 가까워졌을 때, 퀴로스의 심복 가운데 한 명인 페르시아인 파테귀아스가 땀에 젖은 말을 힘껏 달려 나타나더니, 만나는 사람마다 대뜸 비헬라스인들의 말과 헬라스 말로 대왕이 전투 태세를 갖춘 채 대군을 이끌고 오고 있다고 소리쳤다. (2) 큰 혼란이 일어났다. 왜냐하면 헬라스인들과 그 밖의 다른 사람들은 자신들이 질서를 갖추기 전에 당장 대왕의 공격을 받게 되리라 믿었기 때문이다.

(3) 퀴로스는 전차에서 뛰어내려 흉갑을 입고 말에 올라 양손에 창을 쥐더니 다른 사람들도 모두 완전무장하고 각자 자기 위치로 가라고 명령했다. (4) 그러자 그들이 급히 서둘러 자기 자리로 가니, 클레아르코스는 에우프라테스 강가에 있던 헬라스군의 오른쪽 날개를 맡고, 그 옆에는 프록세노스가, 그 옆에는 또 다른 자들이 포진했으며, 메논과 그의 군대는 헬라스군의 왼쪽 날개를 맡았다.

(5) 한편 비헬라스인들의 군대 가운데 약 1천 명의 파플라고니아 기병은 헬라스의 경방패병들과 마찬가지로 클레아르코스 옆의 오른쪽 날개에 포진했고, 왼쪽 날개에는 퀴로스의 부장(副將)인 아리아이오스

---

47 늦은 오전, 즉 오전 10시에서 정오 사이.

가 나머지 비헬라스인들의 군대와 함께 포진했으며, (6) 중앙에는 퀴로스와 6백 명쯤 되는 그의 기병이 포진했다. 이들은 흉갑과 넓적다리 가리개와 퀴로스 외에는 모두 투구로 무장하고 있었다. 그러나 퀴로스는 머리를 가리지 않고 싸움터로 들어갔다. [실제로 다른 페르시아인들도 대개 머리를 가리지 않은 채 전쟁의 위험을 무릅쓴다고 한다.] (7) 퀴로스와 함께하는 말들은 모두 이마 가리개와 흉갑을 차고 있었다. 기병은 헬라스의 단검(短劍)도 차고 있었다.

(8) 한낮이 되어도 적군은 여전히 나타나지 않았다. 오후가 되어서야 먼지 이는 것이 보였는데, 처음에는 흰 구름 같더니 시간이 조금 지나자 들판 위로 멀리 뻗어 있는 암흑 같았다. 적군이 점점 더 가까이 다가오자, 여기저기서 청동이 번쩍이더니 창들과 적군의 대열이 시야에 들어오기 시작했다. (9) 적군의 왼쪽 날개에는 흰 흉갑을 댄 기병이 포진해 있었는데, 이들은 팃사페르네스의 지휘를 받는다고 했다. 그다음에는 잔가지로 엮은 방패를 든 부대들이, 그다음에는 발까지 내려오는 나무 방패를 든 중무장보병이 포진해 있었는데, 이들은 아이귑토스인들이라고 했다. 그다음에는 기병들이, 그다음에는 또 궁수들이 다가왔다. 이 모든 부대들이 민족별로 나뉘어 각 민족이 견고한 방진(方陣)을 이룬 채 다가오고 있었다.

(10) 그들 앞에는 이른바 낫 전차들이 서로 상당한 거리를 유지한 채 다가오고 있었다. 거기에 달린 낫들은 차축에서 옆으로 뻗어나와 있었고, 차체 밑에 달린 것들은 땅을 향하고 있어 마주치는 것은 무엇이든 토막 내게 되어 있었다. 그 의도는 헬라스인들의 대열 속으로 달려들어가 대열을 토막 내는 것이었다. (11) 퀴로스는 앞서 헬라스인들을 불러 모아놓고 비헬라스인들의 고함 소리만 견뎌내면 된다고 격려한 적이 있었는데, 그는 이 점에서 잘못 생각한 것이다. 왜냐하면 비헬라스인들은

고함을 지르기는커녕 되도록 말없이 조용히 똑같은 보조로 천천히 다가왔기 때문이다.

(12) 이때 퀴로스가 통역 피그레스와 다른 사람 서너 명만 대동하고 전선을 따라 말을 달리며, 대왕이 적군의 중앙에 있으니 그곳으로 군대를 인솔하라고 클레아르코스에게 소리쳤다. "그리고 만약 우리가 그곳에서 승리하게 되면" 하고 그는 말했다. "우리의 과업은 다 이루어진 것이오." (13) 그러나 클레아르코스는 적군이 중앙에 밀집해 있고 퀴로스한테서 대왕은 헬라스군의 왼쪽 날개 바깥쪽에 있다는 말을 들었지만—대왕은 자신의 중군을 지휘했는데도 군사가 하도 많아 헬라스군의 왼쪽 날개 바깥에 있었던 것이다—강에서 오른쪽 날개를 철수하고 싶지 않았으니, 그러다가는 양쪽으로 포위될까 두려웠던 것이다. 그래서 그는 퀴로스에게 일이 잘되도록 애쓰고 있다고 대답했다.

(14) 이때 대왕의 군대는 같은 보조로 앞으로 나아가고 있었으며, 헬라스군은 여전히 같은 곳에 멈춰 서서 아직도 다가오고 있는 부대들의 전열을 가다듬고 있었다. 그리고 퀴로스는 자신의 군대와 조금 떨어져 말을 달리며 적군과 우군의 양쪽을 살펴보고 있었다. (15) 그때 아테나이 출신 크세노폰[48]이 헬라스군 쪽에서 그를 보고는 만나러 다가가서 지시할 것이 있는지 물었다. 그러자 퀴로스가 말을 세우고는 제물로 바친 가축들도 전조(前兆)[49]도 모두 좋았노라고 모든 사람들에게 전하라고 명령했다.

(16) 이렇게 말하는 동안 그는 고함 소리가 대열들 사이로 지나가는 것을 듣고 그것이 무슨 고함 소리인지 물었다. 크세노폰은 암호가 방금

---

48 이 책의 저자. 그는 언제나 자신에 관해 3인칭으로 말한다.
49 당시 그리스인들은 제물로 바친 가축의 간(肝)의 생김새를 보고 길흉을 점치곤 했다.

두 번째로 지나가는 중이라고 대답했다. 퀴로스는 누가 암호를 냈는지 이상하게 여기며 암호가 무엇인지 물었다. "구원자 제우스와 승리의 여신"이라고 크세노폰이 대답했다. (17) 그러자 이 말을 듣고 퀴로스가 말했다. "좋소. 받아들일 터이니 그대로 시행하시오." 이렇게 말하며 그는 말을 타고 자기 자리로 돌아갔다.

어느새 양쪽 전열이 서로 3, 4스타디온 정도로 가까워졌을 때 헬라스인들은 파이안[50]을 노래하며 적군을 향해 나아가기 시작했다. (18) 행군 도중 전열의 일부가 앞으로 물결치자 뒤에 처진 자들도 뛰기 시작했다. 그들은 동시에 에뉘알리오스[51]를 위해 지르는 그런 종류의 함성을 지르며 똑같이 달리기 시작했다. 그중 몇몇은 적군의 말들을 놀라게 할 양으로 창으로 방패를 쳤다고도 한다. (19) 그리하여 화살에 맞기도 전에 비헬라스인들은 피해 달아나기 시작했다. 그러자 헬라스인들이 힘껏 그들을 추격하며, 마구 뛰지 말고 전열을 유지한 채 추격하라고 서로 소리쳤다. (20) 마부 없는 전차들은 적군의 대열 사이로 질주했다. 하지만 헬라스인들의 대열 사이로 질주하는 것들도 더러 있었다. 헬라스인들은 전차들이 굴러오는 것을 볼 때마다 지나가도록 비켜주었다. 그러나 더러는 경마장에서 겁먹은 사람처럼 치이기도 했다. 그렇지만 이들도 부상당하지는 않았다고 했다. 그 밖에도 이 전투에서 헬라스인은 단 한 명도 다친 데가 없었다. 다만 왼쪽 날개에서 누군가 화살에 맞았다고 했다.

(21) 퀴로스는 헬라스인들이 맞서던 적군을 이기고 추격하는 모습을 보자 마음이 흐뭇했고, 수행원들에 의해 벌써 대왕으로 치하받았다. 그럼에도 그는 추격에 가담하지 않고 6백 명으로 구성된 자신의 기병대를 밀집시켜놓은 채 대왕이 어떻게 나오는지 지켜보고 있었다. 대왕이 페르시아군의 중앙을 차지하고 있다는 것을 알고 있었던 것이다. (22) 실제로 비헬라스인들의 장군들은 모두 중앙에서 자신들의 부대를 지휘

했는데, 그것은 그들 양쪽에 병력이 있어서 거기가 제일 안전하거니와, 또 명령을 하달하고 싶을 때 군대가 반(半)도 안 되는 시간에 명령을 듣게 되리라고 믿었기 때문이다. (23) 그래서 그때 대왕도 자기 군대의 중앙을 차지하고 있었으나, 퀴로스군의 왼쪽 날개 바깥쪽에 서 있게 되었다. 그래서 맞은편에서 아무도 그에게 또는 그 앞에 정렬해 있는 부대들에 싸움을 걸지 않았으므로 대왕은 적군을 포위하려는 듯 자신의 대열을 선회시켰다.

(24) 그러자 퀴로스는 대왕이 헬라스군의 배후를 공격해 이를 토막 내지 않을까 두려워 그를 향해 돌진했다. 퀴로스는 자신의 6백 명으로 공격을 감행하여 대왕 앞에 배치된 군사들을 이기고 6천 명을 패주시켰다. 그리고 이때 그는 그들의 지휘관 아르타게르세스를 손수 죽였다고 한다. (25) 그러나 그들이 패주하기 시작하자 퀴로스의 6백 명도 급히 추격하느라 뿔뿔이 흩어지고 그의 주위에는 극소수만 남았는데, 그들은 주로 이른바 그의 '식탁 친구들'이었다. (26) 이들에 둘러싸여 있던 퀴로스는 대왕과 그를 둘러싸고 있던 밀집부대를 발견하자 갑자기 자제력을 잃고, "저자가 저기 보이는구나"라고 소리치며 돌진해가서는 가슴을 쳐서 흉갑을 뚫고 상처를 입혔다. 의사 크테시아스[52]의 보고에 따르면 그러하다. 크테시아스는 또 자신이 그 상처를 치료해주었다고 덧붙였다.

(27) 그러나 퀴로스가 타격을 가하는 동안, 누가 투창으로 그의 눈 밑을 세게 쳤다. 그러자 대왕과 퀴로스와 그들을 에워싼 자들이 각자 주

---

50 파이안(paian)은 그리스인들이 전투 개시 전에 부르던 군가이다.
51 전쟁의 신 아레스(Ares)의 별명.
52 크테시아스는 카리아 지방 크니도스(Knidos) 시 출신으로 오랫동안 대왕의 시의(侍醫)로 있었다. 그는 『페르시아 역사』(*Persika*)라는 대작을 썼으나, 지금은 약간의 단편만 남아 있다.

인을 위해 싸웠다. 대왕을 에워싼 자들 가운데 얼마나 많은 자들이 죽었는지는 크테시아스가 보고한 바 있다. 그가 대왕 가까이에 있었기 때문이다. 한편 퀴로스 자신은 죽었으며, 그를 둘러싸고 있던 자들 중 가장 고귀한 8명이 그의 위에 누워 있었다.

(28) 퀴로스의 참모 가운데 가장 충성스러운 아르타파테스는 퀴로스가 쓰러지는 것을 보자 말에서 뛰어내려 그의 위에 쓰러졌다고 한다. (29) 어떤 사람들의 보고에 따르면 퀴로스의 시신 위에서 그를 죽이라고 대왕이 누군가에게 명령했다고 하고, 다른 사람들의 보고에 따르면 그가 자신의 단검을 빼어 자결했다고 한다. 아르타파테스는 황금 단검을 차고 다녔기 때문이다. 그는 또 가장 고귀한 페르시아인들처럼 목걸이와 팔찌와 다른 장신구도 차고 다녔다. 그는 자신의 호의와 충성으로 퀴로스에게 존경받았기 때문이다.

제 9 장

(1) 그렇게 퀴로스는 인생을 마감했다. 퀴로스와 친근히 지낸 것으로 여겨지는 사람들은 그가 대(大)퀴로스[53] 이후에 태어난 모든 페르시아인들 중에서 가장 왕답고 가장 통치할 자격이 있는 사람이라는 데에 누구나 다 동의했다. (2) 첫째, 그는 소년 시절 형과 그 밖의 다른 소년들과 함께 교육받는 동안 모든 소년들 중에서 모든 점에서 가장 탁월하다고 꼽혔기 때문이다. (3) 가장 고귀한 페르시아인들의 아들들은 다들 대왕의 궁전에서 교육받았기에 하는 말이다. 그곳에서는 예의범절을 충분히 배울 수 있고, 수치스러운 것은 들을 수도 볼 수도 없다. (4) 소년들은 대왕에 의해 명예가 높아지는 자들과 불명예를 당하는 다른 자들을 목격하게 되고, 또 그들에 관한 이야기를 들으며 자란다. 그리하여 소년들은 어려서부터 지배하는 법과 복종하는 법을 배우게 된다.

(5) 여기서 퀴로스는 우선 또래 중에서 가장 겸손하고, 자기보다 신분이 낮은 아이들보다도 선배들에게 더 순종하는 것으로 여겨졌다. 다음, 그는 가장 말[馬]을 사랑했고, 말 다루는 솜씨가 가장 뛰어났다. 그는 궁술이든 투창이든 전쟁에 관한 일이라면 가장 배우기를 좋아하고 가장 열성적인 것으로 여겨졌다. (6) 그 뒤 그럴 만한 나이가 되자 그는 사냥

---

[53] 페르시아 제국을 건설한 페르시아 왕(재위기간 기원전 559~529년).

을 좋아했고, 위험을 무릅쓰고 야수를 추격하는 것을 가장 좋아했다. 한번은 암곰의 공격을 받고도 도망치지 않고 맞잡고 싸우다가 말에서 끌려 내려오며 부상을 당한 적이 있었다. 그래서 흉터가 남았지만 결국 그는 그 암곰을 죽였다. 그리고 맨 먼저 그를 구하러 달려온 자를 그는 많은 사람들이 부러워하게 만들었다.

(7) 아버지에 의해 뤼디아와 대(大)프뤼기아와 캅파도키아의 태수로 파견되고, 카스톨로스 평야에 집결하게 되어 있는 모든 부대들의 사령관으로 임명되었을 때, 퀴로스가 맨 먼저 보여준 것은 누구와 조약 또는 계약을 맺거나, 누구와 무슨 약속을 하면 무슨 일이 있어도 그것을 어기지 않는 것을 가장 중요시한다는 것이었다. (8) 그래서 도시들은 그를 믿고 자신들을 그의 보호에 맡겼으며, 사람들도 그를 믿었다. 그리고 누가 퀴로스의 적(敵)일 경우, 퀴로스가 일단 그와 계약을 맺었다면 그 계약을 어기고 그를 해코지하지 않을 거라고 믿었다. (9) 그래서 퀴로스가 팃사페르네스와 전쟁을 하게 되었을 때, 밀레토스 이외의 모든 도시가 자진해 팃사페르네스 대신 퀴로스를 택했던 것이다.[54] 밀레토스인들이 그를 두려한 것은 그가 밀레토스의 추방자들을 결코 저버리려 하지 않았기 때문이다. (10) 퀴로스는 일단 그들의 친구가 된 이상, 설사 그들의 수가 줄고 형편이 더 어려워진다 해도 결코 그들을 저버리지 않을 것임을 말과 행동으로 거듭 보여주었기 때문이다.

(11) 또 한 가지 분명한 것은 퀴로스는 누가 자기를 이롭게 하거나 해롭게 할 때마다 그를 능가하려 했다는 것이다. 아닌 게 아니라 몇몇 사람들은 그가 자기를 이롭게 한 자들과 해롭게 한 자들에게 받은 것 이상으로 보답할 때까지 충분히 오래 살게 해달라고 기도하곤 하더라고 말했다. (12) 그래서 대부분의 사람들은 우리 시대의 어느 누구보다도 그에게 재산과 도시와 생명을 맡기려고 했다. (13) 반면 퀴로스가 악행을

저지른 자들과 불의한 짓을 저지른 자들이 자기를 비웃게 내버려두었다는 말은 어느 누구도 할 수 없으리라. 오히려 그는 그들을 무자비하게 응징했다. 그래서 가끔 한길에서 손이나 발이나 눈이 없는 자들을 볼 수가 있었다. 그리하여 퀴로스가 통치하는 곳에서는 헬라스인들이든 비헬라스인들이든 나쁜 짓을 저지르지만 않는다면, 가지고 다니는 것이 이로운 것이면 무엇이든 가지고 원하는 곳으로 안심하고 여행할 수 있었다.

(14) 퀴로스가 전쟁에 용감한 자들을 특히 존중했다는 데에는 모두들 동의했다. 처음에 그는 피시다이족 그리고 뮈시아인들과 전쟁을 했는데, 몸소 이 지역으로 원정대를 이끌었다. 그리고 누구든 자진해 위험을 감수하는 자들을 보면 그는 이들을 자신이 복속시킨 나라의 통치자로 삼았을 뿐 아니라, 나중에 또 다른 선물로 이들의 명예를 높여주었다. (15) 따라서 그는 분명 용감한 자들은 가장 행복한 자이고 비겁한 자들은 이들의 노예가 되어 마땅하다고 생각하는 것 같았다. 따라서 퀴로스에게는 그가 지켜보고 있다고 생각되는 곳에서는 어디서나 기꺼이 위험을 감수하는 자들이 부지기수였다.

(16) 또한 누가 정의에서 탁월하기를 바라는 것이 명백하다면, 그는 이런 사람을 불의한 이익을 탐하는 자들보다 더 풍요롭게 살 수 있도록 해주는 것이 가장 중요하다고 생각했다. (17) 그래서 그는 다른 많은 일도 올바르게 처리했거니와 믿음직한 군대를 갖게 되었던 것이다. 왜냐하면 급료를 바라고 배를 타고 그를 찾아온 장군들과 대장들은 퀴로스에게 충실히 봉사하는 것이 급료보다 더 이익이라는 것을 알기 때문이다. (18) 퀴로스는 자기가 시킨 일을 누가 성실히 수행하면 이러한 열성에 보답하지 않은 적이 없었다. 그래서 퀴로스는 무슨 일을 하든 가장 탁

---

54 1권 1장 7절, 2장 2절 참조.

월한 후원자들을 얻게 된다는 말을 들었던 것이다.

(19) 퀴로스는 또 누가 유능하고 올바른 행정가로서 그가 통치하는 나라를 잘 다스려 수입을 늘리는 것을 보면, 그에게서 빼앗기는커녕 거기에 더 많은 것을 얹어주곤 했다. 그 결과 그들은 기꺼이 노력했고 신뢰를 갖고 재산을 모았으며, 어느 누구도 자기가 획득한 것을 퀴로스에게 감추지 않았다. 그는 분명 드러난 부자들은 시샘하지 않고, 감추려는 자들의 재산을 이용하려 했기 때문이다.

(20) 퀴로스는 자기가 무슨 일을 하려 하든 유능한 협력자라고 판단되는 헌신적인 친구들은 모두 더없이 자상하게 보살펴준다는 데에 모두들 동의했다. (21) 그는 친구들이 필요하다고 믿었기 때문에, 말하자면 협력자들을 얻고자, 그 자신도 친구들이 저마다 원하리라 생각되는 일에 그들을 위해 최선의 협력자가 되고자 했다. (22) 선물이라면 이런저런 이유에서 그가 아마도 어느 누구보다도 더 많이 받았을 것이다. 그는 선물들을 주로 친구들에게 나누어주었는데, 이때 그는 각자의 성격과 개별적인 필요를 고려했다. (23) 사람들이 그에게 전쟁을 위해서든 단순한 장식을 위해서든 옷을 선물로 보내면, 그는 자기 몸을 이 모든 것으로 장식할 수 없으며, 그가 생각하기에는 아름답게 장식한 친구들이야말로 남자에게는 가장 위대한 장식이라고 말했다고 한다.

(24) 그가 베푼 선심의 크기가 친구들을 능가했다는 것은 놀랄 일이 못 된다. 그들보다는 그가 더 재력이 있었으니까. 그가 남을 배려하는 마음에서, 호의를 베풀겠다는 열성에서 친구들을 능가했다는 것이 내게는 더 감탄할 만하다고 생각된다. (25) 예컨대, 퀴로스는 아주 맛좋은 포도주가 생기면 가끔 반쯤 빈 항아리를 친구에게 보내며 다음과 같이 전하게 했다. "퀴로스께서 말씀하기를, 자기는 오랫동안 이보다 더 맛좋은 포도주를 구하지 못했기에 이것을 그대에게 보내니, 그대가 오늘 가장 사

랑하는 친구들과 함께 다 마시라고 하셨습니다." (26) 가끔 그는 거위 반 마리와 빵 반쪽 등등을 보내며 거기에 덧붙여 전달자로 하여금 다음과 같이 전하게 했다. "이것은 퀴로스께서 잡수시던 것이옵니다. 그분께서 그대도 이것들을 맛보기를 원하십니다." (27) 그리고 건초가 아주 귀한 곳에서는, 그가 많은 하인을 동원해 미리 건초를 마련할 수 있을 경우, 친구들에게 그걸 나누어주며 그들이 타고 다니는 말들에게 던져주어 말들이 배를 곯으며 그들을 태우고 다니는 일이 없도록 하라고 했다.

(28) 또한 퀴로스는 여행을 하게 되어 아주 많은 사람들의 눈에 띌 것이 예상되면, 자기가 어떤 사람들을 존중하는지 보여주려고 친구들을 불러와 진지하게 대화를 나누곤 했다. 그래서 내가 들은 바에 따라 판단하건대, 헬라스인이든 비헬라스인이든 그보다 더 많은 사람들의 사랑을 받은 이는 아무도 없었다. (29) 다음이 그 증거이다. 퀴로스는 신하[55]였지만 그에게서 대왕에게로 탈주한 자는 아무도 없었다. 오론타스만이 그렇게 하려고 시도했을 뿐이다. 그러나 이자도 자기에게 충성을 다한다고 믿었던 자가 자기보다는 퀴로스에게 더 헌신적이라는 것을 곧 알게 되었다. 그러나 두 사람이 적대하게 되었을 때 대왕에게서는 많은 자들이, 그것도 대왕이 존중했던 자들이 퀴로스에게로 탈주했다. 왜냐하면 그들은 자신들이 그럴 자격이 있다면 대왕보다는 퀴로스와 함께해야 더 많은 보답을 받게 되리라고 믿었기 때문이다.

(30) 그리고 그가 인생을 마감할 때 그에게 일어난 일은, 그는 자신도 고귀하지만 누가 자기에게 충성스럽고 헌신적이고 변함없는지 판단할 줄 알았다는 강력한 증거이다. (31) 왜냐하면 퀴로스가 죽었을 때 그

---

[55] 원어 doulos는 '노예'라는 뜻이다. 그리스인들은 전제군주, 특히 페르시아 왕의 신하들을 대개 '노예'라고 불렀는데, 왕 외에는 모두 왕의 노예로 보았기 때문이다.

를 둘러싸고 있던 친구들과 식탁 친구들은 모두 그를 위해 싸우다가 죽었기 때문이다, 아리아이오스 말고는. 이자는 기병대의 지휘관으로 왼쪽 날개에 포진하고 있다가, 퀴로스가 전사한 것을 알고는 휘하의 군대를 모두 이끌고 도망쳤던 것이다.

제10장

(1) 그리하여 퀴로스는 머리와 오른손이 절단되었다. 대왕은 아리아이오스를 추격하다가 퀴로스의 진영으로 쳐들어갔다. 그리고 아리아이오스와 그의 군사들은 더이상 버티지 못하고 자신들의 진영을 지나 자신들이 출발한 휴식처로 달아났는데, 그 거리는 4파라상게스였다고 한다. (2) 대왕과 그의 군사들은 다른 것도 많이 약탈했지만, 퀴로스의 첩(妾)으로 영리하고 아름답기로 소문난 포카이아 여인도 붙잡았다. (3) 그러나 그보다 더 젊은 밀레토스 여인은 대왕의 군사들에게 붙잡혔다가 속옷 바람으로, 무장을 하고 수송대를 지키던 헬라스인들에게로 달아났다. 헬라스인들은 저항하며 수많은 약탈자들을 죽였으나, 자신들도 일부는 전사했다. 그럼에도 이들은 밀레토스 여인과 그 밖에 자신들의 대열로 들어온 것은 재물이든 사람이든 모두 구해냈다.

(4) 이때 대왕과 헬라스인들은 30스타디온쯤 떨어져 있었는데, 헬라스인들은 자기들이 모든 적에게 이겼다고 믿고 자기들과 맞서던 부대들을 추격하는 중이었으며, 대왕과 그의 군사들은 자기들이 벌써 모두들 이긴 줄 알고 약탈하는 중이었다. (5) 그러나 결국 헬라스인들은 대왕과 그의 군대가 자신들의 수송대에 가 있다는 것을 알게 되고, 대왕은 팃사페르네스에게서 헬라스인들이 자기들과 맞서던 부대들을 이기고 앞으로 추격하는 중이라는 말을 들었다. 그러자 대왕은 자신의 군대를 모

아 전열을 갖추었고, 클레아르코스는 가장 가까이 있던 프록세노스를 불러놓고 구원하러 부대의 일부만 파견할 것인지 아니면 전원이 진영으로 돌아갈 것인지 의논했다.

(6) 이 순간 대왕이 다시 다가오는 것이 보였고, 보아하니 배후를 공격하려는 것 같았다. 헬라스인들은 돌아서서 대왕이 그 방향으로 다가올 경우를 대비해 그 공격을 막아낼 준비를 했다. 그러나 대왕은 그 방향으로 행군해오지 않고, 그가 퀴로스군의 왼쪽 날개 바깥쪽을 지날 때 통과한 길을 따라 되돌아오면서, 전투 중 헬라스인들에게로 탈주한 자들뿐 아니라 팃사페르네스와 그의 부대들도 이끌고 왔다. (7) 팃사페르네스는 첫 번째 조우(遭遇)에서 도망치지 않고 강을 따라 헬라스인들의 경방패병 사이를 지나갔기 때문이다. 그는 지나가며 아무도 죽이지 못했으나, 헬라스인들은 뒤로 물러서며 그들에게 타격을 가하고 투창을 던졌다. 암피폴리스 출신 에피스테네스가 경방패병을 지휘했는데, 신중하게 행동했다고 한다. (8) 아무튼 팃사페르네스는 크게 불리해지자 되돌아서지 않고 헬라스인들의 진영으로 가 거기에서 대왕과 만났다. 그리하여 그들은 전열을 갖추고 함께 행군해왔던 것이다.

(9) 그들이 헬라스군의 왼쪽 날개와 마주섰을 때, 헬라스군은 그들이 왼쪽 날개로 다가와 자기들을 협공하여 토막 내지 않을까 두려웠다. 그래서 그들은 왼쪽 날개를 철수시키고 강을 등지는 것이 상책이라고 생각했다. (10) 그들이 이 일을 의논하는 동안, 대왕은 벌써 그들 옆을 지나 처음 만나 싸울 때와 똑같은 모양으로 대열을 그들과 대치시켰다. 헬라스인들은 적이 전열을 갖추고 가까이 있는 것을 보자 이번에도 파이안을 노래하며 전보다 훨씬 더 자신만만하게 덤벼들었다. (11) 그러자 비헬라스인들은 이번에도 버티지 못하고, 지난번보다 더 큰 거리를 두고 달아났다. 헬라스인들은 마을[56]이 있는 데까지 추격하다가 그곳에 멈

취 섰다. (12) 마을 저쪽에 언덕이 하나 있었는데, 그곳에서 대왕의 군사들이 돌아섰기 때문이다. 그들은 이제 보병이 아니었고, 언덕은 기병으로 가득 차 있었다. 헬라스인들은 그 뒤에서 무슨 일이 일어나는지 알 수 없었다. 그들은 대왕의 징표인, 경방패 위에 새겨진 날개를 활짝 편 황금 독수리를 보았다고 주장했다.

(13) 그러나 헬라스인들이 그곳으로 나아가자 기병들도 언덕을 떠났는데, 함께 모여서 가는 것이 아니라 사방으로 뿔뿔이 흩어졌다. 그리하여 기병들이 언덕에서 자취를 감추기 시작하더니, 마지막에는 모두 가고 없었다. (14) 그래서 클레아르코스는 군대를 언덕으로 올려 보내지 않고 기슭에 세워두고는 쉬라쿠사이 출신 뤼키오스와 다른 사람 한 명을 언덕 위로 올려 보내며 언덕 위에서 무슨 일이 일어나는지 살펴보고 자기에게 보고하라고 지시했다. (15) 뤼키오스는 말을 타고 올라가 살펴본 뒤 적군이 허둥지둥 도망치고 있다고 전했다. 마침 그즈음 해가 지고 있었다.

(16) 그래서 헬라스인들은 멈춰 서서 무구들을 내려놓고 쉬었다. 동시에 그들은 퀴로스가 아무 데도 보이지 않고 그에게서 아무도 자기들에게로 오지 않는 것을 이상히 여겼다. 그들은 퀴로스가 전사한 줄 모르고, 추격하러 갔거나 어떤 지점을 점령하러 앞질러 나아갔을 거라고 추측했다. (17) 그래서 그들은 그곳에 머무르며 수송대를 그리로 오게 할 것인지, 아니면 자신들의 진영으로 돌아갈 것인지 자기들끼리 의논했다. 그들은 돌아가기로 결정했고, 저녁 식사 때쯤 막사에 도착했다.

(18) 이날은 그렇게 저물었다. 그들은 자신들의 재물이, 특히 그곳에 있던 먹을거리와 음료들이 대부분 약탈당한 것을 보았다. 그리고 혹

56 쿠낙사 마을?

시 군대가 심각한 어려움에 처할 경우 헬라스인들에게 나누어주려고 퀴로스가 준비해두었던 밀가루와 포도주가 가득 든 수레도—이 수레는 4백 대였다고 한다—그때 대왕의 군사들에게 약탈당했다. (19) 그래서 대부분의 헬라스인들은 저녁을 먹지 못했고, 아침도 먹지 못했다. 왜냐하면 군대가 아침 식사를 위해 멈추어 서기 전에 대왕이 나타났기 때문이다. 그래서 그들은 이날 밤을 그렇게 보냈다.

KYROU ANABASIS

제2권

제 1 장

(1) [퀴로스가 그의 형 아르타크세르크세스를 치러 갈 때 어떻게 헬라스 군이 그를 위해 집결했으며, 내륙으로 행군할 때 어떤 일이 일어났으며, 전투는 어떻게 전개되었고, 퀴로스는 어떻게 인생을 마감했으며, 헬라스인들은 자신들이 도처에서 이기고 퀴로스가 아직 살아 있는 줄 알고 어떻게 자신들의 진영으로 돌아가 잠자리에 들었는지에 관해서는 지난번 이야기에서 밝힌 바 있다.]

(2) 날이 새자 장군들은 함께 모여, 퀴로스가 자신들에게 명령을 전달해줄 사람도 보내지 않고 그 자신도 나타나지 않는 것을 괴이쩍게 여겼다. 그래서 그들은 가진 것을 모두 챙겨 가지고 완전무장한 채 퀴로스와 만날 때까지 앞으로 나아가기로 결정했다. (3) 그들이 막 출발하려는데 해가 뜨면서 라케다이몬 출신 다마라토스의 후손으로 테우트라니아의 통치자인 프로클레스와 타모스의 아들 글루스가 찾아와, 퀴로스는 죽고 아리아이오스는 도망쳐 다른 비헬라스인들과 함께 전날 출발했던 휴식처에 진을 치고 있다고 말했다. 그리고 아리아이오스는 헬라스인들이 합류할 의향이 있으면 그날은 그들을 기다릴 예정이지만 이튿날은 그가 출발했던 이오니아로 돌아갈 예정이라는 말을 전하게 했다고 했다.

(4) 장군들이 이 말을 전해 듣고 다른 헬라스인들까지 알게 되었을

때, 그들은 마음이 몹시 무거웠다. 그러나 클레아르코스는 다음과 같이 말했다. "퀴로스가 아직도 살아 있다면 좋으련만! 그러나 그는 죽고 없으니, 당신들은 아리아이오스에게 전하시오, 우리는 대왕에게 이겼고, 당신들도 보다시피 우리와 맞서 싸우는 자는 아무도 없다고. 또한 당신들이 오지 않았더라면 우리는 대왕을 치러 가고 있었을 거라고 말이오. 우리는 아리아이오스에게 그가 이리로 온다면 그를 왕위에 앉힐 것임을 약속하오. 통치권은 전쟁에 이긴 자들의 몫이기 때문이오." (5) 이렇게 말하고 그는 사자들을 돌려보내며 라케다이몬 출신 케이리소포스와 텟살리아 출신 메논을 그들과 함께 보냈는데, 메논은 아리아이오스의 친구이자 손님인 까닭에 자원했던 것이다.

(6) 그들은 떠났고, 클레아르코스는 기다렸다. 한편 군대는 수송대의 소와 당나귀들을 잡아서 할 수 있는 데까지 먹을거리를 준비했다. 땔감으로는 자신들의 대열에서 싸움이 벌어졌던 곳으로 나가 수많은 화살들뿐 아니라—헬라스인들은 대왕에게서 탈주해온 자들에게 화살을 버리라고 강요했던 것이다—잔가지로 엮은 방패들과 나무로 만든 아이귑토스 방패들을 사용했다. (7) 그 밖에도 그들은 수많은 경방패와 임자 없는 전차들을 끌고 갈 수 있었다. 이 모든 것을 땔감으로 사용하여 그들은 고기를 익혔고, 그날은 그렇게 식사를 해결했다.

어느덧 시장이 붐빌 때가 되자, 대왕과 팃사페르네스에게서 사자들이 왔다. 그들은 한 사람을 제외하고는 모두 비헬라스인들이었다. 그는 팔리노스라는 헬라스인으로, 우연히 팃사페르네스 곁에 머물게 되어 그의 존경을 받고 있었다. 왜냐하면 그는 진법(陣法)과 중무장보병의 전투에 관한 한 전문가 행세를 했기 때문이다. (8) 이들 사자들은 도착하더니 헬라스인들의 지휘관들을 불러 모아놓고, 대왕은 자기가 승리하고 퀴로스를 죽였으니 헬라스인들더러 무구들을 넘겨주고 대왕의 궁전으로 가서 가능하다면 사면을 받으라고 명령한다고 전했다.

(9) 대왕의 전령들이 그렇게 말하자, 헬라스인들은 듣기가 거북했다. 그럼에도 클레아르코스는 무구들을 넘겨주는 것은 승리자들의 몫이 아니라고만 말했다. "내 동료 장군들이여!" 하고 그는 말을 이었다. "여러분은 이들에게 여러분이 할 수 있는 가장 아름답고 가장 명예로운 대답을 하도록 하시오. 나는 곧 돌아오겠소." 클레아르코스는 마침 제물을 바치던 중이라 그의 하인 한 명이 제물로 바친 짐승의 내장을 보아달라고 그를 불렀던 것이다.

(10) 그러자 장군들 가운데 최고 연장자인 아르카디아 출신 클레아노르가 대답하기를, 그들이 무구를 넘겨주느니 차라리 죽는 게 낫다고 했다. 테바이 출신 프록세노스가 말했다. "팔리노스여, 나로서는 대왕이 자신이 이겼다는 생각에서 우리 무구를 요구하는 것인지, 아니면 우정의 선물로서 요구하는 것인지 의아해하지 않을 수 없소. 왜냐하면 승리자로서 요구하는 것이라면, 와서 가져가면 될 것이지 요구할 필요가 어디 있겠소? 만일 설득에 의해 그가 우리 무구를 갖기를 바란다면, 군사들이 그에게 그런 호의를 베풀 경우 그들에게 무엇이 주어질 것인지 그는 말해야 할 것이오."

(11) 팔리노스가 대답했다. "대왕께서는 퀴로스를 죽이셨기 때문에 자신이 승리자라 믿고 계시오. 그도 그럴 것이 그분과 통치권을 다툴 수 있는 사람이 대체 누구란 말이오? 나아가 그분께서는 당신들도 자신의 거라고 믿고 계시오. 왜냐하면 그분께서는 당신들을 자신의 나라 한복판 건널 수 없는 강들 사이에 붙잡아두었고, 그분께서 설사 허락하시더라도 당신들로서는 죽일 수 없을 만큼 많은 사람들을 당신들을 치도록 인솔하실 수 있기 때문이오." (12) 그러자 아테나이 출신 크세노폰[1]이 말했다. "팔리노스여, 당신도 보다시피 지금 우리에게는 무구와 용기 말고

는 가진 것이 아무것도 없소. 우리가 무구를 지니고 있으면 아마 우리의 용기도 쓸 수 있겠지만, 무구를 넘겨주고 나면 목숨까지 빼앗기게 될 것이오. 그러니 우리가 가진 유일한 재산을 당신들에게 넘겨줄 거라고 믿지 마시오. 차라리 우리는 이 무구를 갖고 당신들의 재산을 손에 넣기 위해서라도 당신들에게 맞서 싸울 것이오."

(13) 이 말을 듣고 팔리노스가 웃음을 터뜨리며 말했다. "정말이지 당신은 철학자 같구려, 젊은이여. 그리고 아주 멋진 말을 해주었소. 그렇지만 당신들의 용기가 대왕의 힘보다 우세할 수 있다고 생각한다면 당신은 자신이 바보라고 확신해도 좋소." (14) 전하는 말에 따르면, 몇몇 사람은 좀더 부드러운 말로, 만약 대왕이 그들의 친구가 되기를 원한다면 그들은 퀴로스에게 충성을 다했듯이 대왕에게도 매우 쓸모 있는 자들이 될 것이며, 대왕이 그들을 다른 목적에 쓰건 아이귑토스를 공략하는 데 쓰건, 그들은 그곳을 복속(服屬)시키는 데 협조하겠다고 했다 한다.

(15) 이때 클레아르코스가 돌아와서 그들에게 이미 대답을 했느냐고 물었다. 그러자 팔리노스가 끼어들며 말했다. "클레아르코스여, 이 사람들은 저마다 다른 말을 하고 있소. 우리에게 당신의 의견을 말해주시오!" 클레아르코스가 대답했다. (16) "팔리노스여, 나는 당신을 보게 되어 기뻤소. 여기 있는 다른 사람들도 아마 그랬을 것이오. 왜냐하면 당신은 당신이 지금 보고 있는 우리 모두와 마찬가지로 헬라스인이기 때문이오. 우리는 지금 이런 상황에 처하여 당신이 지금 말하는 일과 관련해 어떻게 해야 할지 당신에게 조언을 청하고 싶소. (17) 그러니 당신은, 신들이 보는 앞에서, 당신이 가장 바람직하다고, 가장 명예롭다고 생각하

---

1 테오폼포스(Theopompos)라고 읽는 텍스트들도 있다.

는 조언을, 그리고 후세 사람들이 '팔리노스는 언젠가 헬라스인들에게 무구를 넘기라는 명령을 전하도록 대왕에 의해 파견되었다가 그들의 요청에 따라 이런 조언을 해주었지'라고 말할 때 당신의 명예를 높여줄 그런 조언을 우리에게 해주시오."

(18) 클레아르코스가 이런 방법으로 유인한 의도는, 헬라스인들이 더욱더 자신감을 갖도록 대왕의 사절이 그들에게 무구를 넘기지 말라는 조언을 해주기를 바랐기 때문이다. 그러나 팔리노스는 교묘하게 회피하며 기대에 어긋난 대답을 했다. (19) "만약 대왕과 싸우는 것이 당신들이 자신을 구할 수 있는 수천 가지 희망 가운데 유일한 희망이라면, 나는 당신들에게 무구를 넘기지 말라고 조언하겠소. 그러나 만약 대왕의 뜻을 거슬러서는 구원받을 가망이 전무(全無)하다면, 당신들이 할 수 있는 범위 내에서 자신들을 구하라는 조언을 하겠소."

(20) 그러자 클레아르코스가 대답했다. "당신은 그렇게 말하는구려. 그렇다면 우리의 대답으로 이렇게 전하시오, 우리가 대왕의 친구가 되어야 한다면 우리는 무구를 남에게 넘겨주었을 때보다는 그것을 갖고 있을 때 더 값진 친구가 될 것이며, 또 우리가 싸워야 한다면 무구를 남에게 넘겨주었을 때보다는 그것을 갖고 있을 때 더 잘 싸우게 되리라는 것이 우리의 생각이라고."

(21) 그러자 팔리노스가 말했다. "그렇다면 우리는 그 대답을 전하겠소. 그러나 대왕께서는 당신들에게 전하라 하셨소, 당신들이 여기에 머물러 있으면 휴전이 시작될 테지만 당신들이 나아가거나 물러가면 전쟁이 시작될 거라고. 그러니 당신들은 이 점에 관해서도 말해주시오. 당신들이 이곳에 머물러 휴전이 시작되는 것인지, 아니면 당신들이 원하는 것은 전쟁이라고 전해야 할지 말이오."

(22) 클레아르코스가 대답했다. "이 점에 관해서 우리도 대왕과 같

은 생각이라고 전하시오!" "그게 무슨 뜻이오?"라고 팔리노스가 물었다. 클레아르코스가 대답했다. "우리가 머무르면 휴전이요, 우리가 물러가거나 나아가면 전쟁이오." 팔리노스가 다시 물었다. "휴전이라고 전할까요, 전쟁이라고 전할까요?" (23) 클레아르코스는 같은 대답을 했다. "우리가 머무르면 휴전이요, 우리가 물러가거나 나아가면 전쟁이오." 그러나 그는 어떻게 하겠다는 것인지 속내를 드러내지 않았다.

제 2 장

(1) 그러자 팔리노스는 일행과 함께 그곳을 떠났다. 아리아이오스에게서 프로클레스와 케이리소포스가 돌아왔다. 메논은 그의 곁에 머물렀다. 이들의 보고에 따르면, 아리아이오스는 자기보다 신분이 높은 페르시아인들이 많아서 만약 자기가 왕이 되면 이를 용납하지 않을 거라고 말했다고 했다. "만약 여러분이 그와 함께 돌아가기를 원한다면," 하고 이들은 말을 이었다. "여러분이 오늘밤 안으로 자기에게 오라고 지시하며, 그러지 않는다면 자기는 내일 아침 떠나겠다고 했소." (2) 클레아르코스가 말했다. "좋소, 이렇게 합시다. 우리가 가면 여러분의 제안대로 하는 것이고, 우리가 가지 않으면 여러분에게 가장 유리하다고 생각되는 대로 하시오." 그러나 그는 어떻게 하겠다는 것인지 이들에게 말하지는 않았다.

(3) 그리고 나서 클레아르코스는 벌써 해가 지고 있는데도 장군들과 대장들을 불러 모아놓고 말했다. "전우들이여, 내가 제물을 바쳤을 때, 대왕을 치는 것이 유리하다는 전조는 나타나지 않았소. 그리고 그것은 당연한 일이오. 왜냐하면 내가 확인한 바로는 우리와 대왕 사이에는 티그리스강이 놓여 있고, 함선이 다닐 수 있는 이 강은 배 없이는 건널 수 없는데 우리에게는 배가 한 척도 없소. 그렇다고 우리가 이곳에 머물 수도 없소. 식량을 구할 수 없기 때문이오. 그러나 우리가 퀴로스의 친구들

을 찾아가는 것은 아주 유리하다는 전조들이 나타났소. (4) 그러니 우리는 다음과 같이 해야 할 것이오. 떠나기 전에 각자 자기가 갖고 있는 것을 먹도록 하시오. 뿔나팔이 취침 신호를 보내면 짐을 꾸리고, 두 번째 신호가 나면 그것들을 짐 나르는 가축에 싣고, 세 번째 신호가 나면 전위(前衛)를 따르되 짐 나르는 가축은 강 쪽에, 중무장보병은 그 바깥에 배치하시오."

(5) 이 말을 듣고 나서 장군들과 대장들은 그곳을 떠났고 그가 지시한 대로 했다. 그때부터 그가 지휘하고 다른 사람들은 그에게 복종했으니, 그것은 그들이 그를 선출했기 때문이 아니라 그만이 지휘관이 갖추어야 할 냉철함을 갖추었고 다른 사람들은 경험이 없다는 것을 그들이 보았기 때문이다. (6) [그들이 이오니아의 에페소스에서 전쟁터까지 갔던 길을 계산해보면 93개 휴식처에, 535파라상게스에, 1만 6,050스타디온이었다. 그리고 전쟁터에서 바빌론까지의 거리는 360스타디온이었다고 한다.]

(7) 그 뒤 어둠이 찾아왔을 때 트라케 출신 밀토퀴테스는 40명쯤 되는 자신의 기병과 3백 명쯤 되는 트라케 보병을 데리고 대왕에게로 탈주했다. (8) 클레아르코스는 앞서 정한 대로 다른 사람들을 진두지휘했고, 이들은 그의 뒤를 따랐다. 그들은 한밤중에 첫 번째 휴식처[2]에 도착해 그곳에서 아리아이오스 및 그의 부대와 합류했다. 그들이 완전무장하고 전열을 갖춘 채 멈춰 서 있는 동안 장군들과 대장들은 아리아이오스와 회동했다. 그리고 헬라스인들과 아리아이오스 및 가장 신분이 높은 그의 수행원들은 서로 배신하지 않고 우군이 되기로 맹세했다. (9) 이렇게 맹세하고는 그들은 황소와 늑대와 수퇘지와 숫양을 잡아 방패에 그 피

---

[2] 2권 1장 3절 참조.

를 받아놓고 거기에 헬라스인들은 칼을, 비헬라스인들은 창을 담갔다.

(10) 신의를 지키기로 맹세하고 나서 클레아르코스가 말했다. "아리아이오스여, 그대들은 우리와 동행해야 하니 여정에 관해 당신의 의견을 말해주시오. 우리가 왔을 때와 같은 길을 가게 될 것인지, 아니면 그대가 더 나은 길을 발견했다고 생각하는지 말이오."

(11) 아리아이오스가 대답했다. "우리가 왔던 길로 돌아가면 우리는 모두 굶어 죽게 될 것이오. 우리는 지금 식량이 떨어졌기 때문이오. 여기까지 오면서도 우리는 지난 17일 동안 이 나라에서 아무것도 얻을 수 없었기에 하는 말이오. 그리고 뭐라도 조금 있는 곳에서는 우리가 그곳을 통과하며 그것을 다 소비해버렸소. 그래서 지금으로선 더 멀기는 해도 식량에는 어려움을 겪지 않을 길을 갈 작정이오. (12) 또한 대왕의 군대에서 되도록 멀어지기 위해 처음에는 되도록 긴 행군을 해야 할 것이오. 일단 우리가 이틀 또는 사흘 걸리는 거리만큼만 떨어져 있게 되면 대왕은 이미 우리를 따라잡을 수 없을 것이오. 왜냐하면 소수의 군대로는 감히 우리를 추격하지 못할 것이고, 대군을 이끌고는 빠르게 행군할 수 없을 테니 말이오. 아마 그는 식량도 부족해질 것이오. 이것이 내 의견이오."

(13) 이 행군 계획은 몰래 또는 급히 달아나는 것을 의미했다. 그러나 운명은 더 나은 계획을 갖고 있었다. 날이 새자 그들은 해를 오른쪽에 끼고 행군하기 시작했다. 해 질 무렵 바빌로니아에 있는 마을들에 도착하게 되리라고 계산하며. 그리고 이 점에서 그들은 잘못 생각하지 않았다. (14) 그러나 오후가 다 가기도 전에 그들 눈에 적군의 기병들이 보이는 것 같았다. 그래서 헬라스인들 중 대열에서 벗어나 있던 자들은 대열로 달려갔다. 한편 부상을 당해 사륜거를 타고 가던 아리아이오스는 마차에서 내려 무장을 했고, 그의 수행원들도 그렇게 했다. (15) 그들이 아

직 무장하고 있는 동안 먼저 내보냈던 정찰병들이 돌아와 보고하기를, 그것은 기병들이 아니라 풀을 뜯는 짐 나르는 가축들이라고 했다. 그래서 모두들 대왕이 어딘가 가까운 곳에 진을 치고 있다는 것을 즉시 알아차렸다. 실제로 멀리 떨어져 있지 않은 마을들에서 피어오르는 연기가 보였다.

(16) 그러나 클레아르코스는 적군을 치러 나아가지 않았다. 그는 자신의 군사들이 지쳐 있고 식량도 없다는 것을 알고 있었다. 그리고 날도 이미 저물었다. 하지만 그는 도망치는 것처럼 보이지 않기 위해 옆으로 피하지 않고 곧장 군대를 앞으로 인솔해가서 해 질 무렵 전위와 함께 인근 마을들에 진을 쳤는데, 이 마을들에서 대왕의 군대는 가옥의 목재까지 약탈해갔다. (17) 그럼에도 전위는 그런대로 진을 쳤고, 뒤따라오던 자들은 캄캄할 때 도착해 되는대로 야영을 했다. 그리고 이때 그들이 서로 부르자 큰 소음이 일었고, 적군도 그것을 들었다. 그래서 가장 가까이 있던 적군은 막사에서 도망쳤다. (18) 이런 사실은 이튿날 밝혀졌다. 가까운 곳에서는 짐 나르는 가축도, 진영도, 연기도 전혀 보이지 않았기 때문이다. 보아하니 대왕조차도 군대가 다가오자 놀란 듯했다. 그것은 이튿날 그가 보여준 행동에 의해 밝혀졌다.

(19) 하지만 이날 밤 헬라스인들도 공포에 사로잡혀, 군대가 공포에 사로잡혔을 때 예기되는 그런 종류의 혼란과 소음이 일었다. (20) 클레아르코스는 마침 자기와 함께 있던 당대 최고의 전령인 엘리스 출신 톨미데스에게 지시하여 먼저 정숙(靜肅)을 명한 다음, 다음과 같이 말하게 했다. "지휘관들이 포고하기를, 무구들 사이에 당나귀를 풀어놓은 자를 알려주는 자는 누구든 은화 1탈란톤의 보수를 받게 될 거라고 했소." (21) 전령의 이 말을 듣고 군사들은 자신들의 공포가 근거 없는 것이고, 지휘관들은 안전하다는 것을 알게 되었다. 이튿날 아침 클레아르코스는

헬라스인들에게 완전무장하고 싸움터에 섰을 때와 같은 전열을 갖추라고 명령했다.

제 3 장

(1) 내가 앞서 진술했던 사실, 즉 헬라스인들이 다가오자 대왕이 놀랐다는 것은 다음과 같이 밝혀졌다. 전날에는 사람들을 보내 무구를 넘기라고 요구한 그가 이번에는 해가 뜨자 휴전협상차 전령들을 보냈다. (2) 이들은 초소에 도착하자 장군들을 찾았다. 그리하여 초병들이 보고하자 그때 마침 대열을 시찰하던 클레아르코스는 자기에게 틈이 날 때까지 전령들을 기다리도록 하라고 초병들에게 지시했다. (3) 그는 군대를 어느 쪽에서 보아도 훌륭한 밀집대형을 이루도록, 그리고 무장하지 않은 사람은 한 명도 보이지 않도록 배열한 다음 사자들을 불러오게 했다. 그리고 그 자신은 가장 잘 무장한 채 가장 당당한 군사들을 이끌고 앞으로 나아갔으며, 다른 장군들에게도 그렇게 하도록 요구했다.

(4) 그는 사자들과 대면하게 되자 그들이 원하는 것이 무엇인지 물었다. 그들은 자기들이 휴전협상차 왔으며 대왕의 제안을 헬라스인들에게 전하고 헬라스인들의 제안을 대왕에게 전할 권한을 위임받았다고 했다. (5) 클레아르코스가 대답했다. "그렇다면 대왕에게 전하시오, 우리는 일단 싸우지 않을 수 없다고. 우리는 아침을 먹지 못했고, 따라서 어느 누구도 헬라스인들에게 아침 식사를 제공하지 않고서는 그들과 감히 휴전협상을 하지 못할 것이오." 이런 말을 듣고 사자들은 그곳을 떠났다가 곧 다시 돌아왔다.

(6) 그래서 대왕 또는 그가 이번 휴전협상을 위임한 다른 사람이 가까이 있다는 것이 분명해졌다. 사자들이 말하기를, 헬라스인들의 제안이 대왕에게 받아들일 수 있는 것으로 보였고, 그래서 휴전이 이루어질 경우 식량을 구할 수 있는 곳으로 헬라스인들을 인도해줄 길라잡이들을 데려왔다고 했다. (7) 클레아르코스는 휴전이 협상차 오고가는 자들에게만 적용되는 것인지, 아니면 다른 사람들에게도 유효한 것인지 물었다. 그들이 대답했다. "모든 사람에게 적용되오, 여러분의 제안이 대왕에게 전달될 때까지는."

(8) 그들이 이렇게 말하자 클레아르코스는 그들을 한쪽으로 물러가 있게 하고 의논을 했다. 어서 휴전협정을 맺어 편안하게 행군하면서 식량을 구하는 것이 제일 좋겠다고 생각되었다. (9) 그래서 클레아르코스가 말했다. "나도 동감이오. 하지만 나는 당장 전달하지 않고, 우리가 휴전협정을 맺지 않을까 사자들이 염려할 때까지 기다릴 것이오. 물론 우리 군사들도" 하고 그는 말을 이었다. "똑같은 염려를 하겠지만 말이오." 그래서 그는 때가 됐다고 생각되었을 때 휴전협정을 체결한다고 전하고 그들에게 식량이 있는 곳으로 당장 안내하라고 명령했다.

(10) 그래서 그들이 길을 안내했고, 클레아르코스는 휴전협정을 체결했음에도 군대가 대오를 지어 나아가게 했으며 자신은 후위(後衛)를 지휘했다. 그들은 도랑과 운하들과 마주치곤 했는데, 이것들은 물이 가득 차 있어서 다리 없이는 건널 수 없었다. 그러나 그들은 이미 넘어져 있거나 자신들이 베어 넘긴 야자나무들로 손수 판자 다리를 만들었다.

(11) 여기서 사람들은 클레아르코스가 어떻게 지휘하는지 알 수 있었다. 그는 왼손에는 창을, 오른손에는 막대기를 들고 이 일을 하도록 동원된 자들 가운데 누가 게을리한다 싶으면 얻어맞아 싼 자를 가려내어 때렸다. 그런가 하면 그는 진흙 속으로도 내려가 함께 거들곤 했다. 그래

서 모두들 그와 열성을 다투지 않는 것을 부끄럽게 여겼다. (12) 이 일에는 30세 미만의 남자들이 동원되었으나, 나이가 더 많은 사람들도 클레아르코스의 열성을 보자 함께 거들었다. (13) 클레아르코스는 도랑에 늘 이렇게 물이 가득 차 있지는 않을 것이라는 의심이 들어 더욱 서둘렀다. 왜냐하면 그때는 들판에 물을 댈 때가 아니었기 때문이다.[3] 그는 헬라스인들이 가는 길에 많은 장애가 나타날 것이라는 것을 보여주기 위해 대왕이 들판에 물을 대게 한 거라고 의심했던 것이다.

(14) 행군 끝에 그들은 마을들에 닿았고, 그곳에서 길라잡이들은 식량을 구하라고 했다. 그곳에는 곡물이 풍부했으며, 대추야자 순과 그것을 끓여 만든 식초도 있었다. (15) 헬라스에서 볼 수 있는 것과 같은 대추야자가 그곳에서는 노예들을 위해 따로 보관되었고, 주인들을 위해 저장해둔 것들은 따로 가려낸 것으로 놀라울 만큼 크고 탐스러웠으며 그 빛깔이 꼭 호박(琥珀) 같았다. 그들은 다른 것들은 말려서 별미로 보관했다. 이것은 술자리에서는 맛있는 음식이었지만 두통을 일으켰다. (16) 그곳에서 군사들은 처음으로 대추야자 순을 먹어보았는데, 대부분 그 겉모양과 독특한 향미에 놀라워했다. 하지만 이 역시 두통을 일으키기 일쑤였다. 그리고 대추야자는 순을 채취하면 나무 전체가 시들어버렸다.

(17) 그곳에서 그들은 사흘을 머물렀다. 그러자 대왕 측에서 팃사페르네스와 대왕의 처남과 다른 세 명의 페르시아인이 찾아왔는데, 수많은 노예들이 그 뒤를 따르고 있었다. 헬라스인들의 장군들이 그들을 맞이하자, 팃사페르네스가 먼저 통역을 통해 다음과 같이 말했다.

(18) "당신들 헬라스인들이여, 나는 헬라스의 이웃에 살고 있소.[4] 그

---

[3] 들판에 인공적으로 물을 대는 건기(乾期)는 벌써 한 달 전에 끝났기 때문이다.

래서 나는 당신들이 수많은 난관에 맞닥뜨리는 것을 보았을 때 내가 어떻게든 대왕에게서 윤허를 받아 당신들을 무사히 헬라스로 데려다줄 수 있다면 내게는 큰 이익이라고 생각했소. 왜냐하면 그럴 경우 당신들뿐 아니라 전 헬라스가 내게 감사할 거라고 믿기 때문이오.

(19) 그렇게 결론을 내리고 나는 대왕께 부탁드리며, 그분께서 내게 호의를 베푸시는 것은 당연지사라고 말씀드렸소. 나는 그분께 맨 먼저 퀴로스가 공격해온다는 것을 알려드렸고, 또 그렇게 함으로써 그분께 도움을 드렸을 뿐 아니라, 헬라스인들과 대치하던 자들 중에서 오직 나 혼자만이 도주하지 않고 헤치고 나아가 당신들의 진영에서, 퀴로스를 죽이신 뒤 그곳에 당도하신 대왕과 합류했으며, 나는 또 지금 나와 함께 하는 여기 이 사람들과 퀴로스군의 비헬라스인들을 추격했기 때문이오. 그러자 대왕께서는 내 부탁을 고려해보겠노라 약속하시며 (20) 나더러 당신들에게 가서, 무슨 이유로 당신들이 그분을 치러 왔는지 물어보라고 하명하셨소. 하여 내 당신들에게 충고하건대, 당신들은 신중한 답변을 하시오. 그래야만 내가 대왕에게서 당신들을 위해 유익한 것을 얻어내기가 한결 수월할 것이오."

(21) 그러자 헬라스인들이 한쪽으로 물러나 의논을 했다. 그들이 대답하자, 클레아르코스가 대변인 노릇을 했다. "우리는 대왕과 전쟁을 할 의도로 모인 것도 아니고 대왕을 치러 행군해온 것도 아니오. 당신도 아시다시피, 퀴로스는 준비가 안 된 상태의 당신들과 마주치려고 우리를 이리로 데려오기 위해 수많은 핑계를 댔소. (22) 그러나 우리는 그가 위험에 빠진 것을 보게 되었을 때 신들과 인간들이 보는 앞에서 그를 배신하기가 부끄러웠소. 전에 우리는 여러모로 그에게 신세를 졌기 때문이오. (23) 이제 퀴로스가 죽었으니 우리는 대왕과 통치권을 다투지 않을 것이며, 대왕의 나라를 해코지하거나 대왕 자신을 죽일 까닭이 전혀 없

소. 오히려 우리는 아무도 우리를 방해하지 않는다면 고향에 돌아가고 싶소. 하지만 누가 우리를 해치려 한다면 우리는 신들의 도움으로 보복할 것이오. 그러나 누가 우리에게 호의를 베풀고자 한다면 우리도 그 못지않게 능력껏 그에게 호의를 베풀 것이오." 이렇게 그는 말했다. 팃사페르네스가 그의 말을 듣고 말했다. (24) "이 말을 나는 대왕께 전하고 그분의 답변을 당신들에게 전할 것이오. 내가 돌아올 때까지 휴전은 계속될 것이오. 그리고 우리는 시장을 제공할 것이오."

(25) 이튿날 그는 돌아오지 않았다. 그래서 헬라스인들은 초조해지기 시작했다. 사흘째 되던 날 그는 돌아와서, 비록 자신을 치러 행군해온 자들을 그냥 물러가게 하는 것은 대왕답지 않다고 반대하는 사람들이 많았지만, 대왕에게서 헬라스인들을 구하라는 윤허를 받았노라고 말했다. 끝으로 그는 말했다. (26) "그리고 지금 당신들은, 당신들이 지나가는 이 나라가 호의적이고 우리는 당신들에게 시장을 제공하며 기만하지 않고 당신들을 헬라스로 도로 데려다줄 것이라는 언질을 우리한테서 받아도 좋소. 또한 우리가 시장을 제공하지 못하는 곳에서는 당신들이 이 나라에서 식량을 빼앗는 것을 허용할 것이오. (27) 그러니 당신들도 마치 우방을 통과하듯 해를 끼치지 않을 것이며, 우리가 시장을 제공하지 않을 때만 이 나라에서 먹을거리와 마실 것을 빼앗고 우리가 시장을 제공할 때는 식량을 구입하겠다고 맹세해야 할 것이오."

(28) 그렇게 하기로 결정되자, 팃사페르네스와 대왕의 처남은 맹세를 하고 헬라스인들의 장군들 및 대장들과 서로 오른손 악수를 주고받았다. (29) 그리고 나서 팃사페르네스가 말했다. "나는 지금 대왕께

---

4 팃사페르네스는 이오니아 지방과 카리아 지방의 태수인 만큼 소아시아의 그리스인들에게는 이웃이라고 할 수 있을 것이다.

가는 길이오. 내가 바라던 일이 이루어지면, 나는 당신들을 헬라스로 데려다주고 나 자신은 내 속주로 돌아가기 위해 행군 준비를 갖추고 올 것이오."

제 4 장

(1) 그 뒤 헬라스인들과 아리아이오스는 서로 가까이 진을 치고 팃사페르네스를 20일도 더 기다렸다. 이 기간 동안 아리아이오스에게는 그의 형제들과 다른 친척들이, 그리고 그의 수행원들에게는 몇몇 페르시아인들이 찾아와 격려를 했고, 그중 더러는 대왕이 자신을 치기 위해 퀴로스와 함께 행군했거나 과거에 있었던 그 밖의 다른 일로 원한을 품지 않겠다는 대왕의 언질을 전해주었다.

(2) 이런 일들이 진행되는 동안 아리아이오스와 그의 수행원들은 분명 헬라스인들에게는 신경을 덜 썼다. 따라서 대부분의 헬라스인들은 그들이 마음에 들지 않아 클레아르코스와 다른 장군들을 찾아가 말했다. (3) "왜 우리가 머물러 있는 것이오? 다른 헬라스인들도 감히 대왕을 치러 행군할 엄두를 내지 못하도록, 대왕이야말로 그 무엇보다도 우리의 파멸을 바랄 것이라는 사실을 우리가 모른단 말인가요? 지금 대왕이 우리를 이곳에 머물게 하려는 까닭은 그의 군대가 흩어졌기 때문입니다. 하지만 군대가 다시 모이면 그는 반드시 우리를 공격할 것이오. (4) 어쩌면 그는 우리의 길을 막기 위해 어딘가에 도랑을 파거나 성벽을 쌓고 있을지도 모르오. 왜냐하면 우리가 헬라스로 돌아가 우리는 소수였음에도 대왕의 군세를 바로 그의 도성(都城) 성문 앞에서 이기고 그를 비웃으며 떠나왔노라고 전하는 것을 그는 절대 스스로 용납하지 않을 것

이기 때문이오."

(5) 이런 말을 하는 자들에게 클레아르코스가 대답했다. "마음속으로 나도 그런 모든 것을 고려하고 있소. 그렇지만 우리가 지금 떠나면 싸우러 가는 것이고 휴정협정을 위반한 행동처럼 보이지 않을까 염려스럽소. 그러면 첫째, 아무도 우리에게 시장이나 또는 우리가 식량을 구입할 수 있는 장소를 제공하지 않을 것이고, 아무도 우리의 길라잡이가 되어 주지 않을 것이오. 또한 우리가 그렇게 행동하는 순간 아리아이오스는 즉시 우리한테서 이탈해 우리에게 친구라고는 아무도 남지 않을 것이오. 전에 우리의 친구였던 자들도 우리의 적이 될 테니 말이오. (6) 우리가 다른 강도 건너야 하는지 나는 알지 못하오. 그러나 에우프라테스강은 적군이 막으면 건널 수 없다는 것을 나는 알고 있소. 게다가 전투가 불가피한 경우 우리에게는 도와줄 기병대가 없지만, 적군은 대부분 그것도 아주 뛰어난 기병들이오. 그러니 우리가 이기더라도 누구를 죽일 수 있겠소?[5] 그러나 우리가 지면 우리는 아무도 살아남지 못할 것이오. (7) 그래서 나로서는 그토록 많은 이점을 갖고 있는 대왕이 진실로 우리의 파멸을 원한다면 무엇 때문에 맹세를 하고 언질을 줌으로써 신들의 이름으로 거짓 맹세를 하고 헬라스인들과 비헬라스인들 앞에서 자신의 신용을 실추시켜야 하는지 알 수가 없습니다." 그는 그런 말들을 많이 했다.

(8) 그사이 팃사페르네스가 집으로 돌아가려는 듯 자신의 군대를 이끌고 왔고, 오론타스도 자신의 군대를 이끌고 왔다. 그는 대왕의 딸을 아내로서 집으로 데려가는 중이었다. (9) 그들은 드디어 행군하기 시작했으며, 팃사페르네스가 지휘를 맡고 시장을 제공했다. 아리아이오스는 퀴로스의 비헬라스인 군대를 이끌고 팃사페르네스, 오론타스와 함께 행군하며 함께 진을 쳤다. (10) 그러나 헬라스인들은 그들을 믿지 않고 자

신들의 지휘관들과 자기들끼리 행군했다. 또한 두 군대는 매번 서로 1파라상게스 이상 떨어져서 진을 쳤고 마치 적군인 양 서로를 경계했다. (11) 그것은 곧 불신을 유발했다. (12) 더구나 두 군대는 같은 곳에서 땔나무나 꼴 따위를 모으다가 가끔 치고받기도 했는데, 이 또한 적대감을 불러일으켰다.

사흘 동안 행군한 끝에 그들은 이른바 메디아의 성벽에 도착해 그 안쪽을 통과했다. 성벽은 아스팔트에 올려놓은 구운 벽돌로 축조되어 있었는데, 너비는 20푸스이고 높이는 100푸스였다. 그 길이는 20파라상게스라고 하며 바뷜론에서 그리 멀지 않았다. (13) 그곳을 뒤로하고 그들은 이틀 동안 8파라상게스를 행군해 운하 둘을 건넜는데, 하나는 다리로 건넜고, 다른 하나는 일곱 척의 배로 된 배다리로 건넜다. 이 운하들은 티그리스강에서 끌어온 것이었다. 그리고 이 운하들에서 나라 안으로 처음에는 큰 도랑들이, 다음에는 작은 도랑들이, 그리고 마지막에는 헬라스에서 기장 밭에 대는 것과 같은 실개천들이 나 있었다.

그 뒤 그들은 티그리스강에 도착했다. 그 근처에는 싯타케라는 인구가 많은 대도시가 있었는데, 강에서 15스타디온 떨어져 있었다. (14) 헬라스인들은 그 도시 가까이, 온갖 나무가 우거진 크고 아름다운 정원 옆에 진을 쳤고, 비헬라스인들은 티그리스강을 건너 시야에서 사라졌다. (15) 저녁을 먹은 뒤 프록세노스와 크세노폰이 무구들을 모아둔 곳 앞을 거닐고 있는데, 한 사내가 다가와 프록세노스와 클레아르코스를 어디에 가면 만날 수 있는지 초병들에게 물었다. 그자는 메논의 친구인 아리아이오스에게서 왔음에도 메논을 찾지 않았다.

(16) 그래서 프록세노스가 "내가 바로 그대가 찾는 그 사람이오"라

---

5 기병이 없으면 패주하는 적을 추격할 수 없으므로.

고 말하자, 그자는 다음과 같이 말했다. "퀴로스에게 충성을 다했고 당신들에게 호의를 품고 있는 아리아이오스와 아르타오조스가 나를 보내, 당신들에게 비헬라스인들의 야습을 조심하라고 충고하게 했소. 가까운 정원 안에 대군이 있기 때문이오. (17) 그들은 또 티그리스강을 건너는 다리에 파수병들을 보내도록 충고하게 했소. 왜냐하면 팃사페르네스는 당신들이 건너지 못한 채 강과 운하 사이에 갇히도록 오늘밤에 가능하다면 다리를 끊으려 하고 있소." (18) 이 말을 듣고 그들은 그자를 클레아르코스 앞으로 데려가 그자가 한 말을 전했다. 그러자 클레아르코스가 두려워서 안절부절못했다.

(19) 이때 좌중의 한 젊은이[6]가 잠시 생각에 잠겼다가 공격하는 일과 다리를 끊는 일은 양립할 수 없다고 말했다. "그들은 공격할 경우 틀림없이 이기거나 져야 할 것이오. 그런데 그들이 이긴다면 다리를 끊을 필요가 어디 있겠소? 다리가 많다 해도 우리가 도망쳐 목숨을 건질 가망이 없을 테니 말이오. (20) 그러나 우리가 이길 경우 그들은 다리를 끊은 뒤에는 도망치려야 도망칠 수 없을 것이오. 또한 다리가 끊어진 뒤에는 저쪽에 아무리 많은 부대가 있어도 아무도 그들을 도우러 올 수 없을 것이오."

(21) 이 말을 듣고 클레아르코스가 사자에게 티그리스강과 운하 사이의 땅이 얼마나 넓은지 물었다. 사자가 대답하기를, 그 땅은 넓고 그 안에는 마을과 큰 도시가 많다고 했다. (22) 그래서 비헬라스인들이 그자를 보내 거짓 전언을 전하게 한 것은 헬라스인들이 다리를 끊고는 한쪽으로는 티그리스강을, 다른 쪽으로는 운하를 방어물로 삼고, 그 섬에 둥지를 틀지 않을까 두려워했기 때문이라는 것을 알 수 있었다. 그들의 생각인즉, 그럴 경우 강과 운하 사이에 넓고 비옥한 땅이 있고 그 안에 그것을 경작하는 자들이 있어 헬라스인들이 그곳에서 식량을 구할 수 있을

것이며, 게다가 그렇게 되면 그곳은 대왕을 해코지하려는 자들의 피난처가 될 수도 있다는 것이었다.

(23) 그리고 나서 헬라스인들은 가서 쉬었는데, 그러면서도 다리에 파수병들을 보냈다. 그러나 파수병들의 보고에 따르면, 어느 쪽에서도 어느 누구도 그들을 공격하지 않았고, 적군이라고는 개미 새끼 하나 볼 수 없었다고 했다. (24) 새벽이 되자 그들은 37척의 배로 된 다리를 아주 조심스럽게 건넜다. 왜냐하면 그들이 건너는 동안 적이 공격할 거라고, 팃사페르네스와 함께하는 헬라스인 몇 명이 전해주었기 때문이다. 그러나 그것은 거짓말이었다. 하지만 그들이 건너는 동안 그들이 과연 강을 건너는지 지켜보려고 글루스가 사람 몇 명을 데리고 나타났다. 그러나 일단 보고 나서 그는 말을 타고 가버렸다.

(25) 티그리스강을 뒤로하고 그들은 나흘 동안 20파라상게스를 행군해 퓌스코스강에 도착했다. 그 너비는 1플레트론이고, 그 위에는 다리가 하나 놓여 있었다. 그곳에는 오피스라는 대도시가 있었다. 여기서 그들은 대왕을 돕고자 수사와 엑바타나에서 대군을 이끌고 오던 퀴로스와 아르타크세르크세스의 서출(庶出) 아우와 마주쳤다. 그러자 그는 자신의 군대를 세우고 헬라스인들이 지나가는 것을 지켜보고 있었다. (26) 클레아르코스는 이들을 2열 종대로 나아가게 했으며 가끔 행군을 정지시켰다. 군대의 전위가 정지해 있는 동안에는 자연히 군대 전체가 서지 않으면 안 되었다. 그래서 헬라스인들 자신에게도 군대가 아주 많아 보였으며, 페르시아인들은 그 광경을 보고 놀라움을 금치 못했다.

(27) 그곳을 떠난 그들은 메디아를 지나 엿새 동안 황량한 곳을 30파라상게스나 행군해 퀴로스와 대왕의 어머니인 파뤼사티스의 마을들

에 도착했다. 이 마을들을 팃사페르네스는 퀴로스를 모욕할 양으로[7] 노예들만 제외하고 헬라스인들에게 약탈하도록 넘겨주었다. 그곳에는 곡물과 양떼와 다른 재물들이 많이 있었다. (28) 그곳을 뒤로하고 그들은 티그리스강을 왼쪽에 끼고 나흘 동안 황량한 곳을 20파라상게스나 행군했다. 강 건너 첫 번째 휴식처에는 카이나이라는 번성하는 대도시가 있었는데, 비헬라스인들은 가죽으로 만든 뗏목들을 타고 가 그곳에서 빵과 치즈와 포도주를 구해왔다.

제 5 장

(1) 그 뒤 그들은 자파타스강에 도착했다. 그 너비는 4플레트론이었다. 그곳에서 그들은 사흘을 머물렀다. 이 기간에 의심스러운 일이 많이 벌어졌지만, 어떤 음모도 공공연히 드러나지는 않았다. (2) 그래서 클레아르코스는 팃사페르네스를 만나, 그로 인해 전쟁이 일어나기 전에 가능하다면 서로 의심하는 이런 상태를 끝내는 것이 좋겠다고 생각했다. 그래서 그는 사자를 보내 팃사페르네스와 만나고 싶다고 전하게 했다. 그러자 팃사페르네스는 흔쾌히 자기에게 오라고 했다.

(3) 그들이 만났을 때, 클레아르코스가 다음과 같이 말했다. "팃사페르네스여, 내가 알기로 우리는 서로 해코지하지 않기로 맹세하고 언질을 주고받았소. 그런데 보아하니, 당신은 우리를 적군인 양 경계하고 있고, 우리도 그것을 보고는 우리대로 경계하고 있소. (4) 하지만 나는 아무리 살펴보아도 당신이 우리를 해코지하려 한다는 것을 확인할 수가 없고, 우리 쪽에서는 그런 일은 고려조차 않는다는 것을 잘 알기에, 당신과 면담하여 가능하다면 이러한 상호 불신을 해소하는 것이 좋겠다고 생각했소.

(5) 왜냐하면 나는 전에 사람들이 더러는 모함 때문에, 더러는 단순

---

7 대왕보다 퀴로스를 더 사랑했던 어머니를 모욕함으로써 퀴로스를 모욕하겠다는 뜻.

한 의심 때문에 겁이 나서 자신들이 당하기 전에 선수를 칠 양으로, 그럴 의도도 없고 의향도 없는 사람들에게 치유할 수 없는 피해를 준 경우가 있다는 것을 잘 알기 때문이오. (6) 그래서 나는 그런 오해라면 회담을 통해 가장 잘 해소될 수 있다고 믿고는 당신을 찾아와 당신이 우리를 불신하는 건 부당하다는 것을 증명하고자 하오.

(7) 첫째로, 무엇보다도 우리가 신들의 이름으로 행한 서약들이 우리가 서로 적이 되는 것을 방해하고 있소. 그리고 자신이 서약을 깼다는 것을 의식하고 있는 자를 나로서는 결코 행복하다고 생각할 수 없소. 왜냐하면 누가 신들과 전쟁을 하게 될 경우, 그가 얼마나 걸음이 빨라야 도망쳐 벗어날 수 있는지, 어떤 어둠 속으로 달아날 수 있는지, 또는 어떻게 안전한 성채로 물러날 수 있는지 나로서는 알지 못하기 때문이오. 모든 것은 모든 곳에서 신들에게 종속되어 있고, 신들은 모든 것을 똑같이 지배하기 때문이오.

(8) 그 이름으로 우리가 우의를 맺고 다진 신들과 서약들에 관해 나는 그렇게 생각하오. 그러나 인간사에 관한 한 나는 지금 당신을 우리가 가진 큰 재산으로 믿고 있소. (9) 왜냐하면 당신과 함께하면 모든 길을 다닐 수 있고, 모든 강을 건널 수 있으며, 식량이 떨어지는 일이 없기 때문이오. 당신 없이는 모든 길이 어둠으로 통하고―우리는 어떤 길도 알지 못하기 때문이오―, 모든 강이 건너기 어렵고, 모든 군중이 두렵고, 그중에서도 황무지가 가장 두렵소. 그곳은 결핍으로 가득 차 있으니 말이오. (10) 만약 우리가 실성하여 당신을 죽인다면, 그것은 우리가 은인을 죽여 팔팔하고 가장 강력한 적수인 대왕을 싸움에 끌어들이는 것이 아니고 무엇이겠소? 내가 당신을 해치려 할 경우 나 자신에게서 얼마나 크고 아름다운 희망을 빼앗게 될 것인지 당신에게 말하겠소.

(11) 내가 퀴로스를 친구로 삼고자 했던 것은, 그가 그 당시 살아 있

는 사람들 중에서는 자기가 원하는 사람에게 누구보다도 호의를 베풀 능력이 있다고 믿었기 때문이오. 그러나 지금은 당신이 퀴로스의 군세와 영토를 가지고 있고, 게다가 당신 자신의 것도 구했음을 나는 보고 있소. 또한 당신은 퀴로스가 적대시하던 대왕의 군세도 우군으로 삼고 있소. (12) 상황이 이러한데, 당신의 친구가 되기를 바라지 않을 만큼 정신 나간 사람이 있겠소? 나는 또 당신도 마찬가지로 우리 친구가 되기를 바랄 것이라는 희망을 품게 된 이유들을 말하겠소.

(13) 나는 뮈시아인들이 당신들을 괴롭힌다는 것을 알고 있는데, 내가 갖고 있는 군세로 그들을 당신들에게 복속시킬 수 있으리라고 확신하오. 또 피시다이족도 당신들을 괴롭힌다고 알고 있으며, 그 밖에도 그런 부족이 있다고 듣고 있소. 내가 알기에 당신들이 특히 괘씸하게 여기는 아이귑토스인들에 관해 말하자면, 당신들이 내가 갖고 있는 군세 말고 과연 어떤 군대를 동맹군으로 삼아 그들을 쉽게 복속시킬 수 있을지 나는 알지 못하오.

(14) 그 밖에도 당신 주변에 사는 자들에 관해 말하자면, 당신은 누군가의 친구가 되기를 원할 경우 가장 위대한 친구가 될 수 있으며, 한편 누가 당신을 괴롭힐 경우 당신은 그들에게 주인 노릇을 할 수 있을 것이오. 당신이 우리를 당신의 지지자로 삼게 된다면 말이오. 왜냐하면 우리는 단지 급료를 받아서가 아니라 우리를 구해준 당신에게 당연히 감사하는 마음에서라도 당신에게 봉사하게 될 테니 말이오. (15) 나로서는 이 모든 점을 고려해볼 때, 우리에 대한 당신의 불신이 너무나 이상하여, 우리가 당신에게 음모를 꾸민다고 당신을 설득할 수 있었던 달변가가 도대체 어떤 사람인지 정말로 그 이름을 알았으면 좋겠소." 클레아르코스가 그렇게 말하자 팃사페르네스가 다음과 같이 대답했다.

(16) "클레아르코스여, 당신에게서 그런 분별 있는 말을 들으니 나

로서는 마음이 흐뭇하오. 당신이 그런 줄 알면서도 내게 악한 짓을 꾀한다면, 생각건대 당신은 동시에 당신 자신에게도 악의를 품는 결과가 될 테니 말이오. 그러나 당신들이 대왕이나 나를 불신하는 것도 옳지 않다는 것을 당신이 알도록 내 말을 귀담아들으시오.

(17) 우리가 정말로 당신들을 죽이고자 한다면, 우리 자신은 피해를 입을 위험에 처하지 않고도 당신들에게 피해를 주기에 충분한 기병과 보병과 무구들이 없다고 생각하시오? (18) 아니면 우리에게는 당신들을 공격하기에 적당한 장소들이 없다고 생각하시오? 당신들은 보이지 않으시오, 설사 우방(友邦)이라 해도 당신들이 큰 노고 없이는 통과할 수 없는 이 광대한 평야가, 당신들이 넘어야 할 이 높은 산들이! 우리는 그곳들을 미리 점령해 당신들이 통과하지 못하게 할 수도 있소. 우리에게는 또 이런 큰 강들도 있어서, 그곳에서 우리는 당신들 가운데 얼마나 많은 수와 싸울 것인지 우리 마음대로 결정할 수도 있소. 또한 그 강들 중에는 우리가 건네주지 않으면 당신들이 전혀 건널 수 없는 곳들도 있소.

(19) 그리고 우리가 그 모든 곳에서 패한다 해도 불은 곡식보다 더 강한 법이오. 우리는 곡식을 태움으로써 당신들에게 기근을 내세울 수 있을 것인즉, 당신들이 아무리 용감하다 해도 기근에 맞서 싸울 수 없을 것이오. (20) 우리에게는 당신들과 싸울 수 있는 방법이 그토록 많고, 그 중 어느 것도 우리에게 위험하지 않은데, 왜 우리가 그 많은 것 중에 하필이면 유일하게 신들의 눈에 불경하고 인간의 눈에도 수치스러운 짓을 택하겠소? (21) 왜냐하면 신들에 대한 거짓 맹세와 인간에 대한 불성실을 통해 뭔가를 성취하려 한다면, 그것이야말로 궁지에 빠져 있으면서 사악하기조차 한 전혀 구제할 길 없는 자들의 징표이기 때문이오. (22) 클레아르코스여, 우리는 그렇게 어리석은 바보들이 아니오.

하지만 왜 우리는 당신들을 죽일 수 있었는데도 그렇게 하지 않았던 것일까요? 잘 알아두시오, 그것은 내가 헬라스인들의 신뢰를 받음으로써 퀴로스가 자신의 급료 지급을 믿고서 내륙으로 이끌고 왔던 용병들을 데리고 나 자신의 선행에 의해 안전을 보장받으며 해안지대로 돌아가려는 내 소망 때문이오. (23) 그리고 당신들이 내게 도움이 될 수 있는 일들에 관해 말하자면, 그중 일부는 당신도 언급한 바 있지만, 가장 중요한 것은 나만이 알고 있소. 머리 위의 관(冠)은 대왕만이 똑바로 쓸 수 있지만,[8] 마음속의 관은 당신들이 도와주면 다른 사람도 쉽게 쓸 수 있다는 것이오."

(24) 그의 이런 말들이 클레아르코스에게는 진실된 말로 들렸다. 그래서 클레아르코스가 말했다. "우리가 친구로 지낼 그런 만한 이유들이 있다면, 모함으로 우리를 적으로 만들려 한 자들은 엄벌을 받아 마땅하지 않겠소?" (25) "그야 물론이지요"라고 팃사페르네스가 말했다. "만약 당신들 장군들과 대장들이 나를 찾아오겠다면, 당신들이 나와 내 군대에게 음모를 꾸미고 있다고 내게 말한 자들의 이름을 공개하겠소." (26) "나도" 하고 클레아르코스가 말했다. "그들을 모두 데려와 내가 어디서 그대에 관해 보고를 들었는지 공개하겠소."

(27) 이렇게 담판한 뒤 팃사페르네스는 클레아르코스에게 온갖 호의를 보이면서 자기 곁에 머무르며 같이 저녁이나 먹자고 초대했다. 이튿날 클레아르코스는 진영으로 돌아와 자기는 팃사페르네스와 친한 사이라는 것을 분명히 밝혔다. 클레아르코스는 또 팃사페르네스가 한 말을 전하면서 그가 초대한 사람들은 그에게 가야 한다고, 그리고 헬라스인들 가운데 누구든 모함꾼으로 입증되는 자는 헬라스인들에 대한 배신

---

[8] 당시 페르시아인들이 쓰던 관, 즉 티아라(tiara)는 대왕이 쓰는 것만 뾰족한 꼭대기 부분이 앞으로 기울어지지 않고 똑바로 서 있었다.

자이자 적으로 처벌받아 마땅하다고 말했다.

(28) 그는 메논을 모함의 장본인으로 의심했다. 왜냐하면 그는 메논이 아리아이오스와 함께 텃사페르네스를 만났을 뿐 아니라, 군대 전체를 넘겨받아 텃사페르네스의 친구가 되기 위해 자기에게는 적의를 품고 음모를 꾸미고 있다는 것을 알고 있었기 때문이다. (29) 그러나 클레아르코스도 군대 전체가 자기를 따르고 적대자들이 제거되기를 원했다. 군사들 가운데 몇 명은 대장들과 장군들이 모두 가서는 안 되며, 텃사페르네스를 믿어서는 안 된다고 그에게 이의를 제기했다. (30) 그러나 클레아르코스는 강력히 주장하여 마침내 장군 5명과 대장 20명이 간다는 동의를 받아냈다. 그리고 약 2백 명의 군사들도 시장에 가려고 함께 따라나섰다.

(31) 그들이 텃사페르네스의 막사 앞에 당도했을 때 장군들, 즉 보이오티아 출신 프록세노스, 텟살리아 출신 메논, 아르카디아 출신 아기아스, 라케다이몬 출신 클레아르코스, 아카이아 출신 소크라테스는 안으로 불려 들어갔고, 대장들은 막사 앞에서 기다리고 있었다. (32) 잠시 뒤 같은 신호에 따라 안에 있던 자들은 체포되고, 밖에 있던 자들은 베어졌다. 그리고 나서 비헬라스인들의 기병 몇 명이 들판으로 말을 달리며 노예든 자유민이든 헬라스인은 닥치는 대로 모두 죽였다. (33) 헬라스인들은 이렇게 말을 달리는 것을 자신들의 진영에서 보고는 괴이쩍게 여겼고, 기병들이 무엇을 하는 건지 갈피를 잡지 못했다. 아르카디아 출신 니카르코스가 복부에 부상을 입고 자신의 내장을 손에 든 채 도망쳐와서 사건의 전말을 전해줄 때까지는. (34) 그러자 헬라스인들은 모두들 깜짝 놀라 적군이 당장 진영으로 쳐들어올 것이라 믿고 무구들이 있는 곳으로 달려갔다.

(35) 그러나 적군은 다 오지 않고 전에 퀴로스의 가장 충실한 친구

들이었던 아리아이오스, 아르타오조스, 미트라다테스만이 왔다. 헬라스인들의 통역은 팃사페르네스의 형도 그들 사이에 있는 것을 알아볼 수 있다고 말했다. 그리고 흉갑으로 무장한 약 3백 명의 다른 페르시아인들이 그들의 뒤를 따르고 있었다. (36) 이들은 가까이 다가오더니 헬라스인들 사이에 장군이나 대장이 있으면 누구든지 앞으로 나와 대왕의 전갈을 받으라고 명령했다. (37) 그러자 헬라스인들의 대열에서 2명의 장군, 즉 오르코메노스 출신 클레아노르와 스튐팔로스 출신 소파이네토스가 호위를 받으며 나왔다. 아테나이 출신 크세노폰도 그들과 함께 나왔는데, 그는 프록세노스의 운명을 알고 싶었던 것이다. 그러나 케이리소포스는 마침 식량을 구하러 다른 사람들을 데리고 어떤 마을에 가 있었다.

(38) 목소리가 들릴 만한 거리까지 헬라스인들이 들어갔을 때 아리아이오스가 다음과 같이 말했다. "헬라스인들이여, 클레아르코스는 거짓 맹세를 하고 휴전조약을 위반한 사실이 드러나 응분의 벌을 받고 죽었소. 그러나 프록세노스와 메논은 그의 음모를 고발한 까닭에 큰 명예를 누리고 있소. 대왕께서는 당신들에게 무구들을 요구하고 계시오. 대왕께서는 그것들이 자신의 신하였던 퀴로스의 것이었으니 자신의 거라고 말씀하고 계시오."

(39) 그러자 헬라스인들이 대답했고, 오르코메노스 출신 클레아노르가 대변인 노릇을 했다. "인간들 가운데 가장 비열한 자인 아리아이오스여, 그리고 전에는 퀴로스의 친구라고 으스대던 인간들이여, 당신들은 우리가 친구나 적으로 여기는 자들을 당신들도 그렇게 여기겠다고 맹세까지 해놓고 가장 신앙심이 없고 가장 악랄한 팃사페르네스와 짜고 우리를 배신했을 뿐 아니라, 그때 당신들이 함께 맹세했던 바로 그 사람들을 죽이고 우리를 배신한 뒤 우리의 적들과 함께 우리를 치러 오다니,

신들 앞에서도 인간들 앞에서도 부끄럽지 않단 말인가?"

(40) 아리아이오스가 말했다. "클레아르코스는 팃사페르네스와 오론타스뿐 아니라 그들과 함께하는 우리 모두에게 음모를 꾸미고 있었음이 드러난 지가 오래요." (41) 그러자 크세노폰이 다음과 같이 대답했다. "클레아르코스가 정말로 맹세를 어기고 휴전조약을 위반했다면, 그는 응분의 벌을 받은 것이오. 거짓 맹세를 한 자들은 죽어 마땅하기 때문이오. 그러나 프록세노스와 메논은 당신들의 은인이자 우리의 장군이니 이리로 보내주시오. 왜냐하면 그들은 양편의 친구들이니 당신들과 우리에게 가장 훌륭한 조언을 해주려고 할 것이 분명하기 때문이오." (42) 그러자 비헬라스인들은 한참 동안 서로 의논하더니 아무 대답도 않고 가버렸다.

제 6 장

(1) 장군들은 그렇게 붙잡힌 뒤 대왕에게 끌려가 참수당했다. 그중 한 명인 클레아르코스는 그를 잘 아는 모든 사람들의 일치된 판단에 따르면, 남달리 전쟁에 능하고 전쟁을 좋아했던 것 같다. (2) 라케다이몬인들이 아테나이인들과 전쟁을 계속하는 동안 그는 충성을 다했다. 그 뒤 평화가 찾아왔을 때 그는 트라케인들이 헬라스인들을 핍박하고 있다고 자신의 고향 도시를 설득했으며, 최선을 다해 에포로스[9]들에게서 허락을 받아낸 다음 케르소네소스와 페린토스 건너편에 살고 있는 트라케인들과 전쟁을 할 양으로 함선을 타고 떠났다. (3) 그러나 에포로스들이 어떤 이유에서인지 마음을 바꿔 이미 떠나고 없는 그를 코린토스의 이스트모스에서 되돌리려고 했을 때, 그는 앞으로 복종할 것을 거부하고 헬레스폰토스로 함선을 타고 떠났다.

(4) 그런 이유에서 그는 스파르테 당국에 의해 불복종죄로 사형선고를 받았다. 그는 추방자로서 퀴로스를 찾아갔다. 그가 어떤 말로 퀴로스를 설득했는지는 다른 곳에 기록된 바 있다.[10] 아무튼 퀴로스는 그에

---

9 스파르테에서 국정 운영의 실권은 1년 임기로 선출되는 5명의 에포로스(ephoros '감독관')에게 있었다.
10 이 책과 크세노폰의 다른 저서에는 기록되어 있지 않다. 아마 1권 1장 9절에서 이미 언급한 것으로 생각하는 듯하다.

게 1만 다레이코스를 주었다. (5) 그는 이 돈을 받아 편안함을 좇지 않고 이 돈으로 군대를 모아 트라케인들과 전쟁을 했다. 그는 전투에서 그들을 패배시켰고, 그 뒤로도 그들을 약탈하며 전쟁을 계속했다, 퀴로스에게 그의 군대가 필요해질 때까지. 그러자 그는 이번에는 퀴로스와 한편이 되어 전쟁을 하려고 돌아갔다.

(6) 불명예나 피해를 당하지 않고 평화롭게 살 수 있는데도 전쟁을 택하는 것, 편안히 살 수 있는데도 단지 전쟁을 하기 위해 노고(勞苦)를 원하는 것, 위험 없이 재산을 지킬 수 있는데도 전쟁을 함으로써 그것을 축내는 쪽을 택하는 것, 내가 생각하기에 이런 것들이야말로 전쟁을 좋아하는 사람의 행동인 듯하다. 클레아르코스는 누가 애인이나 다른 쾌락을 위해 그러듯이, 전쟁을 위해 돈을 쓰기를 원했다. (7) 그만큼 그는 전쟁을 사랑했다. 그는 또 그와 함께했던 모든 사람들이 어디서나 동의했듯이, 위험을 좋아하고 밤낮을 가리지 않고 부대를 지휘해 적을 치러 갈 용의가 있고 위기에 처해 침착하다는 점에서 전쟁에 능한 것 같았다.

(8) 그는 또한 그와 같은 기질을 지닌 사람에게 가능한 범위 내에서 타고난 지휘관이었다고 한다. 그는 군대가 식량을 구하는 방법을 찾아내고 그것을 손에 넣는 데 어느 누구보다도 능했다. 그는 또 주위 사람들에게 클레아르코스에게는 복종하지 않으면 안 된다는 인상을 심어주는 능력도 있었다. (9) 그는 자신의 엄격한 태도로 그런 일을 해낼 수 있었다. 그는 얼굴이 험상궂고, 목소리가 거칠었으며, 엄벌에 처했다가—때로는 홧김에 그렇게 했다—나중에 후회하기도 했기에 하는 말이다.

(10) 그래도 그는 원칙에 따라 처벌했다. 그는 벌 받지 않는 군대는 아무 쓸모가 없다고 믿었던 것이다. 실제로 그는 군사가 보초를 서거나, 친구들의 재물에 손대지 않거나, 핑계를 대지 않고 적군을 향해 나아가려면 적군보다 자기 지휘관을 더 두려워해야 한다고 말하곤 했다고 한

다. (11) 그래서 군사들은 위기에 처해서는 기꺼이 그의 말을 들었고, 지휘관으로 다른 사람을 택하지 않았다. 그들의 말인즉, 그럴 때면 그의 험상궂은 얼굴이 다른 얼굴들 사이에서 빛나 보이고 그의 엄격함은 적군에 대한 단호한 태도로 생각되어, 그들에게는 더이상 엄격함이 아니라 구원으로 비친다는 것이었다.

(12) 그러나 일단 위험에서 벗어나고 다른 지휘관들 밑으로 갈 수 있으면, 많은 군사가 그의 곁을 떠났다. 그는 전혀 매력적인 데가 없고 늘 엄격하고 거칠기만 했기 때문이다. 그래서 그에 대한 군사들의 감정은 교사(敎師)에 대한 학생들의 감정과 같았다. 달리 말해, 우정과 호의에서 그를 따르는 자는 아무도 없었다.

(13) 하지만 시(市) 당국에 의해 배정되거나 가난이나 그 밖의 다른 부득이한 사정으로 그의 곁에 머무르는 자들은 그에게 무조건 복종해야 했다. (14) 그리고 그의 군사가 그와 함께 적군을 이기기 시작하면, 그때부터는 그들을 유능하게 만들어주는 것들이 중요한 의미를 지니게 되었다. 그들은 적을 맞아 용감했고, 그에게 처벌받을지 모른다는 두려움이 그들을 규율 있게 만들었다. (15) 그는 지휘관으로서 그런 사람이었다. 그러나 그는 다른 사람들에게 지휘받는 것은 별로 좋아하지 않았다고 한다. 그는 죽었을 때 50세쯤 되었다.

(16) 보이오티아 출신 프록세노스는 아주 어려서부터 큰일들을 처리할 능력 있는 남자가 되기를 열망했고, 이런 열망 때문에 레온티노이 출신 고르기아스에게 수업료를 냈다. (17) 그는 고르기아스한테 배운 뒤 자기는 이제 통치할 능력이 있고, 당대의 제일인자들과의 친분을 통해 선행(善行)에서도 뒤지지 않을 것이라 믿고는 퀴로스와의 이번 거사에 참가했으며, 거기서 명성과 큰 영향력과 많은 재산을 얻기를 바랐다. (18) 그는 그런 큰 것들을 몹시 열망하면서도, 그중 어떤 것도 부당한 방

법으로는 얻고 싶지 않다는 점을 분명히 했다. 오히려 그는 그런 것들을 정당하고 정직한 방법으로 얻거나, 아니면 전혀 얻지 말아야 한다고 생각했다.

(19) 프록세노스는 신사(紳士)들을 지휘할 수는 있었다. 그러나 그는 결코 군사들에게 자신에 대한 존경심이나 두려움을 불어넣어줄 수는 없었다. 오히려 그의 부하들이 그를 어려워하는 것보다도 그가 더 자신의 군사들을 어려워했다. 그리고 분명 군사들이 그에게 불복종할까 두려워하기보다 그가 군사들에게 미움받을까 봐 더 두려워하는 것 같았다. (20) 그는 유능한 지휘관이 되고 그렇게 인정받기 위해서는, 잘한 사람은 칭찬하고 잘못한 사람은 칭찬하지 않는 것으로 충분하다고 생각했다. 그래서 그와 함께하는 자들 가운데 신사들은 그에게 호의적이었으나, 불의한 자들은 그를 만만히 보고 그에게 음모를 꾸미곤 했다. 그는 죽었을 때 30세쯤 되었다.

(21) 텟살리아 출신 메논은 엄청난 부(富)를 공공연히 열망했다. 그는 더 많은 부를 얻기 위해 지휘권을 열망했고, 더 큰 이익을 얻기 위해 명예를 열망했다. 그는 또 불의한 짓을 하고도 벌 받지 않기 위해 가장 힘 있는 자들과 친구가 되기를 원했다. (22) 그는 자신이 바라는 것을 이루기 위해서는 거짓 맹세와 거짓말과 기만이 지름길이라고 생각했으며, 솔직함과 진정성은 어리석음과 같다고 여겼다.

(23) 메논이 좋아하는 사람은 아무도 없었고, 메논 스스로 누군가의 친구라고 말하는 경우 그에게 음모를 꾸미고 있었음이 밝혀지곤 했다. 그는 또 어떤 적(敵)도 비웃지 않았으나, 함께하는 자들과 대화를 나눌 때는 언제나 그들을 모두 비웃는 것 같았다. (24) 또한 메논은 적들의 재산은 노리지 않았으니, 지키는 자들의 재산은 빼앗기 어렵다고 여겼기 때문이다. 하지만 그는 친구들의 재산은 지키고 있지 않기에 가장 빼앗

기 쉽다는 것을 아는 사람은 자기뿐이라고 생각했다.

(25) 그는 또 거짓 맹세를 일삼는 불의한 자들로 알려진 자들은 모두 잘 무장한 사람이라 여기고 두려워했으나, 경건하고 진실한 자들은 유약한 사람이라 여기고 이용하려 했다. (26) 마치 다른 사람이 자신의 경건함과 진실성과 정의감을 자랑스럽게 여기듯, 메논은 속이고 거짓말을 지어내고 친구들을 조롱하는 자신의 능력을 자랑스럽게 여겼다. 수단 방법을 가리지 않는 악당이 아닌 사람을 그는 언제나 무식한 자들에 속하는 것으로 여겼다. 그는 또 누구의 친구들 사이에서 제일인자가 되려고 시도할 때는 이미 제일인자가 되어 있는 자들을 모함함으로써 그런 목적을 달성할 수 있다고 믿었다.

(27) 메논은 군사들이 자기에게 복종하게 하려고 그들의 악행에 함께 가담하는 수법을 썼다. 그는 마음만 먹으면 그들에게 가장 큰 피해를 줄 수도 있다는 것을 드러냄으로써 존경과 충성을 요구했다. 그래서 그는 누가 자기와 절교할 때마다, 그가 자기와 사귀는 동안 자기가 그를 파멸시키지 않았던 것을 선행이라고 말했다.

(28) 메논에 관한 불확실한 이야기들은 거짓말일지도 모른다. 그러나 다음과 같은 사실들은 모두 다 알고 있다. 그는 아직 젊은 나이에 아리스팁포스에게서 용병부대의 지휘권을 얻어냈다. 그는 또 아직 젊은 나이에 비헬라스인인 아리아이오스와 아주 친한 사이가 되었는데, 그것은 그자가 미동(美童)을 좋아했기 때문이다. 그리고 그 자신은 아직 수염도 나지 않았는데 타뤼파스라는 수염이 난 애인을 두고 있었다.[11] (29) 동료 장군들이 퀴로스와 함께 대왕을 치러 행군했다는 이유로 처형당했을

---

[11] 동성애자들의 경우 나이 적은 쪽이 여자 노릇을 하는 것이 관례였는데 메논은 그 반대였으며, 이것은 곧 그가 도덕적으로 타락했음을 암시하는 것으로 생각된다.

때, 메논은 똑같은 행동을 했는데도 죽지 않았다. 그러나 다른 장군들이 처형된 뒤에 대왕은 그에게 사형의 벌을 주었고, 그래서 그는 클레아르코스와 다른 장군들처럼 참수되어—그것이 가장 빠른 죽음이라고 생각된다—죽지 않고, 고문을 받으며 1년을 더 살다가 범죄자처럼 최후를 맞았다고 한다.

(30) 아르카디아 출신 아기아스와 아카이아 출신 소크라테스도 처형당했다. 이들을 싸움터에서 비겁하다고 비웃은 사람은 아무도 없었고, 친구로서의 처신에서도 이들을 비난한 사람은 아무도 없었다. 두 사람 다 35세쯤 되었다.

KYROU ANABASIS

제3권

제 1 장

(1) [헬라스인들이 퀴로스와 함께 내륙으로 행군하는 도중 전투가 벌어지기 전까지 겪었던 일과, 퀴로스가 죽은 뒤 휴전기간 동안 헬라스인들이 팃사페르네스와 함께 퇴각하면서 일어났던 일들에 관해서는 지난번 이야기에서 밝힌 바 있다.]

(2) 장군들이 붙잡히고 그들을 따라간 대장들과 군사들이 모두 죽자 헬라스인들은 크게 당황했다. 그들은 자기들이 대왕의 궁전 가까이와 있고, 자기들 주위에는 어디에나 적대적인 부족과 도시가 많이 있으며, 이젠 아무도 자기들에게 시장을 제공하려 하지 않을 것이며, 자기들은 헬라스에서 자그마치 1만 스타디온이나 떨어져 있다는 사실을 깨달았던 것이다. 그들은 또 길라잡이도 없었고, 고향에 돌아가는 길을 가로질러 흐르는 건널 수 없는 강들이 그들을 고향으로부터 갈라놓았던 것이다. 게다가 퀴로스와 함께 내륙으로 행군하던 비헬라스인들은 그들을 배신했고, 그들은 자기들을 지원해줄 기병이라고는 단 한 명도 없이 홀로 남게 된 것이다. 그래서 그들이 이길 경우 아무도 죽일 수 없으나, 질 경우 그들 중 아무도 살아남지 못할 것이 분명했다.

(3) 헬라스인들은 이런 생각으로 의기소침해져서 그들 중 소수만이 저녁을 먹었고 소수만이 불을 피웠으며, 대부분은 그날 밤 야영지로 오지 않고 아무 데나 되는대로 누웠지만 걱정이 되고 고국과 부모와 처자

가 그리워 잠이 오지 않았으니, 그들을 다시는 보지 못할 것 같았기 때문이다. 그들은 모두 그런 마음 상태로 누워서 쉬고 있었다.

(4) 군대에는 크세노폰이라는 아테나이인이 있었다. 그는 장군도 대장도 사병도 아니었고, 그가 행군에 참가한 것은 그의 옛 친구 프록세노스가 사람을 보내 그를 집에서 불러냈기 때문이다. 프록세노스는 또 그가 오면 퀴로스의 친구로 만들어주겠다고 약속하며, 자기에게는 퀴로스가 조국보다도 더 중요하다고 말했다. (5) 크세노폰은 서찰을 읽고 나서 아테나이 출신 소크라테스[1]와 이번 여행에 관해 의논했다. 그러자 소크라테스는 퀴로스가 아테나이인들과의 전쟁에서 라케다이몬인들을 적극 지원해준 것으로 생각되는 만큼 그의 친구가 되는 것은 아테나이 시(市)에 죄를 짓는 것으로 간주되지 않을까 염려해 크세노폰에게 델포이에 가서 이번 여행에 관해 신과 의논하라고 조언했다.

(6) 그래서 크세노폰은 그리로 가서 마음속으로 생각하고 있는 여행을 성공적으로 잘 마치고 목적을 달성한 뒤 무사히 돌아오려면 어떤 신에게 제물을 바치고 기도를 드려야 하는지 아폴론 신에게 물었다. (7) 그러자 아폴론 신은 그가 어떤 신들에게 제물을 바쳐야 하는지 알려주었다. 크세노폰은 돌아와서 소크라테스에게 예언을 말해주었다. 그러자 소크라테스가 듣고, 그가 여행하는 것이 좋은지 머무는 것이 좋은지 먼저 묻지 않고, 여행하기로 혼자 결정하고 나서 어떻게 여행하는 것이 가장 좋겠는지 물었다며 그를 나무랐다. "하지만 자네가 그렇게 물었으니" 하고 소크라테스는 덧붙였다. "신이 시키신 대로 해야겠지."

(8) 그래서 크세노폰은 아폴론 신이 알려준 신들에게 제물을 바치고 나서 함선을 타고 떠났다. 그는 사르데이스에서 막 내륙으로 행군을

---

[1] 크세노폰은 철학자 소크라테스의 제자였다.

시작하려던 프록세노스와 퀴로스를 만나 퀴로스에게 소개되었다. (9) 프록세노스는 그가 자기들과 함께 머무르기를 원했고, 퀴로스도 이에 동조하며 전역(戰役)이 끝나는 대로 그를 지체 없이 집에 보내주겠다고 덧붙였다.

(10) 이번 전역은 피시다이족을 치는 거라고 했다. 이렇게 해서 크세노폰은 원정에 참가하게 되었다, 속아서. 그러나 프록세노스에게 속은 것은 아니었다. 이번 원정이 대왕을 치기 위한 것이라는 사실을 헬라스인들은 클레아르코스 외에는 아무도 몰랐기 때문이다. 그러나 그들이 킬리키아에 도착했을 때는, 이번 원정이 대왕을 치기 위한 것이라는 것이 모든 사람들에게 분명해진 듯했다. 그때는 행군이 두렵고 마음이 내키지 않았음에도 그들은 대부분 서로 간의, 그리고 퀴로스에 대한 체면 때문에 따라갔다. 크세노폰도 그중 한 명이었다.

(11) 이런 곤경에 빠지자 그도 다른 사람들과 마찬가지로 괴로워서 잠이 오지 않았다. 그러나 마침내 잠시 잠이 들었을 때 그는 꿈을 꾸었다.[2] 천둥소리가 들리더니 벼락이 떨어지면서 그의 아버지 집이 온통 화염에 싸이는 듯했다. (12) 그는 깜짝 놀라 벌떡 일어났다. 그러면서도 그는 그 꿈을 길조(吉兆)로 여겼는데, 곤경과 위험 속에서 제우스의 강력한 불빛을 보았다고 믿었기 때문이다. 다른 한편으로 그는 그 꿈이 제우스 왕에게서 왔고 화염이 주위의 모든 것을 불태우는 듯하여, 자신이 대왕의 나라에서 벗어나지 못하고 도처에서 온갖 어려움에 갇히는 것이 아닐까 두려웠다.

(13) 그런 꿈을 꾸는 것이 무엇을 의미하는지는 꿈에 이어 일어난 사건들을 보면 알 수 있을 것이다. 다음과 같은 일들이 일어났기에 하는 말이다. 잠에서 깨자마자 그는 이런 생각이 들었다. '내가 왜 여기 누워 있지? 밤은 지나가고 있고, 날이 새면 아마도 적군이 다가올 것이다. 우

리가 대왕의 손에 들어가게 되면, 온갖 험한 꼴을 보고 온갖 끔찍한 고통을 겪고 나서 수모를 받으며 죽임을 당하는 것을 무엇이 막아줄 수 있겠는가? (14) 어느 누구도 우리를 지켜주려고 준비하거나 염려하지 않건만, 우리는 마치 휴식을 즐길 여유가 있기나 한 것처럼 여기 누워 있구나. 나는 또 어떤가? 나는 어느 도시에서 장군들이 와서 그런 일들을 수행해 주기를 기대하는가? 나는 또 내가 몇 살[3]까지 살기를 기대하는가? 오늘 적군에게 나를 넘겨주고 나면 나는 더는 나이를 먹지 못할 것이다.'

(15) 그리고 나서 그는 일어났고, 먼저 프록세노스의 대장들을 불러 모았다. 그들이 모였을 때 그는 말했다. "대장들이여, 나는 잠을 잘 수가 없소. 여러분도 그러리라고 나는 믿소. 아니, 나는 더이상 누워 있을 수가 없소. 우리가 어떤 곤경에 처해 있는지 내가 보고 있기 때문이오. (16) 적군이 우리에게 공공연히 싸움을 걸어오지 않은 것은, 분명 그들이 충분히 준비를 끝냈다고 생각하지 않기 때문이오. 그런데 우리 편에서는 어떻게 하면 우리가 가장 잘 싸울 수 있을지 대책을 강구하는 사람이 한 명도 없소.

(17) 우리가 만일 굴복해 대왕의 손에 들어간다면 어떤 운명을 감수하게 되리라고 생각하시오? 그는 이미 죽은 친아우도 머리와 손을 잘라 말뚝에 꽂게 했소. 하거늘 우리는 염려해줄 사람도 없거니와, 게다가 그를 왕에서 노예로 만들고 가능하다면 죽이기 위해 그를 치려고 행군했으니 어떤 일을 당하게 되리라고 생각하시오? (18) 그는 우리에게 가장 가혹한 고문을 가함으로써 이 세상 어느 누구도 그를 치려고 행군할 엄

---

2 중대사를 앞두고 꿈을 꾸는 것은 헤로도토스(Herodotos)의 『역사』에서도 자주 볼 수 있는데, 예컨대 크세르크세스도 그리스 침공을 앞두고 꿈을 꾸었다 (7권 12~15장 참조).
3 크세노폰은 당시 30세쯤 되었다.

두를 내지 못하도록 무슨 짓이든 다 하지 않을까요? 그러니 우리는 그의 손에 들어가지 않도록 무슨 짓이든 다 해야 할 것이오.

(19) 나는 휴전이 계속되는 동안 줄곧 우리 자신을 불쌍히 여기고 대왕과 그의 신하들의 행복을 기렸소이다. 나는 그들이 얼마나 크고 훌륭한 나라를 갖고 있으며, 얼마나 풍부한 식량과 얼마나 많은 하인들과 가축 떼와 황금과 의복을 갖고 있는지 보았기 때문이오. (20) 그러나 나는 우리 군사들의 처지를 생각할 때마다, 구입하지 않는 한 우리는 이 모든 좋은 것들에 전혀 끼지 못했고, 내가 알기로 그것을 구입할 수 있는 돈을 가진 자는 소수에 불과하며, 또 내가 알기로 우리가 구입하는 것 말고 다른 방법으로 식량을 구하는 것을 우리의 서약들이 방해하고 있었소. 이런 점들을 고려하다 보면, 지금 나는 전쟁 중인 것보다 휴전 중인 것이 더 두렵다는 생각을 종종 했다오.

(21) 그러나 저들이 휴전을 끝냈으니, 저들의 오만도 우리의 곤경도 끝난 것 같소. 이제는 이 좋은 것들이 양편 가운데 더 용감한 자들을 위한 상품으로서 중간에 놓여 있기 때문이오. 그리고 이 시합의 심판은 신들께서 맡아보실 것인즉, 그분들께서는 당연히 우리 편이 되어주실 것이오. (22) 왜냐하면 저들은 그분들의 이름으로 거짓 맹세를 했지만, 우리는 눈앞에 많은 재물을 보면서도 신들 앞에서 한 서약 때문에 꾹 참고 거기에 손대지 않았기 때문이오. 그래서 우리는 저들보다 훨씬 더 큰 자신감을 갖고 시합에 들어갈 수 있으리라고 나는 믿소. (23) 그 밖에 우리의 신체는 저들의 신체보다 추위와 더위와 노고를 더 잘 견딜 수 있소. 우리는 또 신들의 도움으로 저들보다 더 용감하오. 그리고 또 신들께서 저번처럼 우리에게 승리를 주신다면, 저들은 우리보다 더 쉽게 부상당하거나 죽게 될 것이오.

(24) 다른 사람들도 마음속으로 이런 생각들을 하고 있을지 모르지

만, 제발 다른 사람들이 우리에게 와서 가장 영광스러운 행동을 하도록 우리를 격려해주기를 기다리지 말고, 우리가 먼저 다른 사람들을 고무하여 그들도 용기를 갖도록 해줍시다. 여러분은 자신이 가장 탁월한 대장들이고, 장군들 자신보다 더 장군이 될 자격이 있다는 것을 보여주시오. (25) 나도 여러분이 그렇게 하기로 결심한다면 여러분을 따를 것이오. 여러분이 내게 지휘를 맡기신다면, 나는 내 나이를 핑계로 거절하지 않을 것이오. 나도 이제는 나 자신에게서 위험을 물리칠 수 있을 만한 나이가 됐다고 믿고 있소."

(26) 크세노폰이 그렇게 말하자, 대장들은 듣고 있다가 모두들 그가 지휘를 맡으라고 했다. 보이오티아 말을 하는 아폴로니데스라는 사람을 제외하고는. 이자는 어떻게든 대왕을 설득하는 것 말고는 다른 방법으로 구원받을 수 있다고 말하는 자는 누구든 헛소리를 하는 거라고 주장하면서, 동시에 그들이 처한 어려움을 늘어놓기 시작했다.

(27) 하지만 크세노폰이 그의 이야기를 중단시키고 다음과 같이 말했다. "그대는 정말 이상한 사람입니다, 그대는 보고도 깨닫지 못하고 듣고도 마음속에 간직하지 못하니 말이오. 퀴로스가 죽은 뒤 대왕이 기고만장하여 사람을 보내 무구들을 넘기라고 우리에게 명령했을 때 그대는 틀림없이 여기 이분들과 함께 있었소. (28) 그러나 우리가 무구들을 넘겨주는 대신 완전무장을 하고 행군을 계속해 그의 옆에 진을 쳤을 때, 그는 휴전을 얻어낼 때까지 사절들을 보내 휴전을 청하고 우리에게 식량을 제공하는 등 별의별 짓을 다 하지 않던가요? (29) 하지만 그 뒤 우리 장군들과 대장들이, 그대가 지금 제안하는 것처럼 무장도 하지 않은 채 휴전조약만 믿고 그들과 회담하러 갔을 때, 그분들은 이번에는 얻어맞고 찔리고 모욕당하지 않았습니까? 그 불행한 분들은 괴로워서 죽고 싶어도 죽지 못했소. 그런데 그대는 이 모든 것을 알면서도 자신을 방어하

려는 이들을 헛소리하는 자들이라며 우리더러 다시 가서 설득해보라고 요구하는 것이오? (30) 여러분, 생각건대 이런 사람은 우리의 동료로 받아들일 것이 아니라, 대장 직책을 빼앗고는 그의 등에 짐을 지워 그런 용도로 써야 할 것이오. 그는 헬라스인임에도 그따위로 처신해 조국과 헬라스 전체를 욕되게 하기 때문이오."

(31) 그때 스튐팔로스 출신 아가시아스가 끼어들며 말했다. "이자는 보이오티아와도 헬라스의 어느 곳하고도 무관하오. 나는 그가 뤼디아인처럼 양쪽 귀가 뚫려 있는 것을 보았기 때문이오."[4] 아닌 게 아니라, 그건 사실이었다. 그래서 그는 쫓겨났다. (32) 그러나 다른 사람들은 부대들을 따라 걸어가면서 장군이 살아 있는 곳에서는 자신들에게 합류하도록 초대했고, 장군이 없는 곳에서는 장군 대리(代理)를 초대했으며, 대장만이 살아 있는 곳에서는 대장을 초대했다.

(33) 모두 다 모이자 그들은 무구들을 모아두는 곳 앞에 앉았다. 이렇게 모인 장군들과 대장들의 수는 1백 명쯤 되었고, 때는 한밤중에 가까웠다. (34) 그러자 프록세노스의 대장들 가운데 최고 연장자인 엘리스 출신 히에로뉘모스가 다음과 같이 말하기 시작했다. "장군들과 대장들이여, 우리는 지금 상황을 보고는 되도록 좋은 계획을 세우기 위해 우리 자신도 모이고 여러분도 부르는 것이 상책이라고 생각했소." 그는 "크세노폰," 하고 말을 이었다. "그대는 우리에게 말했던 것을 지금 말해보시오."

(35) 그러자 크세노폰이 다음과 같이 말했다. "대왕과 팃사페르네스가 우리 가운데 붙잡을 수 있는 사람은 다 붙잡았다는 것쯤은 우리 모두가 알고 있소. 그들은 분명 남아 있는 우리도 가능하면 죽이려고 음모를 꾸밀 것이오. 그러니 생각건대, 우리가 비헬라스인들의 손에 들어가는 것이 아니라 가능하다면 그들이 우리 손에 들어오게 하기 위해 무슨

짓이든 해야 할 것이오.

(36) 따라서 여러분은 알아두시오. 최종 결정권은 여기 모인 여러분에게 있다는 것을. 여기 있는 군사들은 모두 여러분만 바라보고 있소. 여러분이 용기 없는 것을 보면 그들은 모두 겁쟁이가 될 것이고, 여러분이 공공연히 적군을 칠 준비를 하고 다른 사람들도 그렇게 하도록 격려한다면, 잘 알아두시오, 그들도 여러분을 따르고 모방하려 할 것이오. (37) 그러나 여러분이 이들을 조금이라도 능가하는 것이 옳겠지요. 여러분은 역시 장군이고, 장군 대리이고, 대장들이기 때문이오. 평화 시에 여러분은 이들보다 더 많은 급료와 명예를 받소. 그러니 전쟁이 일어난 지금도 여러분은 당연히 병사들보다 더 뛰어나고, 필요할 때마다 이들을 위해 계획하고 수고해야 할 것이오.

(38) 그리고 지금은 무엇보다도 여러분이 되도록 속히 장군과 대장들을 정해 죽은 이들을 대신하도록 배려해준다면, 그것이 군대에 크게 봉사하는 거라고 나는 생각하오. 지도자들 없이는 간단히 말해 어느 곳에서도, 특히 전쟁에서는 좋은 일도 유익한 일도 생기지 않기 때문이오. 생각건대, 질서는 구원을 가져다주지만 무질서는 이미 많은 사람들을 파멸케 했소.

(39) 여러분이 필요한 지휘관들을 정한 다음 다른 군사들도 모아 격려한다면, 여러분의 행동이 아주 시의적절하다고 나는 생각하오. (40) 그들이 얼마나 의기소침하게 야영장으로 왔으며, 얼마나 의기소침하게 보초를 서러 갔는지 아까 여러분도 보았을 것이오. 그들의 사기가 그런 상태라면, 밤이든 낮이든 그들이 필요할 경우 어디에 그들을 쓸 수 있을

---

4 그리스인들은 뤼디아인들처럼 귀걸이를 달고 다니는 것을 여자들이나 하는 나약한 짓으로 보았다.

지 나는 알지 못하오. (41) 그러나 우리가 그들의 마음을 바꿔놓아 그들이 스스로 당하게 될 일뿐만 아니라 행하게 될 일도 생각하게 된다면, 그때는 그들도 훨씬 사기가 오를 것이오.

(42) 여러분도 아시다시피 전쟁에서 승리하는 것은 수와 힘이 아니라, 어느 편이 신들의 도움으로 더 강한 정신력을 갖고 적군을 공격하러 나아가느냐에 달려 있소. 이런 군대는 대개 적군이 버텨내지 못하는 법이오. (43) 그리고 전우들이여, 내가 직접 보고 겪은 바에 따르더라도, 전시에 어떤 방법으로든 목숨을 건지려는 자들은 대개 비참하고 수치스러운 죽음을 맞지만, 죽음은 모든 사람들에게 공통된 불가피한 몫이라는 것을 깨닫고 명예롭게 죽으려고 노력하는 자들은 오히려 고령(高齡)에 도달하고, 살아 있는 동안 더 행복한 삶을 살게 되지요. (44) 우리는 지금 이런 위기를 맞았으니, 이 점을 명심하고 우리 자신도 용감해야 하거니와 다른 사람들도 격려해주어야 할 것이오." 이렇게 말하고 크세노폰은 입을 다물었다.

(45) 그에 이어 케이리소포스가 말했다. "크세노폰이여, 지금까지 내가 그대에 관해 알고 있었던 것은 그대가 아테나이 사람이라는 말을 들은 것이 전부요. 그러나 내 지금은 그대의 말과 행동 때문에 그대를 칭찬하며, 그대 같은 사람들이 되도록 많았으면 좋겠소. 그것은 우리 모두에게 이익이 될 테니까요. (46) 전우들이여, 이제 지체하지 맙시다. 지휘관이 필요한 사람들은 가서 지휘관을 뽑은 뒤 진영 한가운데로 모이되, 뽑힌 자를 데려오시오. 그러면 우리는 그곳에 다른 군사들도 모두 불러 모을 것이오. 전령 톨미데스도 그곳에 나와야 할 것이오."

(47) 이렇게 말하자마자 그는 일어섰으니, 필요한 조치를 취하는 일이 지연되지 않게 하려는 것이었다. 그러고 나서 지휘관들이 선출되었는데, 클레아르코스 대신으로 다르다노스 출신 티마시온이, 소크라테스

대신으로 아카이아 출신 크산티클레스가, 아기아스 대신으로 아르카디아 출신 클레아노르가, 메논 대신으로 아카이아 출신 필레시오스가, 그리고 프록세노스 대신으로 아테나이 출신의 크세노폰이 뽑혔다.

제 2 장

(1) 선거가 끝나고 어느덧 동이 트려고 할 때 지휘관들은 진영 중앙에 모였다. 이어서 그들은 전초(前哨)들을 세우고 군사들을 소집하기로 결정했다. 다른 군사들도 다 모이자 먼저 라케다이몬 출신 케이리소포스가 일어서서 다음과 같이 말했다.

(2) "전우들이여, 우리의 지금 상황은 참으로 어렵습니다. 우리가 그런 장군들과 대장들과 군사들을 빼앗겼기 때문이오. 게다가 전에 우리의 우군이던 아리아이오스와 그의 부하들도 우리를 배신했소. (3) 그럼에도 우리는 이러한 상황에서 우리가 용감한 사람임을 보여주어야 할 것이며, 결코 포기하지 말고 가능하다면 영광스럽게 승리함으로써 우리 자신을 구하려고 시도해야 합니다. 그러지 못할 경우 우리는 영광스럽게 죽기라도 하고, 살아서 적군의 손에 들어가지 않도록 합시다. 그럴 경우 우리는 신들에 의해 적군에게 내려지기를 바라는 것과 똑같은 고통을 당하게 될 테니 말이오."

(4) 그에 이어 오르코메노스 출신 클레아노르가 일어서서 다음과 같이 말했다. "전우들이여, 여러분은 대왕의 거짓 맹세와 불경(不敬)을 보았소. 여러분은 또 팃사페르네스의 불성실도 보았소. 그자는 자신이 헬라스인의 이웃이고, 그래서 우리를 구하는 일을 아주 중시한다며 스스로 우리에게 맹세하고 언질까지 주었건만 손수 우리 장군들을 속이고

붙잡았습니다. 더군다나 그자는 주인과 손님 간의 우의의 보호자이신 제우스도 두려워 않고, 클레아르코스를 자신의 식탁에서 환대한 뒤[5] 바로 그 점을 속임수의 수단으로 이용해 장군들을 죽였습니다. (5) 우리가 대왕으로 추대하려던 아리아이오스는 우리와 서로 배신하지 않기로 언질을 주고받았건만,[6] 이자 역시 신들을 두려워하거나 죽은 퀴로스에 대해 자괴지심을 품기는커녕 지금은 퀴로스의 가장 가증스러운 적들에게로 넘어가 그의 친구들인 우리를 해치려 하고 있습니다. (6) 이자들을 신들께서 응징해주시기를! 그러나 우리는 그자들의 그러한 행동을 보았으니 다시는 그자들에게 속아서는 안 되며, 오히려 힘껏 싸우고 신들께서 어떤 운명을 내려주시든 이를 감수해야 할 것입니다."

(7) 이어서 크세노폰이 일어섰다. 그는 전쟁을 위해 되도록 멋지게 차려입고 있었다. 신들이 승리를 내리신다면 승리에는 가장 멋진 장식이 어울리고, 죽는 것이 그의 운명이라면 자신이야말로 가장 멋진 장식을 할 자격이 있으니 그런 장식을 하고 죽음을 맞는 것이 옳다고 여겼기 때문이다. 그는 다음과 같이 말하기 시작했다.

(8) "비헬라스인들의 거짓 맹세와 불성실에 관해서는 클레아노르가 말했고, 여러분도 알고 있으리라고 믿습니다. 그러나 우리가 다시 그들과 친교를 맺기를 원한다면, 우리는 자신들을 그들의 손에 믿고 맡긴 장군들이 어떤 일을 당했는지 보고는 사기가 크게 저하되었다고밖에 볼 수 없습니다. 하지만 우리가 무구들로 그들의 범죄 행위를 응징하고 앞으로는 그들과 지속적으로 전쟁을 할 의향이라면, 우리에게는 신들의 도움으로 구원의 아름다운 희망이 많이 있습니다."

---

5 2권 5장 27절 참조.
6 2권 2장 8절 참조.

(9) 그가 그렇게 말하는데 누가 재채기를 했다.[7] 군사들은 그 소리를 듣고 모두 동시에 신에게 엎드렸다. 그러자 크세노폰이 말했다. "여러분, 우리가 구원에 관해 말하는 순간 구원자 제우스로부터 전조가 나타났으니, 우리가 우호적인 나라에 도착하자마자 그 신께 구원에 대한 감사의 제물을 바치겠다고 서약하는 것이 좋겠습니다. 그 밖의 다른 신들께도 우리의 능력이 닿는 대로 제물을 바치겠다고 서약하는 것이 좋겠습니다. 이에 동의하는 사람은 모두" 하며 그는 말을 이었다. "손을 드십시오!" 그러자 모두들 손을 들었다. 그래서 그들은 서약을 하고 파이안을 노래했다. 그들이 신들에 대한 의무를 적절히 이행하자, 크세노폰이 다시 다음과 같이 말하기 시작했다.

(10) "나는 우리에게 구원의 아름다운 희망이 많이 있다고 말하고 있습니다. 첫째, 우리는 신들의 이름으로 행한 서약들을 성실히 지켰지만, 적군은 거짓 맹세를 하는가 하면 자신들의 서약들을 깨고 휴전조약을 어겼기 때문입니다. 사정이 이러하니 신들께서는 당연히 적군에게는 적대자가 되고 우리에게는 우군이 되어주실 것인즉, 신들께서는 강력한 자도 금세 미약한 자로 만드실 수 있고, 또 원하시기만 하면 미약한 자를 비록 큰 위험에 처해 있다 해도 쉽게 구하실 수 있습니다.

(11) 다음으로, 나는 여러분에게 우리 선조들이 겪었던 위기들을 일깨워주려 합니다. 이는 여러분도 마땅히 용감해야 하며 용감한 사람들은 신들의 도움으로 가장 큰 위기에서도 구원받는다는 것을 여러분에게 보여주려는 것이오. 왜냐하면 페르시아인들과 그 동맹군들이 아테나이를 말살하려고 엄청난 대군(大軍)을 이끌고 왔을 때 아테나이인들은 혼자 감히 그들과 맞서 그들을 이겼기 때문입니다.[8] (12) 아테나이인들은 자신들이 죽이게 될 적군의 수만큼[9] 많은 염소를 제물로 바치겠다고 아르테미스 여신께 서약했으나 염소를 충분히 찾아낼 수가 없어 해마다 5

백 마리씩 제물로 바치기로 결정했고, 그래서 오늘날까지도 그렇게 하고 있습니다.

(13) 그 뒤 크세르크세스가 그 수를 헤아릴 수 없는 군대[10]를 모아 헬라스를 치러 왔을 때, 그때도 우리 선조들이 육지에서도 바다에서도 이 자들의 선조들을 이겼습니다.[11] 그 증거로 우리는 승전비들을 지금도 볼 수 있습니다. 무엇보다 그 가장 강력한 증거는 여러분이 태어나 자란 도시들의 자유라 할 수 있습니다. 여러분은 어떤 인간도 주인으로 섬기지 않고 신들만을 섬깁니다. 여러분은 그런 선조에게서 태어났던 것입니다.

(14) 나는 여러분이 그분들을 욕되게 한다는 뜻으로 이런 말을 하는 것이 아닙니다. 천만에, 며칠 전만 해도 여러분은 저 페르시아인들의 후손인 저들과 대열을 이루고 맞서 여러분보다 몇 배나 수가 많은 저들을 신들의 도움으로 이겼습니다. (15) 그러니까 퀴로스가 왕권을 두고 다투던 그때 여러분은 용감한 사람들이었습니다. 그러나 여러분 자신의 구원을 두고 다투는 지금 여러분은 마땅히 더 용감하고 더 열성적이어야 합니다. (16) 또한 지금 여러분은 적군을 맞아 더 자신감을 가져야 할 것입니다. 그때는 여러분이 아직 그들을 모르고 그들의 셀 수 없는 수만 보았는데도 선조들에게서 물려받은 기백으로 감히 그들을 공격했으나, 지

---

7   고대 그리스인들은 재채기를 길조로 여겼다. 『오뒷세이아』 17권 541행 참조.
8   기원전 490년 마라톤 전투에서.
9   헤로도토스에 따르면(『역사』 6권 117장 참조), 마라톤 전투에서 페르시아군은 6천4백 명이 전사했다고 한다.
10 헤로도토스에 따르면(『역사』 7권 185장 참조), 크세르크세스 휘하의 전투원은 모두 264만 1,610명이었다고 한다.
11 바다에서는 살라미스 해전(기원전 480년)에서, 육지에서는 플라타이아이(Plataiai) 전투(기원전 479년)에서.

금은 여러분이 이미 그들을 시험해보고 나서 그들이 비록 수는 몇 배나 더 많지만 여러분의 공격을 버텨내고 싶어 하지 않는다는 것을 알았으니, 여러분이 그들을 두려워할 까닭이 무엇이란 말이오?

(17) 또 전에 우리와 함께 대열을 갖추던 아리아이오스의 부하들이 이제는 이탈했다고 해서 우리가 불리해졌다고 생각하지 마십시오. 이들은 우리에게 진 자들보다 더 비겁하기 때문입니다. 아무튼 이들은 저들 앞에서 도망쳐 우리 곁을 떠났습니다. 먼저 도망치기를 바라는 자들이라면 우리 대열보다는 적군과 함께 정렬해 있는 것을 보는 편이 훨씬 낫습니다.

(18) 그러나 여러분 중에 누가 우리는 기병이 없지만 적군에게는 기병이 많기 때문에 사기가 꺾인다면, 기병 1만 명은 사람 1만 명 외에 아무것도 아니라고 생각하십시오. 싸움터에서 말에 물렸거나 차여서 목숨을 잃은 사람은 아직 본 적이 없고, 싸움터에서 일어나는 모든 일을 수행하는 것은 사람이기 때문입니다. (19) 게다가 기병들에 견주어 우리는 훨씬 안정성 있는 땅바닥에 서 있습니다. 그들은 우리만 두려운 것이 아니라 혹시 떨어질까 봐 두려워하며 말 등에 매달려 있지만, 우리는 땅바닥에 버티고 서 있으므로 누가 다가와도 훨씬 세게 칠 것이고, 그가 누구든 우리가 겨냥하는 자를 훨씬 잘 맞힐 수 있습니다. 한 가지가 기병들에게 유리한데, 그들은 우리보다 더 안전하게 도망칠 수는 있다는 것입니다.

(20) 여러분이 전투에는 자신이 있지만, 팃사페르네스가 이제 더이상 길 안내를 하지 않을 것을, 또는 대왕이 시장을 제공하지 않을 것을 우려한다면, 잘 생각해보십시오, 우리에게 공공연히 음모를 꾸미는 팃사페르네스를 길라잡이로 삼는 편이 나은지, 우리가 사람들을 붙잡아 길 안내를 하도록 명령하는 편이 나은지 말입니다. 그들은 우리에게 실수하면 자신의 목숨과 신체를 잃으리라는 걸 알 터이니 말입니다. (21) 그

리고 식량도 이들 비헬라스인들이 제공하는 시장에서 이제는 돈도 떨어졌는데 많은 돈을 주고 작은 되로 사는 편이 낫겠소, 아니면 우리가 이길 경우 우리가 손수 구하되 각자 마음에 드는 되를 사용하는 편이 낫겠소?

(22) 그것이 더 유리한 줄은 알지만 여러분이 강(江)들을 극복할 수 없는 장애물로 여기고 강들을 건넌 뒤 큰 속임수에 걸려들지 않을까 걱정된다면, 비헬라스인들이야말로 그 점에서 가장 어리석은 생각을 한 것이 아닌지 생각해보십시오. 모든 강은 수원(水源)에서 멀리 떨어진 곳에서는 건널 수 없지만 수원으로 올라가면 무릎을 적시지도 않고 건널 수 있습니다.

(23) 설사 강들이 우리가 건너는 것을 허용하지 않고 길라잡이가 아무도 나타나지 않는다 해도, 우리는 결코 낙담해서는 안 됩니다. 우리는 결코 우리보다 더 낫다고 할 수 없는 뮈시아인들이 대왕의 영토 안에서 번성하는 대도시들에 살고 있다는 것을 알고 있습니다. 피시다이족도 마찬가지라는 것도 우리는 알고 있습니다. 우리는 또 뤼카오니아인들도 평야에서 성채들을 차지하고는 저들의 나라를 약탈하는 것을 우리 눈으로 보았습니다.

(24) 그러니 우리도 고향으로 떠나는 것이 아니라 이곳에 정착할 준비를 하는 것처럼 보여야 합니다. 나는 대왕이 뮈시아인들에게 수많은 길라잡이뿐 아니라 그들이 이 나라를 무사히 떠나는 것을 보장해주려고 수많은 인질을 보낸다고, 아니 그들이 사륜거를 타고 떠나기를 원한다면 그들을 위해 길이라도 닦아주리라고 생각합니다. 우리가 이곳에 눌러앉을 준비를 하는 것을 보면 대왕은 틀림없이 우리에게도 세 배나 더 흔쾌히 그렇게 해줄 겁니다.

(25) 다만 한 가지 걱정되는 것은, 우리가 나태와 사치 속에서 살아가고 이들 메디아인과 페르시아인의 아름답고 훤칠한 여인들이나 소녀

들과 사귀는 일을 일단 배우게 되면, 로토스[12] 상식자(常食者)들처럼 고향으로 돌아가는 길을 잊지나 않을까 하는 점입니다. (26) 따라서 우리는 마땅히 먼저 헬라스에 있는 친지들에게 돌아가서 헬라스인들에게 그들이 가난한 것은 스스로 선택한 것임을 지적해주는 것이 옳을 것이오. 그들은 지금 고향에서 어렵게 사는 사람들을 여기로 데려올 수 있고, 그들이 부자가 되는 것을 볼 수 있기에 하는 말입니다.

(27) 전우들이여, 이 모든 좋은 것은 분명 그것을 소유할 수 있는 힘을 가진 자들의 몫입니다. 그렇지만 우리는 어떻게 해야 가장 안전하게 행군할 수 있고, 또 싸워야 할 경우에는 어떻게 해야 가장 유리하게 싸울 수 있는지 의논해야 합니다. 우선," 하고 그는 말을 이었다. "수송대가 우리를 지휘할 것이 아니라, 어떤 길이든 군대에 가장 유리한 길을 행군할 수 있도록 우리가 가진 사륜거들을 불태워야 한다고 나는 생각합니다. 그다음, 우리는 천막들도 불태워야 합니다. 그것들은 운반하느라 짐만 될 뿐 싸우는 데도 식량을 구하는 데도 전혀 도움이 안 됩니다. (28) 그 밖에도 우리는 전쟁을 위해, 그리고 먹고 마시기 위해 갖고 다니는 것만 빼고 남아도는 다른 장비들은 모두 버립시다. 우리 가운데 되도록 많은 사람들이 무장을 하고, 최소한의 사람들이 짐을 나르도록 말이오. 왜냐하면 여러분도 아시다시피, 우리가 지면 모든 것이 남의 것이 되고, 우리가 이기면 적군을 우리의 짐꾼으로 쓸 수 있기 때문이오.

(29) 끝으로, 내가 가장 중요하다고 생각하는 바를 말하겠습니다. 여러분도 아시다시피, 적군은 우리의 장군들을 붙잡기 전에는 감히 우리에게 공공연히 싸움을 걸어오지 못했소. 저들은 우리의 지휘관들이 살아 있고 우리가 그들에게 복종하는 한 우리가 전쟁에서 자기들을 이길 거라고 믿었던 것입니다. 하지만 우리의 지휘관들을 붙잡은 뒤로는 지휘관도 없고 질서가 없어 우리가 파멸하리라 여기고 있습니다.

(30) 따라서 지금 지휘관들은 이전 지휘관들보다 훨씬 더 세심해야 할 것이고, 지휘를 받는 사람들은 지휘관들에게 전보다 더 질서정연하고 더 고분고분해야 할 것입니다. (31) 누가 복종을 거부할 경우, 여러분 가운데 누구든 그때 그곳에 있는 사람이 지휘관과 힘을 모아 그자를 벌주기로 우리는 투표로 결의해야 할 것입니다. 그렇게 하면 적군은 자신들이 크게 속았음을 알게 되겠지요. 오늘 저들은 어느 누구도 비겁하도록 내버려두지 않는 클레아르코스를 1명이 아니라 1천 명이나 보게 될 테니 말입니다. (32) 다만 지금은 행동할 때요. 적군이 당장에라도 나타날 수 있습니다. 그러니 이러한 제안들이 좋다고 생각되는 사람들은 행동으로 옮겨질 수 있도록 되도록 빨리 가결해주십시오. 그러나 다른 계획이 내 계획보다 더 좋다면, 비록 병사라 하더라도 거리낌 없이 말하시오. 우리 모두에게 필요한 것은 공동의 안전이기 때문이오."

(33) 이어서 케이리소포스가 말했다. "크세노폰이 제안한 것들 외에도 다른 할 일이 있다면 지체 없이 행할 수 있을 것이오. 그러나 그가 방금 제안한 것들은 되도록 빨리 투표로 결의하는 것이 상책이라고 나는 생각하오. 이 제안에 찬성하는 사람은 손을 드시오!" 그들은 모두 손을 들었다.

(34) 그러자 크세노폰이 다시 일어서서 말했다. "전우들이여, 그 밖에 또 무엇이 필요하다고 내가 생각하는지 들으십시오. 우리는 당연히 식량을 구할 수 있는 곳으로 행군해야 합니다. 20스타디온도 안 되는 곳에 아름다운 마을들이 있다고 들었습니다. (35) 마치 비겁한 개떼가 할 수만 있다면 지나가는 사람들을 쫓아가 물지만 사람들이 쫓으면 도망가

---

12 로토스(lotos)는 일종의 대추야자 열매로, 그것을 먹으면 고향을 잊고 그곳에 눌러앉게 된다고 한다. 『오뒷세이아』 9권 82행 이하 참조.

버리듯이, 우리가 퇴각할 때 적군이 우리를 뒤따른다 해도 나는 놀라지 않을 것입니다. (36) 그래서 말인데, 수송대와 비전투원들이 더 안전하도록 중무장보병으로 방진을 이루고 행군하는 편이 아마 더 나을 듯 싶습니다.[13] 누가 방진을 이끌고, 누가 전위를 정렬시키고, 누가 양쪽 측면에 서고, 누가 후위를 지킬 것인지 지금 결정해두면 우리는 적군이 공격해올 때마다 의논할 필요 없이 즉시 제자리에 배치된 군사들을 쓸 수 있을 것입니다.

(37) 지금 누가 더 나은 다른 계획을 알고 있다면, 우리는 그것을 따르도록 합시다. 그것이 아니라면 케이리소포스가 전위를 맡으시오. 그는 역시 라케다이몬인이기 때문이오. 양쪽 측면은 최고 연장자인 두 장군이 보살피도록 하십시오. 후위는 가장 젊은 사람들인 나와 티마시온이 임시로 지킬 것입니다. (38) 그리고 앞으로는, 이 대형을 시험해보고 나서 그때그때 가장 좋겠다고 생각되는 바를 의논해서 채택하도록 합시다. 더 나은 계획을 알고 있는 분이 있다면 말하시오." 아무도 이의를 제기하지 않자 그는 말했다. "그렇다면 이 제안에 찬성하는 사람은 손을 드십시오."

(39) 이 제안들은 가결되었다. "그렇다면 지금," 하고 그는 말을 이었다. "우리는 돌아가 가결된 것들을 실행에 옮겨야 합니다. 여러분 중에 친척들과 재회하고 싶은 사람은 용감한 전사가 되도록 유의하십시오. 그런 목적은 달리는 달성될 수 없기 때문입니다. 살기를 바라는 사람은 이기려고 노력하십시오. 죽이는 것은 이긴 자들의 몫이고 죽는 것은 진 자들의 몫이기 때문입니다. 그리고 재물을 원하는 사람이 있다면 우세하려고 노력하십시오. 이긴 자들은 자신의 재산을 지킬 뿐 아니라 진 자들의 재산도 가지기 때문입니다."

제 3 장

(1) 크세노폰이 그렇게 말하자 그들은 일어섰고, 가서 사륜거들과 천막들을 불태워버렸다. 남아도는 것들 중 필요한 것은 서로 나누어 갖고 나머지는 불속에 던져버렸다. 그러고 나서 그들은 아침 식사를 준비했다. 그들이 아침 식사를 준비하는데, 미트라다테스가 약 30명의 기병을 이끌고 나타나 들릴 만한 거리 안으로 장군들을 부르더니 다음과 같이 말했다.

(2) "헬라스인들이여, 당신들도 알다시피 나는 퀴로스에게 충성을 다했고 지금도 당신들에게 호의를 품고 있소. 사실 나는 이곳에서 큰 두려움을 느끼며 살아가고 있소. 그래서 하는 말인데, 나는 당신들이 살아날 궁리를 하는 것을 보게 되면 내 부하들을 모두 데리고 당신들에게로 올 것이오. 그러니 당신들은 내가 당신들의 친구이며 당신들에게 호의를 품고 있고, 또 당신들과 함께 행군하기를 원한다고 믿고 내게 당신들의 마음속 생각을 말해주시오." (3) 그러자 장군들은 의논 끝에 다음과 같이 대답하기로 결정하고, 케이리소포스가 대변인 노릇을 했다. "우리의 결정은, 아무도 우리가 고향에 돌아가는 것을 방해하지 않으면 우리는 되도록 피해를 적게 주며 이 나라를 통과하겠지만, 누가 우리의 길을

---

13 수송대와 비전투원들을 방진 안에 배치할 수 있기 때문이다.

막으려 한다면 우리는 그자와 있는 힘을 다해 끝까지 싸운다는 것이오."

(4) 그러자 미트라다테스가 대왕의 뜻을 거스르며 안전하게 돌아가는 것은 불가능하다는 점을 그들에게 가르치려 했다. 그래서 헬라스인들은 그가 음흉한 의도로 파견되었음을 간파했다. 실제로 팃사페르네스의 친척 한 명이 그가 약속을 지키는지 감시하려고 그와 동행하고 있었다. (5) 그래서 장군들은 적국에 있는 동안에는 적군과 협상하지 않고 전쟁을 계속한다고 포고하는 것이 좋겠다고 생각했다. 비헬라스인들이 계속 다가와서 군사들을 이탈하도록 유혹하려 했기 때문이다. 그리고 실제로 그들은 아르카디아 출신 니카르코스라는 대장 한 명을 꾀는 데 성공하여, 그는 약 20명의 군사를 데리고 야반도주했다.

(6) 그들은 아침 식사를 먹은 뒤 자파타스강을 건너 수송대와 비전투원들을 둘러싸고 방진을 이룬 채 행군을 계속했다. 그들이 아직 멀리 가지 못했을 때 미트라다테스가 약 2백 명의 기병과 약 4백 명의 아주 날렵하고 민첩한 궁수들과 투석병(投石兵)들을 이끌고 다시 나타났다. (7) 그는 친구인 양 헬라스인들에게 접근했다. 그러나 그들은 가까이 다가오자마자 그들 중 기병과 보병은 갑자기 활을 쏘기 시작하고, 다른 자들은 돌을 던져 헬라스인들에게 부상을 입혔다. 헬라스인들의 후위는 큰 피해를 입었지만 전혀 보복할 수가 없었다. 크레테인들[14]은 페르시아인들보다 화살의 사거리(射距離)가 짧은 데다 무장을 하지 않아 중무장보병들 안에 갇혀 있었기 때문이다. 그리고 헬라스인들의 창수(槍手)들도 적군의 투석병을 맞힐 수 있을 만큼 멀리 던지지 못했다.

(8) 그래서 크세노폰은 추격해야겠다고 생각하고는 마침 자신과 함께 후위를 지키고 있던 중무장보병과 경방패병을 이끌고 추격했다. 그러나 그들은 추격은 해도 적군은 한 명도 붙잡지 못했다. (9) 헬라스인들은 기병이 없었고, 그들의 보병은 먼 거리를 두고 달아나는 적군의 보병

을 짧은 거리 안에서는 따라잡을 수가 없었기 때문이다. 그리고 헬라스인들의 본대(本隊)를 이탈해 멀리 추격한다는 것은 가능한 일이 아니었다. (10) 그러나 비헬라스인들의 기병들은 몸을 돌려 말 위에서 활을 쏨으로써 도망치면서도 그들에게 부상을 입히곤 했다. 하지만 얼마만큼 추격하며 앞으로 나아갔든 간에, 헬라스인들은 그 거리만큼 싸우며 되돌아오지 않으면 안 되었다. (11) 그리하여 그들은 온종일 25스타디온밖에 가지 못했고, 저녁 무렵에야 마을들에 도착했다.

그러자 그들은 다시 사기가 떨어졌다. 또한 케이리소포스와 가장 나이 많은 장군들은, 크세노폰이 본대를 이탈해 추격을 감행했지만 그 자신만 위험에 빠졌을 뿐 적군에게는 아무런 피해도 주지 못했다며 그를 비난했다. (12) 크세노폰은 이 말을 듣고 그들의 비난은 정당하며 결과도 그들의 주장이 옳음을 입증해준다고 말했다. "그러나" 하고 그는 말을 이었다. "그대로 있다가는 피해만 당할 뿐 반격을 시도할 수 없다고 보았기에 나로서는 추격하지 않을 수 없었소. (13) 하지만 우리가 추격했을 때는 여러분의 주장이 사실로 드러났소. 우리는 적군에게 아무런 피해도 주지 못하고 큰 어려움을 겪으며 철수하지 않으면 안 되었으니 말이오.

(14) 그러니 적군이 큰 군세가 아니라 작은 군세를 이끌고 와서 우리에게 다소 피해를 입히기는 했어도 우리에게 필요한 것이 무엇인지 보여줄 수 있었던 것에 신들께 감사하도록 합시다. (15) 지금 적군은 크레테인들도, 창수들도 미치지 못하는 먼 거리에서 활을 쏘고 돌을 던지고 있기 때문이오. 그리고 우리는 추격하더라도 본대에서 멀리 이탈할 수 없고, 또 짧은 거리에서는 아무리 날랜 보병이라도 화살 한 바탕의 거

---

14 크레테인들은 당시 뛰어난 궁수들이었다.

리를 두고 추격해서는 다른 보병을 따라잡을 수 없소. (16) 적군이 행군하는 우리를 해치는 것을 제지하자면, 우리는 되도록 속히 투석병과 기병을 확보해야 하오. 듣자하니 우리 군대에는 로도스인들이 있는데 그들은 대부분 투석구를 쏠 줄 알고, 그들이 던지는 돌은 페르시아의 투석병들이 던지는 것보다 두 배나 멀리 날아간다고 하오. (17) 이들은 주먹만 한 돌을 던지는 까닭에 짧은 거리밖에 날아가지 못하지만 로도스인들은 납탄(彈)도 쏠 줄 알기 때문이오.

(18) 그러니 우리가 그들 가운데 누가 투석구를 가지고 있는지 알아보고는 그것들에 대가를 지불하고, 투석구를 더 엮으려는 다른 사람에게도 돈을 지불하고, 투석병으로 배정된 사람에게는 어떤 임무를 면제해준다면, 아마도 우리를 도울 수 있는 사람들이 더러 있을 것이오. (19) 또한 보아하니 우리 군대에는 말들도 있소. 우리 부대에도 더러 있고, 우리가 적군에게서 노획해 짐 나르는 가축으로 쓰는 것도 많소. 우리가 이것들을 모두 가려내어 짐 나르는 가축들로 대치하고 말들은 기병을 위해 장비를 갖춘다면, 이들은 아마도 도망치는 적군을 괴롭혀줄 것이오." (20) 그렇게 하기로 가결되었다. 그리하여 그날 밤으로 2백 명의 투석병이 생겨났고, 이튿날에는 말들과 기병 약 50명이 검열을 받았으며, 가죽 조끼와 흉갑들도 그들을 위해 마련되었다. 그리고 기병대장에는 아테나이 출신 폴뤼스트라토스의 아들 뤼키오스가 임명되었다.

제 4 장

(1) 이날은 쉬고 그들은 이튿날 아침 평소보다 일찍 일어나 길을 떠났다. 협곡을 지나야 했는데, 그들이 지날 때 적군이 공격하지 않을까 두려웠던 것이다. (2) 그들이 이미 협곡을 통과했을 때 미트라다테스가 기병 1천 명, 궁수와 투석병 약 4천 명을 이끌고 다시 나타났다. 그토록 많은 수를 그는 팃사페르네스에게 요구했고, 또 이들을 갖게 되면 헬라스인들을 그의 손에 넘기겠다고 약속하고는 이들을 얻어낸 것이다. 그는 지난번 공격 때 적은 군사로도 아무런 피해를 입지 않고 큰 피해를 주었다고 믿었기에 그들을 깔보았다. (3) 그래서 헬라스인들이 협곡을 지나 8스타디온쯤 갔을 때, 미트라다테스도 자신의 군세와 함께 협곡을 지나기 시작했다. 헬라스인들의 경방패병과 중무장보병들 가운데 적을 추격하기로 되어 있는 자들에게는 벌써 명령이 내려진 상태였고, 기병들에게도 충분한 군세가 바싹 뒤따르고 있으니 대담하게 추격하라는 지시가 주어져 있었다.

(4) 미트라다테스가 그들을 따라잡아 그의 투석과 화살들이 그들에게 닿았을 때, 헬라스인들에게 나팔 소리로 신호가 울렸다. 그러자 즉시 명령을 받은 보병이 적군에게 돌진했고 기병도 내달았다. 그러자 적군은 그들의 공격을 기다리지 않고 협곡 쪽으로 도망쳤다. (5) 이번 추격에서 비헬라스인들은 수많은 보병이 죽고 기병도 자그마치 18명이나

협곡에서 생포당했다. 헬라스인들은 누가 시키지도 않았는데 자청하여 죽은 자들을 훼손했으니, 적군이 그것을 보고는 겁에 질리게 하려는 것이었다.

(6) 적군은 이렇게 당하고 나서 떠나갔고, 헬라스인들은 남은 날을 위험 없이 행군해 티그리스강에 도착했다. (7) 그곳에는 사람이 살지 않는 큰 도시가 있었는데, 그 이름은 라리사였다. 옛날에는 이 도시에 메디아인들이 살았었다. 그 성벽은 너비가 25푸스에 높이가 100푸스였고 둘레는 2파라상게스였다. 그것은 점토 벽돌로 지어졌고 돌로 된 기저(基底)는 높이가 20푸스였다. (8) 페르시아인들이 메디아인들에게서 통치권을 빼앗으려 했을 때, 페르시아 왕[15]은 이 도시를 포위하고도 아무래도 함락할 수가 없었다. 그런데 구름이 해를 가려,[16] 주민들이 그곳을 버리고 떠날 때까지 이 도시를 보이지 않게 해주었다. 그리하여 이 도시는 함락되었다. (9) 이 도시 근처에는 돌로 된 피라미드가 하나 있었는데, 그 너비가 1플레트론이고 높이가 2플레트론이었다. 피라미드 위에는 인근 마을들에서 피난 온 비헬라스인들이 모여 있었다.

(10) 그곳을 뒤로하고 그들은 하루 동안 6파라상게스를 행군해 도시를 둘러싸고 있는, 사람이 살지 않는 큰 성벽에 도착했다. 이 도시 이름은 메스필라였고, 전에는 메디아인들이 이곳에 살았었다. 그 기저는 연마한 패각 석회석으로 되어 있었고, 너비와 높이가 모두 50푸스였다. (11) 이 기저 위에 벽돌 성벽이 쌓여 있었는데, 너비가 50푸스에 높이가 100푸스였고 둘레는 6파라상게스였다. 메디아인들이 페르시아인들에게 통치권을 빼앗겼을 때 왕비 메데이아가 이곳으로 피난했다고 한다. (12) 페르시아인들의 왕은 이 도시를 포위했지만 오랜 포위에 의해서도, 공격에 의해서도 함락할 수가 없었다. 그러나 제우스가 천둥으로 주민들을 혼비백산하게 했고, 그리하여 이 도시는 함락되었다.

(13) 그곳을 뒤로하고 그들은 하루 동안 4파라상게스를 행군했다. 이 행군 기간 동안 팃사페르네스가 나타났다. 그는 자신의 기병들과, 대왕의 딸과 결혼한 오론타스의 부대들과, 퀴로스가 이끌고 온 자들 외에도 대왕이 그에게 준 자들을 데려왔고, 그래서 그의 군대는 엄청나게 많아 보였다. (14) 그는 가까이 다가왔을 때 몇몇 부대는 헬라스인들의 배후에 배치하고 다른 부대들은 양쪽 측면에 배치했지만, 근접전을 감행할 용기도, 위험을 무릅쓸 용기도 없었다. 그러나 그는 투석구로 돌을 던지고 화살을 쏘아 보내도록 명령했다. (15) 하지만 로도스인 투석병들과 스퀴타이족 궁수들이 여기저기 배치되어 있다가 일제히 응사하여 한 명도 상대를 빗맞히지 않자(사실 그렇게 하려 애쓴다 해도 그것은 쉬운 일이 아니었을 것이다), 팃사페르네스는 급히 사정거리 밖으로 물러났고 다른 부대들도 그렇게 했다.

(16) 남은 날을 한쪽 군대는 행군했고, 다른 쪽 군대는 뒤따랐다. 비헬라스인들은 그전처럼 멀리서 쏘아서는 이제 더이상 피해를 줄 수 없었다. 왜냐하면 로도스인 투석병은 페르시아인 투석병보다도, 아니 궁수들보다도 더 멀리 던졌기 때문이다. (17) 그리고 페르시아의 활은 컸기 때문에, 크레테인들은 노획한 화살을 모두 사용할 수 있었다. 실제로 그들은 계속 적군의 화살을 사용했고, 공중에다 대고 쏘아 멀리 쏘는 연습을 하기도 했다. 헬라스인들은 또 마을들에서 다량의 활시위와 투석구에 쓸 납을 찾아낼 수 있었다. (18) 이날 헬라스인들은 마을들에 도착해 진을 쳤고, 비헬라스인들은 소규모 접전에서 지고 물러갔다. 이튿날 헬라스인들은 머물러 쉬며 식량을 마련했다. 마을들에는 곡식이 많았기

---

15 내(大)퀴로스(재위기간 기원전 559~529년)를 말한다.
16 이 도시 주민들은 일식(日蝕)에 놀라 도시를 비운 것 같다.

때문이다. 이튿날 그들은 평야를 지나 행군했고, 팃사페르네스는 소규모 접전을 벌이며 그들의 뒤를 따랐다.

(19) 이때 헬라스인들은 적군이 따라올 경우 정방형은 불리한 대형이라는 것을 깨달았다. 왜냐하면 길이 좁아지거나 산이나 다리 때문에 어쩔 수 없이 정방형의 양쪽 날개가 오그라들게 되면, 중무장보병은 어쩔 수 없이 대열에서 밀려나 한곳에서 복작댐으로써 혼란에 빠져 힘겹게 행군할 수밖에 없었기 때문이다. 이렇게 무질서해져서는 그들은 당연히 별로 쓸모가 없었다. (20) 게다가 양쪽 날개가 도로 펴지면 앞서 대열에서 밀려난 자들은 어쩔 수 없이 사방으로 흩어진 까닭에 양쪽 날개의 중앙은 비게 되고, 그렇게 되면 그곳에 있다가 그런 일을 당하는 자들은 적군이 바싹 뒤따라오면 사기가 떨어지게 마련이다. 또한 군대가 다리나 그 밖의 다른 통로를 지날 때마다 저마다 먼저 건너려고 서두르곤 했는데, 이는 적군에게 공격의 좋은 기회를 주었던 것이다.

(21) 그것을 깨달은 장군들은 1백 명으로 구성된 100인대 여섯 개를 만들어 그 대장들을 임명하고 50인대와 25인대의 대장도 임명했다. 이런 식으로 행군하자, 행군 중에 날개가 오그라들면 최후미의 대장들은 날개를 방해하지 않으려고 뒤에 처져 날개를 뒤따라가다가 (22) 정방형의 날개가 펴지면 중앙을 메우곤 했는데, 중앙이 비교적 좁을 때는 6열종대로, 비교적 넓을 때는 12열종대로, 그리고 아주 넓을 때는 24열종대로 메웠다. 그리하여 중앙은 어떤 일이 있어도 메워졌던 것이다. (23) 어떤 통로를 지나거나 다리를 건너야 할 때도 그들은 더이상 혼란에 빠지지 않았고, 각 부대들이 차례차례 건넜다. 또한 방진이 필요한 곳에서는 이들 부대가 그곳으로 달려갔다. 이런 식으로 그들은 나흘 동안 행군했다.

(24) 그들이 닷새째 행군하고 있을 때 궁전과 그것을 둘러싼 마을

들이 많이 보였다. 그곳으로 가는 길은 높은 언덕 사이로 나 있는데, 이 언덕들은 그 기슭에 마을들이 자리 잡고 있는 산에서 뻗어 내려온 것들이었다. 언덕들을 보자 헬라스인들은 기뻤고, 그것은 적군이 기병인 점을 고려할 때 당연한 일이었다. (25) 그러나 그들이 들판에서 다가가 첫 번째 언덕을 너머 다음 언덕에 오르려고 내려가고 있을 때, 비헬라스인들이 덤벼들더니 채찍질에 쫓겨[17] 언덕에서 아래로 돌을 던지고 화살을 쏘아댔다. (26) 그들은 많은 사람들에게 부상을 입혔고, 헬라스인들의 경무장보병을 제압해 중무장보병 사이로 몰아넣었다. 그래서 이날은 투석병도 궁수도 중앙에 있던 비전투원과 뒤섞이는 바람에 전혀 쓸모가 없었다.

(27) 그래서 궁지에 몰린 헬라스인들이 적군을 추격하려 했으나, 중무장을 한 탓에 매우 느린 속도로 언덕에 올랐더니 적군은 재빨리 달아나버렸다. (28) 그리고 헬라스인들이 본대로 돌아올 때마다 똑같은 고통을 당했다. 두 번째 언덕에서도 같은 일이 되풀이되자, 그들은 세 번째 언덕에 오른 다음 경방패병을 정방형의 오른쪽 날개에서 산 위로 인솔해 놓기 전에는 부대들을 아래로 내려보내지 않기로 결정했다. (29) 이들이 추격하는 적군보다 더 높은 곳을 차지하게 되자, 적군은 퇴로가 막혀 양쪽에서 적에게 포위될까 두려워 아래로 내려가는 헬라스인들을 공격하지 못했다. (30) 남은 날을 헬라스인들은 이렇게 일부는 언덕을 넘어가는 길을 따라가고 다른 일부는 언덕 위를 따라 이들과 나란히 걸어가는 식으로 행군을 계속해 마을들에 도착했다. 그곳에서 그들은 의사를 여덟 명이나 임명했다. 부상자가 많았기 때문이다.

(31) 그곳에서 그들은 사흘을 머물렀는데, 부상자 때문만이 아니라

---

[17] 비겁한 페르시아 군사들은 채찍질에 쫓겨 싸움터로 내몰렸다고 한다.

그곳에 식량이 많았기 때문이다. 밀가루와 포도주뿐 아니라 말에게 먹일 보리도 충분히 쌓여 있었으니, 이것은 이 지방의 태수가 모아놓은 것이었다.[18] 나흘째 되던 날 그들은 평야로 내려가기 시작했다. (32) 그러나 팃사페르네스가 군세로 그들을 따라잡자, 그들은 싸우면서 행군하지 않고 어쩔 수 없이 맨 처음 눈에 띄는 마을에 진을 치기로 했다. 전투를 할 수 없는 자들, 즉 부상자들과 이들을 운반하는 자들과 또 이들의 무구를 맡은 자들의 수가 많았기 때문이다. (33) 그들이 진을 치자 적군이 마을로 다가오며 멀리서 공격하려 했으나, 이때는 헬라스인들이 훨씬 유리했다. 어떤 지점을 차지하고 그곳에서 공격을 막아내는 것과 행군 도중 공격해오는 적군을 맞아 싸우는 것은 전혀 달랐기 때문이다.

(34) 저녁이 되자 적군이 물러갈 시간이 되었다. 비헬라스인들은 헬라스인들이 야습을 하지 않을까 두려워 헬라스인들에게서 60스타디온 안쪽에는 진을 치지 않았다. 페르시아군은 밤에는 무용지물이었기 때문이다. (35) 그들의 말들은 말뚝에 매여 있었고, 또 밧줄에서 풀리더라도 달아나지 못하도록 대개 족쇄가 채워져 있었다. 그래서 기습을 받으면 페르시아인은 말에 안장과 굴레를 얹고 자신도 흉갑을 입고 말에 올라야 했는데, 이것은 특히 밤에 기습받을 경우에는 결코 쉬운 일이 아니었다. 그래서 그들은 헬라스인들에게서 멀리 떨어진 곳에다 진을 쳤던 것이다.

(36) 헬라스인들은 그들이 물러가고 싶어 서로 명령을 전달하는 것을 알아차렸을 때, 적군이 들을 수 있도록 전령을 통해 짐을 챙기라는 전갈을 받았다. 비헬라스인들은 잠시 출발을 늦추다가, 날이 저물자 떠나갔다. 그들은 밤에 행군해 진영에 도착하는 것은 유리할 게 없다고 생각했던 것이다. (37) 헬라스인들은 마침내 그들이 확실히 떠나는 것을 보자 짐을 모두 챙겨 길을 떠났는데, 자그마치 60스타디온이나 행군했다.

그리하여 두 군대는 서로 멀찍이 떨어지게 되어 이튿날에는 적군이 나타나지 않았고, 사흘째 되던 날에도 여전히 나타나지 않았다. 그러나 나흘째 되던 날 밤, 비헬라스인들이 전진해오더니 헬라스인들이 통과해야만 하는 길의 오른쪽 고지를 점령했다. 이 돌출부의 기슭을 따라 평야로 내려가는 길이 나 있었던 것이다.

(38) 케이리소포스는 돌출부가 선점(先占)된 것을 보자 크세노폰을 후위에서 불러, 경방패병들을 데리고 앞쪽으로 가라고 지시했다. (39) 그러나 크세노폰은 경방패병들을 데려오지 않았으니, 팃사페르네스가 그의 전군(全軍)을 이끌고 나타나는 것을 보았기 때문이다. 그러나 그 자신은 말을 타고 앞으로 달려가 물었다. "왜 나를 부르시오?" 케이리소포스가 대답했다. "그야 자명한 일이지요. 우리가 내려가야 할 길 위에 돌출해 있는 언덕이 선점되었으니, 우리는 저들을 내쫓지 않고서는 지나갈 수 없소. (40) 왜 경방패병들을 데려오지 않았소?" 크세노폰이 대답하기를, 적군이 나타났으니 후위를 엄호하지 않고 내버려두는 것은 바람직해 보이지 않았다고 했다. "아무튼," 하고 케이리소포스가 말을 이었다. "지금은 어떻게 하면 저들을 언덕에서 내쫓을 수 있겠는지 의논할 때요."

(41) 그때 크세노폰이 헬라스인들의 군대 바로 위에 산꼭대기가 솟아 있고 거기에서 적군이 있는 언덕까지 길이 나 있는 것을 보고 말했다. "케이리소포스, 가장 좋은 것은 되도록 빨리 산꼭대기로 올라가는 것이오. 우리가 그곳을 차지하기만 하면, 우리가 가야 할 길 위에 있는 저들은 버티지 못할 것이오. 그러니 원한다면 그대는 군대에 남아 있으시오, 내

---

18 태수들은 자기 관할의 속주를 통과하는 대왕의 군대를 먹이려고 각종 물자를 비축해 두어야 했다.

가 가겠소. 또는 좋다면 그대가 언덕을 오르시오, 내가 여기 남겠소." (42) "좋소," 하고 케이리소포스가 말했다. "그대에게 일임할 테니 그대가 원하는 쪽을 택하시오." 그러자 크세노폰이 자기가 더 젊다며 가기를 자원했다. 그러나 그는 케이리소포스에게 전위에서 군사들을 좀 데려가게 해달라고 부탁했다. 후위에서 군사들을 데려오기에는 너무 멀다는 것이었다. (43) 그래서 케이리소포스는 전위에 있던 경방패병들을 그에게 딸려 보내고, 방진의 중앙에 있던 자들로 그 자리를 메웠다. 그는 또 방진의 전위에서 자신이 지휘하던 3백 명의 정선된 군사들에게도 크세노폰을 따르라고 명령했다.

(44) 그리하여 그들은 되도록 빨리 나아갔다. 그들이 산꼭대기로 나아가는 것을 보자마자 언덕 위의 적군도 경주하듯 산꼭대기로 달려갔다. (45) 그러자 헬라스의 군대에서는 자기들 편을 응원하는 고함 소리가 크게 났고, 팃사페르네스의 부하들한테서도 자기들 편을 응원하는 고함 소리가 크게 났다. (46) 그래서 크세노폰은 말을 타고 대열 옆을 달리며 군사들을 격려했다. "전우들이여, 여러분은 지금 헬라스를 향하여, 여러분의 아이들과 아내들을 향해 경주하고 있으며, 지금 조금만 수고하면 나머지 여정에는 더이상 싸움은 없다고 생각하시오." (47) 그러나 시퀴온 출신 소테리다스가 말했다. "우리는 처지가 서로 다르오. 그대는 말을 타고 있고 나는 내 방패를 운반하느라 몹시 지쳐 있으니 말이오."

(48) 그 말을 듣자 크세노폰은 말에서 뛰어내려 그를 대열에서 밀어내더니 그에게서 방패를 빼앗아 들고 되도록 빨리 나아갔다. 그러나 그는 마침 기병용 흉갑[19]까지 입고 있어 그 무게에 짓눌렸다. 그래서 그는 자기 앞쪽에 있는 자들은 계속해서 나아가게 하고 뒤쪽에 있는 자들은 자기 옆을 지나가게 했으니, 보조를 맞추기가 어려웠기 때문이다. (49) 그러나 나머지 다른 군사들은 때리고 돌을 던지고 욕설을 퍼부으며 소

테리다스가 방패를 도로 받아 들고 행군을 계속하도록 강요했다. 그래서 크세노폰은 다시 말에 올라, 말을 타고 갈 수 있는 데까지 말을 타고 길을 안내했으며, 길이 험해지자 말을 뒤에 남겨두고 걸어서 달려갔다. 그리하여 그들은 적군보다 먼저 산꼭대기에 닿았다.

---

19 기병용 흉갑은 중무장보병의 흉갑보다 더 무거웠다.

제 5 장

(1) 그러자 비헬라스인들은 등을 돌려 저마다 힘닿는 데까지 도망쳤고, 헬라스인들은 산꼭대기를 차지했다. 팃사페르네스와 아리아이오스의 부대들은 돌아서서 다른 길로 해서 떠나갔다. 한편 케이리소포스의 부대들은 평야로 내려가 물자가 풍족한 마을에 진을 쳤다. 티그리스 강변에 있는 이 평야에는 물자가 넉넉한 마을들이 그 밖에도 많이 있었다. (2) 저녁 무렵 느닷없이 적군이 평야에 나타나서 약탈품을 찾아 그곳에 흩어졌던 헬라스인 몇 명을 베어 죽였다. 실제로 많은 가축 떼가 강 건너편으로 옮겨지려다가 약탈당했다. (3) 그래서 팃사페르네스와 그의 부하들은 마을들을 불사르려고 했다. 그러자 헬라스인들 중에는 적군이 불을 지르면 아무 데서도 식량을 구할 수 없을까 봐 걱정되어 극도로 사기가 떨어지는 자들도 더러 있었다.

(4) 그동안 약탈자들을 구원하러 간 케이리소포스의 부대들이 돌아오고 있었다. 그러자 크세노폰은 산에서 내려온 뒤 구원하러 갔다가 돌아오는 헬라스인들의 대열 옆을 따라 말을 타고 가며 말했다. (5) "헬라스인들이여, 여러분은 보시오. 저들은 이 나라가 지금은 우리 것이라는 것을 인정하고 있소. 저들은 휴전조약을 맺을 때 우리더러 대왕의 나라를 불살라서는 안 될 거라고 하더니 이제는 남의 나라인 양 그들 자신이 불사르고 있으니 말이오. 아무튼 저들이 아무 데고 자신들을 위해 식량

을 남겨둔다면 저들은 우리도 그곳으로 행군하는 것을 보게 될 것이오. (6) 그리고 케이리소포스여," 하고 그는 말을 이었다. "내 생각에는 우리 자신의 나라를 지키기 위해서인 양 우리가 방화자들을 공격하는 것이 좋을 듯하오." 케이리소포스가 말했다. "나는 그렇게 생각하지 않소. 오히려 우리도" 하고 그는 말을 이었다. "불을 지르도록 합시다. 그러면 저들이 그만큼 더 빨리 그만두게 될 것이오."

(7) 그들이 막사로 돌아왔을 때 군사들은 식량을 정리하느라 여념이 없었고, 장군들과 대장들은 한곳에 모였다. 그들은 몹시 곤혹스러웠다. 한쪽에는 태산준령들이 있고, 다른 쪽에는 그들이 깊이를 재어봤을 때 창조차도 물 밖으로 나오지 않을 만큼 깊은 강이 있었기 때문이다. (8) 그들이 곤혹스러워하고 있을 때 로도스 사람 한 명이 다가와 말했다. "전사들이여, 나는 여러분을 한 번에 중무장보병 4천 명씩 건네주려 하오, 여러분이 내게 필요한 것을 대주고 또 1탈란톤을 보수로 주신다면 말이오." 필요한 것이 무엇이냐는 물음에 그는 대답했다.

(9) "가죽부대 2천 개가 필요하오. 이곳에는 양과 염소와 소와 당나귀들이 많이 보이니, 그 가죽을 벗겨 바람을 넣어 부풀리면 그것들이 강을 건너는 수단을 쉬이 제공해줄 것이오. (10) 또 여러분이 짐 나르는 가축에 사용하는 가죽끈들도 필요할 것이오. 나는 그것으로 가죽부대들을 한데 묶고 가죽부대마다 돌을 매달아 닻처럼 물속에 내림으로써 가죽부대를 계류(繫留)할 것이오. 그런 다음 가죽부대들을 수면 위로 당겨 양쪽 강둑에 고정시키고, 그 위에다 잔가지와 흙을 쌓을 것이오. (11) 여러분이 가라앉지 않는다는 것을 여러분은 당장 알게 될 것이오. 가죽부대 하나가 두 사람씩을 가라앉지 않도록 해줄 테니까요. 미끄러지는 것은 잔가지들과 흙이 막아줄 것이오." (12) 장군들은 이 말을 듣고 기발한 발상이라고 생각했지만, 그것을 수행하는 것은 불가능했다. 왜냐하면 이

를 방해할 기병이 맞은편 강둑에 포진해 있어, 맨 처음 다가오는 자들이 계획을 수행하지 못하도록 처음부터 막을 것이기 때문이다.

(13) 그래서 그들은 이튿날 자신들이 철수하는 마을들을 불사른 다음 방향을 바꾸어 불타지 않은 마을들로 되돌아갔다. 그러자 적군은 공격하는 대신 바라만 보고 있었고, 헬라스인들이 대체 어디로 가는 것이며 무슨 생각을 하는지 의아해하는 것 같았다. (14) 군사들은 식량을 구하러 나갔고 장군들은 다시 한곳에 모였다. 그들은 포로들을 모아놓고 주변 나라들에 관해 꼬치꼬치 캐물었다.

(15) 포로들의 말인즉, 남쪽으로는 바빌론과 그들이 지나온 메디아로 가는 길이 있고, 동쪽으로는 수사와 대왕이 여름과 봄을 보낸다는 엑바타나로 가는 길이 있고, 강 건너 서쪽으로는 뤼디아와 이오니아로 가는 길이 나 있고, 산들을 넘어 북쪽으로는 카르두코이족[20]의 나라로 가는 길이 나 있다는 것이었다. (16) 포로들의 보고에 따르면, 이들은 산속에 사는 호전적인 부족으로 대왕에게 복종하지 않는다고 했다. 한번은 12만 명이나 되는 대왕의 군대가 그들의 나라로 침입했는데, 지세가 험한 탓에 그들 가운데 한 명도 돌아오지 못했다고 했다. 그러나 이들이 평야에서 태수와 조약을 맺을 때마다 평야에 사는 주민 중에는 이들과 교류하는 자들이 있었고, 또 이들 중에도 평야의 주민과 교류하는 자들이 있었다.

(17) 이 말을 듣고 장군들은 사방의 길을 알고 있다고 주장하는 자들을 따로 기다리게 했으나 자기들이 어느 쪽으로 행군할 것인지는 전혀 눈치채지 못하게 했다. 그러나 장군들이 보기에는, 산들을 넘어 카르두코이족의 나라로 들어갈 수밖에 없을 것 같았다. 포로들의 말인즉, 이곳을 통과하고 나면 오론타스가 통치하는 크고 번성하는 지역인 아르메니아에 도착하게 될 텐데, 그곳에서는 어디로든 원하는 곳으로 갈 수 있

을 거라고 했다. (18) 그러고 나서 장군들은 언제든지 좋다고 생각될 때 행군을 시작할 수 있도록 제물을 바쳤다.[21] 그들은 산들을 넘는 고갯길이 먼저 점령되지 않을까 두려웠던 것이다. 그래서 그들은 모두들 저녁을 먹은 뒤 짐을 챙겨놓고 쉬다가 명령이 하달되는 즉시 따라오도록 지시해두었다.

20   지금의 쿠르드(Kurd)족.
21   그리스군은 대개 출발 직전에 제물을 바쳤다.

KYROU ANABASIS

제4권

제 1 장

(1) [내륙으로 행군하던 도중 전투가 벌어지기 전까지 일어났던 일들과, 대왕과 퀴로스를 따라 내륙으로 행군하던 헬라스인들 사이에 체결된 휴전기간 동안 일어난 일들과, 대왕과 팃사페르네스가 휴전조약을 위반한 뒤 페르시아인들의 군대가 헬라스인들을 추격하며 공격했던 전투에 관해서는 지난번 이야기에서 밝힌 바 있다.

(2) 헬라스인들이 마침내 티그리스강이 그 깊이와 너비 때문에 도저히 건널 수 없고, 카르두코이족의 깎아지른 듯한 산들이 바로 위에 걸려 있어 강을 따라 길도 나 있지 않은 지점에 이르렀을 때, 장군들은 산을 넘어 행군할 수밖에 없다는 결론에 도달했다. (3) 왜냐하면 그들은 포로들에게서, 일단 카르두코이족의 산들을 지나 아르메니아에 도착하게 되면, 원한다면 티그리스강의 수원을 건널 수도 있고 원치 않는다면 둘러 갈 수도 있다고 들었기 때문이다. 에우프라테스강의 수원도 티그리스강의 수원에서 멀지 않다고 했는데, 그건 사실이었다. (4) 그들은 카르두코이족의 나라로 다음과 같은 방법으로 들어갔는데, 그것은 그들이 눈에 띄지 않으면서 동시에 적군보다 먼저 고지들을 점령하려 했기 때문이다.]

(5) 마지막 파수를 볼 때쯤, 야음을 타고 평야를 지나갈 수 있을 만큼 아직 밤이 충분히 남았을 때 그들은 명령이 떨어지자 일어나 행군을

했고, 날이 샐 무렵 산에 닿았다. (6) 이곳에서 케이리소포스는 자신의 부대와 경무장보병을 모두 이끌고 전위에서 지휘했으며, 크세노폰은 경무장보병은 한 명도 없이 후위의 중무장보병과 함께 뒤를 따랐다. 그들이 아래로 내려갈 때 누가 뒤에서 추격할 위험이 없어 보였기 때문이다. (7) 그리고 케이리소포스는 적군이 알아차리기 전에 고지에 도착했다. 그러고 나서 그는 천천히 인솔했고, 각 부대는 고지를 넘는 대로 그를 따라 산골짜기와 구석진 곳에 있는 마을들로 들어갔다.

(8) 그러자 카르두코이족은 집을 떠나 처자를 데리고 산속으로 달아났다. 식량은 얼마든지 약탈할 수 있었고, 집안에는 청동 그릇들도 많았다. 그러나 헬라스인들은 이것들은 전혀 가져가지 않고 사람들도 추격하지 않았으니, 이렇게 관용을 베풀면 자신들은 대왕의 적인 만큼 카르두코이족이 자신들을 고이 지나가게 내버려두리라고 은근히 기대했던 것이다. (9) 그러면서도 헬라스인들은 식량은 보이는 대로 가져갔다. 어쩔 수 없었기 때문이다. 한편 카르두코이족은 그들이 불러도 듣지 않았고 우의(友誼)의 신호도 전혀 보내지 않았다.

(10) 그리고 헬라스인들의 후위가 산꼭대기에서 마을들로 내려갔을 때(이때는 날이 어두웠다. 길이 좁아서 고지에 올랐다가 마을들로 내려오는 데 꼬박 하루가 걸렸던 것이다), 카르두코이족 몇 명이 모여 헬라스인들의 후위를 공격했다. 그들은 소수인데도 몇 명을 죽였고 다른 사람들에게는 돌과 화살로 부상을 입혔다. 헬라스군이 불시에 그들과 마주쳤기 때문이다. (11) 그때 더 많은 수가 모였더라면, 군대의 대부분이 괴멸할 위험에 처했을 것이다. 그래서 그날 밤 헬라스인들은 마을들에서 야영을 하고, 카르두코이족은 주위의 산들 위에 화톳불을 여기저기 피워놓고 서로 지켜보고 있었다.

(12) 날이 새자 헬라스인들의 장군들과 대장들이 한데 모여 짐 나르

는 가축 중에서 꼭 필요하고 가장 힘센 것들만 데리고 행군하고 나머지는 남겨두기로 결정했다. 그리고 군대 내에 있던 최근에 잡은 포로도 모두 놓아주기로 했다. (13) 왜냐하면 짐 나르는 가축과 포로 수가 많아 행군을 더디게 했고, 그들을 지키는 데 필요한 많은 인원이 전투에 참가할 수 없었기 때문이다. 그 밖에 그토록 많은 사람을 먹이자면 식량을 두 배나 더 마련하고 운반해야 했다. 그런 결정을 내리자 그들은 전령을 통해 그렇게 하도록 지시했다.

(14) 그들이 아침을 먹고 행군을 시작했을 때, 장군들은 좁은 곳에 은밀히 자리 잡고 서서 앞서 말한 것 가운데 버리지 않은 것이 발견되면 빼앗기 시작했다. 군사들은 미동(美童)이나 미인을 좋아하여 몰래 데려가는 경우 말고는 복종했다. (15) 이튿날에는 폭풍이 심하게 몰아쳤으나, 가진 양식이 충분하지 않아 행군을 계속하지 않을 수 없었다. 케이리소포스가 전위를 지휘했고 크세노폰은 후위를 지휘했다. (16) 적군은 맹렬히 공격하기 시작했고 지형이 좁아지는 곳마다 가까이 다가와 화살과 돌을 날려 보냈다. 그래서 헬라스인들은 추격했다가 다시 물러나지 않을 수 없었고, 그만큼 행군은 더딜 수밖에 없었다. 적군이 맹렬히 공격해 오면 크세노폰은 가끔 케이리소포스에게 잠시 기다리라고 전갈을 보내곤 했다.

(17) 케이리소포스는 전에는 그런 전갈을 받으면 기다려주곤 했는데, 이번에는 기다리지 않고 재빨리 인솔하며 자기를 따르라고 명령했다. 무슨 일이 생긴 것이 분명했지만, 앞으로 달려가 그렇게 서두르는 이유를 알아볼 시간이 없었다. 그리하여 후위의 행군은 도주(逃走)와 흡사했다. (18) 이때 라케다이몬 출신으로 용감한 클레오뉘모스가 방패와 흉갑을 관통한 화살에 옆구리를 맞아 전사했고, 아르카디아 출신 바시아스는 머리가 관통되어 전사했다.

(19) 그들이 휴식처에 도착했을 때, 크세노폰은 선걸음에 곧장 케이리소포스에게 가서 그가 기다려주지 않아 자기들은 도망하면서 동시에 싸우지 않을 수 없었다고 그를 나무랐다. "그리고 지금 탁월하고 용감한 전우 두 명이 전사했건만 우리는 그들의 시신을 들어올리지도 매장하지도 못했소."

(20) 케이리소포스가 그에게 대답했다. "저 산들을 보시오" 하고 그는 말했다. "저 산들은 모두 오를 수 없다는 것이 보이지 않으시오?" 하고 그는 말을 이었다. "길은 저기 보이는 저 길 하나뿐인데, 가파르기도 하거니와 그 위에는 그대도 보시다시피 수많은 사람들이 있소. 저들은 그곳을 먼저 차지하고서 나가는 길을 지키고 있소. (21) 그래서 나는 혹시 저들보다 먼저 도착해 고갯길을 차지할 수 있을까 해서 그대를 기다리지 않고 서둘렀던 것이오. 우리가 데리고 다니는 길라잡이들에 따르면, 다른 길은 없다고 하오."

(22) 그러자 크세노폰이 대답했다. "내게도 포로가 두 명이나 있소. 적군이 우리를 괴롭혔을 때 우리는 매복을 했으니까요. 덕분에 우리는 숨 돌릴 짬이 났고 그중 몇 명을 죽이기까지 했소. 하지만 우리는 이 지방 지리에 밝은 자들을 길라잡이로 쓰려고 몇 명을 생포하기로 했지요."

(23) 그러자 그들은 즉시 두 사람을 데려와, 그들이 눈에 보이는 길 말고 다른 길을 알고 있는지 따로 심문했다. 한 사람은 아무리 무서운 위협을 가해도 모른다고 주장했다. 그는 유익한 정보를 전혀 제공하지 않았기에 다른 사람이 보는 앞에서 베어졌다. (24) 다른 사람은 그자가 모른다고 주장한 까닭은 그자의 딸이 남편과 함께 마침 그곳에 살고 있기 때문이라며, 자기는 짐 나르는 가축들도 지나갈 수 있는 길로 헬라스인들을 안내하겠다고 했다. (25) 그 길에도 통과하기 어려운 지점이 있느냐는 물음에 그는 고지가 하나 있는데 그곳을 먼저 차지하지 않으면 지

나갈 수 없다고 대답했다.

 (26) 그러자 그들은 경방패병과 중무장보병의 대장들을 불러 모아 지금 상황을 말해주면서, 그들 가운데 스스로 용감한 사람임을 입증하고 자원해 그곳으로 행군할 사람이 있는지 물어보기로 결정했다. (27) 중무장보병 중에서는 메튀드리온 출신 아리스토뉘모스와 스튐팔로스 출신 아가시아스가 일어섰다. 이들은 둘 다 아르카디아인들이었다. 그리고 이들에 맞서 파르라시아 출신의 칼리마코스도 일어섰다. 그 역시 아르카디아인이었다. 그가 말하기를, 자기는 전군(全軍)에서 자원한 자들을 이끌고 그곳으로 행군하고 싶다고 했다. "왜냐하면 나는," 하고 그는 말을 이었다. "내가 지휘하면 많은 젊은이들이 따르리라는 것을 알기 때문이오." (28) 그러자 그들은 경무장보병의 대장들 중에서도 함께 행군하기를 원하는 자가 있는지 물었다.[1] 그러자 키오스 출신 아리스테아스가 나섰다. 그는 자신이 그런 일에는 군대에 아주 유용한 인물임을 여러 번 입증한 바 있다.

제 2 장

(1) 어느새 저녁이 되자 그들은 자원자들에게 서둘러 식사를 하고 출발하라고 명령했다. 그들은 또 길라잡이를 결박해 자원자들에게 넘겨주고, 이들이 고지를 차지할 경우 밤새도록 그곳을 지키고 있다가 날이 새는 대로 나팔로 신호를 보내기로 서로 약속했다. 그러면 고지 위에 있는 자들은 눈에 보이는 길[2]을 차지하고는 카르두코이족을 공격하고, 그들 자신은 되도록 빨리 나아가 지원해주기로 했다. (2) 이렇게 약속하고 나서 자원자들이 행군을 시작하니, 그 수가 2천 명쯤 되었다. 그러는 도중에 비가 억수같이 쏟아졌다. 한편 크세노폰은 후위를 이끌고 눈에 보이는 길을 향하여 나아가기 시작하였으니, 적군이 이 길 쪽으로 주의를 기울여 되도록이면 우회하는 대원들[3]을 알아차리지 못하게 하려는 것이었다.

(3) 후위가 고지에 오르자면 반드시 지나야 하는 어떤 협곡에 이르렀을 때, 갑자기 비헬라스인들이 수레로 날라야 할 만큼 큰 돌덩이들과 크고 작은 돌멩이들을 아래로 굴리기 시작했다. 그러자 그 돌들이 아래

---

1 최근에 벌어진 소규모 접전에서는 경무장보병이 중무장보병보다 더 유용하다는 것이 드러났기 때문이다.
2 4권 1장 20절 참조.
3 자원자들.

에 있던 바위에 부딪쳐 산산이 부서지면서 그 파편이 사방으로 튀는 바람에 오르막길에는 접근조차 할 수 없었다. (4) 그러자 대장들 가운데 몇 명이 이 길로는 도저히 나아갈 수 없어 다른 길로 나아가려고 했는데, 날이 어두워질 때까지 계속해서 그런 시도를 했다. 그들은 눈에 띄지 않고 철수할 수 있으리라 생각되자 저녁을 먹으려고 돌아갔다. 후위는 아침도 먹지 않았던 것이다. 그러나 적군은 밤새도록 쉬지 않고 돌들을 아래로 굴렸다. 굉음을 듣고 알 수 있었다.

(5) 한편 길라잡이를 데리고 우회하던 대원들은 불가에 앉아 있는 파수꾼들을 발견하고는 그중 일부는 죽이고 일부는 내쫓은 다음, 고지를 차지한 줄 알고 그곳에 머물렀다. (6) 그러나 사실 그들은 고지를 차지한 것이 아니었다. 그들 위에 고지가 또 하나 있었고, 파수꾼들이 앉아 있던 좁은 길은 그리로 나 있었던 것이다. 하지만 그들이 차지한 곳에서 적군의 본대(本隊)가 주둔한 지점으로 산길이 나 있었다.

(7) 거기서 그들은 밤을 보냈고, 동이 트기 시작하자 전열을 갖추고 조용히 적군을 향해 나아갔다. 마침 안개가 끼어 그들은 눈에 띄지 않고 가까이 다가갈 수 있었다. 그리하여 그들이 서로 상대방을 알아볼 수 있게 되자 나팔 소리가 울렸고, 헬라스인들은 함성을 지르며 적군에게 돌진했다. 그러자 카르두코이족이 버티지 못하고 길을 버리고 도망쳤다. 하지만 그들은 워낙 날렵한지라 몇 명밖에 죽지 않았다. (8) 한편 케이리소포스의 부대들은 나팔 소리를 듣자 곧장 눈에 보이는 길을 따라 돌진해 올라갔다. 그리고 다른 장군 몇 명은 각자 서 있던 곳에서 길도 아닌 길을 따라 나아갔다. 그들은 있는 힘을 다해 올라가며 자신들의 창으로 서로를 끌어당겨주었다. (9) 그리고 그들은 이곳을 먼저 차지한 대원들과 맨 먼저 합류했다.

그러나 크세노폰은 후위의 절반만 이끌고, 길라잡이를 데려간 대원들이 간 것과 같은 길로 해서 나아갔다. 이 길이 짐 나르는 가축에게는 가장 편한 길이었기 때문이다. 후위의 다른 절반을 그는 짐 나르는 가축 뒤에다 배치했다. (10) 그들은 행군 도중 길 위에 있는 언덕과 마주쳤는데, 그곳은 적군이 차지하고 있었다. 그래서 그들은 이들을 쫓아내거나, 다른 헬라스인들로부터 고립될 수밖에 없었다. 그들 자신은 다른 대원들이 간 길로 해서 나아갈 수 있겠지만, 짐 나르는 가축들은 이 길 말고 다른 길로는 나아갈 수가 없었다. (11) 그래서 그들은 서로 격려하며 종대(縱隊)로 언덕을 올랐으나, 언덕을 에워싸지는 않고 적군이 도망치려 할 경우에 대비해 퇴로를 열어두었다.

(12) 헬라스인들이 저마다 능력껏 기어오르는 동안에는 비헬라스인들이 화살을 쏘고 다른 무기를 던졌으나, 그들이 가까이 다가가자 기다리지 않고 그곳을 버리고 달아났다. 헬라스인들은 이 언덕 옆을 통과하자마자 앞의 다른 언덕이 적군에게 점령되어 있는 것을 보고 이 언덕을 향해서도 다가가기로 결정했다.

(13) 그러나 크세노폰은 방금 함락한 언덕을 그냥 비워둘 경우 적군이 다시 차지하여 짐 나르는 가축이 지나갈 때 공격하지 않을까 염려되어—수송대는 좁은 길을 가고 있었던 까닭에 길게 뻗어 있었다—언덕 위에 세 명의 대장, 즉 아테나이 출신으로 케피소폰의 아들인 케피소도로스, 역시 아테나이 출신으로 암피데모스의 아들인 암피크라테스, 아르고스 출신의 망명자인 아르카고라스를 남겨두고, 그 자신은 나머지 대원들을 이끌고 두 번째 언덕으로 진격해 첫 번째 언덕과 같은 방법으로 함락했다.

(14) 아직 세 번째 고지가 남아 있었다. 그것은 가장 가팔랐고, 밤에 파수대가 불을 피워놓고 지키다가 자원자들에게 점령당한 그 지점 위에 있었다. (15) 그러나 헬라스인들이 다가가자 비헬라스인들은 싸우지 않

고 고지를 떠났다. 그래서 모두들 놀라움을 금치 못했으며, 그들이 포위될까 두려워 그곳을 떠났을 거라고 짐작했다. 하지만 나중에 밝혀진 바에 따르면, 그들은 저 뒤에서 벌어지는 일들을 꼭대기에서 내려다보고 있다가 모두 헬라스인들의 후위를 공격하러 간 것이다. (16) 한편 크세노폰은 가장 젊은 대원들만 데리고 꼭대기로 오르면서, 다른 대원들에게는 맨 후미에 있는 부대들이 합류할 수 있도록 천천히 따라오라고 명령했다. 그리고 그렇게 길을 따라 나아가다가 고원(高原)[4] 위에 무장한 채 멈춰 서라고 그는 일러두었다.

(17) 이때 아르고스 출신 아르카고라스가 도망쳐와서, 헬라스인들이 첫 번째 언덕에서 쫓겨났으며, 케피소도로스와 암피크라테스뿐 아니라 바위에서 뛰어내려 후위에 도달하지 못한 다른 대원들도 모두 전사했다고 보고했다. (18) 비헬라스인들은 이 일을 해내고 나서 고지 맞은편 언덕으로 왔다. 크세노폰은 통역을 통해 그들과 휴전협상을 했고 헬라스인들의 시신을 돌려달라고 요구했다. (19) 그들은 헬라스인들이 그들의 집을 불태우지 않는다는 조건으로 시신들을 내주겠다고 약속했다. 크세노폰이 이에 동의했다. 그러나 남은 군대가 지나가고 그들이 협상을 하는 동안 근처에 있던 적들이 모두 합류하더니 그곳에 멈춰 서는 것이었다.

(20) 크세노폰과 그의 부대들이 다른 헬라스인들이 무장한 채 쉬고 있던 곳을 향해 고지에서 내려가기 시작하자마자 적군은 고함을 지르며 떼를 지어 공격해왔다. 그들은 크세노폰이 내려가는 고지의 꼭대기에 이르자 돌들을 아래로 굴리기 시작했다. 그들은 한 사람의 다리를 분질렀고, 크세노폰도 방패를 운반해주던 하인[5]에게 버림받았다. (21) 그런데 아르카디아의 루소이 출신으로 중무장보병인 에우륄로코스가 그에게 달려와 자기 방패로 두 사람 앞을 가리며 뒤로 물러났다. 다른 사람들

도 주력부대가 있는 곳으로 물러났다.

(22) 그리하여 전 헬라스군이 다시 모였다. 그들은 그곳에서 수많은 좋은 집들에다 숙소를 정했다. 그곳에는 식량이 그득했고, 또 포도주가 풍족해 안에 석회를 바른 구덩이들에 보관하고 있었다. (23) 크세노폰과 케이리소포스는 길라잡이를 돌려주는 대신 시신들을 돌려받도록 주선했다. 그래서 그들은 사정이 허락하는 범위 내에서 용감한 사람에게 어울리는 것으로 생각되는 온갖 명예를 전사자들에게 베풀었다.

(24) 이튿날 길라잡이 없이 그들의 행군은 계속 이어졌다. 적군은 계속해서 그들을 공격했고, 길이 좁아지는 곳마다 먼저 차지하고서는 그들의 통행을 방해하려 했다. (25) 그래서 적군이 전위를 방해할 때마다 크세노폰은 후위에서 산 쪽으로 나아가 방해하는 적군보다 더 높은 곳으로 올라가는 방법을 구사함으로써 전위를 위해 통행 봉쇄를 해제했다. (26) 그리고 적군이 후위를 공격할 때마다 케이리소포스가 출격해 방해하는 적군보다 더 높은 곳으로 올라가려고 함으로써 후위를 위해 통행 봉쇄를 해제했다. 이렇게 그들은 지속적으로 서로 도우며 열심히 서로를 배려했다.

(27) 가끔은 더 높은 곳에 올랐다가 도로 내려오는 부대들을 적군이 몹시 괴롭힐 때도 있었다. 날렵한 그들은 바로 가까이에서 달아나도 벗어날 수 있었던 것이다. 활과 투석구 말고는 들고 다니지 않았기 때문이다. (28) 그들은 뛰어난 궁수들이었다. 그들의 활은 거의 3완척(腕尺)이나 되었고, 화살은 2완척이 넘었다. 활을 쏠 때는 왼발로 활의 아래쪽 끝을 밟으며 시위를 당겼다. 그들의 화살은 방패와 흉갑을 관통했다.[6] 헬라

---

4   4권 1장 25절, 2장 6절 참조.
5   전투가 없을 때는 중무장보병의 무거운 방패를 하인이 운반해주었다.
6   4권 1장 18절 참조.

스인들은 이 화살을 얻게 되면 거기에 가죽끈을 달아 투창으로 사용했다. 이 지역에서는 크레테인들이 가장 쓸모가 있었는데, 그들은 스트라토클레스라는 크레테인이 지휘했다.

제 3 장

(1) 그날 그들은 켄트리테스강과 맞닿아 있는 평야의 마을들에 숙소를 잡았다. 그 강은 너비가 2플레트론이고, 아르메니아와 카르두코이족의 나라의 경계를 이루고 있었다. 헬라스인들은 평야를 보자 기뻐하며 거기서 숨을 돌렸다. 그 강은 카르두코이족의 나라에서 6~7스타디온이나 떨어져 있었기 때문이다. (2) 그래서 그들은 그때 아주 즐거운 마음으로 숙소를 잡았으니, 식량도 많고 지나간 노고(勞苦)도 회상할 것이 많았기 때문이다. 카르두코이족의 나라를 지나 행군하던 7일 동안 하루도 빠짐없이 계속해서 싸웠고, 대왕과 팃사페르네스에게 당한 것을 전부 합친 것보다 더 많은 고생을 했으니 말이다. 그래서 그들은 이제 이 모든 고생에서 벗어났다고 생각하며 행복하게 잠자리에 들었다.

(3) 그런데 날이 새자 그들은 강 건너편에 그들이 강을 건너는 것을 막기 위해 완전무장한 기병들이 서 있는 것을 보았다. 뿐만 아니라 그들이 아르메니아 쪽으로 나오는 것을 막기 위해 기병들 위쪽 낭떠러지 위에 전열을 갖추고 서 있는 보병들의 모습도 보였다. (4) 이들은 모두 오론타스와 아르투카스의 부대들로, 아르메니아인들과 마르도이족과 칼다이오이족 용병으로 구성되어 있었다. 칼다이오이족은 용감한 자유민(自由民)들이라고 했다. 그들은 잔가지를 엮은 긴 방패와 창을 무구로 갖고 다녔다. (5) 그들이 전열을 갖추고 서 있던 낭떠러지는 강에서 3~4플

레트론쯤 떨어져 있었다. 그리로 난 길은 하나밖에 눈에 띄지 않았는데, 사람의 손으로 만든 것 같았다. 그래서 헬라스인들은 이 지점에서 강을 건너려고 했다.

(6) 하지만 막상 그들이 강을 건너려고 들어갔을 때 물이 가슴 위까지 올라왔다. 그리고 하상(河床)도 크고 미끄러운 돌들 때문에 울퉁불퉁했다. 게다가 방패를 들고 물에 들어갈 수는 없었다. 그럴 경우 강물이 방패를 휩쓸어갈 것이고, 방패를 머리에 이고 간다면 그들이 화살과 그 밖의 다른 날아다니는 무기에 노출되기 때문이다. 그래서 그들은 뒤로 물러나 강가에 진을 쳤다. (7) 한편 그들이 간밤에 산 위에 머물렀던 곳에서는 수많은 카르두코이족이 무장하고 모여 있는 것이 보였다. 헬라스인들은 사기가 크게 떨어졌다. 앞으로는 건너기 어려운 강이 보이고, 뒤로는 그들이 강을 건널 때 배후에서 습격하려는 카르두코이족이 보였기 때문이다.

(8) 그래서 그들은 몹시 난감해하며 그날 낮과 밤을 그곳에 머물렀다. 그날 밤 크세노폰이 꿈을 꾸었는데, 자신이 차꼬가 채워졌다가 차꼬가 저절로 벗겨지는 바람에 풀려나 원하는 만큼 걸음을 옮겨놓을 수 있었던 것 같았다.[7] 새벽이 되자 그는 케이리소포스를 찾아가 만사가 잘될 것이라는 희망을 갖게 되었다고 말하며, 꿈 이야기를 해주었다. (9) 그러자 케이리소포스도 기뻐했다. 그리고 날이 밝기 시작하자마자 장군들이 모두 모여 제물을 바치기 시작했다. 첫 번째 제물을 바치자마자 바로 길조가 나타났다. 그러자 장군들과 대장들은 제물을 바치고 나서 돌아가 군사들에게 아침 식사를 준비하라고 명령했다.

(10) 크세노폰이 아침을 먹고 있는데 젊은이 두 명이 달려왔다. 누구건 전쟁에 관해 할 말이 있으면 아침때든 저녁때든 찾아와도 되고, 또 그가 취침 중일 때는 깨워서 연락해도 된다는 것을 모두들 알고 있었기

때문이다. (11) 그때 두 젊은이가 말하기를, 그들이 마침 불을 피우려고 마른 가지를 모으는데, 강 건너편에서, 강물까지 내려와 있는 암반 사이에서 한 노인과 한 여자와 어린 소녀 몇 명이 옷 자루 같은 것들을 속이 빈 암반 안쪽에 내려놓는 모습이 보이더라고 했다. (12) 그것을 보는 순간 그들은 그곳은 적군의 기병도 접근할 수 없는 곳인지라 안전하게 강을 건널 수 있겠구나 하는 생각이 들었다고 했다. 그래서 그들은 옷을 벗고 단검만 지닌 채 헤엄을 쳐야 할 거라고 생각하며 알몸으로 건너기 시작했다고 했다. 그러나 그들은 사타구니도 젖지 않고 걸어서 건넜다고 했다. 그래서 그들은 도로 강을 건너와 옷을 챙겨 이리로 왔다는 것이다.

(13) 이 말을 듣자 크세노폰은 지체 없이 손수 제주를 부었고, 젊은이들에게도 제주를 따르며 남은 일들도 이루어주도록 꿈과 여울을 보여준 신들에게 기도하라고 했다. 헌주가 끝나자 그는 젊은이들을 곧장 케이리소포스에게 데려갔고, 그들은 그에게도 같은 보고를 했다. 그러자 케이리소포스도 이 말을 듣고 헌주했다. (14) 헌주를 마치고 그들은 다른 사람들에게 짐을 챙기라고 명령하고, 그들 자신은 장군들을 불러 모아놓고, 어떻게 해야 그들이 앞에 있는 적군을 무찌르고 뒤에 있는 적군에게는 아무런 피해도 입지 않도록 가장 잘 강을 건널 수 있겠는지 의논했다. (15) 그들은 케이리소포스는 군대의 반을 데리고 앞장서서 강을 건너고, 나머지 반은 크세노폰과 함께 잠시 뒤에 남고, 짐 나르는 가축과 비전투원은 이들 사이에서 강을 건너기로 결정했다.

(16) 이렇게 잘 정리가 되자 그들은 행군하기 시작했다. 젊은이들은 강을 왼쪽에 끼고 길을 안내했다. 여울까지의 거리는 4스타디온쯤 되었다. (17) 그들이 행군하자 적군의 기병대도 맞은편에서 강둑을 따라 함

---

7 '걸음을 옮겨놓다'의 그리스어 diabainein에는 강을 '건너다'라는 뜻도 있다.

께 이동했다. 여울과 강둑에 이르자 그들은 무장한 채 멈춰 섰다. 그러자 케이리소포스가 먼저 손수 화관을 쓰고[8] 외투를 벗고 무구들을 들더니 다른 사람들에게도 모두 그렇게 하라고 명령했다. 그는 또 대장들에게 그들의 부대들을 일부는 자신의 왼쪽에서, 나머지는 오른쪽에서 종대로 인솔하라고 명령했다. 한편 예언자들은 하신(河神)에게 제물을 바쳤고, (18) 적군은 화살을 쏘고 돌을 던졌지만 아직은 맞히지 못했다. (19) 제물들이 길조를 보이자 군사들은 일제히 파이안을 노래하며 함성을 질렀고, 여자들도 모두 함께 소리쳤다. 군대에는 여자들이 많이 있었기 때문이다.

(20) 그러자 케이리소포스와 그의 군사들이 강으로 걸어 들어갔다. 그러나 크세노폰은 후위에서 가장 민첩한 군사들을 이끌고는 아르메니아의 산으로 들어가는 길 맞은편에 있던 여울 쪽으로 전속력으로 되돌아갔다. 그는 그곳에서 강을 건너 강가의 기병을 고립시키려는 것처럼 보였다. (21) 적군은 케이리소포스와 그의 군사들이 힘들이지 않고 강을 건너고 크세노폰과 그의 군사들이 서둘러 되돌아가는 것을 보자, 자신들이 고립될까 봐 겁이 나 강에서 위쪽으로 나 있는 길을 향해 전속력으로 도망쳤고, 일단 그 길에 접어들자 산 쪽으로 서둘러 올라갔다.

(22) 헬라스인들의 기병대를 지휘하던 뤼키오스와, 케이리소포스와 함께하는 경방패병 부대를 지휘하는 아이스키네스는 적군이 전속력으로 도망치는 것을 보고 추격하기 시작했다. 그러자 나머지 헬라스 군사들이 뒤에 처지지 말고 도망치는 자들을 산 위까지 추격하라며 그들을 큰 소리로 격려했다. (23) 케이리소포스는 일단 강을 건너자 적군의 기병대를 추격하지 않고 강에 인접한 낭떠러지를 따라 그 위에 있던 보병을 향해 곧장 나아갔다. 이들은 자신들의 기병대는 도망치고 헬라스인들의 중무장보병이 자신들을 향해 다가오는 것을 보자 강 위의 언덕

을 떠났다.

(24) 크세노폰은 강 건너편에서 일이 잘되어가는 것을 보자 강을 건너는 부대들 쪽으로 전속력으로 되돌아갔다. 이때 카르두코이족이 분명 맨 후미에 있던 자들을 공격할 의도를 품고 평야로 내려오는 것을 보았기 때문이다.

(25) 케이리소포스는 언덕을 차지하고 있었고, 소수의 대원을 데리고 추격에 나섰던 뤼키오스는 적군의 뒤에 처진 수송대를 노획했으며 이들과 함께 좋은 옷가지며 술잔들도 손에 넣었다. (26) 헬라스인들의 수송대와 비전투원이 막 강을 건너고 있을 때, 크세노폰은 자신의 부대들을 돌려 카르두코이족에 맞서 전열을 갖추게 했다. 그는 또 대장들에게 명하여 저마다 자기 부대를 소부대(小部隊)로 나누되 각각의 소부대를 왼쪽으로 옮겨 전열을 갖추게 했다. 그렇게 하면 대장들과 소부대들의 지휘관들은 카르두코이족과 맞서게 되고, 후위의 지휘관들은 강을 향해 서게 되어 있었다. (27) 카르두코이족은 비전투원이 빠지는 바람에 후위가 소수에 불과해 보이자 노래 같은 것을 불러대며 더욱더 급하게 공격해왔다. 케이리소포스는 자기 쪽은 안전했으므로 경방패병과 투석병과 궁수들을 크세노폰에게 보내면서 그가 시키는 대로 하라고 명령했다.

(28) 그러나 크세노폰은 그들이 강을 건너는 것을 보고 사자를 보내 거기 강둑에 그대로 머물러 있고 건너지 말라고 명령했다. 그는 또 자기들이 강을 건너기 시작하거든, 그들은 강을 건너려는 듯이 창수는 창을 겨누고 궁수는 시위에 화살을 얹은 채 자기들 양쪽에서 강으로 들어오되, 멀리는 들어오지 말라고 했다. (29) 그는 또 자기 대원들에게 명령하

---

8 스파르테인들은 싸움터에 들어갈 때는 으레 화관을 썼다고 한다.

기를, 투석들이 그들에게 닿아 방패가 울리면 파이안을 노래하며 적군에게 돌진하되, 적군이 도망치고 강둑에서 나팔수가 공격 신호를 알리면 오른쪽으로 서라고 했다. 그때는 후위의 지휘관들이 선두에 서는 가운데 모두들 뛰어서 가능한 한 빨리 강을 건너되, 서로 방해가 되지 않도록 대열에서 각자 위치를 지키라고 했다. 그리고 맨 먼저 건너편에 닿는 자야말로 가장 탁월한 자라고 했다.

(30) 카르두코이족은 이때 남아 있는 자들이 소수에 불과한 것을 보고—남아 있으라는 명령을 받은 자 가운데 상당수가 더러는 짐 나르는 가축이, 더러는 짐이, 또 더러는 여자들이 염려되어 떠나고 없었기 때문이다—대담하게 쳐들어와서 투석구로 돌을 던지고 활로 화살을 쏘기 시작했다. (31) 그러자 헬라스인들이 파이안을 노래하기 시작하며 전속력으로 내달아 그들에게 돌진했다. 그들은 버티지 못했다. 그들은 산악지방에서 공격하고 도망치는 데는 충분히 잘 무장되어 있었지만 백병전에서는 그렇지 못했기 때문이다.

(32) 이 순간 나팔수가 신호를 보냈다. 그러자 적군은 전보다 더 빨리 도망쳤고, 헬라스인들은 되돌아서서 되도록 빨리 서둘러 강을 건넜다. (33) 적군 가운데 몇 명이 이것을 보고 도로 강으로 뛰어들어 화살을 쏘아 몇 명에게 부상을 입혔지만, 그들의 대부분은 헬라스인들이 건너편에 가 있을 때도 여전히 도망치고 있는 것이 보였다. (34) 그러나 크세노폰을 도우러 간 부대들은 용기를 자랑하며 필요 이상으로 멀리 나아갔다가 크세노폰의 군사들보다 뒤늦게 도로 강을 건너왔다. 그들 중에도 부상자가 몇 명 있었다.

제 4 장

(1) 강을 건넌 그들은 정오쯤 대열을 갖추고, 전체가 평야와 야트막한 야산으로 이루어진 아르메니아를 지나 자그마치 5파라상게스나 행군했다. 아르메니아인들과 카르두코이족 사이에 전투가 빈발했던 강변에는 마을이 없었기 때문이다. (2) 마침내 그들이 도착한 마을은 규모가 컸고 태수를 위한 성(城)도 하나 있었다. 대부분의 집 위에는 작은 탑들이 솟아 있었다. 그리고 식량도 넉넉했다. (3) 그곳을 뒤로하고 그들은 이틀 동안 10파라상게스를 행군해 드디어 티그리스강의 수원을 지났다. 그곳을 뒤로하고 그들은 사흘 동안 15파라상게스를 행군해 텔레보아스강에 닿았다. 이 강은 아름답기는 하나 크지는 않았고, 인근에는 마을들이 많았다.

(4) 이 지역은 서(西)아르메니아라고 불렸다. 이곳의 부태수(副太守)는 티리바조스였다. 그는 대왕의 친구이기도 하여, 대왕이 행차하면 다른 사람은 아무도 대왕을 도와 말에 오르게 하는 것이 허용되지 않았다. (5) 이자가 기병을 이끌고 말을 타고 달려왔다. 그리고 그는 통역을 먼저 보내 헬라스인들의 장군들과 협상하고 싶다는 뜻을 전하게 했다. 장군들은 그가 무슨 말을 하는지 들어보기로 결정했고, 그가 가청(可聽) 거리에 들어오자 그가 원하는 것이 무엇인지 물었다. (6) 그가 대답하기를, 그는 헬라스인들을 해코지하지 않고, 헬라스인들은 집들을 불태우

지 않고 필요한 만큼 식량을 가져간다는 조건으로 협정을 맺고 싶다고 했다. 장군들은 이 제안을 받아들였으며, 그래서 그들은 이런 조건으로 협정을 맺었다.

(7) 그곳을 뒤로하고 그들은 평야를 지나 사흘 동안 15파라상게스를 행군했다. 티리바조스가 자신의 군대를 이끌고 약 10스타디온의 거리를 두고 그들을 따랐다. 그들은 어떤 궁전에 도착했는데, 주위에는 식량이 풍족한 마을이 많았다. (8) 그들이 이곳에서 진을 치고 있는 동안 밤사이 눈이 많이 내렸다.[9] 그래서 그들은 아침에 부대들과 장군들을 마을들에 따로따로 숙영(宿營)시키기로 결정했다. 적군은 전혀 눈에 띄지 않고, 눈이 많이 내려 그렇게 하는 것이 안전해 보였기 때문이다. (9) 그곳에는 제물로 쓸 가축, 곡식, 향기로운 묵은 포도주, 건포도, 온갖 종류의 콩 등 질 좋은 생필품이 넉넉했다. 그러나 숙소에서 이탈한 몇몇이 밤에 수많은 화톳불이 비치는 것을 보았다고 말했다.

(10) 그래서 장군들은 부대를 따로따로 숙영시키는 것이 안전하지 못한 듯해 다시 집결시키기로 결정했다. 그래서 그들은 다시 모였다. 날도 다시 개는 것 같았기 때문이다. (11) 그러나 그들이 야영을 하는 동안 엄청나게 많은 눈이 내려 무구들도, 누워 있던 사람들도 모두 완전히 덮어버렸다. 눈은 또 짐 나르는 가축의 발까지 묶어버렸다. 그래서 모두들 움직이는 것을 꺼렸다. 땅바닥에 누워 있는 사람에게는 눈이 미끄러져 내리지만 않으면 몸을 따뜻하게 해주기 때문이다.

(12) 그러나 크세노폰이 외투도 입지 않고 과감히 일어나 장작을 패기 시작하자, 다른 사람도 얼른 일어나 그에게서 도끼를 빼앗더니 장작을 팼다. 그러자 다른 사람들도 일어나 불을 피우고 몸에 기름을 바르기 시작했다. (13) 그곳에는 돼지비계와 깨와 쌉쌀한 아몬드와 테레빈[10]으로 만든 기름이 흔해, 이것을 올리브유 대신 사용했다. 그 밖에 이것들을

재료로 해서 만든 향유도 있었다.

(14) 부대들을 다시 여러 마을에, 그것도 지붕 아래 분산해서 숙영시키는 것이 좋을 것 같았다. 그래서 군사들은 크게 환성을 올리며 자신들의 짐과 식량이 있는 곳으로 돌아갔다. 앞서 집을 떠나며 경솔하게도 불을 질렀던 자들은 모두 그 벌로 나쁜 숙소에 들었다. (15) 그러고 나서 그들은 밤에 템노스 출신 데모크라테스를 대원 몇몇을 딸려, 진영에서 이탈한 자들이 화톳불을 보았다고 주장하는 산으로 보냈다. 이 사람은 전에도 이런 일이 있을 때 사실은 사실이라고, 허구는 허구라고, 정확한 보고를 한 것으로 생각되었기 때문이다.

(16) 그는 갔다가 돌아와서 화톳불을 보지 못했다고 보고했다. 하지만 페르시아 활과 화살통과 아마조네스족[11]이 갖고 다니는 것과 같은 전부(戰斧)를 지닌 한 사내를 생포해 데려왔다. (17) 어느 나라 사람이냐는 물음에 그자는 자기는 페르시아인이고 식량을 구하려고 티리바조스의 진영에서 오는 길이라고 말했다. 그러자 그들은 티리바조스의 군대가 얼마나 많으며 무슨 목적으로 모였느냐고 그에게 물었다. (18) 그자가 대답하기를, 티리바조스는 자신의 군대와 칼뤼베스족과 타오코이족 용병을 이끌고 있으며, 그가 이런 준비를 한 것은 산 위 고갯마루를 차지하고 있다가 길이 하나밖에 없는 협곡에서 헬라스인들을 공격하기 위해서라고 했다.

(19) 이 말을 듣고 장군들은 부대들을 한데 집결하기로 결정했다. 그들은 수비대와, 스튐팔로스 출신 소파이네토스를 뒤에 남겨두고 생포

9 때는 11월 말이었다.
10 송진의 일종.
11 전설적인 호전적 여인족.

한 사내를 길라잡이 삼아 곧장 길을 떠났다. (20) 그들이 산들을 넘자마자, 앞서가던 경방패병이 적군의 진영을 보고는 중무장보병을 기다리지 않고 함성을 지르며 적진으로 돌진했다. (21) 비헬라스인들은 고함소리를 듣자 버틸 생각을 하지 않고 도망쳤다. 그런데도 그들 가운데 몇 명이 죽고, 말이 20마리쯤 노획되고, 티리바조스의 막사와 그 안에 있던 다리가 은으로 된 침상들과 술잔들과 그의 빵 굽는 시종과 술 따르는 시종이라고 말하는 자들이 노획되었다. (22) 중무장보병의 장군들은 이런 사실을 알고, 뒤에 남겨두고 온 대원들이 습격당하지 않도록 되도록 빨리 자신들의 진영으로 돌아가는 것이 좋겠다고 생각했다. 그래서 그들은 지체 없이 나팔로 집결 신호를 보내고는 되돌아가서 그날로 자신들의 진영에 도착했다.

제 5 장

(1) 이튿날 그들은 적군이 다시 모여 좁은 고갯길을 차지하기 전에 되도록 일찍 길을 떠나기로 결정했다. 그래서 그들은 즉시 짐을 챙긴 다음 수많은 길라잡이들을 데리고 수북이 쌓인 눈을 헤치며 행군을 계속했다. 그리고 그들은 같은 날 티리바조스가 자신들을 공격하려던 산꼭대기를 넘어 진을 쳤다. (2) 그곳을 뒤로하고 그들은 황무지를 지나 사흘 동안 15파라상게스를 행군해 에우프라테스강에 닿았다. 그리하여 그들이 강을 건너게 되니 물이 배꼽까지 올라왔다. 수원은 그곳에서 멀지 않다고 했다.

(3) 그곳을 뒤로하고 그들은 눈이 수북이 쌓인 평야를 지나 사흘 동안 13파라상게스를 행군했다. 사흘째 행군은 힘들었다. 북풍이 앞에서 불어와 모든 것을 얼어붙게 만들고 사람들을 뻣뻣하게 만들었기 때문이다. (4) 그러자 한 예언자가 바람에 제물을 바칠 것을 제안했고, 그래서 제물이 바쳐졌다. 그러자 누가 보아도 분명 바람의 기세가 누그러지는 것 같았다. 그러나 눈은 깊이가 한 발이나 되어, 짐 나르는 가축과 노예들이 많이 죽고, 군사가 30명쯤 죽었다.

(5) 그들은 밤새도록 불을 피웠다. 휴식처에는 나무가 풍족했기 때문이다. 그러나 나중에 온 자들은 나무가 없었다. 먼저 와서 불을 피워놓았던 자들은 나중에 온 자들이 제 몫의 밀이나 그 밖의 다른 먹을거리를

떼어주지 않으면 불 가까이 못 오게 했다.¹² (6) 그리하여 그들은 저마다 갖고 있던 것을 자기들끼리 서로 나누어 가졌다. 불이 타고 있는 곳에는 눈이 녹아서 땅바닥 있는 데까지 큰 구덩이가 생겼다. 그리고 그런 곳에서는 눈의 깊이를 잴 수 있었다.

(7) 그곳을 뒤로하고 그들은 이튿날 온종일 눈을 헤치며 행군했고, 그런 만큼 많은 사람들이 심한 허기에 시달리기 시작했다. 크세노폰은 후위를 인솔하고 오다가 쓰러지는 자들을 보았지만 그들이 무슨 병을 앓는지는 몰랐다. (8) 이 병을 잘 아는 어떤 사람이, 그들은 분명 심한 허기에 시달리고 있으며 무엇을 좀 먹어야 다시 일어설 거라고 말하자, 짐 나르는 가축들 주위로 돌아다녔다. 그러고는 먹을 만한 것이 눈에 띌 때마다 그것을 환자들 사이에 나누어주거나, 아직도 달릴 힘이 있는 자들을 보내 환자들에게 나누어주게 했다. (9) 그리고 이들은 무얼 좀 먹자마자 일어나 행군을 계속했다.

행군을 이어간 끝에 케이리소포스는 땅거미가 질 무렵 한 마을에 도착했고, 성벽 밖에 있던 샘에서 마침 마을에서 물 길러 온 여인들과 소녀들을 만났다. (10) 이들은 그들에게 누구냐고 물었다. 그러자 통역이 페르시아말로 그들은 대왕에게서 왔으며 태수를 찾아가는 길이라고 말했다. 여자들은 태수는 그곳에 없고, 1파라상게스쯤 떨어진 곳에 있다고 대답했다. 벌써 날이 저물었는지라 그들은 물 나르는 여인들을 따라 촌장을 찾아 성벽 안으로 들어갔다. (11) 그리하여 케이리소포스와 그 밖에 행군할 기운이 남은 군사들은 모두 마을에서 진을 쳤으나, 행군을 마칠 기운이 없는 다른 군사들은 식량도 불도 없이 야영을 했다. 이런 와중에 몇몇 군사들이 또 죽었다.

(12) 한편 몇몇 적군이 합세해 그들의 뒤를 밟으며 짐 나르는 가축 중에 계속해서 걸을 수 없는 것들을 약탈하며 서로 차지

하려고 싸우곤 했다. 마찬가지로 군사들 중에도 낙오병이 몇 명 있었는데, 이들은 눈[雪] 때문에 눈[眼]이 멀었거나 동상에 걸려 발가락이 썩어 문드러진 자들이었다. (13) 눈으로부터 눈을 보호하는 방법은 눈앞에다 검은 것을 붙이고 행군하는 것이고, 발을 보호하려면 쉬지 않고 계속 움직이되 밤에는 신발을 벗는 것이었다. (14) 그러나 신발을 신고 잠을 자면 언제나 가죽끈이 살 속으로 파고들었고, 발을 감싼 신발이 얼었다. 그들은 신고 왔던 신발이 다 닳은 뒤, 갓 벗긴 쇠가죽으로 만든 조잡한 신발을 신고 있었기 때문이다.

(15) 이런 어려움들 때문에 어쩔 수 없이 낙오병이 몇 명 더 생겼던 것이다. 그들은 눈이 사라진 검은 지점을 보고 눈이 녹았겠거니 짐작했다. 아닌 게 아니라 눈이 녹긴 했으나, 그것은 인근 협곡에서 김을 내뿜는 샘 때문이었다. 그곳에서 그들은 길을 벗어나 주저앉았고, 더이상 행군하기를 거부했다. (16) 후위를 지휘하던 크세노폰은 그 광경을 보고 그들에게 뒤처지지 말라고 애걸복걸하며 수많은 적군들이 한데 모여 추격해오는 중이라고 말했고, 그러다가 화를 내기까지 했다. 그러나 그들은 더이상 행군할 수 없으니 자기들을 죽여달라고 했다.

(17) 이런 상황에서는 녹초가 된 대원들을 적군이 습격하지 못하도록 가능하다면 추격하는 적군을 놀라게 하는 것이 상책인 듯했다. 날은 이미 어두웠고, 적군은 갖고 있던 전리품을 서로 다투며 요란스레 다가오고 있었다. (18) 그때 아직도 건강한 후위가 일어서서 적군을 향해 돌진했다. 한편 녹초가 된 자들은 되도록 크게 고함을 지르며 창으로 방패를 두들겼다. 그러자 적군은 겁에 질려 눈 위를 지나 골짜기 아래로 쏟아져 내려가더니 그 뒤로는 찍소리도 내지 않았다.

12 지각한 벌로.

(19) 그러고 나서 크세노폰과 그의 대원들은 환자들에게 이튿날 사람들이 찾아올 거라고 말하고는 행군을 계속했지만, 4스타디온도 채 못 가서 보초는 한 명도 세우지 않고 외투를 입은 채 길바닥의 눈 속에 누워 있던 전우들과 마주쳤다. 그들은 이들을 일으켜 세우려 했으나, 이들은 앞에 있는 부대들이 길을 비켜주려 하지 않는다고 말했다. (20) 그래서 크세노폰은 이들 옆을 지나갔고, 가장 건장한 경방패병들을 앞으로 보내면서 장애물이 무엇인지 알아보도록 지시했다. 이들의 보고에 따르면, 전군(全軍)이 이렇게 쉬고 있다는 것이었다. (21) 그래서 크세노폰과 그의 대원들도 할 수 있는 데까지 보초를 세운 뒤 불도 없이 저녁도 먹지 못한 채 그 자리에서 야영을 했다. 어느덧 아침이 가까웠을 때, 크세노폰은 가장 젊은 대원들을 환자들에게 보내며 억지로라도 일으켜 세워 행군하도록 강요하라고 명령했다.

(22) 한편 케이리소포스는 마을에서 군사들을 몇 명 내보내 후미에 있던 자들이 어떻게 되었는지 알아보게 했다. 크세노폰과 그의 대원들은 이들을 만나게 되자 기뻐하며 환자들을 진영으로 데려가도록 맡긴 뒤 자신들은 행군을 계속했고, 2스타디온도 못 가서 케이리소포스가 숙영하는 마을에 도착했다. (23) 그리하여 그들이 모두 한곳에 모였을 때, 장군들은 부대들을 각각의 마을에 따로따로 숙영시키는 것이 안전할 거라고 생각했다. 케이리소포스는 그곳에 그대로 머무르고, 다른 장군들은 눈에 보이는 마을들을 제비뽑기로 배정한 뒤 각자 대원들을 이끌고 떠났다.

(24) 그때 아테나이 출신 대장 폴뤼크라테스가 크세노폰에게 자기를 파견해달라고 요청했다. 그러자 그는 한 무리의 날렵한 군사들을 이끌고 크세노폰이 제비를 뽑은 마을로 가서 촌장을 포함한 모든 주민들과, 대왕에게 공물로 바치려고 기르던 망아지 17마리와, 게다가 8일 전

에 결혼한 촌장의 딸을 붙잡았다. 그러나 그녀의 남편은 토끼 사냥하러 나가고 없어 마을에서 붙잡히지 않았다.

(25) 그곳의 집들은 지하에 있었고, 입구는 우물 입구와 비슷했으나 아래로 갈수록 넓어졌다. 짐 나르는 가축들을 위한 입구는 지하에 굴처럼 파여 있었지만, 사람들은 사다리를 타고 내려갔다. 집안에는 염소떼, 양떼, 소떼, 가금류와 그 새끼들이 있었다. 가축들은 모두 집안에서 생풀을 먹으며 자라고 있었다. (26) 그곳에는 또 밀, 보리, 콩, 술독에 든 보리술도 있었다. 이 술 위에는 보리 낟알들이 떠 있었고, 그 속에는 매듭이 없는 크고 작은 밀짚들이 꽂혀 있었다. (27) 누가 갈증이 나면 이 밀짚들을 입에다 대고 빨아야 했다. 이 술은 물로 희석하지 않으면 도수(度數)가 아주 높았지만 거기에 익숙해지기만 하면 맛이 아주 좋았다.

(28) 크세노폰은 마을의 촌장을 식사에 초대하여, 만약 군대가 다른 부족이 사는 곳에 도착할 때까지 그가 군대를 위해 훌륭하게 길라잡이 노릇을 한 것이 밝혀지면 군대는 그의 자식들을 빼앗지 않을뿐더러 그에 대한 보답으로 떠나기 전에 그의 집을 식량으로 가득 채워줄 것이라는 말로 그를 안심시켰다. (29) 촌장은 그렇게 하겠노라 약속했으며, 자신의 호의를 보여주기 위해 술이 묻혀 있는 곳을 그들에게 가르쳐주었다. 그리하여 크세노폰의 대원들은 그날 밤 그들이 따로따로 숙영하고 있던 이 마을에서 모든 것이 풍족한 가운데 잠자리에 들었다. 그러면서도 그들은 촌장과 그의 자식들에 대한 감시를 늦추지 않았다.

(30) 이튿날 크세노폰은 촌장을 데리고 케이리소포스를 방문하러 길을 나섰다. 그는 마을을 지날 때마다 그곳에 숙영하고 있던 부대들을 방문했고, 어디서나 군사들이 배불리 먹고 기분이 좋은 것을 확인했다. 그리고 어디서나 사람들은 아침 식사를 대접하기 전에는 그들을 떠나보내지 않았다. (31) 그리고 어디서나 군사들은 한 식탁 위에다 양고기, 염

소고기, 돼지고기, 가금류의 고기를 더러는 밀로 만들고 더러는 보리로 만든 빵 덩어리들과 함께 차려 내놓았다. (32) 그리고 누가 다른 사람을 위해 건배하고 싶을 때마다 그를 술독 있는 곳으로 끌고 갔으며, 그러면 끌려간 친구는 그 위에 몸을 구부리고 소처럼 벌떡벌떡 들이켜지 않으면 안 되었다. 그들은 촌장에게 그가 원하는 것은 무엇이든 가져가는 특권을 부여했다. 그러나 촌장은 다른 것은 아무것도 받지 않고, 친척이 눈에 띨 때마다 자기 옆으로 데려가곤 했다. (33) 그들이 케이리소포스에게 왔을 때, 크세노폰은 그 부대들도 숙소에서 건초로 만든 화관을 머리에 쓰고는, 비헬라스인의 옷을 입은 아르메니아 소년들의 시중을 받으며 잔치를 벌이고 있는 것을 보았다. 그리고 그들은 마치 귀머거리 벙어리인 양, 해야 할 일을 소년들에게 손짓으로 가리켜주고 있었다.

(34) 케이리소포스와 크세노폰은 다정하게 인사를 나눈 뒤, 페르시아 말을 하는 통역을 통해 이 나라가 어떤 나라인지 둘이서 함께 촌장에게 물었다. 그는 이곳이 아르메니아라고 대답했다. 그러자 그들은 말들이 누구를 위해 사육되는지 다시 물었다. 그는 대왕을 위한 공물이라고 대답했다. 또한 그는 인접해 있는 나라는 칼뤼베스족의 나라라고 말하며, 그리로 가는 길을 가르쳐주었다.

(35) 그러자 크세노폰은 이번에는 그를 그의 친척들에게 데려다주고 나서 약간 늙은 말 한 필을 선물로 주었다. 그는 그 말이 태양신에게 바쳐진 말이라는 이야기를 들었기에 사육하여 제물로 바칠 셈으로 노획한 것이지만, 말이 행군하느라 몹시 지친 나머지 죽지 않을까 두려웠던 것이다. 그리고 그는 자신을 위해 망아지들[13] 가운데 한 마리를 가졌으며 장군들과 대장들에게도 각각 한 마리씩 주었다. (36) 이곳의 말들은 페르시아 말들보다 작았지만 훨씬 사나웠다. 이곳의 촌장은 또 그들의 말들과 짐 나르는 가축들이 눈 속을 헤치고 나아갈 때면 발에다 작은 자루

를 감아주라고 가르쳐주었다. 작은 자루 없이는 짐승들이 배 있는 데까지 눈에 빠졌기 때문이다.

13 4권 5장 24절 참조.

제 6 장

(1) 8일째 되던 날 크세노폰은 길라잡이로 쓰라고 촌장을 케이리소포스에게 넘겨주었다. 그러나 그는 촌장의 가족을 마침 성년이 된 아들 외에는 모두 뒤에 남게 했다. 이 아들을 그는 암피폴리스 출신 에피스테네스에게 지키라고 주었는데, 아버지가 길라잡이 노릇을 훌륭하게 해낼 경우 아들도 함께 데려가게 할 작정이었던 것이다. 그들은 그의 집에도 가능한 한 많은 생필품을 넣어주고 나서 길을 떠나 행군을 계속했다.

(2) 촌장은 결박되지 않은 채 눈 속을 헤치며 그들을 위해 길을 안내했다. 그러나 사흘째 되던 날 행군 도중 케이리소포스는 자기들을 마을들로 안내하지 않는다고 그에게 화를 냈다. 촌장은 이 지역에는 마을이 없다고 대답했다. 그러자 케이리소포스가 그를 때렸으나 결박하게 하지는 않았다. (3) 그래서 촌장은 그날 밤 아들을 뒤에 남겨두고 달아나버렸다. 길라잡이에 대한 이러한 학대와 소홀한 감시, 이것이 행군 도중 케이리소포스와 크세노폰 사이에 발생한 불화의 유일한 원인이었다. 그러나 에피스테네스는 소년을 좋아하게 되어 집으로 데려갔고, 소년은 그에게 가장 충실한 하인이 되었다.

(4) 그 뒤 그들은 7일 동안 하루에 5파라상게스씩 행군해 파시스강에 닿았다. 이 강은 너비가 1플레트론이었다. (5) 그곳을 뒤로하고 그들은 이틀 동안 10파라상게스를 행군했다. 그리고 평야로 넘어가는 고갯

길에서 그들은 칼뤼베스족과 타오코이족과 파시아노이족과 마주쳤다. (6) 케이리소포스는 고갯길 위의 적군을 보자마자 약 30스타디온의 거리를 두고 멈춰 섰으니, 종대(縱隊)로 적군에게 다가가지 않기 위해서였다. 그래서 그는 다른 지휘관들에게도 부대들을 앞으로 이동하여 군대가 전투대형[14]을 갖추게 하라고 명령했다.

(7) 후위가 다가오자 그는 장군들과 대장들을 불러 모아놓고 이렇게 말했다. "여러분도 보시다시피, 적군은 산을 넘는 고갯길을 차지하고 있소. 그러니 지금은 우리가 어떻게 해야 가장 잘 싸울 수 있겠는지 의논할 때요. (8) 보아하니, 군사들에게 아침 식사를 짓도록 명령하고 나서 우리 자신은 산을 넘되, 오늘 넘을 것인지 내일 넘을 것인지 의논하는 것이 좋을 듯하오." (9) "내가 보기에는," 하고 클레아노르가 말했다. "우리가 아침을 먹자마자 완전무장하고 되도록 빨리 저들을 공격하는 것이 좋을 것 같소. 우리가 오늘을 허송하고 나면 지금 우리를 지켜보는 적군은 더욱 대담해질 것이고, 저들이 일단 대담해지면 아마 다른 자들도 다수 합세하게 될 테니 말이오."

(10) 이어서 크세노폰이 말했다. "내 생각은 이렇소. 반드시 싸워야 한다면, 우리는 되도록 힘껏 싸울 준비를 해야 할 것이오. 그러나 되도록 수월하게 산을 넘기를 바란다면, 우리가 어떻게 해야 되도록 부상을 적게 입고 되도록 목숨을 적게 잃을 것인지 생각해야만 할 것이오. (11) 지금 이 산은, 또는 우리가 보고 있는 이 산의 일부는 길이가 6스타디온이 넘소. 그러나 그것을 지키는 자들에게는 저기 저 길 말고는 다른 길은 보이지 않소. 그러니 요새와 준비된 적군에 맞서 싸우느니 가능하다면 적군이 지키지 않는 곳으로 눈에 띄지 않게 몰래 올라가 그곳을 먼저 차지

---

[14] 횡대(橫隊)로 서게 했다는 뜻이다.

하는 편이 훨씬 나을 것이오. (12) 사방이 적으로 둘러싸인 평지를 행군하는 것보다는 싸우지 않고 오르막길을 오르는 편이 훨씬 수월할 테니 말이오. 그리고 낮이라도 싸울 때보다는 밤이라도 싸우지 않을 때, 무엇이 발 앞에 있는지 훨씬 수월하게 식별할 수 있는 법이오. 그리고 화살과 돌이 머리에 빗발치는 평탄한 길보다는 싸우지 않고 걸어가는 울퉁불퉁한 길이 발에는 더 편안한 법이오.

(13) 그리고 보아하니, 몰래 올라가는 것이 불가능하지도 않을 성싶소. 우리는 눈에 띄지 않게 밤에 행군할 수 있고, 귀에 들리지 않을 만큼 멀리 돌아갈 수 있기 때문이오. 그리고 우리가 이곳에서 공격하는 척하면 아마 산의 다른 곳에는 그만큼 지키는 사람이 적을 것이오. 그럴 경우 적군은 그만큼 더 이곳에 모여 있을 테니 말이오.

(14) 하지만 왜 내가 몰래 가는 일에 관해 말해야 하나요? 케이리소포스여, 그대들 라케다이몬인들은 적어도 귀족들은 어려서부터 몰래 훔치는 연습을 하고, 법이 금하지 않는 것은 무엇이든 몰래 훔치는 것을 수치는커녕 자랑으로 여긴다고 나는 들었소. (15) 그리고 그대들이 되도록 능숙하게 훔쳐 발각되지 않도록, 그대들이 훔치다가 잡히면 매질을 당하는 것이 그대들의 나라에서는 관습이지요. 그러니 지금이야말로 그대가 받은 교육을 과시하며, 우리가 산을 몰래 오르다가 붙잡혀 매질을 당하지 않도록 염려해줄 때요."

(16) "아닌 게 아니라," 하고 케이리소포스가 말했다. "나도 그대들 아테나이인들이, 몰래 훔치는 자에게는 무서운 위험이 따르는데도, 특히 가장 힘 있는 자들이 공금을 훔치는 데 아주 능하다고 들었소. 그대들 가운데 관직을 맡을 자격이 있다고 인정되는 자들이 가장 힘 있는 자들이라면 말이오. 그러니 지금이야말로 그대가 받은 교육을 과시할 때요."

(17) "좋소," 하고 크세노폰이 말했다. "나는 저녁을 먹자마자 산을

점령하기 위해 후위를 이끌고 기꺼이 출발할 각오가 돼 있소. 그리고 내게는 길라잡이들도 있소. 경무장보병들이 매복해 있다가 우리 뒤를 따르던 도둑들을 몇 명 붙잡았기 때문이오. 이들한테서 나는 또 산이 통과할 수 없을 정도는 아니며 그곳에서 염소떼와 소떼가 풀을 뜯는다는 것도 알아냈소. 그러니 우리가 일단 산의 일부를 차지하게 되면, 우리의 짐 나르는 가축들도 그곳을 통과할 수 있을 것이오. (18) 그리고 바라건대, 적군은 우리가 그들과 같은 높이의 산꼭대기에 있는 것을 보면 더이상 버티지 못할 것이오. 지금도 그들은 우리와 같은 높이로 내려오려 하지 않으니 말이오."

(19) 그러자 케이리소포스가 말했다. "하지만 후위를 버려두고 왜 그대가 가야 한단 말이오? 자원자들이 나서지 않으면 다른 사람들을 올려 보내도록 하시오." (20) 그러자 메튀드리온 출신 아리스토뉘모스가 중무장보병을 이끌고 앞으로 나섰고, 키오스 출신 아리스테아스와 오이테 출신 니코마코스는 각각 경무장보병을 이끌고 나섰다. 그리고 그들은 산꼭대기들을 차지하게 되면 불을 많이 피우기로 약속했다. (21) 이렇게 약속한 다음 그들은 아침을 먹기 시작했다. 그리고 아침을 먹자마자 케이리소포스가 적군을 향해 전군(全軍)을 10스타디온쯤 전진시켰으니, 되도록이면 그가 이 길로 해서 전진하려는 것처럼 보이기 위해서였다.

(22) 저녁을 먹고 나서 밤이 되자 임무를 부여받은 자들은 그곳을 출발해 산을 점령했고, 나머지 부대들은 있던 자리에서 그대로 쉬었다. 그리고 적군은 산이 점령된 것을 보고는 잠도 자지 않고 밤새도록 불을 여기저기 피워놓고 있었다. (23) 날이 새자 케이리소포스는 제물을 바치고 길을 따라 군대를 인솔했으며, 산을 점령한 자들은 산꼭대기들을 따라 공격해 들어갔다. (24) 적군은 대부분 산을 넘는 고갯길 뒤에 남아 있

였고, 그중 일부가 산꼭대기를 따라 공격해 들어가던 헬라스인들과 맞섰다. 양군의 주력부대가 마주치기 전에, 산꼭대기에 있던 자들이 한데 어우러졌다. 헬라스인들이 이겨 추격하기 시작했다.

(25) 그때 헬라스인들의 경방패병도 평야에서 적진을 향해 돌진해 들어갔고, 케이리소포스는 중무장보병과 함께 그 뒤를 따라갔다. (26) 그러자 길 위에 있던 적군은 산꼭대기에 있던 그들의 지대(支隊)가 패하는 것을 보고 도망치기 시작했다. 적군은 죽은 자는 많지 않았지만, 잔가지로 엮은 방패들이 굉장히 많이 노획되었다. 헬라스인들은 그것들을 칼로 쳐서 못 쓰게 만들어버렸다. (27) 그들은 산꼭대기에 올라 제물을 바치고 승전비를 세운 다음 평야로 내려가 생필품이 그득한 마을들로 들어갔다.

제 7 장

(1) 그 뒤 헬라스인들은 닷새 동안 30파라상게스를 행군해 타오코이족의 나라로 들어갔다. 그리고 그곳에서 그들은 식량이 떨어졌다. 타오코이족은 요새 안에 살고 있었고, 식량도 모두 그곳으로 옮겨 보관했기 때문이다. (2) 헬라스인들이 도시도 집도 없는—그곳에는 남자들과 여자들과 수많은 가축 떼만이 모여 있었다—그런 곳 중 한 군데에 도착했을 때, 케이리소포스는 지체 없이 그곳을 공격하기 시작했다. 첫 번째 부대가 지치자 다른 부대가 나아갔고, 그 뒤 또 다른 부대가 나아갔다. 그곳은 사방이 가팔라서 부대를 한꺼번에 동원해 포위 공격할 수가 없었기 때문이다.

(3) 크세노폰이 경방패병과 중무장보병으로 구성된 후위를 데리고 다가오자 케이리소포스가 말했다. "그대들은 제때에 잘 왔소. 우리는 이곳을 점령하지 않으면 안 되오. 이곳을 점령하지 못하면 군대는 식량이 떨어지기 때문이오." (4) 그래서 그들은 의논을 했다. 그들이 안으로 들어가지 못하도록 방해하는 것이 무엇이냐고 크세노폰이 묻자, 케이리소포스가 대답했다. "통로라고는 그대가 보고 있는 여기 이것 하나뿐인데, 이 길을 지나가려고 할 때마다 저들이 이 툭 튀어나온 바위에서 돌들을 굴리곤 한다오. 그리고 누구든 얻어맞는 자는 저 모양 저 꼴이 되고 말지요." 그러면서 그는 다리와 갈빗대가 부러진 자들을 가리켰다.

(5) "하지만 그들이 돌을 다 써버린다면," 하고 크세노폰이 말했다. "지나가는 것을 방해하는 것은 아무것도 없지 않겠소? 저기 저 건너편에는 몇 사람밖에 보이지 않고, 그들 중 두세 명만 무장하고 있으니 말이오. (6) 게다가 그대도 보시다피, 우리가 공격을 받으며 지나가야 하는 거리는 1플레트론 반(半)밖에 안 되오. 그리고 그중 1플레트론 정도의 거리는 드문드문 서 있는 키 큰 전나무들로 가려져 있으니, 그 전나무들 뒤에 서 있으면 날아오는 돌이든 굴러오는 돌이든 무슨 해를 끼칠 수 있겠소? 그렇다면 나머지는 반 플레트론밖에 안 되는데, 그것은 돌들이 뜸해지는 순간 뛰어서 지나가야 할 것이오."

(7) "그렇지만," 하고 케이리소포스가 말했다. "우리가 나무 쪽으로 향해 나아가는 순간 다시 수없이 많은 돌이 날아올 것이오." "그것은 우리가 원하는 바요." 하고 크세노폰이 말했다. "그래야만 그들이 그만큼 더 빨리 돌을 다 써버릴 테니까요. 자, 우리가 가능하다면 짧은 거리만 뛰어 지나가도 되고, 우리가 원할 경우 쉽게 철수할 수 있는 지점으로 나아가도록 합시다."

(8) 그러고 나서 케이리소포스와 크세노폰이 나아가자, 파르라시아 출신 대장 칼리마코스도 그들과 동행했다. 그가 그날 후위의 대장들을 지휘했기 때문이다. 다른 대장들은 안전한 곳에 남아 있었다. 그러자 약 70명의 군사들이 모두 한꺼번에가 아니라 한 명씩, 각자 되도록 몸을 가리고 나무들 밑으로 갔다. (9) 그러나 역시 후위의 대장들인 스튐팔로스 출신 아가시아스와 메튀드리온 출신 아리스토뉘모스와 그 밖의 다른 사람들은 나무들 밖에 섰다. 1개 부대 이상이 나무들 사이에 서는 것은 안전하지 못했기 때문이다. (10) 그 순간 칼리마코스가 한 가지 꾀를 생각해냈다. 그는 자신이 서 있던 나무 밑에서 두세 걸음 앞으로 달려 나갔다가, 돌이 날아오기 시작하면 아무 피해도 입지 않고 뒤로 물러서곤 했

다. 그리고 그가 앞으로 달려 나갈 때마다 짐수레 10대분 이상의 돌이 소모되었다.

(11) 아가시아스는 칼리마코스가 전군(全軍)이 보는 가운데 무엇을 하고 있는지 보게 되자 자신이 첫 번째로 요새 안으로 들어가지 못할까 봐 걱정이 되어, 옆에 있던 아리스토뉘모스나 루소이 출신의 에우뤼로코스나—이 둘은 다 친구들이었다—그 밖의 다른 사람을 부르지도 않고 혼자서 나아가 모든 사람들 옆을 지나갔다. (12) 그러나 칼리마코스는 그가 지나가는 것을 보자 그의 방패 가장자리를 잡았다. 그리고 그 순간 메튀드리온 출신 아리스토뉘모스가 두 사람 옆을 지나갔고, 루소이 출신 에우뤼로코스가 그의 뒤를 바싹 따랐다. 그도 그럴 것이, 이들은 모두 서로 용기를 다투었고 서로 경쟁 관계에 있었기 때문이다. 이런 경쟁심에서 그들은 요새를 함락했다. 그들이 일단 안으로 들어가자 위에서 돌은 하나도 떨어지지 않았기 때문이다.

(13) 그러자 끔찍한 광경이 벌어졌다. 여자들이 어린아이들을 아래로 내던지고는 자신들도 따라서 떨어졌고, 남자들도 그렇게 했던 것이다. 이 와중에 스튐팔로스 출신 대장 아이네이아스는 고운 옷을 입은 한 사내가 떨어지려고 뛰어가는 것을 보고 그자를 제지하려고 붙잡았다. (14) 그러나 그자가 아이네이아스를 함께 끌고 가는 바람에 두 사람 다 바위 아래로 떨어져 죽었다. 그들은 이 요새에서 사람들은 극소수밖에 사로잡지 못했지만, 소와 당나귀와 양은 많이 노획했다.

(15) 그곳을 뒤로하고 헬라스인들은 칼뤼베스족의 나라를 지나 7일 동안 50파라상게스를 행군했다. 이들은 그들이 그 나라를 통과한 모든 부족들 가운데 가장 용맹스러웠고, 그래서 그들과 백병전을 벌이곤 했다. 이들은 아랫배까지 내려오는 리넨 흉갑을 입고 있었는데, 그것은 맨 아래 이 흉갑 날개[15] 대신 노끈을 촘촘히 이어 붙인 테두리로 되어 있

었다. (16) 이들은 또 정강이받이를 차고 투구를 썼으며 혁대에는 라케다이몬의 단검만큼 작은 칼을 차고 있어서, 제압할 수 있는 자는 누구든 이 칼로 죽였다. 이들은 또 적군의 머리를 베어 행군할 때 갖고 다녔으며, 적군이 자기들을 보고 있을 성싶으면 노래를 부르고 춤을 추었다. 이들은 또 한쪽에만 창끝이 달린, 15완척쯤 되는 창을 들고 다녔다. 이들은 자신들의 도시 안에 머물다가 (17) 헬라스인들이 지나가면 언제든 뒤쫓아가서 싸움을 걸곤 했다. 이들은 요새 안에 살고 있었고, 식량은 그곳으로 옮겨 보관했다. 그래서 헬라스인들은 이곳에서는 아무것도 구할 수가 없어, 타오코이족의 나라에서 가져온 가축 떼로 연명했다.

(18) 그곳을 뒤로하고 헬라스인들은 하르파소스강에 닿았다. 이 강은 너비가 4플레트론이었다. 그곳을 뒤로하고 그들은 스퀴테노이족의 나라를 지나 나흘 동안 평야를 20파라상게스나 행군해 마을들에 도착했다. 그곳에서 사흘을 머무르며 식량을 구했다.

(19) 그곳을 뒤로하고 그들은 나흘 동안 20파라상게스를 걸어가 귐니아스라는 번창하고 인구 많은 대도시에 도착했다. 이 도시에서 그 나라의 통치자가 헬라스인들에게 길라잡이를 보내주었는데, 자신들의 적국(敵國)으로 그들을 안내할 심산이었다. (20) 길라잡이는 그들을 찾아와 닷새 안에 바다를 볼 수 있는 곳으로 안내하겠다고 약속하면서, 그러지 않는다면 죽을 각오가 되어 있다고 했다. 그리하여 길라잡이가 되자 그는 그들을 적국으로 데려가더니 그곳을 불사르고 파괴하라고 재촉해 댔다. 그래서 그가 찾아온 것은 헬라스인들에 대한 호의에서가 아니라 바로 그 때문이라는 사실이 밝혀졌다.

(21) 실제로 그들은 닷새째 되던 날 테케스라는 산에 도착했다. 선두가 산에 올라 바다를 보는 순간 큰 함성이 일었다. (22) 그러자 크세노폰과 후위는 그 소리를 듣고 앞에서도 다른 적군이 공격해오는 줄 알았

다. 뒤에서도 화염에 싸인 나라로부터 적군이 따라오고 있어서, 후위가 매복해 있다가 그들 가운데 일부는 죽이고 일부는 사로잡으며 무두질하지 않은 털북숭이 쇠가죽으로 만든 방패를 20개쯤 노획했으니 말이다.

(23) 그러나 고함 소리가 더 커지고 더 가까워지면서, 뒤따라가던 대열들이 잇달아 고함을 질러대는 앞 대열들을 향해 달려가면서 사람의 수가 많아지는 만큼 고함 소리도 점점 더 커지자, 크세노폰은 큰일이 난 줄 알았다. (24) 그래서 그는 말에 올라 뤼키오스와 기병대를 이끌고 도우러 달려갔다. 그러나 그들은 곧 군사들이 "바다다! 바다다!" 하고 외치는 소리를 들었고, 그들이 외치는 소리는 대열을 따라 전달되었다. 그러자 후위의 모든 부대들도 뛰기 시작했으며, 짐 나르는 가축들과 말들도 앞으로 내달았다.

(25) 그리하여 산정에 올랐을 때 그들은 모두 눈물을 흘리며 서로 얼싸안았고, 장군들과 대장들도 마찬가지였다. 그리고 군사들은 갑자기 누군가의 권유에 따라 돌을 가져와 큼직한 돌무더기를 쌓기 시작했다. (26) 그 위에 그들은 무두질하지 않은 쇠가죽과 지팡이와 노획한 방패를 수북하게 올려놓았다. 그러자 그들의 길라잡이가 그 방패를 손수 토막토막 자르며 다른 사람들에게도 그렇게 하라고 재촉했다. (27) 그러고 나서 헬라스인들은 길라잡이를 보내주며, 그에게 공동재산에서 말 한 필, 은잔(銀盞) 하나, 페르시아 옷 한 벌, 10다레이코스를 선물로 주었다. 하지만 그는 군사들에게 무엇보다도 그들의 반지를 달라고 부탁했고, 또 실제로 꽤 많이 얻기도 했다. 그는 그들에게 진을 칠 수 있는 마을과, 마크로네스족의 나라로 들어가자면 반드시 지나가야 할 길을 가르쳐주었다. 그는 밤에 돌아가려고 저녁이 되자 길을 떠났다.

15 '흉갑 날개'란 흉갑의 아랫단을 말한다.

제 8 장

(1) 그곳을 뒤로하고 헬라스인들은 마크로네스족의 나라를 지나 사흘 동안 10파라상게스를 행군했다. 그들은 그중 첫날에는 마크로네스족의 나라와 스퀴테노이족의 나라의 경계가 되는 강에 닿았다. (2) 그들의 오른쪽에는 머리 위로 더없이 험준한 지대가 있었고, 왼쪽에는 그들이 건너야 하는 경계천(境界川)이 흘러드는 또 다른 강이 있었는데, 경계천은 크지는 않지만 빽빽이 들어선 나무들로 둘러싸여 있었다. 그래서 헬라스인들은 그곳에 도착하자마자 되도록 빨리 그곳에서 벗어나고 싶어 나무들을 베기 시작했다. (3) 그런데 엮은 방패, 창, 모피 상의로 무장한 마크로네스족이 건널목 맞은편에 전열을 갖추고 모여 있다가 서로 격려하며 강에다 돌들을 던져댔다. 그러나 그 돌들은 헬라스인들이 있는 곳에는 미치지 못해 아무런 피해도 주지 못했다.

(4) 이때 경방패병 한 명이 크세노폰에게 다가와, 자기는 아테나이에서 노예였다며 이 사람들의 말을 안다고 했다. "아마" 하고 그는 말을 이었다. "여기는 내 고향인 것 같으니, 방해만 없다면 저들과 면담하고 싶습니다." (5) "좋아, 방해는 전혀 없네"라고 크세노폰이 대답했다. "그러니 저들과 면담하되, 먼저 저들이 누군지 알아보게!" 그의 물음에 그들은 자기들이 마크로네스족이라고 대답했다. "그렇다면" 하고 크세노폰이 말했다. "무엇 때문에 우리에게 맞서 대열을 갖추고 우리의 적이 되

고자 하는지 물어보게!"

(6) 그들이 대답했다. "당신들도 우리나라에 쳐들어오기 때문이오." 장군들은 그들에게 말하게 했다. "우리는 당신들을 해코지하러 온 것이 아니라 대왕과 싸우다가 헬라스로 돌아가는 길이며, 우리의 소원은 바다에 도착하는 것이오." (7) 그러자 그들은 언질을 줄 수 있겠느냐고 물었다. 헬라스인들은 언질을 주고받을 용의가 있다고 대답했다. 그러자 마크로네스족은 헬라스인들에게 비헬라스인들의 창을 주고, 헬라스인들은 그들에게 헬라스의 창을 주었다. 그들은 이것들이 언질이라고 선언했기 때문이다. 그러고 나서 양측은 신들을 증인으로 불렀다.

(8) 언질을 교환하자마자 마크로네스족은 헬라스인들과 한데 어우러져 나무 베는 일을 도왔고, 이들이 건널 수 있도록 길을 닦아주었다. 그들은 또 되도록 좋은 시장을 제공했으며, 헬라스인들이 콜키스인들의 국경에 이를 때까지 사흘 동안 안내해주었다. (9) 이곳에는 높은 산이 있었는데 오를 수도 있었다. 그런데 이 산 위에 콜키스인들이 전열을 갖추고 있었다. 처음에 헬라스인들은 그들에게 맞서 전열을 갖추고는 산을 오르려 했지만, 그런 식으로는 오르기가 쉽지 않아 나중에는 어떻게 해야 가장 잘 싸울 수 있겠는지 한데 모여 의논하기로 장군들이 결정했다.

(10) 크세노폰이 말하기를, 그가 보기에 방진(方陣)을 풀고 부대들은 종대로 만드는 것이 좋을 듯하다고 했다. "왜냐하면 방진은," 하고 그는 말을 이었다. "산이 어떤 곳은 가기가 어렵고 어떤 곳은 가기가 쉬울 것으로 보이면 대번에 분산되기 때문이오. 그리고 방진을 이루는 군사들은 방진이 분산되는 것을 보면 당장 사기가 저하되기 마련이오. (11) 게다가 우리가 앞뒤로 길게 늘어서서 나아간다면 적군은 우리의 양쪽 날개를 다 포위하고, 그러고도 남는 군사들을 원하는 곳에다 배치하게 될 것이오. 하지만 우리가 옆으로 길게 늘어서서 나아간다면 비 오듯 쏟

아지는 무기와 공격해오는 수많은 적군에 의해 우리 대열이 돌파된다 해도 그것은 조금도 놀랄 일이 못 되오. 또한 그런 일이 어떤 한곳에서 벌어지면 대열 전체가 위태로워질 것이오.

(12) 그래서 부대들을 종대로 세우되 부대들 사이를 띄워 맨 바깥쪽 부대들이 적의 양쪽 날개를 넘어서게 하는 것이 좋을 것 같소. 그렇게 하면 우리의 맨 바깥쪽 부대들이 적군의 대열 양쪽 날개를 포위할 뿐 아니라 종대로 나아감으로써 우리의 가장 뛰어난 전사들이 공격의 선봉에 서게 될 것이고, 가기 쉬운 곳에서는 각각의 대장들이 자신의 대원들을 앞으로 인솔하게 될 것이오. (13) 양쪽에 부대가 배치되어 있으면 적군이 그 사이의 공간으로 침투하기가 쉽지 않을 것이며, 종대로 나아가는 부대를 돌파하기도 쉽지 않을 것이오. 그리고 어떤 부대가 심한 압박을 받으면 가까이 있는 부대가 도우러 달려갈 것이오. 그리하여 한 부대만 어떻게든 정상에 오르면 적군은 더이상 아무도 버티지 못할 것이오."

(14) 그러자 그들은 그렇게 하기로 결정하고 부대들을 종대로 세우기 시작했다. 크세노폰은 오른쪽 날개에서 왼쪽 날개로 돌아가[16] 군사들에게 말했다. "전우들이여, 여러분이 보고 있는 저들이야말로 우리가 오래전부터 도달하고자 애썼던 곳에 아직도 가 도달하지 못하게 하는 유일한 방해물이오. 저들을 우리는, 가능하다면 날로 잡아먹어야 할 것이오."[17] (15) 그리하여 지휘관들이 각자 지정된 위치로 가서 부대들을 종대로 세우자 약 80여 개의 중무장보병 부대가 생겨났는데, 각 부대는 대원이 1백 명 가까이 되었다. 한편 그들은 경방패병과 궁수들을 3개 부대로 편성해 그중 한 부대는 중무장보병의 왼쪽 날개 바깥쪽에, 다른 부대는 오른쪽 날개 바깥쪽에, 그리고 또 다른 부대는 중앙에 배치했는데, 각 부대는 대원이 6백 명 가까이 되었다.

(16) 그러고 나서 장군들은 기도하라는 명령을 전달하게 했다. 그러

자 그들은 기도하고 나서 파이안을 노래하며 앞으로 나아갔다. 케이리소포스와 크세노폰은 각각 자신들과 함께하는 경방패병들을 이끌고 적군의 대열 바깥쪽으로 나아갔다. (17) 그러자 적군은 그들을 보고는 그들과 맞서려고 더러는 오른편 날개 쪽으로, 더러는 왼편 날개 쪽으로 달려가는 바람에 분산되기 시작했고, 그리하여 그들의 대열은 가운데가 대부분 비어 있었다. (18) 그래서 아르카디아인들의 부대 앞에 배치된 경방패병은—이들의 지휘관은 아카르나니아 출신 아이스키네스였다—적군이 분산되는 것을 보고 도망치는 줄 알고 함성을 지르며 돌진하기 시작했다. 그리하여 그들은 맨 먼저 산꼭대기에 도착했고, 아르카디아인들의 중무장보병 부대는 오르코메노스 출신 클레아노르의 지휘 아래 그들을 바싹 뒤따르고 있었다. (19) 한편 적군은, 경방패병이 돌진하기 시작하자 더는 버티지 못하고 뿔뿔이 달아났다.

그리하여 헬라스인들은 산 위에 오른 뒤 식량이 그득한 여러 마을에 진을 쳤다. (20) 그곳에는 대체로 그들의 놀라움을 자아낼 만한 것은 아무것도 없었다. 그런데 그곳에는 벌통이 많았다. 그 꿀을 먹은 군사들은 모두 의식을 잃고 구토와 설사를 했으며, 그들 중 아무도 똑바로 설 수가 없었다. 조금 먹은 자들은 몹시 취한 사람 같았고, 많이 먹은 자들은 미친 사람 또는 몇몇은 죽은 사람 같았다. (21) 그들은 패잔병처럼 사방에 널브러져 누워 있었고 그리하여 사기가 크게 떨어졌다. 그러나 이튿날 아무도 죽지 않고, 꿀을 먹은 것과 거의 같은 시간에 그들은 의식을 회복했다. 그리고 사흘 또는 나흘째 되던 날 그들은 마취제에서 깨어나듯 일어

---

16 횡대 대형에서 전위는 오른쪽 날개가, 크세노폰이 이끄는 후위는 왼쪽 날개가 되었는데, 회의는 오른쪽 날개에서 열렸던 것이다.
17 이런 표현에 관해서는 『일리아스』 4권 35~36행, 22권 346~347행, 24권 212~213행 참조.

섰다.

(22) 그곳을 뒤로하고 그들은 이틀 동안 7파라상게스를 행군해, 흑해 연안에 있는 인구가 많은 헬라스인들의 도시로 시노페인들이 콜키스인들의 나라에 세운 식민시(植民市) 트라페주스 근처의 바닷가에 닿았다. 그들은 그곳에 있는 콜키스인들의 마을들에 30일쯤 머무르면서, 그곳을 기지(基地) 삼아 콜키스 땅을 약탈했다. (23) 트라페주스의 주민들은 군대에 시장을 제공하고 헬라스인들을 맞아주며 소, 보리, 포도주를 손님 선물로 주었다. (24) 그들은 또 주로 평야에 사는 인근 콜키스인들과의 협상에도 함께 참가했다. 그리고 이들한테서도 헬라스인들은 소들을 손님 선물로 받았다.

(25) 그 뒤 헬라스인들은 자신들이 서약했던 제물을 준비했다. 소가 충분히 들어와서, 그들은 구원자 제우스와 길라잡이 헤라클레스와 그 밖의 다른 신들에게도 자신들이 서약한 만큼 제물을 바칠 수 있었다. 그들은 또 자신들이 진을 치고 있던 산허리에서 경기를 개최했다. 그들은 다른 소년을 본의 아니게 단검으로 쳐서 죽인 까닭에 소년의 몸으로 고향에서 추방당한 스파르테 출신 드라콘티오스를 뽑아 경주로(競走路)를 보살피며 경기를 주재하게 했다.

(26) 제물 바치는 의식이 끝나자 그들은 제물로 바친 짐승들의 모피를 드라콘티오스에게 넘겨주며 그가 말뚝으로 경주로를 표시한 곳으로 안내하라고 명령했다. 그는 마침 그들이 서 있던 바로 그 자리를 가리키며 말했다. "이 언덕이야말로 어느 쪽으로든 달리는 데는 안성맞춤이오." "하지만" 하고 그들이 말했다. "이렇게 딱딱하고 잡초가 우거진 땅에서 어떻게 레슬링을 할 수 있겠소?" 그가 대답했다. "넘어지는 자는 그만큼 더 고통을 느끼겠지요."

(27) 1스타디온 경주에서는 대부분 포로인 소년들이 우승을 다투

고, 장거리 경주[18]에는 60명 이상의 크레테인들이 참가하고, 레슬링과 권투와 팡크라티온[19] 경기도 열리니 실로 장관이었다. 많은 사람들이 참가한 데다 전우들이 지켜보고 있어 경쟁심이 발동했기 때문이다. (28) 말들도 경주에 참가했는데, 기수들은 말을 타고 가파른 언덕을 내려갔다가 바닷가에서 돌아서서 제단(祭壇)[20]이 있는 곳으로 되돌아와야 했다. 내리막길에서는 대부분의 말들이 굴러 내려갔고, 오르막길에서는 몹시 가파른 언덕을 가까스로 걸어서 올라왔다. 그리하여 고함 소리와 웃음소리와 응원 소리가 그치지 않았다.

---

18 6~24스타디온.
19 레슬링과 권투를 합친 격투.
20 제물을 바친 제단이 각종 경주의 출발점이었다.

KYROU ANABASIS

제5권

제 1 장

(1) [헬라스인들이 퀴로스와 함께 내륙으로 행군할 때, 그리고 그 뒤 흑해 연안으로 행군할 때 겪었던 일들과, 그들이 어떻게 헬라스의 도시인 트라페주스에 도착했으며, 어떻게 우호적인 나라에 도착하는 대로 바치겠다고 서약한 구원에 대한 감사의 제물을 바쳤는지에 관해서는 지난번 이야기에서 밝힌 바 있다.]

(2) 그리고 나서 그들은 한데 모여 남은 행군에 관해 의논했다. 맨 먼저 투리오이 출신 레온이 일어서서 다음과 같이 말했다. "전우들이여, 나는" 하고 그는 말했다. "이제 짐을 챙기고, 걷고, 뛰고, 무기들을 들고 다니고, 대열을 갖추어 행군하고, 보초를 서고, 싸우는 일에 신물이 납니다. 이제 우리가 바닷가에 와 있으니, 나는 이런 노고들에서 벗어나 나머지 여정은 함선을 타고 가며 오뒷세우스처럼 누워서 헬라스에 도착하고 싶소."[1]

(3) 이 말을 듣고 군사들은 그의 말이 옳다고 갈채를 보냈다. 다른 사람도 같은 말을 했고, 말하기 위해 일어선 사람은 누구나 다 마찬가지였다. 그러자 케이리소포스가 일어서서 다음과 같이 말했다. (4) "전우들이여, 아낙시비오스는 내 친구인데, 그는 또 마침 제독이기도 하오. 그러니 여러분이 나를 그에게 보내준다면, 나는 아마 삼단노선과 우리를 실어다 줄 상선(商船)들을 이끌고 돌아올 수 있을 것이오. 여러분이 진실

로 함선을 타고 가기를 원한다면, 내가 돌아올 때까지 기다리시오. 나는 곧 돌아올 것이오." 이 말을 듣고 군사들은 기뻐했으며, 그가 되도록 빨리 항해하도록 결정했다.

(5) 이어서 크세노폰이 일어서서 다음과 같이 말했다. "케이리소포스가 함선들을 구하기 위해 파견되니, 우리는 여기서 기다려야 할 것이오. 그래서 나는 우리가 기다리는 동안 해두는 것이 좋겠다고 생각되는 것들을 말하고자 하오. (6) 첫째, 우리는 적국에서 식량을 구해야 하오. 여기엔 충분한 시장이 없고, 우리는 또 소수를 제외하고는 무엇을 구입할 돈도 없기 때문이오. 하지만 이 나라는 적국이오. 따라서 여러분이 경솔하게 호위도 없이 식량을 구하러 나섰다가는 많은 사람이 죽을 위험이 있소. (7) 그러므로 여러분이 무사하려면 대오를 지어 식량을 구하고 마구 헤매서는 안 될 것이며, 이 일은 우리 장군들이 떠맡아야 할 것 같소." 이 제안은 수락되었다.

(8) "그렇다면 여러분은 이것도 들어보시오. 여러분 중에는 전리품을 찾아나서는 사람도 더러 있을 것이오. 밖으로 나가고자 하는 사람은 누구든지 이를 사전에 우리에게 알리고 행선지도 말해주는 것이 가장 좋을 거라고 나는 생각하오. 그래야만 우리가 나간 사람들과 남아 있는 사람들의 수를 알 수 있고, 필요하다면 공동으로 대처할 수 있으며, 또 몇몇 사람에게 도움이 필요할 경우, 우리가 어디로 도우러 가야 할지 알 수 있소. 또 누가 경험도 없으면서 무슨 일을 기도할 경우, 우리는 그들이 공격하려는 적군의 군세를 알아보려고 함으로써 조언을 줄 수 있을 것이오." 이 제안도 수락되었다.

(9) "그렇다면 여러분은 이 점도 숙고해보시오" 하고 그는 말을 이

---

1 『오뒷세이아』 13권 75~118행 참조.

었다. "우리의 적군은 우리를 약탈할 시간적 여유가 있으며, 그들이 우리에게 음모를 꾸미는 것은 당연하다 할 것이오. 우리가 갖고 있는 것들은 그들의 것이기 때문이오. 그들은 또 우리보다 높은 곳에 자리 잡고 있소. 그러니 진영 주위에 보초를 세우는 것이 좋을 것 같소. 우리가 번갈아 보초를 서고 감시하면, 적군도 우리를 그만큼 덜 괴롭힐 것이오.

(10) 여러분은 이 점에도 유의하시오. 케이리소포스가 함선들을 충분히 이끌고 오리라는 것을 우리가 확신한다면, 지금 내가 말하고자 하는 것은 전혀 필요치 않소. 하지만 그것은 불확실하므로, 이곳에서도 함선들을 구하려고 시도해보는 것이 좋을 듯하오. 그가 돌아오면, 이곳에도 함선들이 있어 우리는 더 많은 함선을 타고 갈 수 있을 테니 말이오. 만일 그가 돌아오지 않는다면, 우리는 이곳에 있는 함선들을 이용할 수 있을 것이오. (11) 나는 함선들이 자주 지나가는 것을 보고 있소. 우리가 트라페주스인들에게 전함들을 빌린 다음 이 함선들을 나포하여, 우리를 태워다 줄 만큼 충분히 모일 때까지 키를 빼앗고 지킨다면, 우리는 필요한 운송수단이 없어서 어려움을 겪는 일은 아마 없을 것이오." 이 제안도 수락되었다.

(12) "여러분은 또" 하고 그는 말을 이었다. "나포한 함선들의 선원들을 그들이 우리 때문에 이곳에서 기다리는 동안에는 공동재산으로 부양하고, 우리에게 덕을 보여주는 만큼 그들도 덕을 보도록 그들과 뱃삯을 합의해두는 것이 온당하지 않겠는지 생각해보시오." 이 제안도 수락되었다.

(13) "끝으로," 하고 그는 말을 이었다. "그래도 함선을 충분히 구하지 못할 경우, 바닷가 도시들에 통행하기 어렵다는 말이 들리는 길들을 보수해달라고 부탁하는 것도 좋을 듯하오. 그들은 두렵기도 하거니와, 우리에게서 벗어나고 싶어 시키는 대로 할 테니 말이오."

(14) 그러자 군사들은 육로로 가고 싶지 않다며 함성을 질러댔다. 크세노폰은 그들의 어리석음을 알고는 이 일에 관해서는 어떤 제안도 표결에 부치지 않고, 도시들에 자진해 길들을 보수하라고 설득하면서 길들이 통행 가능해지면 그들이 그만큼 빨리 헬라스인들에게서 벗어나게 될 거라고 말했다.

(15) 또한 그들은 트라페주스인들에게서 오십노선 한 척을 얻어, 그것을 라케다이몬의 페리오이코스[2]인 덱십포스 휘하에 두었다. 그러나 이자는 함선을 모아들일 생각은 않고 그 전함을 타고는 흑해 밖으로 달아나버렸다. 나중에 이자는 응분의 벌을 받았으니, 트라케에 있는 세우테스의 궁전에서 어떤 음모에 가담했다가 라케다이몬 출신 니칸드로스에게 살해되었던 것이다.

(16) 그들은 또 삼십노선 한 척을 얻어, 아테나이 출신 폴뤼크라테스 휘하에 두었다. 그러자 그는 함선을 나포하는 족족 모두 진영으로 끌고 왔다. 또한 그들은 함선 안에 화물이 있으면 그것을 부린 뒤 안전하게 지키기 위해 보초를 세우고, 함선들은 수송선으로 썼다. (17) 이 기간 동안 헬라스인들은 전리품들을 찾아나섰지만, 더러는 성공하고 더러는 그러지 못했다. 그리고 한번은 클레아이네토스가 자신의 부대와 다른 부대를 이끌고 나가 난공불락의 요새를 공격하다가 그 자신도 죽고 그의 대원도 많이 죽었다.

---

2 페리오이코스(Perioikos 복수형 Perioikoi)는 '주변에 거주하는 자'라는 뜻으로, 도리에이스족(Dorieis)에게 순순히 항복한 라코니케와 멧세니아(Messenia) 지방의 선주민을 말한다. 그들은 자유민이었지만, 의무만 있고 권리는 제한되어 있었다.

제 2 장

(1) 이제 더이상 식량을 구해 가지고 그날로 진영으로 돌아올 수 없게 되자, 크세노폰은 트라페주스인 몇 명을 길라잡이 삼아 군대의 반을 이끌고 드릴라이족의 나라로 나갔고, 나머지 반은 진영을 지키도록 뒤에 남겨두었다. 집에서 쫓겨난 콜키스인들 대다수가 한데 모여 진영 위 언덕들을 차지하고 있었기 때문이다. (2) 그러나 트라페주스인들은 손쉽게 식량을 구할 수 있는 곳으로 헬라스인들을 안내하지 않았다. 그들은 그곳 주민들과 친했기 때문이다. 대신 헬라스인들을 자기들에게 큰 피해를 주곤 하던 드릴라이족의 나라로 열성을 다해 인도했다. 그러나 그곳은 통행하기가 어려운 산악지대인 데다 그곳 주민들은 흑해 연안에 사는 주민들 가운데 가장 호전적이었다.

(3) 헬라스인들이 고지에 도착하자, 드릴라이족은 요새 중 쉽게 함락될 것 같은 곳은 모두 불태우고 물러갔다. 그래서 헬라스인들은 불길에서 도망쳐 나온 돼지와 소와 그 밖의 다른 가축들 말고는 아무것도 얻을 수가 없었다. 이 요새 가운데 하나가 그들의 도성(都城)이었다. 그래서 그들은 모두 그곳으로 흘러들어갔다. 그곳은 엄청나게 깊은 협곡으로 둘러싸여 있어서 그곳으로 난 통로들은 통행하기가 어려웠다. (4) 중무장보병들보다 5~6스타디온쯤 앞서가던 경방패병들은 협곡을 건넜고 수많은 양떼와 다른 재물들을 보자 요새를 공격했다. 노획한 생필품

을 운반하려고 진영을 나선 수많은 목도꾼이 그 뒤를 따르고 있었다. 그리하여 협곡을 건넌 자들은 2천 명이 넘었다.

(5) 그들은 아무리 싸워도 요새를 함락할 수 없자―그 주위로 넓은 해자가 파여 있고, 흙더미 위에는 말뚝들이 꽂혀 있고, 목탑(木塔)들이 촘촘히 세워져 있었기 때문이다―도로 물러가려고 했다. 그러자 적군이 그들을 엄습했다. (6) 그들은 도주할 수 없게 되자―요새에서 협곡으로 내려가는 길은 일렬로만 갈 수 있었던 것이다―중무장보병을 이끌고 있던 크세노폰에게 사자를 보냈다. (7) 사자가 와서 말했다. "온갖 재물이 그득한 요새가 하나 있습니다. 우리는 그것을 함락할 수가 없습니다. 요새가 강력하기 때문입니다. 게다가 우리는 쉽게 물러날 수도 없습니다. 저들이 뛰쳐나와 우리를 공격하고, 퇴로는 통행하기가 어렵기 때문입니다."

(8) 이 말을 들은 크세노폰은 중무장보병을 협곡으로 이끌고 가서 그들은 무장한 채 멈춰 서라고 명령하고는, 자신은 대장들과 함께 협곡을 건너가서 이미 협곡을 건넌 부대들을 철수시키는 편이 나을지 아니면 요새를 함락할 수 있으리라 보고 중무장보병도 건너게 하는 편이 나을지 둘러보았다. (9) 보아하니, 후퇴는 큰 인명 피해 없이는 불가능할 것 같았다. 그러나 요새는 함락될 수 있다고 대장들도 믿었다. 그래서 크세노폰은 자신이 바친 제물들을 믿고 그들의 의견에 동조했다. 예언자들이 밝히기를, 전투가 벌어질 테지만 원정은 성공리에 끝날 거라고 했기 때문이다.

(10) 그는 대장들을 돌려보내 중무장보병을 데려오게 하고, 그 자신은 그곳에 남아 경방패병을 전원 철수시키면서 아무도 멀리서는 쏘지 못하게 했다. (11) 중무장보병들이 도착하자, 그는 각 대장들에게 그의 부대를 가장 효과적으로 싸울 수 있을 것 같은 대형으로 배치하라고 명

령했다. 그도 그럴 것이, 그동안 내내 서로 용맹을 다투던 대장들이 서로 가까이 서 있었기 때문이다. (12) 그들은 그가 시키는 대로 했다. 그러자 그는 모든 경방패병에게 필요하다는 신호가 나면 창을 던질 수 있도록 창에 달린 가죽끈을 쥐고 나아가도록, 궁수들에게는 신호가 나면 쏠 수 있도록 화살을 시위에 얹도록, 그리고 투석병들에게는 자루마다 돌을 가득 채워두도록 명령했다. 그러고 나서 그는 적임자들을 보내 이런 일들을 감독하게 했다.

(13) 그리하여 모든 준비가 끝나고 대장들과 대장 대리들과 용맹에서 자신도 결코 이들 못지않다고 믿는 자들이 그것도 서로 지켜보며―대열은 그들이 공격하고 있는 지형에 맞춰 반달 모양이었기 때문이다―자리 잡고 섰다. (14) 그들은 파이안을 노래했고, 이어서 나팔 소리가 울려 퍼졌다. 그와 동시에 그들은 에뉘알리오스[3]를 위해 함성을 지르며 중무장보병들은 뛰어서 돌진했고, 날아다니는 무기들, 즉 투창과 화살과 투석구를 떠난 돌과 맨손으로 던진 수많은 돌들은 한꺼번에 날기 시작했으며, 더러 불을 가져오는 자들도 있었다. (15) 날아다니는 무기들이 비 오듯 쏟아지자 적군은 보루와 탑들을 버리고 떠났다. 그래서 스튐팔로스 출신 아가시아스와 펠레네 출신 필록세노스가 무구들을 벗어놓고 키톤 바람으로 기어 올라갔으며, 한 사람이 다른 사람을 끌어주고 그 사이 다른 사람이 올라가곤 하여 성채는 함락되었다, 겉으로 보기에는.

(16) 그러자 경방패병들과 그 밖의 다른 경무장보병들이 안으로 뛰어 들어가 저마다 능력껏 약탈했다. 그러나 크세노폰은 문간에 서서 되도록 많은 중무장보병을 바깥에 붙들어두었다. 요새화된 몇몇 언덕 위에 다른 적군이 눈에 띄었기 때문이다. (17) 그 뒤 오래지 않아 안에서 비명 소리가 나더니 몇 사람이 약탈품을 손에 든 채 도망쳐 나왔고, 이어서 곧 부상자들도 나왔다. 그리하여 문간에서는 큰 혼란이 벌어졌다. 허겁

지겁 달려나오던 자들은 질문을 받자, 안에는 성채와 수많은 적군이 있는데 이들이 뛰어나와 안에 있던 대원들을 치고 있다고 했다.

(18) 그때 크세노폰이 전령 톨미데스를 시켜 무엇이든 약탈하기를 원하는 대원은 안으로 들어가야 한다고 포고하게 했다. 그러자 수많은 대원들이 문안으로 밀고 들어가니, 밀고 들어가는 대원들이 쏟아져나오는 대원들을 압도하며 적군을 성채 안에 도로 가둬버렸다. (19) 성채 밖에 있던 것은 모조리 약탈되었고, 헬라스인들은 그것들을 밖으로 내갔다. 그리고 중무장보병들은 더러는 보루 주위에, 더러는 성채로 올라가는 길 위에 무장한 채 자리 잡고 서 있었다. (20) 한편 크세노폰과 대장들은 성채를 함락할 수 있겠는지 살펴보고 있었다. 그래야만 안전이 보장되고, 그렇지 못할 경우 물러가기가 극히 어렵다고 여겨졌기 때문이다. 하지만 그들은 살펴보고 나서 그 성채는 절대로 함락될 수 없다는 결론에 도달했다.

(21) 그래서 그들은 철수할 준비를 했다. 그들은 부대별로 바로 앞에 있던 말뚝들을 뽑아버리고, 비전투원들과 짐을 진 자들과 대부분의 중무장보병을 밖으로 내보냈다. 대장들은 각각 자신이 믿는 부대들만 남겨놓았다. (22) 그러나 그들이 철수하기 시작하자, 엮은 방패와 창과 정강이받이와 파플라고니아 투구로 무장한 자들이 안에서 수없이 뛰어나왔고, 한편 다른 자들은 성채로 올라가는 길 양쪽에 있던 집들 위로 기어 올라가기 시작했다. (23) 그래서 이들을 성채의 출입문 쪽으로 추격하는 것마저도 안전하지 못했다. 이들이 위에서 아래로 큰 통나무들을 던지는 바람에, 머물기도 물러가기도 어려웠기 때문이다. 게다가 다가오는 밤이 두려움을 더해주었다.

3 전쟁의 신.

(24) 그들이 싸우며 어찌할 바를 몰라 당황하고 있을 때 어떤 신이 그들에게 구원의 수단을 주었다. 오른쪽에 있는 집 한 채가 누가 불을 지르자 갑자기 화염에 싸였던 것이다. 그리고 그 집이 무너져 내리자 적군은 오른쪽에 있던 집들에서 도망치기 시작했다. (25) 크세노폰은 우연히 주어진 이 기회를 놓치지 않고 왼쪽에 있는 집들도 불 지르라고 명령했다. 집들은 목조여서 금세 화염에 휩싸였다. 그러자 적군은 이 집들에서도 도망치기 시작했다.

(26) 그리하여 헬라스인들을 괴롭히는 것은 그들 앞에 있는 적군뿐인데, 이들은 그들이 문밖으로 나가 아래로 내려갈 때 공격할 것이 분명했다. 그래서 크세노폰은 마침 날아다니는 무기들의 사정권 밖에 있던 모든 대원들에게 통나무를 가져와서 그들과 적군의 중간에 쌓으라고 명령했다. 통나무가 충분히 모이자, 그들은 거기에 불을 질렀다. 그들은 또 말뚝 가까이에 있는 집들도 불 질렀는데, 적군이 그 일로 여념이 없게 하려는 것이었다. (27) 그리하여 그들은 자신들과 적군 사이에 불을 놓은 다음 간신히 성채에서 물러갔다. 그리고 도시는 전체가, 집도 탑도 말뚝도 그 밖에 모든 것이 불타버렸다. 성채를 제외하고는.

(28) 이튿날 헬라스인들은 식량을 갖고 진영으로 돌아갔다. 그러나 그들은 트라페주스로 가는 내리막길이 두려워서—그 길은 가파르고 좁았다—거짓 복병들을 두었다. (29) 어떤 뮈시아인이—그는 이름도 뮈소스였다—크레테인 10명을 데리고 덤불 우거진 곳으로 들어가 적군의 눈에 띄지 않으려는 척했다. 그러나 그들의 방패는 청동으로 만들어진 까닭에 이따금 덤불 사이로 반짝거렸다. (30) 적군은 그것을 보고 복병이 있는 줄 알고 겁이 났다. 그사이 헬라스군은 아래로 내려왔다. 그들이 충분히 아래로 내려왔다고 생각되었을 때 뮈시아인에게 힘껏 도망치라는 신호가 주어졌고, 그래서 그와 그의 대원들은 일어서서 도망치기 시

작했다. (31) 그리고 크레테인들은—그들의 말에 따르면 뛰다가는 붙잡혔을 것이기 때문에—길에서 벗어나 숲 속으로 뛰어들어가서는 협곡 아래로 굴러떨어져 탈출했고, 뮈시아인은 길을 따라 달아나며 살려달라고 소리치자, (32) 그들이 도우러 달려나가 부상당한 그를 들어올렸다. 그러고 나서 구원대도 얼굴을 적군 쪽으로 향한 채 물러가기 시작하자 적군은 계속 그들을 향해 날아다니는 무기들을 던졌고, 그러자 크레테인 몇 명이 화살로 응수했다. 그리하여 그들은 모두 진영에 무사히 도착했다.

제 3 장

(1) 케이리소포스도 돌아오지 않고, 함선도 충분히 모이지 않고, 식량도 더는 구할 수 없게 되자, 헬라스인들은 육로로 떠나기로 결정했다. 그들은 함선들에다 환자들, 40세가 넘은 사람들, 아이들, 여자들, 들고 다닐 필요가 없는 짐들을 실었다. 그들은 장군들 가운데 최고 연장자들인 필레시오스와 소파이네토스를 함선에 태운 뒤 그들이 이번 일을 주관하게 했다. 그 나머지는 모두 걸어서 행군했다. 도로가 보수되었기 때문이다. (2) 그리고 사흘째 되던 날 그들은 바닷가에 있는 헬라스의 도시로 시노페인들이 콜키스인들의 나라에 세운 식민시 케라수스에 도착했다. (3) 그곳에 그들은 열흘을 머물렀다. 그리고 부대들의 무구들과 인원을 점검해보니, 모두 8천6백 명이었다. 이들이 살아남고 나머지는 적군의 손에, 또는 눈 속에서, 또 더러는 병에 걸려 죽었다.

(4) 이곳에서 그들은 또 포로들을 팔고 그 돈을 나누었다. 그들이 아폴론과 에페소스의 아르테미스를 위해 따로 떼어놓은 10분의 1은 각자가 신들을 위해 안전하게 보관하도록 장군들끼리 나누었다. 그리고 케이리소포스의 몫은 아시네 출신 네온이 받았다.

(5) 크세노폰은 자신이 보관하고 있던 아폴론의 몫으로 봉헌물을 만들게 하여 그것을 델포이에 있는 아테나이인들의 보물창고에 봉헌하면서 거기에 자신의 이름과 클레아르코스와 함께 죽은 프록세노스의 이

름을 새겼다. 프록세노스는 그의 친구였기 때문이다. (6) 그리고 에페소스의 아르테미스의 몫은 그가 아게실라오스와 함께 보이오티아인들을 치러 가려고 아시아에서 돌아올 때 신전지기인 메가뷔조스에게 맡겨두었다. 자신의 여행이 위험할 거라고 생각했기 때문이다. 그러면서 그는 자기가 살아남으면 그 돈을 자기에게 돌려주고, 자기에게 무슨 변고가 생기면 아르테미스를 위해 여신의 마음에 들 만한 봉헌물을 만들어 바치라고 지시했다.

(7) 그 뒤 크세노폰이 추방되어[4] 올륌피아 근처의 스킬루스에 라케다이몬인들로부터 거처를 배정받았을 때, 메가뷔조스가 경기를 구경하러 올륌피아에 왔다가 맡긴 돈을 그에게 돌려주었다. 크세노폰은 그 돈을 받아 아폴론 신이 그에게 정해준 곳에다 여신을 위해 땅을 조금 샀다. (8) 우연히도 셀리누스라는 시내가 그 땅을 관류하고 있었는데, 에페소스에도 아르테미스의 신전 옆으로 셀리누스 시내가 흐르고 있다. 게다가 이 두 시내에는 물고기와 조개가 많다. 한편 스킬루스에 있는 땅에서는 온갖 종류의 사냥감 짐승들을 사냥할 수도 있다.

(9) 크세노폰은 이곳에다 그 신성한 돈으로 제단과 신전을 세우고는, 그 뒤로 늘 그 땅에서 나는 작물의 10분의 1을 철철이 거두어 여신에게 제물로 바쳤고, 모든 시민과 인근 주민들이 남녀를 가리지 않고 축제에 참가했다. 그리고 여신은 축제 참가자들에게 보릿가루, 빵 덩어리, 포도주, 사탕과자 외에도 신성한 가축 떼에서 끌고 온 제물용 가축과 사냥해서 잡은 짐승의 일부를 제공했다. (10) 축제 때는 크세노폰의 아들들과 다른 시민들의 아들들이 사냥을 했는데, 성인 남자는 원하는 사람이면 누구든 참가할 수 있었기 때문이다. 또한 그들은 사냥 짐승을 일부는

---

[4] 크세노폰이 아테나이에서 추방된 일에 관해서는 옮긴이 서문 참조.

신성한 땅에서 잡아왔고 일부는 폴로에⁵산에서 잡아왔는데, 멧돼지들과 영양들과 사슴들이 그것이다.

(11) 그 장소는 라케다이몬에서 올륌피아로 가는 도중에 있으며, 올륌피아에 있는 제우스 신전에서 20스타디온쯤 떨어져 있다. 신성한 경내에는 풀밭과 숲이 우거진 언덕들이 있어서 돼지와 염소와 소와 말을 치기에 좋았고, 그래서 축제 참가자들을 태워 나르는 수레를 끄는 가축들도 배불리 먹을 수 있다. (12) 신전 바로 주위에는 심어놓은 나무들이 작은 숲을 이루고 있어 철 따라 온갖 종류의 후식용 과일이 열린다. 신전은 작기는 해도 에페소스에 있는 큰 신전과 비슷하고, 신상은 삼나무로 만들기는 했어도 에페소스에 있는 황금 신상과 비슷하다. (13) 신전 옆에는 다음과 같은 글이 새겨진 돌기둥이 서 있다.

여기는 아르테미스에게 바쳐진 곳이다. 이곳을 소유하고 이용하는 자는 해마다 수확의 10분의 1을 제물로 바치고, 남은 것으로 신전을 보수해야 한다. 누군가 그렇게 하지 않으면, 여신께서 결코 모른 척하시지 않으리라.

제 4 장

(1) 케라수스를 떠나, 그들 중 일부는 앞서도 그랬듯이 바닷길로, 나머지는 육로로 여행을 계속했다. (2) 못쉬노이코이족의 국경에 이르렀을 때 그들은 트라페주스에 머물던 못쉬노이코이족의 현지인 영사(領事)[6] 티메시테오스를 이들에게 보내, 자기들이 우방을 통과하게 될 것인지 적국을 통과하게 될 것인지 묻게 했다. (3) 이들은 자신들의 요새들을 믿고는 그들이 통과하지 못하게 할 거라고 대답했다. 그러자 티메시테오스는 더 저쪽에 사는 못쉬노이코이족은 이들과 적대관계에 있다고 보고했다. 그래서 그들을 불러 그들이 동맹을 맺기를 원하는지 알아보기로 결정했다. 티메시테오스가 그들에게 보내졌고, 그는 그들의 우두머리들을 데리고 돌아왔다.

(4) 그들이 도착하자 못쉬노이코이족의 우두머리들과 헬라스인들의 장군들이 함께 만났다. (5) 크세노폰이 말하자 티메시테오스가 통역했다. "못쉬노이코이족의 전사들이여, 우리는 함선이 없어 걸어서 안전하게 헬라스로 가기를 바라지만, 당신들의 적이라고 우리가 듣고 있는 저들이 우리를 방해하고 있소. (6) 따라서 당신들이 원한다면, 당신들은

---

5 폴로에(Pholoe)는 아르카디아 지방 서부에 있는 산이다.
6 현지인 영사(proxenos)란 특정 국가의 이익을 대변하는 현지인을 말한다.

우리를 우군으로 삼아 저들이 당신들에게 행한 못된 짓을 응징하고 앞으로는 저들을 당신들에게 복속시킬 수 있을 것이오. (7) 그러나 당신들이 우리의 제의를 거절한다면, 어디서 당신들이 이런 군대를 우군으로 삼을 수 있을 것인지 잘 생각해보시오."

(8) 이에 대해 못쉬노이코이족의 우두머리가, 자기들은 그렇게 하기를 원하며 동맹을 받아들인다고 대답했다. (9) "좋소. 그런데" 하고 크세노폰이 말을 이었다. "우리가 당신들의 우군이 되면 당신들은 우리를 어디에 쓸 것이며, 우리가 이 나라를 통과할 때 당신들은 우리에게 어떤 도움을 줄 수 있소?" (10) 그들이 대답했다. "우리는 당신들의 적이자 우리의 적인 저들의 나라로 반대쪽에서 쳐들어가, 함선들뿐 아니라 당신들과 나란히 서서 싸우고 당신들에게 길을 안내할 전사들을 보내줄 수 있소."

(11) 그렇게 하기로 언질을 주고받은 다음 그들은 길을 떠났다. 그리고 이튿날 그들은 통나무 함선 3백 척을 이끌고 돌아왔다. 함선마다 세 명씩 타고 있었는데, 그중 두 명은 함선에서 내려 무장한 채 전열 속으로 들어갔고 한 명은 함선에 남아 있었다. (12) 이들은 함선을 타고 돌아갔으며, 뒤에 남은 자들은 다음과 같이 정렬했다. 그들은 약 1백 명씩 합창가무단의 단원처럼 서로 마주보고 줄을 섰는데, 모두들 하얀 쇠가죽을 씌운, 담쟁이덩굴 잎처럼 생긴 엮은 방패를 들었으며, 오른손에는 한쪽에만 창끝이 달리고 자루의 아래쪽 끝은 공처럼 생긴 6완척짜리 창을 들고 있었다. (13) 그들은 무릎에도 닿지 않는 짧은 키톤을 입었는데, 침구를 넣어두는 리넨 자루처럼 두툼했다. 그들은 또 머리에 파플라고니아인들의 투구 같은 가죽 투구를 쓰고 있었는데, 가운데에 장식털이 있어 티아라와 흡사했다. 그들은 또 무쇠로 된 전부(戰斧)를 들고 다녔다.

(14) 그들이 정렬하자 그중 한 사람이 그들을 인솔했고, 나머지는

모두 리듬에 맞춰 노래하고 행군하며 헬라스인들의 대열과 숙소를 지나 가장 공격하기 쉬울 것으로 생각되는 적군의 요새를 향해 곧장 나아갔다. (15) 이 요새는 그들이 수도(首都)라고 부르는, 못쉬노이코이족의 성채 중 가장 높은 곳을 둘러싼 도시의 전면(前面)에 자리 잡고 있었다. 사실은 이 요새를 차지하기 위해 전쟁이 계속되고 있었다. 언제든 그것을 차지하는 자가 모든 못쉬노이코이족의 지배자로 간주되었기 때문이다. 그들은 또 다른 못쉬노이코이족이 정당하게 그것을 차지하고 있는 것이 아니라, 공동재산을 차지하여 사욕을 채우고 있는 거라고 주장했다.

(16) 헬라스인들도 더러 그들을 따라갔으나, 장군들의 명령에 따른 것이 아니라 약탈하기 위해서였다. 그들이 다가가는 동안 적군은 가만있었다. 그러나 그들이 요새에 접근하자, 적군이 출격해 그들을 패퇴시켰다. 적군은 다수의 비헬라스인들과, 그들과 함께 언덕 위로 올라간 헬라스인들 가운데 몇 명을 죽이며 추격을 계속했다. 헬라스인들이 도우러 오는 것을 볼 때까지.

(17) 그러자 그들은 돌아서서 시신들의 머리를 베어 헬라스인들과 자신들의 적에게 보여주었다. 동시에 그들은 자신들이 부르는 노래 같은 것에 맞춰 춤을 추었다. (18) 그래서 헬라스인들은, 그들이 적군을 더 대담하게 만들어놓았을 뿐 아니라, 비헬라스인들과 함께 공격하러 간 헬라스인들의 수가 꽤 많았음에도 도주한 까닭에—여태까지 행군하는 동안 그들이 그런 짓을 한 적은 한 번도 없었다—몹시 화가 났다.

(19) 그래서 크세노폰은 장군들을 불러 모아놓고 말했다. "전우들이여, 이번 일로 결코 사기가 꺾여서는 안 될 것이오. 불행 못지않게 큰 행운도 있었기 때문이오. (20) 첫째, 여러분은 우리에게 길을 안내하게 되어 있는 자들이 우리가 어쩔 수 없이 적대할 수밖에 없는 자들에게는 실제로 적이라는 사실을 알게 되었소. 둘째, 헬라스인 중에 우리의 대열

을 무시하고 이방인들과 함께해도 우리와 함께할 때와 같은 성과를 올릴 수 있다고 생각했던 자들은 벌 받았소. 그러니 그들은 아마도 다시는 우리의 대열을 떠나려 하지 않을 것이오. (21) 하지만 여러분은 비헬라스인들 가운데 친구들에게는 그들보다 여러분이 더 강력하다는 것을 보여주되, 적군에게는 그들이 앞서 마주쳤던 무질서한 부대들과는 다른 종류의 전사들과 맞서 싸우게 될 것이라는 점을 보여줄 준비가 돼 있어야 할 것이오."

(22) 그래서 헬라스인들은 그날은 그대로 머물러 있었다. 그러나 이튿날 제물들이 길조를 보이자 그들은 아침을 먹고 부대들을 종대로 세웠으며, 비헬라스인들도 같은 대형으로 왼쪽 날개에 배치한 다음 행군을 시작했다. 그들은 궁수를 종대 사이에 배치하되, 중무장보병들의 선두에서 조금 떨어져 있게 했다. (23) 적군에게는 뛰어내려와 헬라스인들에게 돌을 던져대는 날렵한 부대들이 있었기 때문이다. 나중에 이들은 궁수들과 경방패병들에게 격퇴당했다. 나머지 헬라스인들은 걸어서 전날 비헬라스인들과 그들을 따라간 자들이 격퇴당한 요새를 향해 나아갔다. 적군이 그들에게 대항하기 위해 그곳에서 전열을 갖추고 있었기 때문이다.

(24) 비헬라스인들은 경방패병에 맞서 싸웠으나 중무장보병이 다가가자 돌아서서 도망쳤다. 그러자 즉시 추격에 나선 경방패병이 도시가 있는 언덕까지 그들을 뒤쫓아갔고, 중무장보병은 전열을 유지하며 그 뒤를 따라갔다. (25) 그들이 올라가 수도(首都)의 가옥들 앞에 도착했을 때, 적군은 모두 집결해 있었으며 창을 던지기 시작했다. 적군은 또 한 사람이 간신히 들 수 있을 만큼 굵고 긴 다른 창들로 근접전에서 자신을 방어하려 했다. (26) 그러나 헬라스인들이 물러서지 않고 밀어붙이자, 비헬라스인들은 모두 요새를 떠나 그곳에서 도망치기 시작했다. 성채

위에 세워진 목탑 안에 있던 그들의 왕은 —그가 그곳을 지키며 머물러 있는 동안에는 모든 백성이 공동으로 그를 부양한다— 앞서 함락된 요새[7]의 지휘관과 마찬가지로 밖으로 나오려 하지 않았다. 그래서 그들은 그곳에서 탑과 함께 불타버렸다.

(27) 헬라스인들은 요새들을 약탈하다가 집안에서, 못쉬노이코이족이 말한 것처럼, 지난해 곡식으로 만든 빵 덩어리들이 쌓여 있는 것을 발견했다. 햇곡식도 타작하지 않은 채 쌓여 있었는데, 대부분은 스펠트 밀이었다. (28) 그들은 또 독 안에 넣어둔 소금에 절인 돌고래 고기와 다른 그릇들에 넣어둔 돌고래 기름도 발견했는데, 이것을 못쉬노이코이족은 헬라스인들이 올리브유를 쓰듯 썼다. (29) 다락방마다 속이 나누어지지 않는 납작한 밤이 많이 있었다. 그들은 이 밤을 삶거나 빵으로 구워 주식(主食)으로 이용했다. 포도주도 발견되었는데, 물을 타지 않으면 떫어서 아린 맛이 나는 듯하지만 물을 타면 향기롭고 감미로웠다.

(30) 헬라스인들은 그곳에서 아침을 먹은 뒤 전투에서 자신들을 도와준 못쉬노이코이족에게 요새를 넘기고는 앞을 향해 행군을 계속했다. 그들이 적군과 한편인 다른 요새들을 지나갈 때, 그중 가장 접근하기 쉬운 요새들은 더러 그 주민들에 의해 버려지기도 했고 또 더러는 자진해 투항했다. 대부분의 요새들은 다음과 같았다. (31) 도시들은 서로 80스타디온 안팎으로 더러는 좀 더, 더러는 좀 덜 떨어져 있었다. 그러나 주민들은 한 도시에서 다른 도시로 소리치면 서로 들을 수 있는 정도였다. 그 나라에는 그만큼 언덕도 골짜기도 많았다.

(32) 헬라스인들이 행군해 우호적인 못쉬노이코이족과 어울렸을 때 이들은 그들에게 삶은 밤을 먹고 자란 부자들의 통통한 자녀들을 보

---

[7] 5권 4장 14절과 23절에서 언급된 요새를 말한다.

여주었는데, 그들은 지나칠 정도로 희고 키와 폭이 거의 같았으며, 등은 온갖 색깔로 장식되고, 앞쪽은 모두 꽃무늬로 문신(文身)이 되어 있었다. (33) 이곳의 못쉬노이코이족은 또 헬라스인들을 따라다니던 여인들과 남들이 보는 앞에서 교합(交合)하려 했다. 그것이 이들의 관습이었기 때문이다. 또한 이들은 남자도 여자도 모두 하얬다. (34) 행군에 참가한 헬라스인들의 말에 따르면, 이들은 그들이 그 나라를 통과했던 부족 가운데 가장 야성적이었으며, 헬라스의 관습에서 가장 멀리 떨어져 있었다고 했다. 이들은 남들이 은밀히 하는 일들을 공개적으로 했고, 혼자 있을 때는 자신과 대화를 하고, 자신을 보고 웃으며, 마치 남들에게 보여주려는 듯 아무 데서나 춤을 추는 등 남들과 함께 있는 것처럼 행동했기 때문이다.

제 5 장

(1) 헬라스인들은 이 나라의 적대적인 곳과 우호적인 곳을 지나 8일 동안 행군해 칼뤼베스족의 나라에 도착했다. 이들은 수가 적고 못쉬노이코이족에게 종속되어 있었으며, 대부분이 철이 나는 광산에서 일하면서 생계를 꾸려가고 있었다. 그다음 그들은 티바레노이족의 나라에 도착했다. (2) 티바레노이족의 나라는 훨씬 평편했고, 해안에 요새들이 있었지만 그다지 견고한 편은 아니었다. 장군들은 이 요새들을 공격해 조금이나마 군대에 이익을 얻어내고 싶어했다. 그래서 그들은 티바레노이족이 보낸 우정의 선물을 받지 않고, 이들에게 자기들이 의논할 때까지 기다리라고 지시해놓고 제물을 바쳤다.

(3) 많은 가축이 제물로 바쳐진 뒤 마침내 예언자들이 이구동성으로, 신들은 결코 전쟁을 용납하지 않는다고 밝혔다. 그래서 장군들은 우정의 선물을 받아들이고는 마치 우방을 통과하듯 그 나라를 지나 이틀 동안 행군해, 헬라스의 도시로 티바레노이족의 나라에 사는 시노페인들의 식민시 코튀오라에 도착했다. (4) [거기까지 군대는 육로로 행군했다. 바빌론 근처의 전쟁터에서 코튀오라에 이르는 해안까지의 행군은 120개 휴식처에 거리가 620파라상게스 또는 1만 8천6백 스타디온이었으며, 기간은 8개월이었다.]

(5) 그곳에 그들은 45일을 머물렀다. 이 기간 동안 그들은 맨 먼저

신들에게 제물을 바쳤다. 그리고 헬라스인들은 부족별로 따로 축제와 경기를 개최했다. (6) 그들은 식량을 일부는 파플라고니아에서, 일부는 코튀오라인들의 경작지에서 가져갔다. 이들은 그들에게 시장도 제공하지 않고, 환자들도 성벽 안으로 받아주지 않았기 때문이다.

(7) 그사이 시노페에서 사절단이 왔다. 이들은 자기들에게 종속되어 공물을 바치던 코튀오라인들의 도시와 그 영토가 염려되었던 것이다. 그곳이 쑥대밭이 된다는 말을 들었기 때문이다. 이들은 헬라스인들의 진영에 도착하자 다음과 같이 말했고, 뛰어난 웅변가로 간주되던 헤카토뉘모스가 대변인 노릇을 했다.

(8) "전사들이여, 시노페인들의 도시가 우리를 보내 첫째, 여러분을 비헬라스인들과 싸워 이긴 헬라스인들로서 찬양하고, 둘째, 여러분이 수많은 험한 고생 끝에 이곳에 무사히 당도했다는 말을 듣고 축하하게 했소. (9) 하지만 우리도 헬라스인들인 만큼 역시 헬라스인들인 여러분에게서 나쁜 일이 아니라 좋은 일을 기대할 권리가 있소. 우리는 한 번도 여러분을 해코지한 적이 없기 때문이오. (10) 여기 이 코튀오라인들은 우리 식민지 주민들이오. 우리가 이 나라를 비헬라스인들에게서 빼앗아 이들에게 준 것이오. 그래서 이들도 케라수스와 트라페주스의 주민들과 마찬가지로 우리에게 정해진 조공을 바치고 있소. 따라서 여러분이 이들에게 어떤 해코지를 하든 시노페인들의 도시는 그것을 자신에게 행한 것으로 간주하는 것이오. (11) 그런데 우리는 지금 여러분이 무단으로 시내로 들어가 더러는 집들에서 숙영을 하고 미리 허가도 받지 않고 필요한 것들을 경작지에서 마구잡이로 가져간다고 들었소. (12) 이런 일들을 우리는 정당하다고 생각하지 않소. 여러분이 계속해서 그렇게 한다면, 우리는 부득이 코륄라스[8]와 파플라고니아인들과 그 밖에 누구든 가능한 자를 친구로 삼을 수밖에 없소."

(13) 그러자 크세노폰이 일어서서 장군들을 위해 답변했다. "시노페인들이여, 우리로 말하자면 목숨과 무구들을 건진 것에 만족하며 이곳에 왔소. 약탈품을 모으고 동시에 적군과 싸운다는 것은 불가능했기 때문이오. (14) 그러나 헬라스의 도시들에 도착한 지금, 우리는 트라페주스에서는 그곳 주민들이 시장을 제공한 까닭에 식량을 구입했으며, 또 그들이 우리에게 베푼 명예와 그들이 군대에 베푼 우정의 선물에 대해서는 그 보답으로 우리도 그들에게 명예를 베풀었소. 비헬라스인들 가운데 어떤 자들이 그들의 친구인 경우 우리는 이들에게 손대지 않았소. 그러나 공격하도록 그들 자신이 우리를 이끌었던 그들의 적들에게는 우리는 할 수 있는 데까지 피해를 안겨주었소. (15) 그들이 우리를 어떤 사람들이라고 여겼는지 그들 자신에게 물어보시오. 여기에는 트라페주스 시(市)가 우정에서 우리에게 길라잡이로 딸려 보낸 자들이 있기에 하는 말이오.

(16) 그러나 우리가 가는 곳이 어느 곳이든, 그곳이 비헬라스인들의 나라든 헬라스의 나라든 시장이 제공되지 않으면, 우리는 오만에서가 아니라 필요에서 식량을 가져오지 않을 수 없소. (17) 예컨대 카르두코이족과 타오코이족과 칼다이오이족은 대왕에게 종속되지 않은 아주 무서운 부족이지만, 그래도 그들이 시장을 제공하지 않아 부득이 식량을 가져와야만 했기에 우리는 그들을 적으로 삼을 수밖에 없었소. (18) 그러나 마크로네스족은 비록 비헬라스인이지만 그들이 할 수 있는 데까지 좋은 시장을 제공했기에 우리는 그들을 친구로 여겼고, 그들이 가진 것은 아무것도 강제로 가져오지 않았소.

(19) 그대들에게 종속되어 있다고 그대들이 주장하는 코튀오라인

---

8 당시 파플라고니아의 통치자.

들에 관해 말하자면, 우리가 그들에게서 무엇을 가져갔다면 그 책임은 그들 자신에게 있소. 그들은 우리를 친구로 대하지 않고 성문을 걸어 잠그고는, 우리를 안으로 맞아들이지도 않고 밖으로 시장을 보내지도 않았기 때문이오. 그들의 주장인즉, 그 책임은 그대들이 임명한 총독에게 있다고 했소.

(20) 그대는 우리가 무단으로 시내에 들어가 그곳에 숙영했다고 했는데, 우리는 환자들을 집안으로 받아들여달라고 간청했소. 하지만 그들이 성문을 열어주지 않자, 우리는 그곳의 요새가 자진해 우리를 받아준 장소에서 안으로 들어갔소. 우리는 폭력은 전혀 쓰지 않았소. 우리 환자들이 자기 비용으로 그들 집에서 숙영하고, 또 우리 환자들이 그대들의 총독 수중에 들어가지 않고 우리가 원할 때는 언제든 데려올 수 있게끔 우리의 수중에 있도록 성문을 지키는 것 외에는 말이오. (21) 한편 우리 가운데 다른 사람들은, 그대들도 보시다시피, 대열은 갖춘 채 노천에서 야영하고 있소. 누가 우리에게 선을 행하면 선으로 갚고, 악을 행하면 악으로 갚을 만반의 준비를 갖추고서 말이오.

(22) 그대는 또 그대들에게 유리하다고 생각되면 우리를 치기 위해 코륄라스와 파플라고니아인들을 우군으로 삼겠다고 위협했는데, 우리는 꼭 필요하다면 당신들 양군에 맞서 싸울 것이오. 우리는 전에도 당신들보다 몇 배나 더 많은 다른 자들과 싸웠기 때문이오. (23) 그렇지만 우리도 파플라고니아인을 친구로 삼는 것이 좋겠다고 생각되면—그자는 그대들의 도시와 해안의 요새들을 바란다고 우리는 들었소—그자가 바라는 것을 이루도록 도와줌으로써 그의 친구가 되려고 시도할 것이오."

(24) 그러자 헤카토뉘모스와 동행한 다른 사람들이 그가 한 말 때문에 그에게 화를 내고 있다는 것이 명백히 드러났다. 그중 한 명이 앞으로 나와, 자기들은 전쟁을 하기 위해서가 아니라 친구임을 보여주려고 온

거라고 말했다. "여러분이 시노페인들의 도시에 오면 우리는 그곳에서 여러분을 우정의 선물로 맞을 것이오. 그러나 지금은 이곳 주민들에게 그들이 할 수 있는 것을 여러분에게 제공하도록 우리가 지시할 것이오. 우리가 보건대, 여러분이 한 말이 모두 사실이기 때문이오." (25) 그 뒤 코튀오라인들은 우정의 선물을 보냈고, 헬라스인들의 장군들은 시노페인들의 사절단을 접대했다. 그들은 서로 우호적인 대화를 많이 나누었으며, 그 밖에도 남은 행군과 관련해 상대방이 원하는 것이 무엇인지 서로 물어보았다.

제 6 장

(1) 그날은 그렇게 끝났다. 이튿날 장군들은 군사들을 불러 모았다. 그들은 또 시노페인들을 초청해 남은 행군과 관련해 자문을 구하기로 결정했다. 그들이 육로로 행군해야 할 경우, 시노페인들이 파플라고니아를 잘 알고 있는 까닭에 그들에게 쓸모 있을 것 같았기 때문이다. 그리고 그들이 바닷길로 항해해야 할 경우에도 시노페인들이 필요할 것 같았다. 이들만이 군대에 함선을 충분히 제공할 수 있었기 때문이다. (2) 그래서 그들은 사절단을 초청해 자문을 구하며, 같은 헬라스인들인 만큼 이들이 먼저 호의를 보여주고 최선의 조언을 해줌으로써 자신들을 환영해달라고 부탁했다.

(3) 그러자 헤카토뉘모스가 일어서서 먼저 자기들이 파플라고니아인을 친구로 삼을 것이라는 자신의 발언과 관련해, 자기들이 헬라스인들과 전쟁을 하겠다는 뜻이 아니라 설사 비헬라스인들과 친구가 될 기회가 있다 해도 헬라스인들을 택하겠다는 뜻으로 그렇게 말한 거라고 변명했다. 그들이 헤카토뉘모스에게 조언을 해달라고 청하자 그는 신들에게 기도하며 다음과 같이 말했다.

(4) "내가 가장 좋다고 생각되는 바를 조언한다면, 내게 많은 복이 내리기를! 그러지 않는다면, 정반대되는 일이 일어나기를! 지금 내게는 사람들이 '신성한 조언'[9]이라고 부르는 것이 필요한 것 같으니 말이오.

내가 오늘 좋은 조언을 했음이 밝혀지면 나를 칭찬하는 사람들이 많을 테지만, 내가 나쁜 조언을 한다면 여러분 중에 다수가 나를 저주하겠지요. (5) 나는 여러분이 바닷길로 호송될 경우 우리가 훨씬 더 많은 고통을 받게 되리라는 것을 알고 있소. 우리는 함선을 마련해야 하기 때문이오. 그러나 여러분이 육로로 나아갈 경우 여러분은 싸우지 않으면 안 될 것이오. (6) 그럼에도 나는 소신을 말하지 않을 수 없소. 나는 파플라고니아인들의 나라와 그들의 군세를 알고 있기 때문이오. 그들의 나라에는 더없이 아름다운 평야와 더없이 높은 산맥, 이 두 가지가 다 있소.

(7) 나는 우선 당장 여러분이 어디로 해서 들어가야 하는지 알고 있소. 그것은 길 양쪽에 산봉우리들이 우뚝 솟아 있는 곳에서만 가능하오. 일단 이 봉우리들을 차지하고 나면 얼마 안 되는 사람들로도 우위를 지킬 수 있소. 그러나 봉우리들이 점령되고 나면 세상 사람들이 한꺼번에 다 덤벼들어도 그곳을 통과할 수 없을 거요. 여러분이 누구를 나와 함께 보내주겠다면 내가 그 모든 것을 보여줄 수 있을 것이오. (8) 다음, 나는 그들이 평야와 기병대를 갖고 있음을 알고 있소. 비헬라스인들 자신은 그 기병대가 대왕의 기병대 전체보다 더 강력하다고 믿고 있소. 얼마 전에도 이들 파플라고니아인들은 대왕이 불러도 나타나지 않았소. 그들의 통치자는 그렇게 하기에는 자존심이 무척 강하기 때문이지요.

(9) 하지만 여러분이 몰래 또는 한발 앞서 산들을 차지한 다음 평야에서 그들의 기병대와 12만 명이 넘는 보병을 싸워서 이길 수 있다면, 여러분은 여러 강에 도착하게 될 것이오. 첫 번째가 테르모돈강으로 너비가 3플레트론이오. 그 강은 특히 앞에도 적군이 많고 뒤에서도 많은 적군

---

9 "조언은 신성한 것이다"라는 속담을 떠올리게 하는 말로, 이 속담은 조언을 해줄 때는 정직해야 한다는 뜻이다. 플라톤(Platon), 『테아게스』(*Theages*) 122b 참조.

이 추격해올 경우 아마 건너기가 어려울 것이오. 두 번째가 이리스강으로 너비가 똑같이 3플레트론이오. 세 번째가 할뤼스강으로 너비가 자그마치 5스타디온이나 되어, 여러분은 아마 함선 없이는 건널 수 없을 것이오. 하지만 누가 여러분에게 함선을 마련해주겠소? 여러분이 할뤼스강을 건넜을 경우 도착하게 될 파르테니오스강 역시 건널 수 없을 것이오.

(10) 그러니 생각건대, 이 행군은 여러분에게 어려운 정도가 아니라 도저히 불가능하오. 그러나 여러분이 함선을 타고 가면, 여기서 시노페로, 그리고 다시 시노페에서 헤라클레이아로 바닷가를 따라 항해할 수 있소. 헤라클레이아에는 함선도 많이 있기 때문이오."

(11) 그가 그렇게 말하자, 더러는 그가 그렇게 말한 것은 코륄라스와의 우정 때문이라고—그는 코륄라스의 현지인 영사였다—의심했고, 더러는 그가 이런 조언으로 선물을 받고 싶어서 그런다고 생각했다. 또 더러는 그가 그렇게 말한 것은 헬라스인들이 육로로 행군하며 시노페인들의 나라를 해코지하지 못하게 하기 위해서라고 의심했다. 아무튼 헬라스인들은 바닷길을 이용하기로 투표로 결정했다.

(12) 이어서 크세노폰이 말했다. "시노페인들이여, 우리 전사들은 그대들이 조언해준 여정(旅程)을 택했소. 그러나 조건이 있소. 단 한 명도 뒤에 남지 않을 만큼 함선이 충분하다면 우리는 함선을 타고 떠날 것이오. 그러나 우리 가운데 일부는 남고 일부는 떠나게 된다면 우리는 함선에 오르지 않을 것이오. (13) 우리가 우세한 곳에서는 우리 자신을 안전하게 지키고 식량을 구할 수 있다는 것을 알기 때문이오. 그러나 우리가 적군보다 약한 곳에서 일단 붙잡히게 되면 우리는 노예 신세가 되고 말 것이 분명하기 때문이오." 이 말을 듣고 사절단은 헬라스인들에게 대표단을 파견해주도록 요청했다. (14) 그래서 그들은 아르카디아 출신 칼리마코스, 아테나이 출신 아리스톤, 아카이아 출신 사몰라스를 보냈고,

그래서 이들은 길을 떠났다.

(15) 이때 크세노폰은 자기 앞에 있는 헬라스인들의 수많은 중무장 보병과 경방패병과 궁수와 투석병과 기병을 보고는, 이들이 모두 지속적인 단련을 통해 이미 전투에 능하며 그곳 흑해 연안에서는 적은 돈으로 그렇게 큰 군세를 모으기가 쉽지 않을 터이니, 도시를 하나 세워 헬라스를 위해 영토와 군세를 획득하는 것이 좋을 거라고 생각했다. (16) 그는 그들 자신의 수와 흑해 연안의 주민 수를 계산해보고는 그 도시가 대도시가 될 거라고 믿었다. 그는 그런 계획을 갖고 군사들 중 어느 누구에게도 알리기 전에 제물을 바쳤으며, 그러기 위해 그는 암프라키아 출신으로 퀴로스의 예언자였던 실라노스를 불렀다.

(17) 그러나 실라노스는 이 계획이 실현되어 군대가 어딘가에 정주하게 될까 겁이 나서, 크세노폰이 도시를 세워서 자기 자신을 위해 명성과 군세를 얻고자 군대를 붙들어두려 한다는 소문을 진영에 퍼뜨렸다. (18) 실라노스로 말하자면 되도록 빨리 헬라스에 가고 싶었다. 그는 제물을 바치며 열흘에 관해 사실을 말했을 당시 퀴로스에게서 받은 3천 다레이코스를 간직하고 있었던 것이다.[10]

(19) 군사들이 이 말을 들었을 때, 그중 몇 명은 정주하는 것이 상책이라고 생각했지만 대부분은 그렇게 생각하지 않았다. 그리고 다르다노스 출신 티마시온과 보이오티아 출신 토락스는 마침 그곳에 있던 헤라클레이아와 시노페의 상인들에게 말하기를, 군대가 이곳을 떠나기 위해 식량을 구입할 수 있도록 이들이 급료를 마련해주지 않으면 그토록 강력한 군세가 흑해에 남을 위험이 있다고 했다. "크세노폰은 함선들이 도착하면 우리가 갑자기 군대에 이렇게 말하기를 원하고 또 말하도록 촉

---

[10] 1권 7장 18절 참조.

구하고 있기 때문이오. (20) '전우들이여, 보아하니 여러분은 고향으로 출항하며 필요한 식량을 구할 수도 없고, 또 고향에 돌아간들 그곳에 있는 이들에게 아무 도움도 줄 수가 없소. 그러나 여러분이 흑해 연안 지역에서 한군데를 택해 여러분이 원하는 곳에 상륙하고자 한다면—집에 가든 그곳에 머물든 여러분 마음대로 하시오—여기 함선들이 있으니 여러분은 아무 데고 원하는 곳을 기습할 수 있을 것이오.'"

(21) 이 말을 듣자 상인들은 자신의 도시들에 그렇게 전했다. 다르다노스 출신 티마시온은 이들과 함께 다르다노스 출신 에우뤼마코스와 보이오티아 출신 토락스를 보내 똑같은 보고를 하게 했다. 시노페인들과 헤라클레이아인들은 보고를 듣고 티마시온에게 사람을 보내, 돈을 줄 테니 군대가 출항할 수 있도록 주선해달라고 부탁했다.

(22) 그는 이 제안을 흔쾌히 받아들이고 군사들이 모인 자리에서 이렇게 말했다. "전우들이여, 여러분은 이곳에 머무를 생각을 해서도 안 되고, 그 어떤 것도 헬라스보다 더 높이 평가해서도 안 되오. 하지만 나는 어떤 사람들이 여러분에게 알리지도 않고 이 일을 위해 제물을 바치고 있다고 들었소. (23) 나는 지금 여러분이 이곳에서 출항할 경우 초하루부터 각자에게 매달 1퀴지케노스씩 급료를 지급할 것을 약속하오. 그리고 나는 여러분을 내가 추방되었던 트로아스로 인도할 것인즉, 나의 고향 도시는 여러분을 도와줄 것이오. 그들은 기꺼이 나를 받아줄 테니까요. (24) 그리고 나서 나는 큰 재산을 얻게 될 곳으로 여러분을 인도할 것이오. 나는 아이올리스, 프뤼기아, 트로아스뿐 아니라 파르나바조스가 통치하는 지역 전체를 알고 있기 때문이오. 그것은 내가 그곳 출신이기도 하거니와, 그곳에서 클레아르코스·데르퀼리다스와 함께 전투에 참가했기 때문이오."

(25) 이번에는 장군의 직책 때문에 크세노폰과 사이가 나빴던 보이

오티아 출신 토락스가 일어서서 말하기를, 그들이 일단 흑해에서 나가면 아름답고 번성하는 나라인 케르소네소스가 나타나니, 원하는 사람은 그곳에서 살고 원치 않는 사람은 고향에 돌아갈 수 있을 거라고 했다. 헬라스에 기름진 땅이 많이 있다면 비헬라스인들의 나라에서 그것을 구한다는 것은 가소로운 일일 거라고 그는 말했다. (26) "여러분이 그곳에 도착할 때까지," 하고 그는 말을 이었다. "나도 티마시온처럼 여러분에게 급료를 약속하오." 그가 그렇게 말한 이유는, 군대를 출항시키는 대가로 헤라클레이아인들과 시노페인들이 티마시온에게 무엇을 약속했는지 알고 있었기 때문이다. 그런 말이 오가는 동안 크세노폰은 말이 없었다.

(27) 그때 아카이아 출신인 필레시오스와 뤼콘이 일어서서, 크세노폰이 제멋대로 머물도록 설득하고 또 그럴 계획으로 제물을 바치면서도 이 일에 관해 공개석상에서 한마디 말도 안 한다는 것은 있을 수 없는 일이라고 말했다. 그래서 크세노폰은 마지못해 일어서서 다음과 같이 말했다.

(28) "전우들이여, 여러분도 보셨듯이, 나는 여러분에게도 나에게도 가장 아름답고 가장 훌륭한 것을 말하고 생각하고 행하고자, 여러분과 나를 위해 내가 할 수 있는 데까지 제물을 바치고 있소. 이번 경우 나는 먼저 여러분에게 말하고 이 일에 관해 협의하는 편이 더 좋을지, 아니면 이 일에 전혀 착수하지 않는 편이 더 좋을지, 단지 그것을 알아보기 위해 제물을 바쳤던 것이오. (29) 예언자 실라노스가 내게 대답하기를, 대체로 보아 전조들이 유리하다고 했소. 내가 제물 바치는 일에 항상 참석한 까닭에 예언에 관해서는 나도 무식하지 않다는 것을 그는 알고 있었던 것이오. 그가 말하기를, 전조들에는 나에 대한 어떤 기만과 음모도 나타난다고 했는데, 그것은 분명 그 자신이 여러분 앞에서 나를 모함할 작정임을 스스로 알았기 때문이오. 그는 내가 여러분의 동의도 구하지

않고 그런 일을 수행할 의도가 있다는 소문을 퍼뜨렸으니 말이오.

(30) 나는 여러분이 곤경에 빠진 것을 보게 된다면, 어떻게 하면 여러분이 도시를 함락한 다음 함선을 타고 고향에 돌아가고 싶은 사람은 당장 돌아가고, 그러기를 원치 않는 사람은 고향에 있는 자기 가족들에게도 무언가 도움을 줄 수 있도록 충분히 모은 뒤에 돌아갈 수 있을까 하고 궁리하게 되겠지요. (31) 그러나 지금 헤라클레이아인들과 시노페인들이 여러분에게 출항할 수 있도록 함선들을 보내주려 하고, 사람들이 여러분에게 초하루부터 급료를 주겠다고 약속하는 것을 보니, 우리가 바라는 곳으로 안전하게 가고 게다가 우리가 구원받는 것에 더해 보수까지 받는 것이야말로 아름다운 일이라고 생각하오. 그러니 나 자신은 그 계획을 단념하거니와, 나를 찾아와서 그 계획은 수행되어야 한다고 말했던 사람들도 동시에 단념하도록 부탁하는 바이오.

(32) 이것이 내 의견이기 때문이오. 말하자면 여러분은 지금처럼 큰 무리를 이루어 함께 머물러 있으면 존경받고 식량도 구할 수 있을 것이오. 강자는 약자의 재산을 빼앗을 수도 있기 때문이오. 그러나 여러분이 분산되어 군세가 작은 집단으로 나뉘면 식량을 구하지도 못할 것이고 무사히 벗어나지도 못할 것이오. (33) 그래서 나도 여러분과 마찬가지로 우리가 헬라스로 돌아가야 한다고 생각하오. 그러나 누가 뒤에 남거나 또는 전군(全軍)이 안전한 곳에 이르기 전에 탈영하다가 붙잡히면 그 자는 나쁜 짓을 한 자로서 재판에 회부되어야 할 것이오. 이에 동의하는 사람은" 하고 그는 말을 이었다. "손을 드시오!" 그러자 모두들 손을 들었다.

(34) 그러나 실라노스는 고함을 지르며, 누구든지 원하는 사람은 떠나는 것이 옳다고 말하려 했다. 그러나 군사들은 그가 말하도록 내버려두지 않고, 그가 탈영하다 붙잡히면 처벌하겠다고 으름장을 놓았다.

(35) 그 뒤 헤라클레이아인들은 출항이 결정되고 크세노폰 자신이 이 문제를 표결에 부쳤다는 것을 알고는 함선들은 보내주었으나, 그들이 티마시온과 토락스에게 약속한 보수 지급에 관해서는 거짓말쟁이들로 드러났다.

(36) 그러자 급료를 약속한 자들은 몹시 당황하며 군대를 두려워했다. 그래서 그들은 자신들의 이전 협상들에 관해 통보받곤 하던 다른 장군들, 즉 케이리소포스가 아직 돌아오지 않아 케이리소포스를 위해 장군 대리 노릇을 하던 아시네 출신 네온을 제외한 모든 장군들을 데리고 크세노폰을 찾아가, 자기들은 생각을 바꾸었으며, 함선들이 있으니 파시스로 가서 파시스인들의 나라를 점령하는 것이 상책이라고 생각한다고 말했다. (37) 당시에는 아이에테스의 손자가 이들의 왕이었다. 크세노폰은 그들에게 자기는 이 계획에 관해 군대에 아무 말도 하지 않겠다고 대답했다. "그러니" 하고 그는 말을 이었다. "원한다면, 그대들 스스로 사람들을 모아놓고 말하도록 하시오." 그러자 다르다노스 출신 티마시온이 회의를 소집할 것이 아니라 먼저 장군들이 각자 자기 대장들을 설득하려고 시도해야 할 것이라는 의견을 내놓았다. 그래서 그들은 가서 그렇게 하려고 했다.

제 7 장

(1) 그리하여 군사들은 사태의 추이를 물어서 알게 되었다. 그리고 네온은, 크세노폰이 다른 장군들을 설득한 뒤 군사들을 속여 도로 파시스로 데려갈 작정이라고 말했다. (2) 이 말을 듣고 군사들은 분개했다. 그들은 회합을 갖고 작당을 했으며, 그들이 전에 콜키스인들의 전령들과 시장 감독관들에게 행한 것과 같은 짓을 하게 되지 않을까 우려하였다. 당시 바다로 도망치지 않은 자는 모두 돌에 맞아 죽었던 것이다.[11] (3) 크세노폰은 사태를 파악하고 되도록 빨리 군사들의 집회를 소집하고 그들이 임의로 모이는 것을 허용하지 않는 것이 좋겠다고 생각했다. 그래서 그는 전령을 시켜 회의를 소집하게 했으며, (4) 군사들은 전령이 부르는 소리를 듣자 아주 흔쾌히 뛰어와 모였다. 그러자 크세노폰은 장군들이 자기를 찾아왔었다고 누설하지 않고 다음과 같이 말했다.

(5) "전우들이여, 내가 여러분을 속여 파시스로 데려가려 한다고 누가 나를 모함한다는 말을 들었소. 그래서 신들의 이름으로 부탁하노니, 여러분은 내 말을 들으시오. 그리고 내가 잘못하고 있다는 것이 밝혀지면 나는 벌 받기 전에는 이곳을 떠나서는 안 될 것이오. 그러나 나를 모함하는 자들이 잘못하고 있다는 것이 여러분에게 밝혀지면, 그들도 응분의 대가를 받아야 할 것이오.

(6) 여러분은 분명" 하고 그는 말을 이었다. "해가 어디서 뜨고 어디

서 지는지 알고 있소. 여러분은 또 누가 헬라스로 가려면 서쪽으로 향해야 하고 비헬라스인의 나라로 가려면 그 반대쪽인 동쪽으로 향해야 한다는 것도 알고 있소. 해는 뜨는 곳에서 지고 지는 곳에서 뜬다고 누가 여러분을 속일 수 있겠소? (7) 여러분은 또 북풍은 우리를 흑해에서 헬라스로 데려다주고, 남풍은 저 안쪽의 파시스로 데려다준다는 것도 알고 있소. 그래서 사람들이 말하기를, 북풍이 불면 헬라스로 항해하기가 좋다고 하는 것이오. 그러니 남풍이 불 때 함선에 오르도록 누가 여러분을 속이는 것이 과연 가능한 일이겠소?

(8) 그러나 여러분은 바다가 잔잔할 때 내가 함선에 태울 거라고 말하겠지요. 하지만 나는 함선 한 척을 타고 항해할 것이지만 여러분은 적어도 1백 척을 타고 항해하게 될 것이오. 그러니 내가 어찌 여러분이 원치 않는데 나와 함께 항해하도록 강요하거나, 나를 따르도록 여러분을 속일 수 있겠소? (9) 여러분이 나에게 속고 홀려 파시스에 간다고 가정해도, 우리가 육지에 오르면 여러분은 자신들이 헬라스에 와 있지 않다는 것을 알게 될 것이오. 그리고 여러분을 속인 나는 한 사람일 뿐이지만 속임을 당한 여러분은 1만 명 가까이 될 것이고, 게다가 손에 무기까지 들고 있습니다. 어떤 사람이 벌 받고 싶다면, 자신과 여러분을 위해 그런 계획을 세우는 것보다 더 확실한 방법이 어디 있겠소?

(10) 아니, 그런 이야기들은 내가 여러분에게 존경받기 때문에 나를 시기하는 어리석은 자들이 지어낸 것이오. 그리고 그들이 나를 시기하는 것은 부당한 일이오. 왜냐하면 내가 그들 가운데 누구를 방해하여, 그가 좋은 것을 말할 수 있을 때 여러분 앞에서 그것을 말하지 못하게 하거나, 그가 여러분과 자신을 위해 싸우고자 할 때 싸우지 못하게 하거나, 또

---

11 다음에 나올 13절 이하 참조.

는 여러분의 안전을 위해 깨어 있지 못하게 했단 말입니까? 어때요, 여러분이 지휘관을 선출할 때 내가 누구를 방해하던가요? 나는 가만있을 테니, 그가 지휘관이 되게 하십시오. 다만 그가 여러분에게 도움이 된다는 것만 보여주게 하시오.

(11) 나로서는 이 일들에 관해 충분히 말했습니다. 여러분 가운데 누가 자신이 이런 말들에 속았다고 생각하거나 이런 말로 다른 사람을 속일 수 있다고 생각한다면, 왜 그렇게 생각하는지 말로 설명해보시오. (12) 그리고 여러분이 그런 일을 다 마치고 나면, 지금 군대 안에서 내가 보기에 어떤 악이 고개를 들기 시작했는지 내게서 듣기 전에는 이곳을 떠나지 마시오. 그것이 지금 나타나는 것처럼 그렇게 시작되고 계속된다면, 우리가 신들과 인간들의 눈에, 그리고 친구들과 적들의 눈에 가장 사악하고 가장 수치스러운 인간들로 비치지 않도록 지금이야말로 우리가 우리 자신을 위해 의논해야 할 때이기 때문이오."

(13) 이 말을 듣고 군사들은 무슨 뜻인지 의아해하며 그에게 말하도록 요구했다. 그래서 그는 다시 말하기 시작했다. "여러분도 아시다시피, 산속에는 케라수스인들에게 우호적인 비헬라스인들의 요새들이 있었소. 그곳에서 사람들이 내려와 여러분에게 제물로 쓸 가축과 그 밖에 그들이 갖고 있던 다른 것을 팔았고, 여러분도 더러 이들 요새 가운데 가장 가까운 곳으로 가서 무엇인가를 사 가지고 돌아온 것으로 나는 알고 있소.

(14) 그런데 대장 클레아레토스는 이 요새가 작은 데다 그곳 주민들은 자신들이 우리에게 우호적이라고 믿었던 까닭에 파수도 세우지 않았음을 알고는 그곳을 약탈할 양으로 밤에 그들을 치러 가면서 우리 가운데 아무한테도 말하지 않았소. (15) 그의 의도는, 그가 이 요새를 함락하면 군대로 돌아오지 않고 그가 약탈한 것을 싣기 위해 그의 전우들이 마

침 바닷가를 따라 타고 가던 함선에 올라 흑해 밖으로 항해하는 것이었소. 내가 지금 알아낸 바에 따르면, 함선에 있던 그의 전우들은 그렇게 하기로 실제로 그와 약조했었소. (16) 그래서 그는 자신이 설득할 수 있는 자들을 모두 불러 모아 그들을 이끌고 이 요새를 치러 간 것이오. 그러나 행군 도중 그보다 한발 앞서 날이 새는 바람에, 그곳 주민들이 함께 모여 요새화된 장소에서 날아다니는 무기들을 던지고 타격을 가함으로써 클레아레토스뿐 아니라 그와 동행한 자들을 상당수 죽였소. 그리하여 그들 가운데 몇 명만이 케라수스로 돌아왔소. (17) 이 일들은 모두 우리가 육로로 이곳에 오려고 길을 떠나던 날 일어났소. 그리고 해안을 따라 바닷길로 가던 자들 가운데 몇 명은 아직도 돛을 올리지 않고 케라수스에 남아 있었소.

그런 일이 있은 뒤, 케라수스인들의 말에 따르면, 그 요새의 나이 지긋한 주민 세 명이 케라수스에 도착해 우리의 총회(總會)에 나서기를 원했소. (18) 그들은 우리를 만나지 못하자 왜 우리가 자기들을 공격하기로 결정했는지 이해할 수 없다고 케라수스인들에게 말했소. 그러나 케라수스인들의 진술에 의하면, 이들이 그들에게 그 사건은 공동의 결정에 따라 일어난 것은 아니라고 대답하자 그들은 기뻐하며 그동안 일어난 일을 우리에게 말해주고, 원하는 자들이 있으면 시신들을 싣고 가서 매장하도록 요청하려고 이곳으로 함선을 타고 오려고 했소. (19) 그런데 도망친 헬라스인들 가운데 몇 명이 여전히 케라수스에 남아 있다가 비헬라스인들이 어디로 가고 있는지 알고는, 자신들도 그들을 향해 돌을 던졌을 뿐 아니라 다른 사람들에게 그렇게 하도록 사주했소. 그리하여 사절단으로 파견된 이 세 사람은 돌에 맞아 죽었소.

(20) 이런 일이 일어나자 케라수스인들은 우리를 찾아와 그 사건에 관해 일러주었소. 장군들은 그 이야기를 듣고 분개했으며, 어떻게 하면

헬라스인의 시신들을 매장할 수 있을까 하고 케라수스인들과 의논했소. (21) 우리가 진영 밖에 함께 앉아 있을 때 갑자기 '쳐라! 쳐라! 던져라! 던져라!' 하는 큰 고함 소리가 들리는가 싶더니, 어느새 많은 사람들이 손에 돌을 들고 또 더러는 돌을 주워 들고 달려오는 모습이 보였소. (22) 그러자 케라수스인들은 자신들의 고향에서도 이미 그런 일을 겪은 터라 겁에 질려 함선들이 있는 곳으로 돌아갔소. 그러나 제우스께 맹세코, 우리도 더러는 겁에 질렸소.

(23) 하지만 나는 그들에게 가서 대체 무슨 일이냐고 물었소. 그중에는 영문도 모른 채 손에 돌을 든 자들도 더러 있었소. 자초지종을 아는 자를 겨우 만나자 그가 말하기를, 시장 감독관들이 군대에 아주 모욕적인 태도를 취했다 했소. (24) 그 순간 누가 시장 감독관 젤라르코스가 바닷가로 물러가는 것을 보고 소리쳤소. 그러자 다른 자들도 그 소리를 듣고 멧돼지나 사슴이 나타나기라도 한 양 그를 향해 돌진했소.

(25) 한편 케라수스인들은 그자들이 돌진하는 것을 보자 자기들을 공격하는 거라고 확신하고는 황급히 도망쳐 바닷물 속으로 뛰어들었소. 그들과 함께 우리 가운데 몇 명도 뛰어들었소. 그리하여 헤엄칠 줄 모르는 자는 물에 빠져 죽었소. (26) 여러분은 이들 케라수스인들에 대해 어떻게 생각하시오? 그들은 나쁜 짓을 하지 않았건만, 광기(狂氣)가 개떼를 덮치듯 우리를 덮치지 않았나 하고 두려워하고 있소.

만일 이런 일들이 이런 식으로 계속된다면 군대의 기강이 어떻게 될 것인지 여러분은 잘 생각해보시오. (27) 여러분 전체는 이제 더이상 여러분이 원하는 자와 전쟁을 시작하거나 전쟁을 끝낼 권한을 갖지 못하고, 각자 제멋대로 원하는 것을 향해 군대를 인솔하게 될 것이오. 그리고 사절단이 화평이나 그 밖의 다른 것을 청하러 여러분을 찾아오면, 각자가 제멋대로 이들을 죽여 여러분을 찾아온 자들의 말을 여러분이 듣지 못하게 할 것이오. (28) 게다가 여러분 전체가 장군으로 뽑은 사람들은 완전히 무시되고, 스스로 자신을 장군으로 뽑은 뒤 '던져! 던져!'라고 소리치고 싶어 하는 자가 장군이든 사병이든 여러분 중에서 자기가 원하는 자를 심문도 하지 않고 죽게 만들 것이오, 지금 실제로 그랬듯이 그에게 복종하는 자들만 있다면 말이오.

(29) 하지만 스스로 자신을 뽑은 이들 장군이 여러분을 위해 실제로 어떤 일을 해냈는지 잘 생각해보시오. 시장 감독관 젤라르코스에 관해 말하자면, 그가 여러분에게 나쁜 짓을 한 적이 있다면 그는 여러분에게 보상도 하지 않고 함선을 타고 떠난 것이오. 그러나 그가 나쁜 짓을 한 적이 없다면 그는 심문도 없이 부당하게 죽임을 당할까 봐 겁이 나 군대에서 도망친 것이오.

(30) 사절단을 돌로 쳐 죽인 자들에 관해 말하자면, 그자들이 여러분을 위해 해낸 일이란 모든 헬라스인들 중 여러분만이 폭력을 쓰지 않고는 케라수스에 안전하게 들어갈 수 없게 되었다는 것이오. 그리고 앞서 다름 아닌 살해자들이 매장해주도록 요청한 시신들에 관해 말하자면, 그자들이 해낸 일이란 이제는 손에 전령의 홀(笏)을 들고 가도 시신들을 안전하게 들어올릴 수 없게 되었다는 것이오. 전령을 죽였는데 누가 전령으로 가려 하겠소? 그래서 우리는 케라수스인들에게 시신들을 묻어달라고 부탁했던 것이오.

(31) 만약 이런 상태가 옳다면, 그런 일들이 일어날 것을 예상해 각자 개인적으로 보초를 세우고 난공불락의 요새들에 진을 치도록 여러분은 결정하시오. (32) 그러나 만약 그런 일은 야수나 하는 짓이지 사람이 할 짓이 아니라고 생각한다면, 여러분은 그런 일들을 중지시킬 어떤 수단을 찾아보시오. 그러지 않는다면, 제우스의 이름으로 말하노니, 우리가 불경한 짓을 하면서 어떻게 신들에게 기꺼이 제물을 바칠 것이며, 또

우리가 우리끼리 싸우면서 어떻게 적군과 싸울 수 있겠소? (33) 우리 사이에서 그러한 불법을 보게 된다면 어느 도시가 우리를 반가이 맞아주겠소? 우리가 그토록 중대한 일에 잘못을 저지르는 것으로 드러나면 누가 감히 우리에게 시장을 제공하겠소? 그리고 우리가 만인의 칭찬을 받을 거라고 믿고 있는 나라[12]에서 누가 그런 종류의 인간이라고 드러난 우리를 칭찬하겠소? 우리 자신도 그런 짓을 하는 자들을 악당이라고 말할 거라고 확신하기에 하는 말이오."

(34) 그러자 모두들 일어서서, 이번 사건의 장본인들은 처벌받아 마땅하며 앞으로는 그런 불법을 저지르는 것이 더이상 용납되어서는 안 될 거라고 말했다. 또한 장군들도 모두 재판에 회부되어야 하며, 퀴로스가 죽은 뒤 누가 다른 불법을 자행할 경우에도 심문받아야 한다고 했다. 그리고 그들은 대장들을 재판관으로 임명했다. (35) 또한 크세노폰의 권고와 예언자들의 조언에 따라 그들은 군대를 정화(淨化)하기로 결정했다. 그래서 정화의식이 치러졌다.

제 8 장

(1) 지난 기간의 처신과 관련해 장군들까지도 심문을 받기로 결의되었다. 필레시오스와 크산티클레스는 심문을 받고는 뱃짐을 소홀히 지킨 까닭에[13] 20므나를 보상하라는 판결을 받았고, 소파이네토스는 감독으로 선출되었음에도 업무를 소홀히 한 까닭에[14] 10므나의 벌금형에 처해졌다.

크세노폰도 그에게 맞았다고 주장하는 몇몇 사람들에게 고소당했는데, 그가 오만하게 행동했다는 것이 그들이 고소한 이유였다. (2) 크세노폰은 맨 먼저 말한 사람에게 어디에서 맞았는지 말하라고 명령했다. 그자가 대답했다. (3) "우리가 추워서 죽어가고 있었고 눈이 엄청나게 쌓여 있던 곳에서요." 크세노폰이 말했다. "아닌 게 아니라, 겨울 날씨가 그대가 말한 대로였고 식량은 떨어지고 술이라고는 냄새도 맡을 수 없었다면, 그리고 우리 가운데 많은 사람들이 노고에 지쳐 쓰러지고 적군이 우리를 추격했다면, 그런 상황에서 내가 오만했다면, 나는 내가 사람들 말마따나 오만해 피곤한 줄도 모르는 당나귀들보다 더 오만하다는

---

12 그리스.
13 5권 1장 16절 참조.
14 5권 3장 1절 참조.

것을 시인하겠소. 하지만 그대가 무슨 이유로 맞았는지 말해보시오. (4) 내가 무엇을 부탁했는데, 그대가 그것을 주지 않아 그대를 때렸나요? 아니면 내가 무엇을 돌려달라고 했나요? 아니면 사랑하는 소년 때문에 싸우다가 그랬나요? 그것도 아니면 내가 술에 취해 폭행을 했나요?"

(5) 그자가 그중 어느 것도 아니라고 대답하자, 크세노폰은 그자가 중무장보병인지 물었다. 그자가 아니라고 대답하자, 그러면 경방패병이냐고 물었다. 그자는 그것도 아니라고 대답하며, 자기는 자유민이지만 같은 막사의 전우들에 의해 노새를 모는 직책을 받았다고 했다.

(6) 그러자 크세노폰이 그자를 알아보고 물었다. "그대가 바로 환자를 운반하던 그 사람이오?" "제우스께 맹세코, 그렇소" 하고 그자가 대답했다. "그대가 그렇게 하도록 나를 강요했으니까요. 그리고 그대는 내 막사에 있는 전우들의 짐을 사방으로 흩어버렸소." (7) "그러나 짐을 사방으로 흩어버린 일은" 하고 크세노폰이 말했다. "이렇게 된 것이오. 나는 그 짐을 다른 사람들이 나누어 운반하게 하고는 그것을 도로 내게 가져오라고 지시했소. 나는 짐을 도로 맡아 가지고 있다가, 그대가 나에게 그 환자를 보여주었을 때 원상 그대로 빠짐없이 그대에게 돌려주었소. 하지만 여러분은 이 일이 어떻게 된 것인지 들어보시오" 하고 그는 말을 이었다. "들어둘 만한 가치가 있기 때문이오."

(8) "어떤 사내가 더이상 행군할 수 없어 뒤처져 있었소. 나는 그에 관해 우리 가운데 한 사람이라는 것만 알고 있었소. 그래서 나는 그가 죽지 않게끔 그대가 그를 운반하도록 강요했소. 내가 기억하기로는, 적군이 우리를 추격하고 있었기 때문이오." 그렇다고 그자가 시인했다. (9) "그래서" 하고 크세노폰이 말을 이었다. "나는 그대를 앞으로 보낸 다음 후위와 함께 앞으로 나아가다가 다시 그대를 따라잡았는데, 그때 그대는 그 사람을 묻으려는 듯 구덩이를 파고 있었소. 그래서 나는 다가가 그

대를 칭찬했소. (10) 그러나 우리가 둘러서 있을 때 그 사람이 다리를 구부렸소. 그러자 그곳에 있던 사람들이 '저 사람은 살아 있소!' 하고 소리쳤소. 그러나 그대는 말했소. '그가 마음껏 오래 살아 있게 하시오. 아무튼 나는 그를 운반하지 않겠소.' 그러자 내가 그대를 때렸소. 그대가 한 말은 사실이오. 왜냐하면 내가 보기에, 그대는 그가 살아 있다는 것을 아는 것 같았기 때문이오." (11) "그래서 어쨌다는 거요?" 하고 그자가 말했다. "그는 내가 그대에게 보여준 다음 어차피 죽지 않았소?" "우리도 모두" 하고 크세노폰이 대답했다. "죽게 될 것이오. 그렇다고 해서 우리가 산 채로 묻혀야 합니까?"

(12) 그러자 모두들 크세노폰이 그자를 너무 적게 때렸다고 소리쳤다. 크세노폰은 다른 사람들에게도 각자 맞은 이유를 말하라고 요구했다. (13) 아무도 일어서지 않자 그 자신이 말을 했다. "전우들이여, 사실 나는 여러분이 전열을 갖추고 행군하며 필요한 곳에서 싸울 때 여러분에 의해 목숨을 건지는 것으로 만족하는 자들을 군기문란 죄로 때렸음을 시인하오. 그들은 대열을 이탈해 앞서가며 약탈을 하고 여러분보다 더 많이 가지려 했기 때문이오. 우리 모두가 그렇게 행동했더라면, 우리는 모두 죽고 말았을 것이오.

(14) 나는 또 누가 유약하여 일어서려고 하지 않고 적에게 자신을 내맡기려 하면 실제로 그를 때려서라도 행군을 계속하도록 강요했소. 나도 한번은 추운 겨울날에 아직도 짐을 챙기고 있던 몇몇 사람을 기다리며 한참 동안 앉아 있었던 적이 있는데, 그러다 일어서서 다리를 편다는 것이 어려운 일임을 알게 되었소. (15) 나 자신에게서 실험을 해본 뒤로는 다른 사람이 앉아 있거나 활기 없는 모습을 보면 그를 몰아대곤 했소. 운동과 남자다운 활동은 이느 정도 온기와 유연성을 가져다주지만, 앉아 있거나 가만있는 것은, 나도 보았지만, 피를 얼게 하고 발가락을 썩

게 하는데, 이것은 여러분도 알다시피 많은 사람들이 겪는 고통이오.

(16) 또 게으른 탓에 뒤처져 전위에 있던 여러분과 후위에 있던 우리의 행군을 방해하는 자는 내가 주먹으로 때려주었소. 그가 적군의 창에 얻어맞지 않도록 말이오. (17) 지금은 이들이 살아남았으니까 내게 부당한 대우를 받았다고 보상을 요구할 수 있겠지요. 그러나 이들이 적군의 수중에 들어갔더라면, 엄청나게 큰 고통을 당했겠지만 과연 보상을 요구할 수 있었을까요?"

(18) "내 이야기는" 하고 그는 말을 이었다. "간단하오. 내가 누구를 벌주되 그의 이익을 위해 그랬다면, 생각건대 나는 부모가 아들에게, 스승이 제자에게 하는 것과 똑같은 해명을 할 수 있을 것이오. 의사도 환자를 위해서라면 태우고 자르기도 하니까요. (19) 그러나 내가 그렇게 한 것이 오만하기 때문이라고 생각한다면, 여러분은 내가 신들의 도움으로 지금은 그때보다 더 자신감이 있고, 그때보다 더 대담하고, 그때보다 더 많은 포도주를 마시지만, 그럼에도 불구하고 아무도 때리지 않는다는 점에 유의해주시오. (20) 지금은 내가 보기에 여러분이 안전하기 때문이오. 그러나 폭풍이 불고 파도가 높게 일 때는 졸기만 해도 부타수(副舵手)는 이물에 있는 자들에게, 타수는 고물에 있는 자들에게 화내는 것을 여러분은 보지 못했소? 그러한 상황에서는 작은 실수라도 모든 것을 파멸시키기에 충분하기 때문이오.

(21) 그러나 내가 그들을 때린 것은 정당하다고 여러분 스스로 판결을 내렸소. 여러분은 손에 투표용 조약돌이 아니라 칼을 들고 그 옆에 서 있었고, 원한다면 그들을 도와줄 수도 있었을 테니까요. 하지만 제우스께 맹세코, 여러분은 그들을 도와주지도 않았거니와, 나와 합세해 군율(軍律)을 어기는 자들을 때리지도 않았소. (22) 그리하여 여러분은 그렇게 하도록 내버려둠으로써 그들 중 나쁜 자들에게 제멋대로 행동하는

자유를 부여했던 것이오.

나는 또 여러분이 자세히 살펴보려고만 한다면, 그때 가장 비겁한 자들이 지금은 가장 교만한 자임을 발견하게 될 거라고 믿소. (23) 아무튼 텟살리아 출신 권투선수 보이스코스는 그때 지쳤다는 핑계로 떼를 쓰며 방패를 운반하지 않았소. 그러나 지금은 그가 많은 코뤼오라인들의 옷을 벗겼다고 들었소. (24) 그러니 여러분이 현명하다면, 이자에게는 사람들이 개에게 하는 것과는 정반대되는 일을 하게 될 것이오. 사나운 개는 낮에는 묶어놓고 밤에는 풀어놓지만, 이자는 여러분이 현명하시다면 밤에는 묶어놓고 낮에는 풀어놓게 될 테니 말이오."

(25) "정말이지," 하고 그는 말을 이었다. "내가 여러분 중 누구에게 미움을 산 경우에는 여러분이 그것을 기억하고 있거나 묵살해버리지 않는 반면, 내가 추운 겨울에 누구를 도와주었거나 그에게서 적을 물리쳤거나 또는 병이 들거나 어려울 때 그를 위해 무엇을 구하는 데 도움을 주었을 경우에는 아무도 그것을 기억하지 않으니, 나로서는 놀라움을 금할 수 없소. 또 내가 누구를 잘했다고 칭찬하거나 용감하다고 있는 힘을 다해 존경을 표한 경우에도, 여러분은 그중 어느 것도 기억해주지 않는구려. (26) 하지만 악행(惡行)보다도 선행(善行)을 기억하는 것이야말로 아름답고 옳고 경건하고 더 흐뭇한 법이오."

그러자 그들이 일어서서 지난 일들을 회고했다. 그리하여 드디어 만사가 잘 해결되었다.

KYROU ANABASIS

제6권

제 1 장

(1) 그 뒤 그들이 코튀오라에 머무르는 동안, 더러는 시장에서 구입하여, 더러는 파플라고니아를 약탈해 생계를 이어나갔다. 그러나 파플라고니아인들도 부대를 이탈한 자들을 아주 재치 있게 잡아갔고, 또 밤에는 따로 떨어진 곳에서 진을 치고 있던 헬라스인들을 해코지하려 했다. 그래서 그들과 헬라스인들은 서로 심한 적의를 품게 되었다. (2) 마침 당시 파플라고니아의 통치자였던 코륄라스가 말들과 좋은 옷과 함께 사절단을 헬라스인들에게 보내, 코륄라스는 헬라스인들을 해코지하고 싶지도 않고 그들에게 해코지당하고 싶지도 않다고 전하게 했다.

(3) 장군들은 이 문제에 관해서 군대와 의논할 거라고 대답하고는, 그동안 사절단을 손님으로 맞았다. 그들은 또 군대 내의 사람들 중에서 가장 그럴 자격이 있는 것으로 생각되는 사람들도 초대했다. (4) 그들은 자신들이 노획한 소떼 가운데 몇 마리와 그 밖의 다른 가축들도 잡아 성찬을 마련했다. 그러고 나서 그들은 침상에 반쯤 기대어 누운 채 식사를 했고 그 나라에서 입수한 뿔잔으로 마셨다.

(5) 그들이 제물을 바치고 파이안을 노래하자마자, 먼저 두 명의 트라케인이 일어서서 완전무장한 채 피리 소리에 맞춰 춤추기 시작하더니 경쾌하게 껑충껑충 뛰며 칼을 휘둘렀다. 마침내 한 사람이 다른 사람을 쳤다. 모두들 그가 치명상을 입은 줄 알았다. (6) 그러나 그는 교묘하게

쓰러진 것이었다. 그래서 파플라고니아인들은 비명을 질렀다. 그러자 한 사람이 다른 사람의 무구들을 약탈하더니 시탈카스[1]를 노래하며 걸어 나갔고, 한편 다른 사람은 죽은 사람인 양 다른 트라케인들이 들고 나갔다. 그러나 사실 그는 조금도 다치지 않았다.

(7) 이어서 아이니아네스족과 마그네시아인들이 일어서서 무장한 채 이른바 카르파이아[2] 춤을 추었다. (8) 그 춤을 추는 방법은 다음과 같다. 한 사람이 한쪽에다 무구들을 벗어놓고 씨를 뿌리며 쟁기질을 하다가 가끔 겁에 질린 듯 돌아서곤 한다. 그때 도둑이 다가온다. 씨 뿌리는 자는 다가오는 도둑을 보자, 쟁기 끄는 한 쌍의 소를 지키기 위해 무구를 집어 들고 맞서 싸운다. 이들도 피리의 리듬에 맞춰 그렇게 연출했다. 마침내 도둑이 그 사람을 결박하고 소들을 몰고 간다. 가끔은 쟁기질한 자가 도둑을 결박하기도 했다. 그럴 경우 그는 도둑의 손을 뒤로 묶어 소들 옆에 맨 다음 몰고 간다.

(9) 이어서 한 뮈시아인이 양손에 경방패를 들고 들어오더니, 때로는 두 명의 적에게 대항하는 듯 춤으로 모방하는가 하면, 때로는 한 명의 적에게 대항하는 듯 경방패들을 사용하기도 하고, 또 때로는 양손에 경방패를 든 채 빙글빙글 돌고 재주를 넘으니, 가히 장관이었다. (10) 끝으로 그는 방패들을 부딪치고 몸을 웅크렸다가 다시 일어서며 페르시아 춤을 추었다. 그것도 모두 피리 소리의 리듬에 맞추어 추었다.

(11) 이어서 만티네이아인들과 다른 아르카디아인들 몇 명이 되도록 가장 아름다운 무구들을 갖추고 일어서서 앞으로 나오더니, 피리가

---

[1] 시탈카스는 트라케인들의 전투가(戰鬪歌)로, 그런 이름을 가진 왕 또는 영웅을 위해 작곡된 것으로 생각된다.
[2] 카르파이아(karpaia) 춤에 관해서는 달리 알려진 바 없다.

연주하는 군가의 리듬에 맞춰 행진하며 파이안을 노래했고, 신들을 위한 축제 행렬에서처럼 춤을 추었다. 그러자 파플라고니아인들은 그것을 보고는 모든 춤이 무장한 채 연출되는 것을 아주 이상하게 여겼다. (12) 그러자 뮈시아인은 그들이 그것에 놀라는 것을 보고는 무희(舞姬)를 데리고 있던 한 아르카디아인을 설득해, 그녀에게 되도록 고운 옷을 입힌 다음 가벼운 방패를 들려 데리고 나오게 했다. 그러자 그녀는 우아하게 퓌르리케³ 춤을 추었다. (13) 그녀는 박수갈채를 받았고, 파플라고니아인들은 여자들도 그들과 함께 싸웠느냐고 물었다. 그러자 헬라스인들은 이 여자들이 대왕을 자신의 진영에서 도망치게 했던 바로 그 여자들이라고 대답했다. 그날 밤은 그렇게 끝났다.

(14) 이튿날 그들은 사절단을 군대에 소개했다. 그러자 군사들은 파플라고니아인들과 서로 해코지하지 않기로 결정했다. 그래서 사절단도 그곳을 떠났다. 헬라스인들은 함선이 충분히 모였다고 생각되자 함선에 올라 파플라고니아를 왼쪽에 낀 채 순풍에 돛을 달고 하루 낮과 하룻밤을 항해했다. (15) 이튿날 그들은 시노페에 도착해 시노페의 항구인 하르메네에 정박했다. 시노페인들은 파플라고니아에 살고 있으나 밀레토스인들의 식민지 주민들이다. 그들은 헬라스인들에게 우정의 선물로 보릿가루 3천 메딤노스⁴와 포도주 1천5백 독을 보냈다.

(16) 케이리소포스⁵도 전함 한 척을 이끌고 그곳으로 왔다. 군사들은 그가 무엇인가를 가져온 줄 알았다. 그러나 그는 아무것도 가져오지 않았고, 다만 아낙시비오스 제독과 다른 사람들이 그들을 칭찬했다는 말과 아낙시비오스는 그들이 일단 흑해에서 나오면 급료를 지불하기로 약속했다는 말만 전했다. (17) 이곳 하르메네에서 군사들은 닷새를 머물렀다.

벌써 헬라스에 가까이 온 것만 같아 그들에게는 어떻게 하면 무엇을 좀 갖고 고향에 돌아갈 수 있을까 하는 생각이 전보다 더 절실해졌다. (18) 그들이 생각하기에, 장군을 한 명만 뽑으면 그 한 명이 여러 명의 장군들보다 밤에도 낮에도 군대를 더 잘 통솔할 수 있을 것이고, 무엇을 비밀로 해야 할 때도 그것을 숨기기가 더 용이할 것이며, 또 기선을 제압해야 할 때도 너무 늦게 나타날 가능성이 더 적을 것 같았다. 그들이 생각하기에, 장군들이 서로 회의할 필요 없이 단 한 명의 결정이 실행에 옮겨지기만 하면 될 것 같았기 때문이다. 하지만 전에는 장군들이 매사를 다수결에 따라 처리했다.

(19) 그들은 그런 점들을 생각하고 나서 크세노폰에게로 향했다. 대장들은 그에게 다가가서 그것이 군대의 결정이라고 말했고, 그들은 또 저마다 호의를 보이며 그에게 지휘권을 맡으라고 간청했다. (20) 크세노폰은 한편으로는 그렇게 하고 싶었다. 그렇게 하면 친구들 사이에서 명예가 더욱 높아지고, 고향에서 명성을 더욱 드날리게 되고, 더욱이 자기가 군대에 도움이 될 수도 있을 거라고 여겨졌기 때문이다. (21) 그런 생각들이 그의 마음속에 단독지휘관이 되고 싶은 욕망을 불러일으켰다. 그러나 다른 한편으로는 미래가 어떻게 될지 확실히 아는 사람은 아무도 없고, 그래서 자기가 전에 얻었던 명성조차 잃을 위험이 있다는 생각이 들자 마음이 흔들렸다.

(22) 그는 어떻게 결정해야 할지 몰라 난감해하다가 역시 신들에게 물어보는 것이 상책이라고 생각했다. 그래서 그는 제물로 쓸 가축 두 마리를 제단으로 끌고 가서 델포이의 신탁이 그에게 정해준[6] 신인 제우스

---

3 쀠르리케(pyrrhike)는 스파르테에서 유래한 유명한 출진무(出陣舞)이다.
4 1메딤노스는 약 52리터이다. 부록의 '도량형 환산표' 참조.
5 5권 1장 3~4절 참조.
6 3권 1장 5절 이하 참조.

왕에게 제물로 바쳤다. 그는 또 자신이 군대에 대한 책임을 다른 사람들과 함께 지기 시작했을 때 꾼 꿈[7]도 이 신이 보내준 거라고 믿었다. (23) 게다가 그는 퀴로스에게 소개되기 위해 에페소스를 출발할 때[8] 독수리 한 마리가 그의 오른쪽에서 울고 있던 일이 기억났다. 그러나 독수리는 앉아 있었고 그래서 동행하던 예언자가 말하기를, 그 전조는 평범한 사람보다는 큰사람에게 어울리는 것이고 명성을 나타내기도 하지만, 독수리는 앉아 있을 때 다른 새들의 공격을 받기가 가장 쉬우므로 고통의 전조이기도 하다고 했다. 그러나 그 전조는 재운(財運)을 나타내는 것은 아니라고 했다. 왜냐하면 독수리는 오히려 날고 있을 때 먹이를 잡기 때문이라고 했다. (24) 그래서 그는 제물을 바쳤다. 그러자 지휘권을 구하려 하지도 말고, 그가 뽑히는 경우 받아들이지도 말라고 신이 명백히 보여주었다. 이 일은 실제로 그렇게 되었다.

(25) 그러자 군대가 한데 모였고, 모두들 단독지휘관이 선출되어야 한다고 말했다. 일단 그렇게 결정되자 그들은 크세노폰을 추천했다. 그리하여 이 문제가 표결에 부쳐지면 그들이 그를 선출할 것이 확실시되자, 그는 일어서서 다음과 같이 말했다.

(26) "전우들이여, 나도 인간인 이상 여러분에게 존경받는 것이 기쁘고 감사하며, 내가 어떻게든 여러분에게 도움이 될 수 있는 기회를 달라고 신들에게 기도하고 있소. 하지만 라케다이몬인이 여기 있는데도 내가 여러분에 의해 지휘관으로 선호된다는 것은 여러분에게 이롭지 못할 것 같소. 여러분이 라케다이몬인들에게서 무엇을 바랄 경우 이 일로 해서 그것을 얻을 가능성이 줄어들 것이기 때문이오. 또한 나 자신에게도 그것이 전혀 위험이 없다고는 생각되지 않소. (27) 내가 알기로 라케다이몬인들은 자기들이 그들의 지배자라는 것을 모든 시민들이 인정할 때까지 내 조국에 대한 전쟁[9]을 중단하지 않았기 때문이오. (28) 그렇다

고 인정하자 그들은 즉시 전쟁을 중단하고 더이상 도시를 포위하지 않았소. 이런 일들을 알면서도 내가 어디서든 그렇게 할 수 있는 곳에서 그들의 권위를 무력화하려는 것처럼 보인다면 나는 당장 정신 차리도록 강요받지 않을까 두렵소.

(29) 그러나 여러 사람들 대신 한 사람이 지휘해야 파쟁(派爭)이 덜 일어날 것이라는 여러분 생각에 관해 말하자면, 다른 사람이 선출되더라도 내가 분파행동을 하는 것을 여러분은 결코 보지 못할 거라고 확신해도 좋소. 전쟁에서 지휘관에 대해 분파행동을 하는 자는 자신의 안전에 대해 분파행동을 하는 거라고 나는 믿기 때문이오. 여러분이 나를 선출하면 여러분과 나에게 적대적인 사람이 나타난다 해도 나는 놀라지 않을 것이오."

(30) 그렇게 말한 뒤에도 더 많은 사람들이 일어나서 그가 지휘를 맡아야 한다고 말했다. 그리고 스튐팔로스 출신 아가시아스는 그게 사실이라면 참으로 가소로운 일이라고 말했다. "그렇지 않다면 라케다이몬인들은 술친구들이 한데 모였을 때 라케다이몬인을 술자리의 우두머리로 뽑지 않아도 화를 낼 것인가요? 그게 사실이라면," 하고 그는 말을 이었다. "우리는 보아하니 대장이 되어서는 안 될 것 같군요. 우리는 아르카디아인들이니 말이오." 그러자 모두들 아가시아스의 말이 옳다고 고함을 질렀다.

(31) 크세노폰은 또 다른 이유를 댈 필요가 있다고 보고 앞으로 나서서 말했다. "전우들이여," 하고 그는 말했다. "여러분이 완전히 이해하

---

7   3권 1장 11~12절 참조.
8   3권 1장 8절 참조.
9   펠로폰네소스전쟁.

도록 나는 여러분에게 모든 신들과 여신들의 이름으로 맹세하겠소. 사실 나는 여러분의 의도를 알아차렸을 때, 지휘권을 내게 맡기는 것이 여러분에게, 그리고 그것을 맡는 것이 내게 더 유리한지 알아보려고 제물을 바쳤소. 그러자 신들께서 제물들을 통해 문외한도 알 수 있을 만큼 분명히 내가 단독통수권을 받아들여서는 안 된다는 것을 보여주셨소."

(32) 그래서 그들은 케이리소포스를 선출했다. 케이리소포스는 선출되자 앞으로 나와 말했다. "전우들이여, 알아두시오. 여러분이 다른 사람을 선출했다 해도 나 역시 분파행동을 하지는 않았을 것이오. 그러나 크세노폰에 관해 말하자면," 하고 그는 말을 이었다. "여러분은 그를 선출하지 않음으로써 그에게 호의를 베푼 것이오. 일전에도 덱십포스[10]가, 내가 그를 침묵시키려고 노력했는데도 온갖 방법으로 크세노폰을 아낙시비오스에게 모함했기 때문이오. 그는 크세노폰이 라케다이몬인인 자기보다는 다르다노스인인 티마시온과 함께 클레아르코스의 군대를 지휘하기를 원하는 것으로 안다고 주장했소. (33) 그러나 여러분이 나를 선출하였으니," 하고 그는 말을 이었다. "나는 여러분에게 도움이 되도록 힘껏 노력할 것이오. 여러분은 내일 날씨가 좋으면 출항할 수 있도록 준비해주시오. 항해의 행선지는 헤라클레이아요. 그러니 모두들 그곳에 상륙하려고 노력해야 할 것이오. 그리고 그 뒷일은 그곳에 도착한 다음 의논할 것이오."

제 2 장

(1) 이튿날 그들은 시노페를 떠나 순풍에 돛을 달고 바닷가를 따라 이틀 동안 항해했다. 그들은 바닷가를 따라 나아가다가 아르고호[11]가 정박했다는 이아손곶과 여러 강, 먼저 테르모돈강의 하구와 그다음에는 파르테니오스강의 하구들을 보았다. (2) 그들은 이 강을 지난 뒤, 헬라스의 도시로 마리안뒤노이족의 땅에 메가라인들이 세운 식민시 헤라클레이아에 도착했다. 그들은 헤라클레스가 케르베로스[12]를 데려오려고 그곳에서 하데스[13]로 내려갔다고 하는 아케루시아스반도 앞에 닻을 내렸다. 그곳에서는 사람들이 지금도 헤라클레스가 내려갔다는 자리를 보여주는데, 깊이가 2스타디온이 넘었다. (3) 그곳에서 헤라클레이아인들이 헬라스인들에게 우정의 선물로 보릿가루 3천 메딤노스, 포도주 2천 독, 소 20마리, 양 1백 마리를 보내주었다. 그리고 그곳에는 뤼코스라는 강이 평야를 관류하고 있는데, 너비가 2플레트론쯤 되었다.

---

10 5권 1장 15절 참조.
11 아르고(Argo)호(號)는 영웅 이아손(Iason)이 황금 양모피를 구하러 흑해 동안(東岸)의 콜키스 지방으로 타고 갔던 쾌속선이다.
12 저승의 출입문을 지키는 괴물 개 케르베로스를 끌고 오는 것이 헤라클레스의 12번째 고역이었다.
13 하데스(Hades)는 저승 또는 저승의 신이다.

(4) 군사들이 한데 모여 남은 여정과 관련해, 흑해를 육로로 떠날 것인지 아니면 바닷길로 떠날 것인지 의논하기 시작했다. 아카이아 출신의 뤼콘이 일어서서 말했다. "전우들이여, 나는 장군들이 식량을 구입할 돈을 마련해주려고 노력하지 않는 것에 놀라지 않을 수 없소. 우리가 받은 우정의 선물은 군대에는 사흘 치 식량도 안 되기 때문이오. 그러나 우리는 여기를 떠나기 전에는 어디서도 식량을 구할 수 없소" 하고 그는 말했다. "그래서 내 생각에 우리는 헤라클레이아인들에게 3천 퀴지케노스 이상을 요구하는 것이 좋을 듯하오." (5) 1만 퀴지케노스 이상이라고 말하는 자도 있었다. "그리고 우리가 여기서 회의를 하고 있는 지금 당장 사절단을 뽑아 도시로 보낸 다음, 그들이 우리에게 어떤 보고를 하는지 들어보고 그에 따라 결정하는 것이 좋을 것 같소."

(6) 그러자 그들은 사절단으로서 먼저 케이리소포스를 지명했다. 그가 지휘관으로 선출되었기 때문이다. 또 더러는 크세노폰을 지명했다. 하지만 둘 다 단호히 거절했다. 두 사람 다 똑같이 헬라스의 도시, 그것도 우호적인 도시들에, 자진해 주지 않는 것을 내놓으라고 강요해서는 안 된다는 생각을 하고 있었기 때문이다. (7) 이들이 마음이 내키지 않는 것처럼 보이자 그들은 아카이아 출신 뤼콘, 파르라시아 출신 칼리마코스, 스튐팔로스 출신 아가시아스를 보냈다. 이들은 가서 군대의 결정을 전했다. 보고에 따르면, 뤼콘은 그들이 요구를 거절할 경우에 대비해 협박까지 했다고 한다. (8) 헤라클레이아인들은 듣고 나서 의논해보겠다고 약속했다. 그러고 나서 그들은 지체 없이 들판에서 자신들의 재산을 모아들이고 시장도 성벽 안으로 옮겼다. 그러더니 성문이 모두 닫혔고, 성벽 위로는 무구들이 보였다.

(9) 그러자 분쟁을 일으킨 자들이 자신들의 계획을 망쳐놓았다며 장군들을 비난했다. 그리고 아르카디아인들과 아카이아인들은 자기들

끼리 결속하기 시작했다. 누구보다도 파르라시아 출신 칼리마코스와 아카이아 출신 뤼콘이 그들의 우두머리였다. (10) 그들의 주장인즉, 펠로폰네소스인들과 라케다이몬인들이 군대에 군사를 대주지도 않은 일개 아테나이인[14]의 지휘를 받는다는 것은 수치스러운 일이며, 수고는 자기들이 하고 군대가 무사한 것은 자기들이 해낸 일인데도 이익은 다른 사람들이 챙기고 있다는 것이었다. 그들의 주장에 따르면, 그런 일을 해낸 것은 아르카디아인들과 아카이아인들이고 그 밖에 군사들은 별것 아니라는 것이었다. [실제로 군사는 반 이상이 아르카디아인들과 아카이아인들로 구성되어 있었다.]

(11) 따라서 그들이 현명하다면, 그들끼리 결속해 그들 중에서 장군을 뽑고 그들끼리 행군하며 다소나마 그 덕을 보려고 노력할 것이라는 것이었다. (12) 마침내 그렇게 하기로 결정되었다. 그리하여 케이리소포스나 크세노폰과 함께하던 아르카디아인들과 아카이아인들은 모두 이들 곁을 떠나 자기들끼리 결속해 자기들 중에서 10명의 장군을 뽑았다. 그들은 또 이 장군들이 다수결에 따라 결정되는 바를 행해야 한다고 결의했다. 그리하여 케이리소포스의 지휘권은 그날 그곳에서 끝났으니, 그가 선출된 지 6일 또는 7일 만이었다.

(13) 그러나 크세노폰은 케이리소포스와 함께 행군하기를 원했으니, 그렇게 하는 것이 따로 가는 것보다 더 안전하다고 믿었기 때문이다. 하지만 네온은 크세노폰에게 혼자 행군하도록 설득하려 했다. 네온은 케이리소포스에게서 뷔잔티온 총독[15] 클레안드로스가 전함들을 이끌고

---

14 크세노폰.
15 펠로폰네소스전쟁에서 승리한 뒤 스파르테인들은 대부분의 그리스 도시에 수비대를 파견했는데, 그 대장을 총독(harmostes)이라고 불렀다.

칼페항에 나타나기로 약속했다는 말을 들었기 때문이다. (14) 그래서 아무도 이 기회를 이용하지 못하게 하고 그 자신과 케이리소포스와 그들의 군사만 전함을 타고 출항하기 위해 크세노폰에게 그런 조언을 한 것이다. 케이리소포스는 이번 일로 사기가 꺾인 데다, 그 때문에 군대가 미워져 네온이 제멋대로 하게 내버려두었다.

(15) 크세노폰은 한때 군대를 떠나 고향으로 돌아갈까 생각했다. 그러나 그가 길라잡이 헤라클레스에게 제물을 바치며 자기 곁에 남아 있는 군사를 데리고 행군을 계속하는 것과 그들에게서 벗어나는 것 중 어느 쪽이 더 낫고 더 유리한지 물었을 때, 신은 제물을 통해 그는 그들과 함께 행군해야 한다고 일러주었다. (16) 그리하여 군대는 삼분되었다. 첫째가 아르카디아인들과 아카이아인들로, 이들은 4천5백 명이 넘었고 모두 중무장보병이었다. 둘째가 케이리소포스의 부대로, 약 1천4백 명의 중무장보병과 약 7백 명의 경방패병이었는데 이 가운데 후자는 클레아르코스가 지휘하던 트라케인들이었다. 그리고 셋째가 크세노폰의 부대로, 약 1천7백 명의 중무장보병과 3백 명의 경방패병이었다. 그러나 기병(騎兵)은 그만이 갖고 있었는데, 그 수는 40명쯤 되었다.

(17) 아르카디아인들은 헤라클레이아인들에게서 함선들을 구해 가지고, 비튀니스인들을 불의에 습격하여 되도록 많은 전리품을 얻으려고 맨 먼저 출발했다. 그들은 트라케 해안의 중간쯤에 있는 칼페항에 상륙했다. (18) 그러나 케이리소포스는 헤라클레이아인들의 도시를 떠나 처음부터 곧장 육로로 그 나라를 통과했다. 하지만 그는 트라케에 들어서자 바닷가를 따라 나아갔는데, 몸이 아팠기 때문이다. (19) 끝으로 크세노폰은 함선들을 구해 가지고 트라케와 헤라클레이아 땅의 경계에 상륙해 내륙을 지나 행군했다.

제 3 장

(2)[16] 그들은 각각 다음과 같은 일을 겪었다. 아르카디아인들은 밤에 칼페항에 상륙한 뒤 바다에서 30스타디온쯤 떨어져 있는 첫 번째 마을을 향해 나아갔다. 날이 새자 대장들은 저마다 마을을 향해 자기 부대를 인솔했다. 마을이 좀 커 보이는 경우 장군들이 2개 부대씩 인솔했다. (3) 그들은 또 언덕 하나를 지정해 나중에 그곳에서 전원이 집결하기로 했다. 그들은 불의의 기습을 한 덕분에 노예들을 많이 잡고 양들도 많이 노획했다.

(4) 그러자 도망간 트라케인들이 다시 모이기 시작했다. 그들은 경방패병이어서 다수가 중무장보병의 손에서 벗어날 수 있었던 것이다. 그들은 다시 모이자 먼저 아르카디아의 장군들 중 한 명인 스미크레스의 부대를 공격했다. 이 부대는 많은 전리품을 갖고 지정된 장소로 철수하던 중이었다. (5) 얼마 동안 헬라스인들은 행군하면서 싸웠으나, 어떤 협곡을 건너고 있을 때 트라케인들이 그들을 패주시키며 스미크레스뿐 아니라 다른 대원도 모두 죽였다. 10명의 장군이 인솔하던 또 다른 부대인 헤게산드로스의 부대도 트라케인들의 손에서 8명만 살아남았는데, 헤게산드로스 자신도 그중 한 명이었다.

---

16   6권 3장에는 원래 1절이 없다.

(6) 다른 대장들은 더러는 힘들게, 더러는 힘들이지 않고 다시 한데 모였다. 트라케인들은 이러한 성공을 거두자 서로 소리쳐 부르며 밤에 열심히 군세를 모았다. 날이 새자 그들은 헬라스인들이 진을 치고 있던 언덕 주위에 수많은 기병과 경방패병으로 구성된 부대들을 배치하기 시작했고, 계속해서 많은 인원이 유입되고 있었다. 그들은 중무장보병을 공격했으나 자신들은 위험하지 않았다. (7) 왜냐하면 헬라스인들에게는 궁수도 투창병도 없었기 때문이다. 그래서 그들은 혹은 뛰어와서 혹은 말을 타고 와서 투창을 던지곤 했으며, 헬라스인들의 공격을 받으면 힘들이지 않고 도망치곤 했다. 그러면 또 다른 자들이 다른 방향에서 공격했다.

(8) 그래서 한쪽은 부상자가 속출했지만 다른 쪽은 부상자가 한 명도 없었다. 그리하여 헬라스인들은 그곳에서 꼼짝할 수 없었고, 마침내 트라케인들은 그들을 물로부터도 차단했다. (9) 그들은 상황이 몹시 어려워지자 휴전협상을 시작했다. 그리하여 다른 점에서는 모두 합의가 이루어졌으나, 트라케인들은 헬라스인들이 요구하는 인질을 잡히려고 하지는 않아 협상이 교착상태에 빠져 있었다. 이것이 아르카디아인들의 처지였다.

(10) 케이리소포스는 해안을 따라 안전하게 행군해 칼페항에 도착했다. 크세노폰이 내륙을 지나 행군하는 동안 앞장서 나아가던 그의 기병들이 어디로 가고 있던 노인들과 마주쳤다. 이들을 데려오자 크세노폰은 이들에게 다른 헬라스군에 관해 들었는지 물었다. (11) 이들은 자초지종을 이야기하고 나서 지금 헬라스인들은 언덕 위에 포위되어 있고 트라케인들이 모두 그들을 에워싸고 있다고 말했다. 그러자 크세노폰은 이들을 엄중히 감시하게 했으니, 어디로든 이동할 필요가 있을 때 이들을 길라잡이로 쓰기 위해서였다. 그는 보초를 세운 뒤 군사들을 모

아놓고 말했다.

(12) "전우들이여, 아르카디아인들은 일부는 죽고 나머지는 어떤 언덕 위에 포위되어 있소. 그들이 죽는다면 우리도 살아남을 가망이 없다고 나는 확신하오. 그만큼 적군은 수가 많고 그만큼 자신만만하기 때문이오. (13) 그러므로 우리로서는 가능한 한 빨리 그들을 도우러 가는 것이 상책이오. 그래야만 아직 그들이 살아 있을 경우 전투에서 그들의 도움을 받을 수 있고, 혼자 남아 혼자 위험에 빠지는 일이 없을 테니 말이오. (14) 우리는 여기에서 어느 쪽으로도 달아날 수 없기 때문이오. 헤라클레이아로 돌아가기에는" 하고 그는 말을 이었다. "너무 멀고, 크뤼소폴리스로 헤치고 나아간다 해도 그 역시 먼길이고 적군은 지척에 있기 때문이오. 케이리소포스가 무사히 통과했을 경우 지금쯤 머물고 있을 것으로 예상되는 칼페항으로 가는 것이 가장 짧은 길이오. 그러나 그곳에는 우리가 타고 갈 함선들이 없고, 또 우리가 그곳에 머무른다면 식량은 단 하루도 안 돼 떨어지고 말 것이오.

(15) 그리고 포위되어 있는 군사들이 죽어서 우리가 케이리소포스의 부대하고만 위험을 극복한다는 것은, 그들이 살아남아 우리 모두가 힘을 모아 살길을 찾는 것만 못하오. 그러므로 우리는 오늘 영광스럽게 죽거나, 그토록 많은 헬라스인들을 구함으로써 가장 훌륭한 업적을 성취하겠다는 각오로 길을 떠나야 할 것이오. (16) 그리고 신께서는 아마도 자신들이 더 지혜롭다고 큰소리치는 자들은 낮추고, 언제나 신들과 더불어 일을 시작하는 우리[17]는 그들보다 더 명예를 높여주는 방향으로 일을 이끄실 것이오. 자, 여러분은 주어진 명령을 수행할 수 있도록 나를 따르되 정신을 바짝 차려야 합니다. (17) 이번에는 저녁 먹을 시간이 되

---

17 그리스인들은 큰일을 시작하기 전에는 반드시 신에게 물었다.

었다고 생각될 때까지 행군하고 나서 진을 치도록 합시다. 우리가 협조하는 동안 티마시온은 기병대를 이끌고 가시권 내에서 앞장서 나아가되 전방을 정찰해 그 어떤 것도 우리에게서 벗어나지 못하게 하시오."

(18) 이렇게 말하고 그는 앞장서기 시작했다. 그는 또 경무장보병 가운데 날렵한 자들을 양쪽 측면과 가까운 언덕들 위로 보내 어디서 무엇이 보이면 군대에 신호로 알리게 했다. 그는 또 그들에게 불태울 수 있는 것은 닥치는 대로 다 태우라고 명령했다. (19) 그러자 기병은 적당한 거리를 두고 산개(散開)해 불을 질렀고, 경방패병은 주력부대와 나란히 언덕들을 향해 나아가며 불태울 수 있는 것은 눈에 띄는 대로 태웠으며, 주력부대는 빠진 것이 있으면 닥치는 대로 다 태웠다. 그리하여 나라 전체가 불타는 것 같았고, 군대는 대군처럼 보였다.

(20) 때가 되자 그들은 어떤 언덕에 올라 진을 쳤다. 그곳에서 그들은 약 40스타디온쯤 떨어진 곳에 적군의 화톳불을 볼 수 있었고, 자신들도 되도록 많은 불을 피웠다. (21) 하지만 그들이 저녁을 먹고 나자 불을 모조리 끄라는 명령이 떨어졌다. 그러고 나서 그들은 초병들을 배치한 뒤 밤새도록 잤다. 날이 새자 그들은 신들에게 기도하고 나서 전투대형을 갖추고 되도록 빠른 걸음으로 행군했다.

(22) 길라잡이들을 데리고 앞장서서 나아가던 티마시온과 그의 기병들은 자신도 모르는 사이에 헬라스인들이 포위되어 있던 언덕에 도착했다. 그러나 그곳에는 우군도 적군도 보이지 않고(이 사실을 그들은 크세노폰과 군대에 보고했다), 몇 명의 노파와 노인과 양 몇 마리와 소 몇 마리만 남아 있었다. (23) 처음에 그들은 도대체 어떻게 된 일인지 어리둥절했는데, 나중에 그곳에 남아 있던 사람들한테서 트라케인들은 밤이 되자 곧장 그곳을 떠났으며 헬라스인들도 그들의 말에 따르면 새벽에 떠났는데 어디로 갔는지 모르겠다는 말을 들었다.

(24) 이 말을 듣고 크세노폰과 그의 대원들은 아침을 먹자마자 짐을 꾸려 길을 떠났으니, 되도록 빨리 칼페항에서 다른 전우들과 합류하고 싶었던 것이다. 그들은 행군 도중 칼페로 가는 길 위에서 아르카디아인들과 아카이아인들의 발자국을 볼 수 있었다. 그곳에서 만났을 때 그들은 서로 반기며 형제처럼 인사를 나누었다.

(25) 아르카디아인들이 크세노폰의 대원들에게 왜 불을 껐느냐고 물었다. "처음에 우리는 불이 보이지 않자 여러분이 밤에 적군을 치러 오는 줄 알았소. 그리고 적군도, 적어도 우리가 보기에는, 이 점을 염려하여 떠난 것 같소. 왜냐하면 적군도 그때쯤 떠났으니 말이오. (26) 그러나 시간이 지나도 여러분이 도착하지 않자, 우리는 여러분이 우리 처지를 알고는 겁이 나서 바다 쪽으로 달아난 줄 알았소. 그래서 우리는 여러분 뒤에 남지 않기로 결정했소. 그리하여 우리도 이곳으로 행군해온것이오."

제 4 장

(1) 그날 그들은 거기 항구에 가까운 바닷가에서 야영했다. 그런데 칼페 항이라고 불리던 이곳은 아시아 쪽 트라케에 위치해 있었다. 이쪽 트라케는 흑해 입구에서 시작해, 배를 타고 흑해로 들어올 경우 오른쪽에 있는 헤라클레이아까지 이른다. (2) 전함을 타고 뷔잔티온에서 헤라클레이아까지 노를 저을 경우 하루는 좋이 걸린다. 그리고 그사이에는 도시라고는 우호적인 도시도, 헬라스의 도시도 없으며, 비튀니스의 트라케인들만이 살고 있다. 그들은 난파하거나 그 밖의 다른 경로로 자기들 수중에 들어오는 헬라스인들을 몹시 학대한다고 한다.

(3) 칼페항은 헤라클레이아와 뷔잔티온 사이를 항해할 경우 그 중간에 위치해 있다. 그곳은 바다로 돌출한 육지의 일부로, 바다에 닿아 있는 부분은 가파른 암벽을 이루고 있어 가장 낮은 데가 20발이 넘었다. 그리고 이곳을 육지와 이어주는 목은 너비가 기껏해야 4플레트론쯤 된다. 목의 바다 쪽 공간은 사람 1만 명이 살기에 충분하다. (4) 암벽 아래 항구가 있고, 그 해변은 서쪽을 향하고 있다. 그리고 바다 바로 옆에 그곳의 지경(地境) 안쪽으로 수량이 풍부한 맑은 샘이 솟아오르고 있다. 바다 바로 옆에는 또 여러 종류의 목재가, 특히 양질의 선재(船材)가 많이 자라고 있다.

(5) 산등성이는 내륙으로 20스타디온쯤 뻗어 있는데 토심이 깊고

돌이 없다. 한편 해안지대는 20스타디온 이상이 온갖 종류의 거목으로 빽빽이 덮여 있다.

(6) 이 나라의 나머지 부분은 아름답고 넓으며, 그 안에는 사람이 사는 수많은 마을이 있다. 이 나라에는 보리, 밀, 온갖 종류의 콩, 기장, 깨, 양질의 포도주를 제공하는 여러 종류의 포도송이가 나고, 올리브를 제외하고는 없는 것이 없기 때문이다.

(7) 이 나라는 그러했다. 헬라스인들은 바닷가에다 진을 쳤다. 그들은 도시가 될 만한 곳에는 진을 치고 싶지 않았으니, 자신들이 이곳에 온 이유는 이곳에다 도시를 세우려는 몇 사람의 저의 때문이라고 믿고 있었던 것이다. (8) 대부분의 군사들은 생계가 어려워서 헬라스를 떠나 급료를 지불하는 이번 원정에 참가한 것이 아니라, 퀴로스의 고상한 인품을 소문으로 들어 알고 있었기 때문이다. 더러는 다른 사람들을 데려왔고, 더러는 이번 일을 위해 자기 돈을 쓰기도 했으며, 또 더러는 아버지와 어머니 곁을 도망쳐왔는가 하면, 또 더러는 돈을 벌어 가지고 돌아가겠다는 생각에서 자식들을 남겨두고 왔다. 이들 모두가 퀴로스에게 봉사하는 다른 자들이 큰 재산을 모았다는 말을 들었던 것이다. 그들은 이런 사람들인지라 무사히 헬라스로 돌아가기를 열망했다.

(9) 그들이 재결합한 이튿날 크세노폰은 진영에서 나가려고 제물을 바쳤다. 그들은 식량을 구하러 나가지 않을 수 없었기 때문이다. 그는 또 시신들을 묻을 작정이었다. 제물이 길조를 보이자, 아르카디아인들도 따라나섰다. 그들은 대부분의 시신을 각자가 쓰러진 곳에다 묻었다. 벌써 그곳에 닷새째 누워 있던 터라, 시신을 들어올리는 것이 불가능했기 때문이다. 길 위에 누운 몇몇 시신은 한곳에 모아 사정이 허락하는 한 후하게 장례를 치렀으나, 찾지 못한 자들을 위해 큼지막한 빈 무덤[18]을 하나 세우고 그 위에 화관들을 올려놓았다.

(10) 그러고 나서 그들은 진영으로 돌아와 저녁을 먹고 잠자리에 들었다. 이튿날 군사들이 모두 모였다. 그 주동자는 스튐팔로스 출신 대장 아가시아스와 엘리스 출신 대장 히에로뉘모스와 그 밖에 아르카디아인들의 최고 연장자들이었다. (11) 그들은 앞으로 누구든 군대를 분열시킬 생각을 하는 자는 사형에 처하고, 군대는 종전의 편성에 따라 육로로 나아가되 종전의 장군들이 다시 지휘를 맡기로 결의했다. 케이리소포스는 이때 이미 열병 때문에[19] 약을 먹고 그 끝에 죽은 뒤라, 그의 지휘권은 아시네 출신 네온에게 넘어갔다.

(12) 이어서 크세노폰이 일어서서 말했다. "전우들이여, 보아하니 우리는 육로로 행군해야 할 것 같소. 함선이 없기 때문이오. 그리고 여기 더 머물다가는 식량이 떨어질 테니 당장 출발해야 하오. 그래서 우리는" 하고 그는 말했다. "제물을 바칠 것이오. 여러분은 전보다 더 단단히 싸울 각오를 해야 하오. 적군이 자신감을 되찾았기 때문이오." (13) 그러자 장군들이 제물을 바쳤고, 예언자로는 아르카디아 출신의 아렉시온이 참석했다. 암프라키아 출신 실라노스는 헤라클레이아에서 함선을 세낸 뒤 벌써 도주해버렸기 때문이다. 그들이 출발을 바라고 제물을 바쳤을 때, 길조가 나타나지 않았다. 그래서 그날은 제물 바치는 일을 그만두었다.

(14) 몇몇 사람은 뻔뻔스럽게도 크세노폰이 이곳에다 도시를 세우고 싶어서 예언자로 하여금 출발을 위한 길조가 나타나지 않았다고 말하게 한 거라고 주장했다. (15) 그래서 그는 전령을 시켜, 내일 원하는 자는 누구든 제물 바치는 일에 참석할 수 있다고 알렸다. 또한 그는 누군가 예언자일 경우 제물을 검사하는 일에 참가하도록 요구한 뒤, 여러 증인 앞에서 제물을 바쳤다. (16) 그러나 그가 출발을 바라고 두 번 세 번 제물을 바쳐도 길조가 나타나지 않았다. 그러자 군사들은 화가 났다. 그들이 갖고 온 식량은 떨어지고, 시장도 전혀 없었기 때문이다.

(17) 그래서 그들이 다시 모이자 이번에도 크세노폰이 말했다. "전우들이여, 여러분도 보았듯이 아직 행군을 위한 길조가 나타나지 않고 있소. 그러나 여러분에게 식량이 필요하다는 것을 알고 있기에 이와 관련해서 제물을 바치는 것이 좋을 것 같소." 그러자 누가 일어서서 말했다. (18) "우리에게 길조가 나타나지 않는 것은 당연한 일이오. 어제 이곳에 함선이 한 척 들어왔을 때 나는 우연히도 어떤 사람에게서, 뷔잔티온 총독 클레안드로스가 상선과 전함을 이끌고 이리로 올 것이라는 말을 들었기 때문이오." (19) 그러자 모두들 머물러 있는 것이 좋겠다고 생각했다. 그래도 식량을 구하러 나가지 않을 수 없었다. 그래서 크세노폰이 이와 관련해 세 번이나 다시 제물을 바쳤지만 길조는 나타나지 않았다. 군사들은 벌써 그의 막사를 찾아와 식량이 떨어졌다고 말했다. 그러나 그는 길조가 나타나지 않는 한 그들을 데리고 나갈 수 없다고 말했다.

(20) 이튿날 그는 다시 제물을 바쳤다. 그리고 이 일은 그들 모두의 관심사인지라, 전군(全軍)이 제물 주위로 둘러섰다. 그러나 제물은 실패였다. 그러자 장군들은 군사들을 밖으로 데려 나가지 않고 한데 불러 모았다. (21) 크세노폰이 말했다. "아마도 적군이 한데 모여 있어서 싸움이 불가피한 것 같소. 그러니 우리가 짐을 이 요새에 남겨둔 채 전투 준비를 하고 나선다면 아마도 길조가 나타날 것이오." (22) 군사들은 그 말을 듣고, 요새로 들어갈 필요가 전혀 없으니 되도록 빨리 제물을 바치라고 아우성쳤다. 이제는 양이 떨어져 수레 밑에 매여 있던 소들을 사서 제물로 바치기 시작했다. 크세노폰은 아르카디아 출신 클레아노르에게 제물에

18 그리스인들은 어떻게든 매장되지 않은 자의 혼백은 저승에 가서도 편히 쉬지 못한다고 믿었다.
19 6권 2장 18절 참조.

어떤 전조가 나타나는지 유심히 보라고 부탁했다. 하지만 그래도 길조는 나타나지 않았다.

(23) 네온은 케이리소포스 대신 장군이 되었는데, 사람들이 식량이 부족해 큰 곤경에 빠져 있는 것을 보고는 그들에게 호의를 베풀고 싶었다. 그는 식량을 구해올 수 있는 이웃 마을들을 알고 있다고 주장하는 어떤 헤라클레이아인을 찾아낸 다음, 자기가 길라잡이가 될 테니 누구든 원하는 사람은 식량을 구하러 나갈 수 있다고 전령을 시켜 알리게 했다. 그리하여 장대와 가죽부대와 자루와 그 밖의 다른 용기(容器)들을 들고 약 2천 명의 사람들이 출발했다.

(24) 그러나 마을들에 도착해 약탈하려고 이리저리 흩어졌을 때, 이들은 먼저 파르나바조스의 기병대의 공격을 받았다. 그들은 비튀니스인들과 합세해 헬라스인들이 프뤼기아로 진입하는 것을 가능하면 막기 위해 이들을 도우러 왔던 것이다. 그들 기병은 군사들을 5백 명 이상 죽였고, 나머지는 산으로 도망쳤다.

(25) 그리고 나서 도망쳤던 자들 중 한 명이 사건의 전말을 진영에 전했다. 그러자 이날은 길조가 나타나지 않았기에 크세노폰이 수레 밑에서 황소 한 마리를 끌고 와—제물로 쓸 다른 가축들이 없었다—제물로 바치고는[20] 30세 미만의 군사들을 모두 데리고 구원하러 나갔다. (26) 그들은 생존자를 모아 진영으로 돌아왔다. 이때는 해 질 무렵이라 헬라스인들이 몹시 사기가 꺾인 채 저녁 식사를 준비하는데, 갑자기 비튀니스인 몇 명이 덤불을 헤치고 나타나 보초들을 공격해 더러는 죽이고 더러는 진영에까지 추격해왔다. (27) 비명 소리가 들리자 헬라스인들은 모두 무구들이 있는 곳으로 달려갔다. 그러나 밤에 추격하거나 진영을 옮기는 것은 안전할 것 같지 않았다. 그 지역에는 숲이 우거져 있었기 때문이다. 그래서 그들은 보초를 충분히 세운 뒤 무장한 채 밤을 보냈다.

제 5 장

(1) 그렇게 그들은 밤을 보냈다. 그러나 날이 새자 장군들은 군대를 요새로 인솔했고, 군사들은 무구와 짐을 들고 따라갔다. 아침때가 되기 전에 그들은 요새의 입구가 있는 곳에 도랑을 팠고, 그 도랑을 따라 문 세 개만 남겨두고 말뚝을 죽 박았다. 그리고 이때 함선 한 척이 헤라클레이아에서 보릿가루와 제물로 쓸 가축들과 포도주를 싣고 도착했다.

(2) 크세노폰은 일찍 일어나 출발을 바라고 제물을 바쳤는데, 첫 번째 제물을 바치자 당장 길조가 나타났다. 그리고 제물 바치는 일이 끝나자마자 파르라시아 출신 예언자 아렉시온이 행운을 약속하는 독수리를 보고는 크세노폰에게 군대를 인솔하라고 명령했다. (3) 그들은 도랑을 건넌 다음 무구들을 내려놓았다. 그러고 나서 그들은, 아침을 먹은 뒤 군사들은 무장한 채 밖으로 나갈 것이지만, 비전투원과 노예들은 그곳에 남을 거라고 전령을 시켜 알리게 했다.

(4) 다른 사람들은 모두 나가기 시작했지만 네온은 나가지 않았다. 왜냐하면 그를 뒤에 남겨두어 진영 안에서 일어나는 일을 감시하게 하는 것이 상책이라고 생각되었기 때문이다. 그러나 그의 대장들과 군사

---

20 당시 그리스인들은 소를 제물로 바칠 경우 대개 멍에를 메어본 적이 없는 송아지를 제물로 바쳤다.

들은, 다른 사람들은 다 나가는데 자기들만 따라가지 못하는 것이 부끄러워 그의 곁을 떠나며 45세가 넘은 사람들만 그곳에 남겨두었다. 그리하여 이들은 남고 다른 사람들은 출발했다.

(5) 그들은 15스타디온도 못 가서 시신들과 마주쳤다. 그러자 그들은 종대의 후미가 첫 시신들이 나타난 지점에 이를 때까지 행군을 계속해 종대의 범위 안에 있는 자들을 모두 묻어주었다. 그들은 첫 번째 시신들을 묻은 뒤, 다시 종대의 후미가 매장되지 않은 시신들 가운데 첫 번째 시신들이 있는 지점에 이를 때까지 행군을 계속해 똑같은 방법으로 군대의 범위 안에 있는 자들을 모두 묻어주었다. (6) 그들이 마을들에서 나오는 길에 이르렀을 때 시신은 무더기로 누워 있었다. 그들은 이들을 모두 모아서 묻어주었다.

(7) 한낮이 지나도록 그들은 군대를 앞으로 인솔하며 마을들에서 대열의 시야에 들어오는 식량은 모조리 약탈하고 있었다. 그때 갑자기 맞은편 언덕들에서 적군이 내려오는 모습이 보였는데, 그들은 수많은 기병과 보병으로 이루어졌으며, 모두 전투대형을 갖추고 있었다. 스피트리다테스와 라티네스가 이러한 군세와 함께 파르나바조스에 의해 파견되었던 것이다. (8) 적군은 헬라스인들을 보자 약 15스타디온의 거리를 두고 멈춰 섰다. 그러자 헬라스인들의 예언자 아렉시온이 지체 없이 제물을 바쳤고, 첫 번째 제물을 바치자 길조가 나타났다. 그래서 크세노폰이 말했다.

(9) "장군들이여, 내가 보기에 우리 대열 뒤에 예비부대를 배치하는 것이 좋을 것 같소. 필요한 경우 그들이 대열을 도우러 달려오고 또 뒤죽박죽이 된 적군이 대열을 갖춘 원기 왕성한 부대들과 마주치도록 말이오." 그들은 모두 이 제안에 찬성했다. (10) "자, 이제 여러분은" 하고 그는 말을 이었다. "적군을 향해 대열을 인솔하시오. 우리가 적군에게 발

견되고 또 적군을 발견한 뒤에도 우두커니 서 있지 않도록 말이오. 나는 여러분이 결정한 대로 후미 부대들을 배치한 다음 뒤따라갈 것이오."
(11) 그리하여 다른 사람들은 말없이 인솔했고, 그는 각각 2백 명씩 구성된 3개 후미 부대를 차출해, 그중 첫째 부대는 오른쪽으로 돌려 1플레트론의 거리를 두고 뒤따라오게 했다. 이 부대는 아카이아 출신 사몰라스가 지휘했다. 둘째 부대는 중앙에 배치하여 똑같은 방법으로 뒤따라오게 했다. 이 부대는 아르카디아 출신 퓌르리아스가 지휘했다. 그리고 셋째 부대는 그가 왼쪽에 배치했는데, 이 부대는 아테나이 출신 프라시아스가 감독했다.

(12) 앞으로 나아가, 선두가 통과하기 어려운 큰 협곡에 이르렀을 때 그들은 그 협곡을 통과해야 하는지 몰라 멈춰 섰다. 그래서 그들은 장군들과 대장들에게 선두로 오라고 연락했다. (13) 크세노폰은 무엇이 행군을 막고 있는지 의아해하다가, 부르는 소리를 재빨리 듣고는 최대한 빨리 앞으로 말을 달렸다. 그들이 모였을 때 장군들 중 최고 연장자인 소파이네토스가 협곡은 도저히 통과할 수 없으니 통과하려고 시도해볼 필요도 없다고 말했다.

(14) 크세노폰이 진지하게 대답했다. "전우들이여, 여러분도 아시다시피, 나는 내 멋대로 여러분을 위험에 내맡긴 적이 한 번도 없었소. 내가 보건대, 여러분에게 필요한 것은 용감하다는 명성이 아니라 살아남는 것이기 때문이오. (15) 그런데 지금 사정은 이렇소. 싸우지 않고서는 우리는 이곳에서 벗어날 수 없소. 우리가 적군을 향해 나아가지 않으면, 우리가 물러갈 때 적군이 따라오며 우리를 습격할 것이오. (16) 그러니 여러분은, 우리가 무구들을 앞세우고 저들을 향해 나아가는 편이 더 나을지, 아니면 무구들을 등 뒤로 돌리고는 적군이 공격해오는 것을 보고만 있는 편이 더 나을지 숙고해보시오.

(17) 여러분도 아시다시피, 적군 앞에서 물러난다는 것은 결코 훌륭한 행동이 못 되지만 적군을 추격하는 것은 비겁한 자들에게도 용기를 불어넣는 법이오. 아무튼 나는 두 배나 많은 인원수를 이끌고 후퇴하느니 차라리 반밖에 안 되는 인원수로 공격하겠소. 그리고 저들은 아마도 우리가 공격하면 우리의 공격을 기다릴 거라고는 여러분도 예상하지 않겠지만, 우리가 물러나면 과감하게 우리를 추격하리라는 것을 우리는 다 알고 있소. (18) 또한 통과하기 어려운 협곡을 통과하여 우리가 싸우려고 할 때, 협곡을 등지는 것이야말로 한번 잡아볼 만한 기회가 아니겠소? 내가 바라는 것은, 적군에게는 모든 길이 후퇴하기 좋게 보이는 것이기 때문이오. 그러나 우리는 우리 앞의 지형을 보고 이기는 것 말고는 살아남을 길이 없다는 것을 알아야 합니다.

(19) 나는 또 누가 이 협곡을 우리가 지나온 다른 지역들보다 더 무섭다고 생각하는지 의아해하지 않을 수 없소. 우리가 적군의 기병을 이기지 못한다면 어떻게 평야를 지날 수 있을 것이며, 저토록 많은 경방패병이 우리를 바싹 추격해온다면 어떻게 우리가 넘어온 산들을 다시 넘을 수 있겠소? (20) 그리고 우리가 무사히 바닷가에 도착한다 해도 흑해야말로 얼마나 큰 협곡이오? 그곳에는 우리를 싣고 갈 함선도 없고, 또 우리가 머무를 경우 우리를 부양해줄 식량도 없소. 그래서 우리는 그곳에 일찍 도착할수록 그만큼 더 일찍 다시 식량을 구하러 나가야 합니다. (21) 그러니 우리가 아침도 먹지 못하고 내일 싸우느니 벌써 아침을 먹은 오늘 싸우는 편이 더 나을 것이오. 전우들이여, 제물은 우리에게 길조를 보여주었소. 새점(占)도 행운을 약속했으나, 제물로 쓴 가축들은 가장 좋은 전조를 보여주었소. 자, 적군을 향해 나아갑시다! 저들은 일단 우리를 본 이상 더는 편안하게 식사를 해서도 안 되고, 마음에 드는 곳에 진을 쳐서도 안 되오."

(22) 그러자 대장들이 그에게 인솔하도록 요구했고, 아무도 반대하지 않았다. 그리하여 그는 그들을 인솔하며, 각자 지금 위치에서 협곡을 통과하라고 명령했다. 그래야만 군대가 길게 늘어서서 협곡 위에 걸린 다리를 건너는 것보다 더 빨리 건너편에서 집결할 수 있을 것으로 보였기 때문이다. (23) 그들이 통과하자 그는 말을 타고 대열을 따라가며 말했다. "전우들이여, 여러분이 근접전을 통해 신들의 도움으로 얼마나 많은 전투에서 이겼는지, 그리고 적군을 피해 달아난 자들이 어떤 일을 겪었는지 돌이켜보시오. 그리고 여러분은 우리가 헬라스로 들어가는 문 앞에 서 있다는 것을 명심하시오. (24) 그러니 여러분은 길라잡이 헤라클레스를 따르되 서로 이름을 부르며 격려하시오. 사내대장부다운 훌륭한 말이나 행동을 통해 자신이 원하는 사람들 사이에 자신에 관한 기억을 남기는 것은 역시 감미로운 일이라오."

(25) 그는 말을 타고 지나가며 이렇게 말했고, 그러면서 군대를 대열을 갖춘 채 천천히 인솔하기 시작했다. 그리고 그들은 경방패병을 양쪽 날개에다 배치한 다음 적군을 향해 나아갔다. 나팔 소리로 신호를 보낼 때까지 창을 오른쪽 어깨에 메고 있다가 신호가 나면 공격을 위해 창을 아래로 겨누고 천천히 따라가되 아무도 뛰지 말라는 명령이 떨어졌다. 이어서 "구원자 제우스, 길라잡이 헤라클레스"라는 암호가 전달되었다. 한편 적군은 자신들의 위치가 유리하다고 믿고 기다리고 있었다.

(26) 헬라스인들이 그들에게 접근했을 때, 경방패병이 함성을 지르며 누가 명령하기도 전에 적군을 공격하기 시작했다. 그러자 적군의 기병대와 비튀니스인들의 무리가 마주 달려나와 경방패병을 패주시켰다. (27) 그러나 중무장보병의 대열이 속보로 나아가면서 나팔 소리가 울려 퍼지는 가운데 파이안을 노래하고 함성을 지르며 동시에 창을 아래로 겨누자, 적군은 더 버티지 못하고 도망치기 시작했다. (28) 그러자 티마

시온이 기병대를 이끌고 추격해, 수가 적은데도 불구하고 할 수 있는 데까지 많은 적군을 죽였다. 헬라스인들의 기병대와 대치하고 있던 적군의 왼쪽 날개는 즉시 흩어졌으나, 오른쪽 날개는 심하게 추격받지 않았던 까닭에 한 언덕 위에 모였다.

(29) 헬라스인들은 이들이 그곳에 멈춰 서 있는 모습을 보자 당장 이들을 공격하는 것이 가장 쉽고 가장 안전하다고 생각했다. 그래서 그들은 파이안을 노래하며 즉시 이들을 공격했고, 이들은 더이상 버티지 못했다. 그러자 경방패병들이 이들을 추격해, 드디어 오른쪽 날개도 흩어지고 말았다. 그러나 적군은 소수밖에 죽지 않았으니, 그들의 기병대가 워낙 많아 공포감을 불러일으켰기 때문이다.

(30) 그러나 헬라스인들은 파르나바조스의 기병대가 여전히 집결해 있고 비튀니스인들의 기병대도 이들과 합세해 언덕 위에서 사태를 관망하고 있는 모습을 보자, 비록 몹시 지쳐 있었지만 이들이 휴식을 취하고 다시 사기를 회복하지 못하도록 있는 힘을 다해 이들도 공격하기로 결정했다. (31) 그래서 그들은 대열을 이루고 나아갔다. 그러자 적군의 기병대는, 마치 기병대의 추격을 받고 있기라도 한 것처럼[21] 언덕 아래로 도망치기 시작했다. 어떤 협곡이 그들을 받아주었기 때문이다. 그러나 헬라스인들은 그것도 모르고 그곳에 닿기 전에 추격을 그만두고 돌아왔다. (32) 날이 이미 저물었기 때문이다. 그들은 첫 번째 전투가 벌어졌던 곳으로 돌아와 승전비[22]를 세운 뒤 해 질 무렵 바닷가로 돌아갔다. 진영까지의 거리는 약 60스타디온쯤 되었다.

제 6 장

(1) 그런 일이 있은 뒤 적군은 자신들 일에만 전념했고, 가족과 재산을 되도록 먼 곳에 옮겨놓았다. 한편 헬라스인들은 클레안드로스가 전함과 상선을 이끌고 오기를 기다리며 날마다 짐 나르는 가축들과 노예들을 데리고 나와 마음 놓고 밀, 보리, 포도주, 콩, 기장, 무화과를 실어갔다. 그 나라에는 올리브 말고는 좋은 것치고 안 나는 것이 없었기 때문이다. (2) 군대가 진영에 남아 쉴 때면 약탈품을 찾아 나가는 것이 허용되었고, 나가는 사람은 누구나 얻은 것을 가져도 되었다. 그러나 군대 전체가 나갔다가 누가 혼자 따로 가서 무엇을 얻으면 그것은 공동재산으로 선언되었다.

(3) 그리고 이때쯤에는 모든 것이 풍족했다. 사방의 헬라스 도시들에서 상품(商品)이 들어왔고, 함선을 타고 지나가던 사람들도 이곳에 도시가 건설되고 있으며 항구가 있다는 말을 듣고 기꺼이 입항했기 때문

---

21 기병대의 추격을 받으면 기병대가 무력해질 만한 기복이 심한 곳으로 들어가게 마련이다. 따라서 적의 기병대는 여기서 큰 실수를 하는 셈인데, 만약 그리스인들이 계속 추격했더라면 그들은 큰 타격을 받았을 것이다.
22 승전비(tropaion)는 적군이 돌아서서 패주하기 시작한 곳에 세우는 것으로 '적을 패주케 하는 제우스'(Zeus Tropaios)에게 바쳐졌다. 처음에는 말뚝 같은 것을 십자로 묶어서 거기에다 노획한 무구를 걸어두는 간단한 것이었다가 나중에는 승리자의 명성을 후세에 전하기 위해 견고한 소재를 사용하였다.

이다. (4) 이제는 이웃에 사는 적군도 크세노폰이 이곳에 도시를 건설하려 한다는 말을 듣고는 그에게 사절들을 보내, 그의 친구가 되려면 무엇을 해야 하는지 묻게 했다. 그러면 크세노폰은 매번 이 사절들을 군사들에게 보여주곤 했다.

(5) 그사이 클레안드로스는 전함 두 척을 이끌고 왔으나, 상선은 한 척도 이끌고 오지 않았다. 그가 도착했을 때 군대는 마침 밖에 나가 있었고 몇 명은 약탈품을 찾아 산속으로 들어갔다가 양을 많이 노획해왔다. 그들은 그것을 빼앗길까 걱정되어 오십노선[23]을 타고 트라페주스에서 달아났던 덱십포스에게 사정 이야기를 하고 양들을 맡아두었다가 일부는 그자가 갖고 나머지는 자기들에게 돌려달라고 부탁했다. (6) 그러자 그자는 즉시 주위에 둘러서서 그 양들은 공동재산이라고 선언하는 군사들을 쫓아버리더니 곧장 클레안드로스를 찾아가서 이들이 양들을 빼앗으려 했다고 주장했다. 그러자 클레안드로스가 빼앗으려 한 자를 자기 앞으로 데려오라고 지시했다.

(7) 그래서 덱십포스는 한 사람을 붙잡아 클레안드로스에게 끌고 가려 했다. 그러나 아가시아스가 우연히 이들과 마주쳐 그를 구해주었는데, 끌려가던 자가 자신의 대원이었기 때문이다. 그 자리에 있던 다른 군사들은 덱십포스를 "배신자"라 부르며 그에게 돌을 던지기 시작했다. 그러자 전함의 승무원 중 여러 명이 겁이 나 바닷가로 도망쳤는데, 클레안드로스도 그중 한 명이었다. (8) 크세노폰과 다른 장군들은 그들을 제지하고 이번 일은 별 의미도 없으며, 군사들의 결정이 이번 사건의 원인이라고 클레안드로스에게 밝혔다.

(9) 그러나 클레안드로스는 덱십포스의 사주를 받고 또 자신이 놀란 것에 스스로 화가 나 함선을 타고 떠나겠다고, 또한 그들은 적군인 만큼 어떤 도시도 그들을 받아주지 말라는 포고를 내리겠다고 위협했다.

그리고 당시에는 라케다이몬인들이 모든 헬라스인들을 통할하고 있었다. (10) 그러자 헬라스인들이 보기에 사태가 악화될 것 같았고, 그래서 그들은 클레안드로스에게 그렇게 하지 말라고 간청했다. 클레안드로스가 대답하기를, 먼저 돌을 던지기 시작한 자와, 그자를 풀어준 자를 넘겨주지 않으면 아무것도 달라질 것이 없다고 했다. (11) 그런데 그가 넘겨주기를 요구하는 아가시아스로 말하자면 시종일관 크세노폰의 친구였다. 덱십포스가 그를 모함하는 이유도 거기 있었다.

그래서 일이 아주 난처해지자 지휘관들이 군대를 한데 모았다. 그들 가운데 몇 명은 클레안드로스를 경시했으나 크세노폰은 이 일을 가벼이 보지 않았다. 그래서 그는 일어서서 말했다. (12) "전우들이여, 만약 클레안드로스가 우리에 대해 자신이 말한 것과 같은 그런 의도를 품고 이곳을 떠난다면, 내가 보기에 이는 결코 가볍게 볼 일이 아닌 것 같소. 헬라스의 도시들이 가까이 있고, 헬라스에서는 라케다이몬인들이 주인이며, 게다가 그들은 단 한 명이라도 도시들에서 자신이 원하는 바를 이룰 수 있기 때문이오.

(13) 그러니 이 사람이 먼저 우리가 뷔잔티온에 들어가지 못하도록 막고, 이어서 우리가 라케다이몬인들에게 복종하지 않고 법을 어겼다는 이유로 우리를 도시들이 받아주지 말라고 다른 총독들에게 전달한다면, 그리고 우리에 관한 이런 소문이 아낙시비오스 제독의 귀에라도 들어간다면, 우리로서는 머물기도 출항하기도 어려워질 것이오. 오늘날에는 육지에서도 바다에서도 라케다이몬인들이 주인이기 때문이오. (14) 그러니 우리는 한두 사람 때문에 다른 사람들을 헬라스에서 떼어놓아서는 안 되고, 라케다이몬인들의 명령에 복종해야 하오. 왜냐하면 우리의 고

23　1권 주 27 참조.

향 도시들도 그들에게 복종하기 때문이오.

(15) 듣자하니 덱십포스는 클레안드로스에게 말하기를, 내가 시키지 않았다면 아가시아스가 그런 짓을 하지 않았을 거라고 했다 하오. 그러니 내가 이번 사건에 어떻게든 책임이 있다고 아가시아스 자신이 말한다면 나로서는 여러분과 아가시아스에게는 죄가 없다고 할 것이며, 또 내가 돌을 던지거나 그 밖의 다른 폭행에 주도적인 역할을 했다면 나 자신에게 스스로 가장 엄한 벌을 선고하고 또 그것을 감수할 용의가 있소이다. (16) 하지만 그가 다른 사람에게 책임이 있다고 말한다면, 그 사람이 클레안드로스에게 출두해 심판받아야 한다고 나는 주장하오. 그래야만 여러분이 고발당하지 않을 것이기 때문이오. 지금의 사태로 미루어보건대, 우리는 헬라스에서 칭찬과 명예를 얻기를 기대하고 있지만, 그 대신 다른 사람들과 동등한 대우도 받지 못하고 헬라스의 도시들에서 배제되지 않을까 염려스럽소."

(17) 이어서 아가시아스가 일어서서 말했다. "전우들이여, 신들과 여신들의 이름으로 맹세하노니, 진실로 크세노폰도 그 밖에 여러분 가운데 어느 누구도 그 사람을 구하라고 내게 지시한 적이 없소. 나는 내 부대의 유능한 대원 한 명이 여러분도 아시다시피 여러분을 배신한 덱십포스에게 끌려가는 것을 보았을 때 이는 지나친 짓이라고 생각했으며, 그래서 그를 구해주었소. 인정합니다. (18) 그러나 여러분이 나를 넘겨줄 필요는 없소. 나는 크세노폰이 말했듯이 클레안드로스에게 자진 출두해 그가 어떻게 하기를 원하든 그의 심판을 받을 것이오. 그러니 여러분은 이 일 때문에 라케다이몬인들과 전쟁을 하지 말고 각자 원하는 곳으로 무사히 돌아가도록 하시오. 하지만 내가 무엇을 빠뜨리면 나를 위해 말하고 행동할 수 있도록, 여러분 중에서 몇 사람을 뽑아 나와 함께 클레안드로스에게 보내주시오."

(19) 그러자 군대는 그가 원하는 사람을 뽑아 데려가도록 허락해주었고, 그는 장군들을 뽑았다. 이어서 아가시아스와 장군들과 아가시아스가 구해준 사람이 클레안드로스를 찾아갔다. (20) 장군들이 말했다. "클레안드로스여, 군대가 우리를 그대에게 보내며 부탁하기를, 그대가 그들 모두를 고발할 경우, 그대 자신이 그들을 심판하고 그대 마음대로 행동하라고 했소. 그대가 한 명, 두 명 또는 그 이상을 고발할 경우, 그들은 이들이 자진 출두해 그대의 심판을 받는 것이 옳다고 생각하고 있소. 그대가 우리 가운데 한 명을 고발한다면 우리는 지금 그대 앞에 와 있소. 그대가 그 밖의 다른 사람을 고발한다면 말하시오. 우리에게 복종하기를 원하는 자는 아무도 출두하기를 거부하지 못할 것이기 때문이오."

(21) 이어서 아가시아스가 앞으로 나와 말했다. "클레안드로스여, 내가 바로 여기 이 사람이 덱십포스에게 끌려갈 때 구해주었고, 또 덱십포스를 때려주라고 명령했소. (22) 내가 알기에 이 사람은 유능하지만, 덱십포스로 말하자면 우리가 트라페주스인들에게 간청해 얻은 오십노선을 지휘하도록 군대에 의해 선출되었을 때, 우리가 무사히 귀향할 수 있도록 함선들을 모으라는 지시를 받았으면서도 함께 목숨을 건진 군사들을 배신하고 달아났기 때문이오. (23) 그리하여 우리는 트라페주스인들에게서 오십노선을 빼앗은 셈이 되어 그들에게는 악당으로 비치게 되었는데, 그 모든 것이 여기 이 덱십포스 때문이오. 이 사람에게 달려 있었다면 우리는 모두 목숨을 잃고 말았을 것이오. 그도 들었겠지만, 육로로 행군해 강들을 건너서 무사히 헬라스로 돌아간다는 것은 불가능했기 때문이오. (24) 바로 그런 사람에게서 나는 내 대원을 구했던 것이오. 그를 우리의 탈영병 중 한 명이 아니라 그대가 또는 그대의 부하 가운데 한 명이 끌고 갔더라면, 잘 알아두시오, 나는 결코 그런 짓을 하지 않았을 것이오. 또한 그대가 지금 나를 죽일 작정이시라면 비겁한 악당 때문에 선량

한 사람을 죽이려 하고 있다는 것을 명심하시오."

(25) 이 말을 듣고 클레안드로스는, 덱십포스가 그렇게 처신했다면 자기로서는 그를 칭찬할 수 없지만, 그럼에도 덱십포스가 설사 철저한 악당이라 하더라도 폭행을 당해서는 안 된다는 것이 자기 생각이라고 말했다. "오히려 그는" 하고 그는 말을 이었다. "그대들이 지금 요구하는 것처럼 먼저 심판받은 다음 처벌받았어야 할 것이오. (26) 그러니 그대들은 지금은 여기 이 사람을 남겨두고 돌아가시오. 그리고 내가 명령하면 그때 나타나서 심판받도록 하시오. 그리고 여기 이 사람이 끌려가던 사람을 구해주었다고 자인했으니, 나는 군대도 그 밖의 다른 사람도 고발하지 않을 것이오."

(27) 그러자 구출된 군사가 말했다. "클레안드로스여, 내가 나쁜 짓을 한 까닭에 끌려갔다고 그대가 믿으신다면, 나는 어느 누구도 때리거나 돌을 던진 적이 없고, 다만 그 양들은 공동재산이라고 말했을 뿐이오. 왜냐하면 군대 전체가 밖으로 나갈 때 자력으로 약탈하는 사람이 있더러도, 그 약탈품은 공동재산으로 하기로 군사들이 결의했기 때문이오. 그것을 나는 말했을 뿐이오. (28) 그러자 이 사람이 나를 붙잡아 끌고 가기 시작했소, 아무도 불평하지 못하도록. 그리고 그 자신은 규정을 어기고 약탈자들을 위해 재산을 구해줌으로써 제 몫을 챙기려고 말이오." 클레안드로스가 대답했다. "그대는 이번 일을 잘 알고 있을 테니, 우리가 그대에 관해서도 상의할 수 있도록 이곳에 남아 있도록 하라."

(29) 그리고 나서 클레안드로스와 그의 부하들은 아침을 먹기 시작했다. 크세노폰은 군대를 한데 모아놓고, 클레안드로스에게 사람들을 보내 전우들을 위해 청원하게 하라고 충고했다. (30) 그러자 군사들은 장군들과 대장들과 스파르테 출신 드라콘티오스와 그 밖에 적임자로 보이는 사람들을 보내 두 사람을 석방해주도록 온갖 방법으로 클레안드로

스에게 간청하게 하기로 결의했다.

(31) 그래서 크세노폰이 그리로 가서 말했다. "클레안드로스여, 그 사람들은 그대의 수중에 있고, 군대는 또 이 사람들뿐 아니라 자신들도 모두 그대 좋을 대로 처리하도록 위임했소. 하지만 지금 우리는 그 두 사람을 죽이지 말고 돌려달라고 그대에게 애원하고 간청하고 있소. 그들은 지난날 군대를 위해 많은 수고를 했기 때문이오. (32) 그대가 그들에게 그리 해주신다면, 그들은 그대가 자신들의 지휘관이 되기를 원하고, 신들께서 호의를 베풀어주실 경우 자신들이 질서와 규율을 알고 있으며 지휘관에게는 고분고분하지만 신들의 도움 덕분에 적군은 전혀 두려워하지 않는다는 것을 보여주겠다고 약속하고 있소. (33) 그들은 또 그대에게 간청하고 있소. 그대가 자신들과 합류해 자신들을 지휘하게 될 경우 덱십포스와 다른 사람들을 시험하여 양쪽이 각각 어떤 사람인지 알아보고 나서 각자에게 합당한 것을 나누어주시라고 말이오."

(34) 이 말을 듣고 클레안드로스가 말했다. "제우스의 두 아드님[24]께 맹세코, 나는 당장 여러분에게 대답하겠소. 두 사람을 나는 여러분에게 넘겨주고 나 자신은 여러분과 합류하여, 신들께서 허락하신다면 여러분을 헬라스로 인도하겠소. 여러분의 이 말은 내가 여러분에 관해 몇몇 사람들에게 들었던 것과는 정반대이기 때문이오. 말하자면 나는 군대가 라케다이몬인들에게서 이탈하도록 여러분이 사주한다고 들었던 것이오."

(35) 그러자 그들은 그를 찬양하며 두 사람을 데리고 그곳을 떠났

---

24 디오스쿠로이들(Dioskouroi '제우스의 아들들'), 즉 카스토르(Kastor)와 폴뤼데우케스(Polydeukes 라/Pollux)를 말한다. 제우스와 스파르테 왕비 레다(Leda) 사이에서 태어난 쌍둥이 형제인 이들은 헬레네(Helene)의 오라비들로, 스파르테인들의 종교 생활에서 중요한 역할을 했다.

다. 그러나 클레안드로스는 행군을 바라고 제물을 바쳤다. 그는 또 크세노폰과 친해져서, 두 사람은 친구 사이가 되었다. 그리고 그는 군사들이 질서정연하게 명령을 수행하는 모습을 보고 더욱더 그들의 지휘관이 되고 싶었다. (36) 그러나 사흘이나 제물을 바쳐도 길조가 나타나지 않자 그는 장군들을 불러 모아놓고 말했다. "내가 여러분을 인솔할 수 있도록 길조가 나타나지 않는구려. 그렇다고 사기가 꺾여서는 안 됩니다. 이 군사들을 인솔하는 임무는 아마도 여러분에게 주어진 것 같으니 말이오. 자, 행군을 시작하시오! 우리는 여러분이 그곳으로 오시면 우리가 할 수 있는 데까지 환영할 것이오."

(37) 그러자 군사들은 공동재산으로 선언된 양들을 그에게 주기로 결의했고, 그는 그것을 받았다가 그들에게 도로 돌려주었다. 그리고 나서 그는 함선을 타고 떠났다. 그리고 군사들은 자기들이 모은 식량과 그 밖의 다른 약탈품을 팔아버리고 나서 비튀니스를 지나 행군을 계속했다. (38) 그러나 그들은 곧장 가다가, 손에 무언가를 들고 우호적인 나라에 들어갈 수 있도록 약탈품을 찾았으나 실패하자 되돌아서서 하루 낮 하룻밤을 되돌아가기로 결정했다. 그리하여 그들은 노예들과 양들을 많이 노획했다. 그리고 엿새째 되는 날 그들은 칼케도니아에 있는 크뤼소폴리스에 도착하여, 약탈품을 파느라 그곳에 7일을 머물렀다.

제7권

제 1 장

(1) [헬라스인들이 퀴로스와 함께 내륙으로 행군하는 동안 전투가 벌어지기 전까지 겪은 일들과, 퀴로스가 죽은 뒤 흑해로 행군하는 동안 겪은 일들과, 그들이 아시아에 있는 크뤼소폴리스에 도착해 흑해 어귀에서 벗어날 때까지 육로와 바닷길을 이용해 흑해 밖으로 행군하는 동안 행한 일들은 모두 지난 이야기에서 밝힌 바 있다.] (2) 그러자 파르나바조스는 군대가 자신의 영역으로 쳐들어올까 겁이 나, 그때 마침 뷔잔티온에 가 있던 아낙시비오스 제독에게 사람을 보내 군대가 아시아에서 건너가게 해달라고 간청하며, 그가 요구하는 일이면 무엇이든 하겠다고 약속했다.

(3) 그래서 아낙시비오스는 장군들과 대장들을 뷔잔티온으로 소환하여 그들이 건너올 경우 군사들에게 급료가 주어질 거라고 약속했다. (4) 다른 사람들은 서로 의논해 그 결과를 그에게 통보하겠다고 대답했으나, 크세노폰은 이제는 군대를 떠나 함선을 타고 귀향하고 싶다고 했다. 그러나 아낙시비오스는 그도 일단 함께 건너왔다가 군대를 떠나도록 하라고 요구했다. 그래서 크세노폰은 그렇게 하겠다고 말했다.

(5) 이때 트라케 출신 세우테스가 크세노폰에게 메도사데스를 보내 군대가 건너오게 최선을 다해달라고 요구하면서, 그렇게 되도록 도와준다면 결코 후회하지는 않을 거라고 덧붙였다. 크세노폰이 대답했다. (6)

"군대는 건너가게 될 것이오. 그 일 때문이라면 세우테스는 나에게도 다른 사람에게도 전혀 돈을 지불할 필요가 없소. 그러나 군대가 건너간 뒤 나는 군대를 떠날 테니, 그는 그곳에 남아 있는 영향력 있는 사람들과 가장 좋다고 생각되는 방법으로 교섭하도록 하시오."

(7) 그리고 나서 군대는 뷔잔티온으로 건너갔다. 그러나 아낙시비오스는 급료를 지급하지 않고, 자기가 군사들을 집으로 보내주는 동시에 그들의 수(數)를 확인하고자 하니 그들은 무구와 짐을 챙겨 갖고 도시 밖으로 나가라고 포고하게 했다. 그러자 군사들은 화가 났으니, 행군을 위해 식량을 마련할 돈이 없었기 때문이다. 그래서 그들은 내키지 않는 마음으로 짐을 꾸리고 있었다.

(8) 한편 크세노폰은 친구 사이가 된 총독 클레안드로스를 찾아가 이제는 함선을 타고 귀향할 작정이라며 그에게 작별인사를 하려고 했다. 그러자 클레안드로스가 그에게 말했다. "그렇게 하지 마시오. 지금도 군대가 그토록 꾸물대는 것을 그대 책임으로 돌리는 사람들이 있기에 하는 말이오." (9) 크세노폰이 대답했다. "천만의 말씀! 그것은 내 책임이 아니오. 식량이 떨어져 군사들이 떠나고 싶은 마음이 내키지 않는 것이오." (10) "그렇다 해도" 하고 클레안드로스가 말했다. "내 그대에게 충고하노니, 그대는 함께 행군하려는 양 도시 밖으로 나갔다가, 군대가 일단 밖에 나가거든 그때 그들을 떠나도록 하시오." "좋소" 하고 크세노폰이 말했다. "아낙시비오스를 찾아가 이 일에 관해 의논하도록 합시다." (11) 그래서 그들은 아낙시비오스를 찾아가 이 이야기를 했다. 그의 대답인즉, 크세노폰은 시키는 대로 군대가 가능한 한 빨리 짐을 챙겨 갖고 도시를 떠나게 하라는 것이었다. 그는 또 수를 확인하기 위한 사열에 참가하지 않는 자는 스스로 그 책임을 져야 할 거라고 덧붙였다.

(12) 그러자 장군들이 먼저 도시에서 나갔고, 다른 사람들도 그 뒤

를 따랐다. 극소수를 제외하고는 전군(全軍)이 밖에 나가 있었고, 에테오니코스는 모두 다 밖으로 나가면 문을 닫고 빗장을 지르려고 성문 옆에 서 있었다. (13) 아낙시비오스는 장군들과 대장들을 불러 모아놓고 말했다. "식량은 트라케인들의 마을들에서 구하도록 하시오. 그곳에는 보리와 밀과 그 밖에 식량도 많이 있소. 그걸 갖고 케르소네소스로 행군해가시오. 그곳에서 퀴니스코스가 여러분에게 급료를 지급할 것이오." (14) 그러자 이를 엿들은 몇몇 군사가, 또는 대장들 가운데 한 명이 군사들 사이에 이 소문을 퍼뜨렸다. 한편 장군들은 세우테스가 적대적인지 우호적인지, 행군할 때 신성한 산'을 지나가야 하는지 트라케의 한가운데를 돌아가야 하는지 알아보고 있었다.

(15) 장군들이 이 일에 관해 상의하는 동안 군사들은 도로 도시로 들어가려고 무기를 들고 성문을 향해 돌진했다. 그러나 에테오니코스와 그의 대원들은 중무장보병들이 달려오는 것을 보자 문을 닫고 빗장을 질렀다. (16) 군사들은 문을 두드리며 자신들이 쫓겨나 적군에게 내맡겨지는 것은 심히 부당한 처사라고 말했다. 그들은 문지기들이 자진해 열지 않으면 문을 부수겠다고 위협했다. (17) 다른 사람들이 바닷가로 달려 내려가서 방파제 쪽에서 성벽을 넘어 도시 안으로 들어가는 동안 마침 성벽 안에 있던 다른 군사들은 성문 앞에서 일어나는 일을 보자 도끼로 빗장을 부수고 문을 열었다. 그러자 그들 모두가 안으로 밀고 들어갔다.

(18) 크세노폰은 일어나고 있는 일을 보자 군대가 약탈하기 시작해 도시와 자신과 군사들에게 치유할 수 없는 피해가 발생하지 않을까 겁이 났다. 그래서 그는 달려와 무리와 함께 성문 안으로 밀고 들어갔다. (19) 뷔잔티온인들은 군대가 억지로 쳐들어오는 것을 보자 시장에서 더러는 자신들의 함선이 있는 곳으로, 더러는 자신들의 집으로 도망쳤고,

마침 집안에 있던 자들은 모두 밖으로 달아났으며, 또 더러는 그 안에서 목숨을 건지려고 삼단노선들을 바닷물로 끌어내리기 시작했다. 그들은 모두 자신들은 끝장났고 도시는 함락된 줄 알았던 것이다. (20) 에테오니코스는 성채로 도망쳤고, 아낙시비오스는 바닷가로 달려 내려가 고깃배를 타고 밖으로 돌아서 성채에 도착해서는 당장 칼케돈으로부터 수비대를 불러들였다. 성채 안에 있는 군세로는 헬라스 군사들을 충분히 제압할 수 없을 것 같았기 때문이다.

(21) 군사들은 크세노폰을 보자 우르르 몰려가 말했다. "크세노폰이여, 이제야말로 그대가 남자임을 보여줄 때가 된 것 같소. 그대에게는 도시가 있고 삼단노선들이 있고 돈이 있으며, 이토록 많은 전사들이 있소. 이제 그대가 원한다면 그대는 우리에게 도움을 줄 수 있고, 우리는 그대를 위대하게 만들 수 있소." (22) 그는 그들을 진정시키기를 바라며 대답했다. "여러분의 말이 옳소. 그러니 내 그렇게 하겠소. 그러나 여러분 뜻이 정 그렇다면, 여러분은 당장 대열을 갖추고 무구를 내려놓으시오." 그러고 나서 그 자신도 이 말을 전달했고, 다른 사람들에게도 전달하도록 명령했다. 무구를 내려놓으라고.

(23) 그들이 자진해 대열을 갖추기 시작하니, 중무장보병은 금세 8열 횡대로 정렬했고, 경방패병은 양쪽 날개를 향해 달려갔다. (24) 그들이 서 있던 이른바 트라케 광장은 집들이 없고 평편하여 열병(閱兵)을 위해서는 안성맞춤이었다. 그들이 무구를 내려놓고 진정되자, 크세노폰은 군대를 불러 모아놓고 다음과 같이 말했다.

(25) "전우들이여, 여러분이 화가 나고, 또 여러분이 기만당함으로써 부당한 대접을 받았다고 믿는 것은 내게는 놀랄 일이 못 되오. 그러나

---

1 프로폰티스(Propontis 지금의 Marmara)해 북안(北岸)에 있닷산.

우리가 분통을 터뜨려 이러한 기만에 대해 이곳에 있는 라케다이몬인들에게 보복하고 아무 죄 없는 이 도시를 약탈하면 그 결과가 어떻게 되겠는지 곰곰이 생각해보시오. (26) 우리는 라케다이몬인들과 그 동맹국의 공공연한 적이 될 것이오. 그리하여 어떤 종류의 전쟁이 일어날 것인지는 우리 자신도 보았던 최근의 사건들을 회고함으로써 짐작해볼 수 있을 것이오.

(27) 우리 아테나이인들은 라케다이몬인들 및 그 동맹국과 전쟁에 돌입했을 때 3백 척 이상의 삼단노선을 갖고 있었는데, 그중 일부는 물에 떠 있었고 일부는 조선소에 있었소. 그 밖에 우리는 시내에 많은 돈을 갖고 있었으며 또한 자그마치 1천 탈란톤의 연수(年收)가 있었는데, 국내에서 거두어들이거나 외국에서 공물로 받은 것이었소. 우리는 모든 섬을 지배했고, 아시아에 많은 도시를 갖고 있었으며, 에우로페에도 많은 도시와 지금 우리가 와 있는 뷔잔티온을 갖고 있었소. 그런데도 여러분 모두가 아시다시피 우리는 패했소.

(28) 도대체 우리의 운명이 이제 어떻게 될 것 같소? 라케다이몬인들이 옛 동맹국을 그대로 갖고 있고 아테나이인들과 이들의 옛 동맹국까지 이에 합류한 데다, 팃사페르네스와 해안지대에 사는 다른 비헬라스인들이 모두 우리에게 적대적이라면, 그중에서도 가장 적대적인 자는 우리가 그의 통치권을 빼앗고 가능하면 죽이려고 출진(出陣)했던 내륙에 있는 대왕 자신이라면 말이오. 이들 모두가 우리에게 대항해 한편이 된 지금 우리가 이길 거라고 생각할 만큼 정신 나간 사람이 어디 있겠소? (29) 신들의 이름으로 말하노니, 제발 우리는 미쳐서 우리 조국들과 우리 자신의 친구들과 친척들의 적으로서 수치스럽게 파멸하는 일이 없도록 합시다. 그들은 모두 우리를 치기 위해 출진하게 될 도시들에 살고 있고, 또 우리가 그럴 힘이 있었는데도 비헬라스인들의 도시는 하나도 함

락하지 않고 우리가 들어선 첫 번째 헬라스 도시를 함락하고 약탈하려 한다면 그들의 그런 행동은 정당하기에 하는 말이오.

(30) 그래서 나는 여러분이 그런 짓을 자행하는 것을 보느니 차라리 천 길 땅속에 누워 있게 해달라고 기도하고 있소. 그래서 내 여러분에게 충고하노니, 여러분은 헬라스인들인 만큼 헬라스인들의 지도자에게 복종함으로써 정당한 권리를 쟁취하려고 노력하시오. 그것이 불가능하다면 우리는 설사 부당한 대우를 받았다 해도 적어도 헬라스만은 빼앗겨서는 안 될 것이오. (31) 그래서 지금 내가 보건대 아낙시비오스에게 사람을 보내 이렇게 전하는 것이 좋을 듯하오. '우리가 시내로 들어온 것은 폭력을 행사하기 위해서가 아니라 가능하다면 여러분에게서 좋은 것을 얻기 위해서이고, 또 그것이 불가능하다면 적어도 우리가 떠나는 것은 우리가 속았기 때문이 아니라 우리가 복종하기 때문이라는 것을 보여주기 위해서요.'"

(32) 그렇게 하기로 결정되자 그들은 엘리스 출신 히에로뉘모스와 루소이 출신 에우륄로코스와 아카이아 출신 필레시오스를 보내 이 말을 전하게 했다. 그래서 이들은 임무를 수행하기 위해 떠났다.

(33) 군사들이 여전히 앉아 있는 동안 테바이 출신 코이라타다스가 들어왔다. 그는 헬라스를 떠돌아다녔는데, 추방당했기 때문이 아니라 장군이 되고 싶어서 어떤 도시나 부족에게 장군이 필요할 경우 자원하기 위해서였다. 그래서 그때 그는 군사들에게 다가가 좋은 것을 많이 약탈할 수 있는 이른바 트라케의 삼각주[2]로 인도할 용의가 있으며, 그들이 그곳에 도착할 때까지 먹을거리와 마실 것을 넉넉히 대주겠다고 말했다.

---

[2] 뷔잔티온의 북부와 북동 지역. 흑해와 프로폰티스해 사이에 있는 이 반도 지역은 삼각형처럼 보인다.

(34) 군사들은 이러한 제의와 동시에 아낙시비오스의 답변을 듣자 —그는 그들이 복종할 경우 결코 후회하지 않게 해줄 것이며, 고향에 있는 자신의 정부에 이 사실을 보고할 뿐 아니라 자신도 그들에 관해 되도록 유리한 결정을 내리겠노라고 대답했던 것이다— (35) 코이라타다스를 장군으로 받아들이고 성벽 밖으로 나갔다. 그러자 코이라타다스는 이튿날 제물로 쓸 가축들과 예언자와 먹을거리와 마실 것을 가지고 다시 군대에 합류하겠다고 약속했다. (36) 그들이 도시에서 나가자마자 아낙시비오스는 성문을 잠그게 하고 시내에서 잡히는 군사는 노예로 팔려가게 될 거라고 포고하게 했다. (37) 이튿날 코이라타다스는 제물로 쓸 가축들과 예언자를 데려왔다. 그 뒤를 이어 20명이 보릿가루를, 다른 20명은 포도주를, 세 명은 올리브를, 한 명은 마늘을 질 수 있는 만큼 한 짐 지고 왔고, 다른 한 명은 양파를 지고 왔다. 그는 이것들을 나누어주려는 듯 내려놓은 다음 제물을 바치기 시작했다.

(38) 한편 크세노폰은 클레안드로스에게 사람을 보내 자신이 성벽 안으로 들어가 뷔잔티온에서 함선을 타고 떠날 수 있게 주선해달라고 간청했다. (39) 그러자 클레안드로스가 찾아와 말했다. "나는 간신히 그렇게 주선하고는 이리로 오는 길이오. 뷔잔티온인들이 당파싸움을 하며 서로 적대하는 만큼 군사들이 성벽 가까이 있는데 크세노폰이 그 안에 있는 것은 바람직하지 않다고 아낙시비오스가 말했기 때문이오. 그럼에도 불구하고" 하고 그는 말을 이었다. "그는 그대가 자기와 함께 함선을 타고 떠나고자 한다면 그대더러 안으로 들어오라고 했소."

(40) 그래서 크세노폰은 군사들과 작별하고 클레안드로스와 함께 성벽 안으로 들어갔다. 한편 코이라타다스는 첫날에 제물이 길조를 보여주지 않자 군사들에게 아무것도 나누어주지 않았다. 이튿날 제단 옆에 이미 제물들이 서 있고 코이라타다스가 머리에 화관을 썼을 때, 다르

다노스 출신 티마시온과 아시네 출신 네온과 오르코메노스 출신 클레아노르가 그에게 다가가서, 그가 식량을 나누어주지 않는 한 군대를 지휘할 수 없을 테니 제물을 바치지 말라고 했다. 그러자 그는 식량을 나누어주게 했다. (41) 그러나 그가 각각의 군사들에게 나누어준 것이 하루분에도 훨씬 못 미치자, 그는 장군직을 포기하고 제물로 쓸 가축들을 끌고 가버렸다.

제 2 장

(1) 아시네 출신 네온, 아카이아 출신 프뤼니스코스, 아카이아 출신 필레시오스, 아카이아 출신 크산티클레스, 다르다노스 출신 티마시온은 군대에 남아 있었다. 그들은 뷔잔티온 근처에 있는 트라케 마을들로 가서 그곳에 진을 쳤다. (2) 장군들은 의견이 엇갈렸다. 클레아노르와 프뤼니스코스는 군대를 세우테스에게 인솔해가려고 했다. 그가 그들을 설득하려고 했고, 한 사람에게는 말을, 다른 사람에게는 여자를 주었기 때문이다. 그러나 네온은 케르소네소스로 가려고 했다. 그들이 라케다이몬인들의 통제 아래 들어가면 자기가 전군(全軍)을 지휘하게 되리라고 믿었던 것이다.³ 그러나 티마시온은 도로 아시아로 건너가기를 열망했으니, 그래야 집에 돌아갈 수 있으리라고 믿었던 것이다. 군사들도 집에 돌아가기를 원했다.

(3) 그러나 시간이 경과하자, 많은 군사들이 더러는 그 나라에서 무구들을 팔고는 기회가 닿는 대로 함선을 타고 떠났고, 더러는 이웃한 도시들로 섞여들었다. (4) 아낙시비오스는 군대가 해체된다는 소식을 듣고 기뻐했다. 일이 그렇게 되면 파르나바조스가 크게 기뻐할 거라고 믿었기 때문이다.

(5) 아낙시비오스는 뷔잔티온에서 함선을 타고 집으로 가다가 퀴지코스에서 클레안드로스 후임으로 뷔잔티온 총독이 된 아리스타르코스

를 만났다. 그리고 그 자신의 후임 제독인 폴로스도 곧 헬레스폰토스에 도착할 것이라는 소문이 나돌았다. (6) 아낙시비오스는 아리스타르코스에게 뷔잔티온에서 발견되는 퀴로스의 군사들은 모조리 붙잡아 노예로 팔아버리라고 부탁했다. 클레안드로스는 한 명도 팔지 않았고, 오히려 동정심에서 환자들을 돌봐주고 집으로 받아들이게 했다. 그러나 아리스타르코스는 도착하자마자 자그마치 4백 명을 팔아버렸다.

(7) 아낙시비오스는 해안을 따라 항해하다가 파리온에 도착해 약조한 대로[4] 파르나바조스에게 사람을 보냈다. 그러나 파르나바조스는 아리스타르코스가 총독으로 뷔잔티온에 부임했고 아낙시비오스는 이미 제독이 아니라는 것을 알고는 아낙시비오스를 거들떠보지도 않고, 퀴로스의 군대와 관련해 전에 아낙시비오스와 맺었던 것과 똑같은 협정을 아리스타르코스와 맺으려 했다.

(8) 그러자 아낙시비오스는 크세노폰[5]을 불러놓고, 온갖 수단과 방법을 동원해 군대가 있는 곳으로 되도록 빨리 함선을 타고 가서 군대를 함께 모아두되, 본대(本隊)에서 흩어진 자를 되도록 많이 모은 다음 해안을 따라 페린토스로 전군을 인솔해가서는 지체 없이 아시아로 건너게 하라고 요구했다. 그는 또 그에게 삼십노선 한 척과 서찰 한 통을 주며 사람을 한 명 딸려 보냈는데, 이 사람은 크세노폰을 말에 태워 되도록 빨리 군대가 있는 곳에 데려다주라고 페린토스인들에게 명령할 참이었다. (9) 그리하여 크세노폰은 함선을 타고 페린토스로 건너가 군대가 있는 곳에 도착했다. 그러자 군사들은 그를 반가이 맞았고, 트라케에서 아시

---

3 네온은 장군들 가운데 유일한 스파르테인이었다.
4 7권 1장 2절 참조.
5 아낙시비오스는 크세노폰과 함께 여행 중이었다. 7권 1장 39절 참조.

아로 건너게 된 것을 기뻐하며 즉시 그를 따라나섰다.

(10) 세우테스는 크세노폰이 도착했다는 말을 듣고 이번에도 바닷길로 그에게 메도사데스를 보내 군대를 자기에게 데려오라고 간청하면서, 그를 설득할 만하다고 생각되는 것이면 무엇이든 약속했다. 그러나 크세노폰은 그런 일은 있을 수 없다고 대답했고, 이 대답을 듣자 메도사데스는 떠났다. (11) 헬라스인들이 페린토스에 도착했을 때, 네온은 그들과 떨어져서 약 8백 명을 데리고 따로 진을 쳤다. 그러나 나머지 군대는 모두 페린토스인들의 성벽 옆 같은 곳에 모여 있었다.

(12) 그리고 나서 크세노폰은 되도록 빨리 건너려고 함선을 구하기 위해 교섭을 시작했다. 그사이 뷔잔티온 총독 아리스타르코스가 전함 두 척을 이끌고 나타났다. 그는 파르나바조스에게 설득되어 있던 터라 함장들에게 군대를 건네주지 말라고 명령했을 뿐 아니라, 진영에 가서 군사들에게 아시아로 건너가지 말라고 했다. (13) 크세노폰이 대답했다. "아낙시비오스가 그렇게 명령했고, 그래서 나를 이곳으로 보냈던 것이오." 아리스타르코스가 대답했다. "아낙시비오스는 이미 제독이 아니고, 내가 이곳의 총독이오. 여러분 가운데 누구든 바다에서 나에게 붙잡히면, 내가 그를 가라앉힐 것이오." 이렇게 말하고 그는 성벽 안으로 들어갔다.

(14) 이튿날 아리스타르코스는 군대의 장군들과 대장들에게 사람을 보냈다. 그래서 그들이 벌써 성벽 가까이 가 있었을 때, 누가 크세노폰에게 그가 안으로 들어가면 붙잡혀 그곳에서 어떤 불상사를 당하거나, 아니면 파르나바조스에게 넘겨지게 될 거라고 귀띔해주었다. 이 말을 듣고 그는 다른 사람들을 먼저 보내며, 자신은 제물을 바치고 싶다고 했다. (15) 그리고 나서 그는 돌아가 군대를 세우테스에게 인솔해가는 것을 신들이 허락해주시는지 알아보려고 제물을 바쳤다. 그들이 건너가는

것을 막으려는 자가 삼단노선들을 갖고 있는 이상, 그들이 아시아로 건너가는 것은 위험하다는 사실을 그는 알고 있었던 것이다. 그는 또 군대가 케르소네소스로 가서 그곳에 갇혀 온갖 물자에 큰 어려움을 겪는 것도 원치 않았다. 그곳에서는 군대가 부득이 그곳 총독에게 복종해야 할 뿐 아니라, 식량을 구할 전망이 전혀 없었기 때문이다.

(16) 크세노폰이 이런 생각을 하고 있을 때 장군들과 대장들이 돌아와서 전하기를, 아리스타르코스가 자기들에게 지금은 돌아가고 오후에 다시 오라고 명령하더라는 것이었다. (17) 그리하여 크세노폰에 대해 음모를 꾸미고 있음이 더욱 확실해졌다. 그래서 제물에서 그와 군대가 세우테스를 찾아가도 무사할 것이라는 길조가 나타나자, 그는 아테나이 출신 대장 폴뤼크라테스와, 네온을 제외한 장군들에게서 각자가 신뢰하는 사람을 한 명씩 데리고 밤에 60스타디온이나 떨어져 있던 세우테스의 군대를 찾아갔다.

(18) 그들이 가까이 다가갔을 때 그는 사람들이 지키지 않는 화톳불들과 마주쳤다. 처음에 그는 세우테스가 다른 곳으로 진영을 옮긴 줄 알았다. 그러나 소음과 더불어 세우테스의 부하들이 서로 신호하는 소리가 들렸을 때, 그는 세우테스가 초소들 앞에 화톳불을 피우게 한 이유는, 보초들은 어둠 속에 있어서 얼마나 많은지 어디에 있는지 보이지 않지만, 다가가는 자들은 숨지 못하고 불빛에 드러나도록 하기 위해서라는 것을 알았다.

(19) 그런 줄 알았을 때 그는 마침 데리고 있던 통역을 보내 세우테스에게, 크세노폰이 찾아와 만나기를 원한다고 전하게 했다. 보초들은 그가 군대에서 온 아테나이인이냐고 물었다. (20) 그가 그렇다고 대답하자, 그들은 말을 타고 서둘러 떠났다. 잠시 뒤 약 2백 명의 경방패병이 나타나더니 크세노폰과 그의 일행을 세우테스에게 데려갔다. (21) 세우테

스는 엄중한 경호를 받으며 탑 안에 있었고, 탑 주위에는 고삐를 단 말들이 서 있었다. 그는 겁이 나서 자신의 말들에게 낮에는 먹이를 주고, 밤에는 고삐를 달아 자신을 지키게 했던 것이다. (22) 전하는 이야기에 따르면, 세우테스의 선조인 테레스는 대군을 이끌고 있었음에도 이 지역에서, 특히 밤에는 가장 호전적인 것으로 소문이 나 있는 튀노이족이라는 이웃 부족의 손에 수많은 전사와 수송대를 잃은 적이 있었기 때문이다.

(23) 그들이 가까이 다가가자, 세우테스는 크세노폰에게 두 사람만 골라서 데리고 들어오라고 요구했다. 그들은 안에 들어가자마자 먼저 인사를 나누고 나서 트라케식으로 뿔잔에 가득 든 포도주로 서로 건배했다. 세우테스 옆에는 메도사데스도 앉아 있었다. (24) 그러고 나서 크세노폰이 말하기 시작했다. "세우테스여, 그대는 처음에 여기 이 메도사데스를 칼케돈으로 보내 그대를 위해 군대를 아시아에서 건너오게 해달라고 간청하며 내가 그렇게만 해주면 여기 이 메도사데스가 선언한 것과 같은 대우를 해주겠다고 약속했소."

(25) 그렇게 말하고 나서 그는 메도사데스에게 그것이 사실인지 물었다. 메도사데스가 그렇다고 대답했다. "내가 파리온에서 군대가 있는 곳으로 도로 건너갔을 때 여기 이 메도사데스가 재차 나를 찾아와서, 군대를 그대에게 인솔해가면 나를 모든 면에서 친구와 형제로 대할 뿐 아니라, 그대가 다스리는 바닷가 요새들을 넘겨주겠다고 약속했소." (26) 그렇게 말하고 나서 그는 다시 메도사데스에게 그런 말을 했는지 물었다. 메도사데스는 그것도 시인했다. "자, 그렇다면" 하고 그는 말을 이었다. "내가 처음에 칼케돈에서 어떻게 대답했는지 그대는 세우테스에게 말하시오!"

(27) "그대가 대답하기를 군대는 뷔잔티온으로 건너갈 것인즉, 그 때문이라면 그대에게도 다른 사람에게도 아무것도 지불할 필요가 없다

고 했소. 또한 그대 자신은 일단 건너간 뒤 군대를 떠날 것이라 했소. 그리고 그대가 말한 대로 되었소." (28) "내가 뭐라고 했지요?" 하고 크세노폰이 물었다. "그대가 셀륌브리아 근처에 있던 나를 찾았을 때 말이오." "그대가 말하기를, 그 계획은 불가능하고 당신들은 페린토스로 가서 그곳에서 아시아로 건널 거라고 했소."

(29) "그래서 나는 지금" 하고 크세노폰이 말했다. "여기 온 것이오, 장군들 가운데 한 명인 여기 이 프뤼니스코스와 대장들 가운데 한 명인 저기 저 폴뤼크라테스와 함께 말이오. 그리고 바깥에는 라케다이몬 출신 네온을 제외한 각 장군들의 심복이 한 명씩 와 있소. (30) 그러니 우리의 협상이 더 신빙성 있기를 바란다면 그대는 그들도 불러들이시오. 폴뤼크라테스여, 그대는 가서 무구들을 내려놓으라는 내 명령을 그들에게 전하고, 그대 자신도 칼을 내려놓고 다시 들어오도록 하시오."

(31) 이 말을 듣고 세우테스는, 자기는 아테나이인은 아무도 불신하지 않는다고 말했다. 그는 아테나이인들이 자신의 친척[6]이라는 것을 알고 있으며, 우호적인 친구로 여긴다는 것이었다. 그러고 나서 그가 부른 사람들이 들어오자, 크세노폰은 세우테스에게 먼저 군대를 어디에 쓰려고 하는지 물었다.

(32) 세우테스는 다음과 같이 대답했다. "마이사데스는 내 아버지로, 멜란디타이족과 튀노이족과 트라닙사이족을 통치하셨소. 그러나 오드뤼사이족의 나라가 무너지자 내 아버지께서는 이 나라에서 쫓겨나 병이 들어 세상을 떠나셨고, 나는 지금의 왕인 메도코스의 궁전에서 고아로 자랐소. (33) 그러나 나는 청년이 되자 더는 남의 식탁이나 쳐다보며

---

[6] 전설에 따르면, 트라케 왕 테레우스(Tereus 여기에서는 Teres)는 아테나이 왕 판디온(Pandion)의 딸 프로크네(Prokne)와 결혼했다.

살아갈 수가 없었소. 그래서 나는 탄원자로서 메도코스와 같은 식탁 가에 앉아서 우리를 내쫓은 자들을 힘닿는 데까지 응징하고 그의 식탁이나 쳐다보며 살아갈 필요가 없도록 되도록 많은 군사들을 내달라고 그에게 간청했소. (34) 그러자 그는 날이 새면 그대들이 보게 될 군사들과 말들을 내게 주었소. 그래서 나는 지금 내 아버지에게서 비롯된 나 자신의 나라를 약탈하며 그들과 함께 살아가고 있는 것이오. 그러나 그대들이 나와 합세해준다면, 나는 아마 신들의 도움으로 쉽게 내 영토를 회복할 수 있을 것이오. 이것이 바로 내가 그대들을 필요로 하는 까닭이오."

(35) "그렇다면 우리가 올 경우," 하고 크세노폰이 말했다. "그대는 군대와 대장들과 장군들에게 무엇을 줄 수 있소? 우리에게 말하시오, 여기 이 사람들이 전달할 수 있도록!" (36) 그러자 세우테스는 군사들에게는 각각 1퀴지케노스를, 대장들에게는 2배를, 장군들에게는 4배를 주고, 그 외에도 원하는 만큼의 토지와 짐 나르는 가축들과 바닷가의 요새들도 주겠다고 약속했다.

(37) "그러나 만일" 하고 크세노폰이 말했다. "우리가 시도는 하되 라케다이몬인들에 대한 어떤 두려움 때문에 성공하지 못한다면, 그대는 군대를 떠나 그대를 찾아오려는 자들을 그대의 나라에 받아주시겠소?" (38) 그러자 그가 대답했다. "아니, 나는 그들을 내 형제로, 한솥밥을 먹은 친구로, 그리고 우리가 약탈하게 될 모든 것의 공유자(共有者)로 삼을 것이오. 그리고 크세노폰이여, 그대에게 나는 또 내 딸을 아내로 줄 것이며, 그대에게 딸이 있으면 나는 트라케의 관습에 따라 그녀를 살 것이오.[7] 그리고 나는 그대에게 바닷가에 있는 내 요새 가운데 가장 아름다운 비산테를 거처로 줄 것이오."

제 3 장

(1) 이 말을 듣고 나서 양쪽은 언질을 주고받았으며, 헬라스인들은 말을 타고 떠났다. 날이 새기 전에 그들은 진영에 도착해 저마다 자기를 보낸 사람에게 가 보고했다. (2) 날이 새자 아리스타르코스는 다시 장군들과 대장들을 소환했다. 그러나 이들은 아리스타르코스에게 가기를 그만두고 군대를 불러 모으기로 결정했다. 그리하여 약 10스타디온 떨어진 곳에 진을 친 네온의 대원들 외에는 모두들 모였다.

(3) 그들이 모이자 크세노폰이 일어서서 다음과 같이 말했다. "전우들이여, 우리가 가려는 곳으로 가지 못하도록 아리스타르코스가 그의 삼단노선들로 방해하고 있소. 따라서 우리가 함선에 오르는 것은 안전하지 못하오. 바로 그 아리스타르코스는 우리더러 억지로 신성한 산을 지나 케르소네소스로 들어가라고 명령하고 있소. 그리고 우리가 억지로 그 산을 넘어 케르소네소스에 도착하게 되면, 그는 여러분을 뷔잔티온에서처럼 더이상 팔아버리지도, 더이상 속이지도 않고 급료를 지급할 것이며, 여러분이 식량이 없는데도 더이상 지금처럼 못 본 체하지도 않겠다고 말하고 있소. 그는 그렇게 말하고 있소. (4) 그러나 세우테스는 여러분이 자기를 찾아오면 여러분에게 잘해주겠다고 말하고 있소. 그러

---

7 고대 그리스에서는 신랑이 신부 집에 구혼선물을 주어야 했다.

니 여러분은 이 문제를 지금 이곳에 남아 논의할 것인지 아니면 식량을 구하러 출발한 뒤에 논의할 것인지 잘 생각해보시오.

(5) 내 생각에는, 우리는 이곳에서 식량을 살 돈도 없고 또 돈 없이는 우리가 식량을 가져가는 것을 허용하지 않으니, 그곳 주민들이 우리보다 약하기에 우리가 식량을 가져가는 것을 허용하는 마을로 가서 그곳에서 식량을 확보한 뒤 사람들이 여러분에게 바라는 것이 무엇인지 들어보고 나서 여러분에게 가장 유리해 보이는 것을 택하는 것이 좋을 것 같소. (6) 이에" 하고 그는 말했다 "동의하는 사람은 손을 드시오!" 모두들 손을 들었다. "그렇다면 가서" 하고 그는 말을 이었다. "짐을 챙기시오. 그리고 명령이 떨어지면 선두를 따르도록 하시오."

(7) 그러고 나서 크세노폰이 인솔하자 다른 사람들은 따랐다. 네온과 아리스타르코스가 보낸 몇몇 사람은 그들을 되돌리려고 설득해보았으나 그들은 귀를 기울이지 않았다. 그들이 30스타디온쯤 나아갔을 때 세우테스가 마중을 나왔다. 크세노폰은 그를 보자 말을 타고 가까이 오라고 하였으니, 되도록 많은 사람들이 듣는 앞에서 그들에게 유리하다고 생각되는 바를 그에게 말하기 위해서였다. 그가 다가오자 크세노폰이 말했다.

(8) "우리는 군대가 식량을 구할 수 있을 만한 곳으로 행군하는 중이오. 그곳에서 우리는 그대와 라케다이몬인들의 제의를 들어보고 가장 유리하다고 생각되는 바를 택할 것이오. 그러니 그대가 우리를 식량이 풍족한 곳으로 인도한다면 우리는 그대에게 대접받았다고 생각하게 될 것이오." (9) 그러자 세우테스가 대답했다. "나는 식량이라면 없는 것이 없는 수많은 마을들이 나란히 붙어 있는 곳을 아는데, 그곳은 행군한 뒤 느긋하게 아침을 지어 먹을 수 있을 거리에 있소." "그렇다면 인도하시오!" 하고 크세노폰이 말했다.

(10) 그들이 저녁 무렵 그 마을들에 도착하자 군사들이 모였고, 세우테스가 다음과 같이 말했다. "전사들이여, 나는 그대들이 나와 함께 출진해주기를 간청하며, 그 대신 군사들에게는 1퀴지케노스를, 대장들과 장군들에게는 통상적인 급료를 지급할 것을 그대들에게 약속하오. 나는 또 그럴 만한 공로가 있는 사람은 표창할 것이오. 먹을거리와 마실 것은 오늘처럼 그대들은 이 나라에서 구할 수 있을 것이오. 그러나 약탈품은 모두 내가 내 몫으로 챙길 참이오. 내가 그것을 팔아 그대들의 급료를 마련할 수 있도록 말이오. (11) 도망쳐 숨는 자는 모두 우리가 추격하여 찾아낼 수 있을 것이오. 그러나 누가 대항한다면 우리는 그자를 그대들의 도움으로 굴복시키려 할 것이오." (12) 크세노폰이 물었다. "군대가 바닷가에서 얼마나 멀리 그대를 따라가야 할 것으로 예상하시오?" 그가 대답했다. "7일 이상 들어가는 곳은 없고, 대부분은 그보다 적게 들어가오."

(13) 이어서 누구든 원하는 사람에게 말할 기회가 주어졌다. 세우테스의 제의가 가장 유익하다고 많은 사람들이 이구동성으로 말했다. 때가 겨울인지라 고향에 돌아가고 싶어도 돌아갈 수 없으며, 식량을 사 먹어야 한다면 우호적인 나라에 머문다는 것은 사실상 불가능하다는 것이었다. 그리고 적대적인 나라에서는 혼자가 아니라 세우테스와 함께 시간을 보내며 생계를 유지하는 편이 더 안전하다는 것이었다. 그런 많은 이점 외에도 급료를 받게 되어 있는데, 그들에게 이것은 횡재나 다름없어 보였다. 그들에 이어서 크세노폰이 말했다. (14) "누구든 이의가 있는 사람은 말하시오. 아니면 이 문제를 표결에 부치도록 합시다." 아무도 이의를 말하지 않자 그는 표결에 부쳤고, 그 계획은 가결되었다. 그래서 그는 지체 없이 세우테스에게, 그들이 그와 함께 출진하게 될 거라고 전했다.

(15) 그러고 나서 군사들은 부대별로 진을 쳤고, 장군들과 대장들은 인근 마을을 점령하고 있던 세우테스가 식사에 초대했다. (16) 그들이 식사하러 들어가려고 문간에 서 있는데 그곳에 마로네이아 출신으로 헤라클레이데스라는 사람이 서 있었다. 이자는 세우테스에게 선물할 수 있을 것으로 생각되는 손님들을 일일이 찾아다녔는데, 맨 먼저 파리온에서 찾아온 몇몇 사람에게 다가갔다. 이들은 오드뤼사이족의 왕인 메도코스와 우호조약을 성사시키기 위해 그와 그의 아내에게 줄 선물들을 가지고 그곳에 와 있었다. 이들에게 헤라클레이데스는, 메도코스는 바다에서 12일 거리나 떨어진 내륙에 있지만, 세우테스는 이제 이런 군대를 얻었으니 해안지대를 통치하게 될 거라고 말했다.

(17) "그러니 그분은 당신들의 이웃으로서 누구보다 당신들을 이롭게 하거나 또는 해롭게 할 수 있을 것이오. 따라서 당신들이 현명하다면 가지고 온 것을 그분에게 드리시오. 멀리 떨어져 사는 메도코스에게 주느니 그렇게 하는 편이 당신들에게 더 나을 것이오." (18) 이렇게 그자는 이들을 설득하려 했다. 그다음 그자는 다르다노스 출신 티마시온에게 다가가서—그자는 그가 술잔들과 페르시아산(産) 양탄자들을 갖고 있다는 말을 들었던 것이다—세우테스가 식사에 초대할 경우 초대받은 사람들은 그에게 선물을 바치는 것이 관례라고 말했다. "그분이 이곳에서 큰 인물이 될 경우, 그대를 고향에 데려다주거나[8] 아니면 이곳에서 부자로 만들어줄 수 있을 것이오."

(19) 이렇게 그자는 각자에게 다가가 세우테스를 위해 선전했다. 그자는 또 크세노폰을 찾아가 말했다. "그대는 가장 큰 도시의 시민이고, 세우테스에게 그대의 명망은 아주 높소. 그대는 아마도 그대의 다른 동향인[9]이 그랬듯이, 나라에서 요새뿐 아니라 영토도 얻고 싶어 할 것이오. 그러니 그대는 세우테스에게 아주 거창하게 경의를 표하는 것이 마땅할

것이오. 나는 호의에서 그대에게 이런 조언을 하는 것이오. (20) 그대가 이분에게 큰 선물을 할수록 이분도 그대에게 그만큼 더 큰 호의를 베풀 거라고 나는 확신하기 때문이오." 크세노폰은 이 말을 듣고 난감했다. 그는 노예 한 명을 데리고 필요한 여비만 갖고 파리온에서 건너왔기 때문이다.

(21) 그리하여 그곳에 와 있던 가장 고귀한 트라케인들과 헬라스인들의 장군들·대장들과 도시들에서 와 있던 사절들은 안으로 들어가서 식사하기 위해 빙 둘러앉았다. 그러자 그들 모두를 위해 세발 식탁이 20개쯤 들어왔는데, 식탁에는 잘게 썬 고깃점이 가득 차려져 있었고, 고깃점들에는 또 발효시킨 큼직한 빵 덩어리들이 꼬챙이에 꿰어져 있었다. (22) 손님들은 대개 독상을 받았다. 그렇게 하는 것이 트라케인들의 관습이었기 때문이다. 그러자 세우테스가 맨 먼저 다음과 같이 했다. 즉 그는 앞에 놓여 있던 빵 덩어리를 집어 잘게 뜯은 다음 그 조각을 마음 내키는 대로 주위 손님에게 던지고, 고기도 똑같은 식으로 처리하여 자신을 위해서는 맛볼 만큼만 남겨놓았다.

(23) 그러자 그 앞에 식탁이 놓여 있던 다른 사람들도 그렇게 하기 시작했다. 그러나 아뤼스타스라는 아르카디아 출신 대식가는 주위 사람에게 던지는 것을 생략하고는 3코이닉스[10]나 되는 빵 덩어리를 손에 들고 고깃점들을 무릎 위에 올려놓더니 먹어대기 시작했다. (24) 사람들이 포도주가 가득 든 뿔잔을 들고 돌아다니자, 모두들 그것을 받았다. 그러나 아뤼스타스는 술 따르는 시종이 뿔잔을 가져오자 크세노폰이 식사를

---

8 티마시온은 추방자였다.
9 예컨대 알키비아데스(Alkibiades).
10 1코이닉스는 1.1리터이다. 부록의 '도량형 환산표' 참조.

마친 것을 보고 말했다. (25) "저 사람에게 주구려. 저 사람은 그럴 여가가 있지만, 나는 아직 없으니까." 세우테스가 그의 목소리를 듣고 그가 무슨 말을 했는지 술 따르는 시종에게 물었다. 그래서 헬라스 말을 알고 있던 술 따르는 시종이 말해주자 폭소가 터졌다.

(26) 주연이 계속되는 동안 한 트라케인이 백마를 타고 들어오더니 가득 찬 뿔잔을 들고 말했다. "세우테스여, 나는 그대를 위해 건배하며 이 말을 선물로 주겠소. 이 말을 타면 추격할 때는 그대가 원하는 자를 따라잡게 될 것이고, 퇴각할 때는 어떠한 적도 두려워할 필요가 없을 것이오." (27) 다른 사람은 노예 한 명을 데리고 들어와서 똑같은 방법으로 건배하며 그에게 선물로 주었고, 또 다른 사람은 그의 아내를 위해 의복들을 선물로 주었다. 티마시온도 건배하며 은잔 하나와 10므나의 값어치가 있는 양탄자 한 장을 선물로 주었다. (28) 이어서 그네십포스라는 한 아테나이인이 일어서서, 가진 자들은 왕에게 선물을 바쳐 그의 명예를 높여주고, 아무것도 가진 게 없는 자들에게는 왕이 무엇인가를 주는 것이 오랜 미풍양속이라고 말했다. "그러니 나도" 하고 그는 말을 이었다. "그대에게 선물을 바쳐 그대의 명예를 높여줄 수 있을 것이오."

(29) 크세노폰은 어떻게 해야 할지 몰라 난감했다. 그는 주빈으로서 마침 세우테스의 바로 옆 좌석에 앉아 있었고, 헤라클레이데스가 그에게 뿔잔을 건네라고 술 따르는 시종에게 지시했기 때문이다. 그래서 크세노폰은 벌써 주기(酒氣)가 조금 오른 터라 용감하게 일어서서 뿔잔을 받아들고 말했다. (30) "세우테스여, 나는 그대에게 나 자신과 여기 있는 내 전우들을 그대의 충실한 친구들이 되도록 선물로 바치오. 그리고 이들 가운데 어느 누구도 나는 본인의 의사에 반해서 선물로 바치는 것이 아니라, 이들은 모두 그대의 친구가 되기를 나보다 더 열망하고 있소. (31) 또한 이들이 지금 여기에 와 있는 것은 그대에게 무슨 다른 요구가

있어서가 아니라, 자신을 그대에게 맡기고 그대를 위해 노고와 위험을 감수하기 위해서요. 이들과 함께라면, 신들께서 원하실 경우, 그대는 물려받은 나라를 수복하는 것 말고도 많은 나라와 많은 말들과 많은 남자들과 많은 미녀들을 얻게 될 것이오. 이것들을 그대는 약탈할 필요가 없을 것이오. 내 전우들이 자진해 이것들을 그대 앞에 선물로 갖다 바칠 테니까요."

(32) 그러자 세우테스가 일어서서 그와 함께 잔을 비우고 마지막 술방울들을 참석자들에게 뿌렸다.[11] 이어서 악사들이 싸움터에서 신호할 때 쓰는 것과 같은 뿔피리를 불며 들어왔고 그중 일부는 쇠가죽으로 만든 나팔들로 규칙적인 가락뿐 아니라 마가디스[12]의 가락과 비슷한 음악을 연주했다. (33) 그러자 세우테스가 몸소 일어서서 함성을 지르며, 마치 날아다니는 무기를 피하듯 아주 잽싸게 옆으로 껑충 뛰었다. 익살꾼들도 들어왔다.

(34) 해가 지려고 하자, 헬라스인들이 일어서서 보초들을 세우고 암호를 전달할 때가 되었다고 말했다. 그들은 또 세우테스에게 밤에는 어떤 트라케인도 헬라스의 진영에 들어가서는 안 된다는 명령을 내려달라고 부탁했다. "왜냐하면" 하고 그들은 말했다. "트라케인들은 우리의 적이자 또 당신들처럼 우리의 친구들이기도 하니까요."[13]

(35) 그들이 나가자 세우테스도 그들과 함께 일어섰는데, 조금도 취한 사람 같지 않았다. 그는 밖으로 나오자 장군들을 따로 불러놓고 말했

---

11 뿔잔에 남은 마지막 술 방울들을 친구들에게 뿌리는 것은 당시 트라케인들의 관습이었다고 한다.
12 마가디스(magadis)는 트라케인들이 사용하던 악기로 지금의 하프와 비슷하다고 한다.
13 그리스인들은 개별 트라케인들이 적인지 전우인지 구별할 수 없다는 뜻이다.

다. "전사들이여, 우리 적군은 우리의 동맹관계를 아직 모르고 있소. 그러니 그들이 기습에 대비하거나 자신들을 방어할 준비를 갖추기 전에 그들을 치러 간다면 우리는 틀림없이 포로와 재물을 얻을 수 있을 것이오." (36) 장군들은 그의 계획을 승인하고 그에게 길을 안내하라고 요구했다. 그가 말했다. "그대들은 준비하고 기다리시오. 때가 되면 내가 그대들을 찾아가 내 경방패병과 그대들에게 신들의 도움으로 길을 안내할 것이오."

(37) 크세노폰이 말했다. "그렇다면 우리가 밤에 행군할 경우, 헬라스의 관행이 더 유리하지 않겠는지 잘 생각해보시오. 그대도 아시다시피, 우리가 낮에 행군할 때는, 중무장보병이든 경방패병이든 기병대든 그때그때 지형에 적합한 부대가 선두에 서게 되오. 그러나 밤에는 가장 느린 부대가 선두에 서는 것이 헬라스인들의 관행이오. (38) 그래야만 서로 다른 부대들이 분산되거나 대원들이 자신도 모르는 사이 서로 이탈할 가능성이 가장 적기 때문이오. 그리고 분산된 부대들은 종종 충돌하여 서로 모르기 때문에 해를 입히기도 하고 입기도 하지요."

(39) 그러자 세우테스가 대답했다. "그대들의 말이 옳으니, 내 그대들의 관행에 따르겠소. 나는 그대들에게 노인들 중에서 이 나라를 가장 잘 아는 이들을 길라잡이로 붙여주고, 나 자신은 기병대를 이끌고 후미로 따라갈 것이오. 필요할 경우 나는 금세 선두에 도달할 수 있을 테니까요." 그들은 서로 조상(祖上)이 같았기 때문에[14] 아테나를 암호로 정했다. 이렇게 의논하고 그들은 가서 쉬었다.

(40) 한밤중쯤 되었을 때 세우테스가 흉갑을 입은 기병대와 무장한 경방패병을 이끌고 나타났다. 그리고 그가 길라잡이들을 헬라스인들에게 붙여주자 중무장보병이 선두에 서고 경방패병이 그 뒤를 따랐으며 기병대가 후위를 맡았다. (41) 날이 새자 세우테스가 선두 쪽으로 말을

타고 달려가 헬라스의 관행을 칭찬했다. 그는 작은 부대를 이끌고 야간 행군을 하는데도 가끔 자신의 기병대와 더불어 보병 부대에게서 이탈하게 되더라는 것이었다. "하지만 지금 날이 새자 당연히 그래야 하듯 우리는 모두 함께 모여 있는 것으로 드러났소. 그대들은 이곳에 머물러 쉬도록 하시오. 나는 주위를 조금 둘러보고 돌아오겠소."

(42) 이렇게 말하고 나서 그는 어떤 길을 따라 말을 타고 산들을 지나갔다. 그는 눈이 수북이 쌓인 곳에 이르러 앞으로 나아가거나 되돌아간 사람의 발자국이 있는지 살펴보았다. 길에 사람이 지나간 흔적이 보이지 않자 그는 재빨리 돌아와서 말했다. (43) "전사들이여, 신이 원하신다면, 일이 잘될 것 같소. 우리는 그들을 불의에 기습하게 될 테니 말이오. 내가 기병대를 이끌고 앞장서겠소, 우리 눈에 띄는 자는 아무도 우리에게서 달아나 적군에게 알리지 못하도록 말이오. 그대들은 나를 따르되, 뒤처질 경우 말 발자국을 좇도록 하시오. 일단 산들을 넘으면 수많은 번성하는 마을들에 들어가게 될 것이오."

(44) 한낮쯤 그는 벌써 산봉우리들 위에 가 있었고, 아래로 마을들이 내려다보이자 말을 타고 중무장보병에게 가서 말했다. "나는 지금 기병대는 평야를 향해 아래로 질주하게 하고, 경방패병은 마을들로 보낼 것이오. 그대들은 되도록 빨리 따라오시오, 누가 저항할 경우 그대들이 우리를 도울 수 있도록 말이오."

(45) 크세노폰이 이 말을 듣고 말에서 내렸다. 그러자 세우테스가 물었다. "서둘러야 할 때 왜 그대는 말에서 내리시오?" "내가 알기로," 하고 크세노폰이 대답했다. "그대에게 필요한 사람은 나 혼자만이 아닐 것이오. 그리고 나도 걸어서 길을 안내하면 중무장보병이 더 빨리 흔쾌히

---

14 7권 2장 31절 참조. 아테나(Athena 원문에는 Athenaia)는 아테나이 시의 수호여신이다.

달리게 될 것이오." (46) 그러자 세우테스는 떠나갔고, 티마시온도 헬라스인들의 기병을 40명쯤 데리고 그와 함께 갔다. 크세노폰은 30세 이하의 민첩한 군사들을 각 부대에서 앞으로 불러내 그 자신이 이들을 이끌고 앞장서서 뛰었고, 클레아노르는 다른 사람들을 지휘했다.

(47) 그들이 마을들에 도착했을 때, 세우테스가 약 30명의 기병을 데리고 말을 타고 달려와서 말했다. "크세노폰이여, 그대가 말하던 일[15]이 벌어졌소. 이곳 주민들은 붙잡혔으나, 내 기병대가 보병의 엄호도 받지 않은 채 추격하느라 사방으로 흩어져버렸으니 적군이 한곳에 모여 있다가 해코지하지 않을까 두렵소. 또한 우리 가운데 몇 명은 마을들에도 남아 있어야 할 것이오. 마을들은 사람들로 가득 차 있기 때문이오." (48) "좋소," 하고 크세노폰이 대답했다. "나는 내가 이끄는 대원으로 산봉우리들을 점령할 것이오. 그대는 클레아노르에게 그의 대열을 마을들을 따라 평야 쪽에 배치하도록 지시하시오." 그들이 그렇게 하자, 약 1천 명의 포로와 2천 마리의 소와 그 밖에 1만 마리의 양이 한군데로 모아졌다. 그리고 나서 그들은 그곳에서 야영했다.

제 4 장

(1) 이튿날 세우테스는 단 한 집도 남기지 않고 마을들을 완전히 불사르게 했으니, 자신의 다른 적들에게도 자기에게 복종하지 않을 경우 어떤 일을 당하게 되는지 겁주기 위해서였다. 그러고 나서 그는 돌아갔다. (2) 그는 헤라클레이데스를 페린토스로 보내 전리품을 팔게 하였는데, 군사들에게 지급할 급료를 마련하기 위해서였다. 한편 그 자신과 헬라스인들은 튀노이족의 평야에 진을 쳤다. 그러나 그곳 주민들은 집을 버리고 산속으로 도망치고 있었다.

(3) 평야에는 눈이 수북이 쌓이고 추위가 심해 그들이 밥을 지으려고 길어오는 물이 얼고, 포도주도 독 안에서 얼었으며, 많은 헬라스인들이 코와 귀에 동상이 걸렸다. (4) 그러자 왜 트라케인들이 머리와 귀에 여우 모피 모자를 쓰고 다니고, 가슴뿐 아니라 다리까지 감싸는 상의를 입고 다니며, 말을 타고 있을 때도 짧은 기병 외투 대신 발까지 내려오는 긴 외투를 입고 다니는지 분명해졌다.

(5) 세우테스는 포로 몇 명을 산으로 보내 만약 튀노이족이 평야로 내려와 살며 자기에게 복종하지 않으면, 자기는 그들의 마을과 식량을 불사르게 될 것이고, 그렇게 되면 그들은 굶어 죽게 될 거라고 전하게 했

---

15 7권 3장 37~38절 참조.

다. 그러자 여자들과 아이들과 노인들은 내려왔으나 젊은이들은 산 밑에 있는 마을들에서 야영했다. (6) 세우테스는 이 말을 듣고 크세노폰에게 가장 젊은 중무장보병들을 이끌고 따라오라고 요구했다. 그리하여 그들은 밤에 출발해 날이 샐 무렵 마을들에 도착했다. 산이 코앞인지라 대부분의 주민들은 도망치고 없었다. 그러나 그들에게 붙잡힌 자들은 세우테스가 모두 무자비하게 창을 던져 죽이게 했다.

(7) 올륀토스 출신 에피스테네스라는 자는 소년을 좋아했는데, 갓 청년이 된 미소년 한 명이 경방패를 들고 죽임을 당하려는 순간 이를 보고는 크세노폰에게 달려가서 그 미소년을 구해달라고 간청했다. (8) 그래서 크세노폰은 세우테스에게 달려가 소년을 죽이지 말라고 간청하며 에피스테네스의 기질을 말해주었는데, 이자는 전에 잘생긴 외모 말고는 아무것도 보지 않고 부대를 모집하여 이들과 더불어 용맹을 떨친 적이 있다고 했다.

(9) 그러자 세우테스가 물었다. "에피스테네스여, 그대는 이 소년을 위해 죽을 각오가 되어 있는가?" 에피스테네스가 그에게 목을 내밀며 말했다. "치시오, 소년이 그러기를 원하고 또 내게 감사하겠다면 말이오!" (10) 그래서 세우테스가 소년에게 자기 대신 에피스테네스를 치겠느냐고 물었다. 소년은 허락하지 않았고, 둘 다 죽이지 말라고 간청했다. 그러자 에피스테네스가 소년을 얼싸안으며 말했다. "세우테스여, 그대는 이 소년을 위해 나와 싸울 때가 된 것 같소. 나는 이 소년을 놓아주지 않을 테니 말이오." (11) 그러자 세우테스는 웃으며 더이상 이 일에 관여하지 않았다.

그는 이곳에 야영하기로 결정했는데, 산에 있는 자들이 마을들에서 식량을 보급받지 못하도록 하기 위해서였다. 그 자신은 평야로 내려가 그곳에 진을 쳤고, 크세노폰은 정예 대원을 데리고 정상 밑에 있는 가장 높은 마을에 진을 쳤다. 그리고 다른 헬라스인들은 바로 옆, 이른바 '산중의 트라케인들' 사이에 진을 쳤다.

(12) 그때부터 여러 날 지나지 않아 산중의 트라케인들이 내려와 휴전과 인질 문제로 세우테스와 협상하기 시작했다. 크세노폰도 세우테스를 찾아가, 적군이 가까이 있어 자신의 대원들은 불리한 곳에 진을 치고 있다고 말했다. 그는 죽을 위험이 있는 집안보다는 노천의 안전한 곳에 진을 쳤으면 더 좋겠다고 말했다. 그러나 세우테스는 그에게 두려워하지 말라며 적군이 보낸 인질들을 보여주었다. (13) 한편 산중의 트라케인들 몇 명이 내려와 휴전조약이 이루어지게 도와달라며 크세노폰 자신에게도 간청했다. 그는 그렇게 하겠다고 약속하며 겁내지 말라고 했고, 그들이 세우테스에게 복종하면 피해를 입지 않을 것이라는 언질도 주었다. 그러나 이들은 단지 정탐할 목적으로 그렇게 말한 것이었다.

(14) 이런 일들은 모두 낮에 일어났다. 그날 밤 튀노이족은 산에서 나와 공격하기 시작했다. 그리고 각 집의 주인이 길라잡이 노릇을 했다. 어둠 속에서 다른 방법으로는 마을의 집들을 찾아내기가 어려웠을 것이다. 집들은 양들 때문에 높은 말뚝으로 빙 둘러싸여 있었으니 말이다. (15) 그들은 각 집의 문간에 도착하자 더러는 집안으로 투창을 던졌고, 더러는 적군의 창끝을 분지르기 위해 갖고 다닌다는 몽둥이로 쳤으며, 또 더러는 집에 불을 질렀다. 그들은 크세노폰의 이름을 부르며 밖으로 나와서 죽임을 당하라고 요구했고, 그러지 않는다면 안에서 타 죽게 될 거라고 했다.

(16) 벌써 불길이 지붕을 뚫고 모습을 드러내기 시작했고, 크세노폰과 그의 대원들은 안에서 흉갑과 방패와 칼과 투구로 무장했다. 그때 18살 된 마키스토스 출신 실라노스가 나팔로 신호를 보냈다. 그러자 그들은 지체 없이 칼을 빼들고 뛰어나왔으며, 헬라스인들도 다른 집들에서

뛰어나왔다. (17) 그러자 트라케인들이 그들의 관습에 따라 방패를 뒤에 두르고 도망치기 시작했다. 그들 가운데 일부는 울짱을 뛰어넘다가 방패가 말뚝에 걸리는 바람에 매달려 있다가 붙잡혔고, 다른 일부는 출구를 찾지 못해 살해되었다.

(18) 헬라스인들은 마을 밖까지 그들을 추격했다. 그러나 튀노이족 가운데 몇몇은 되돌아서서, 불타는 집 옆을 뛰어서 지나가는 사람들을 향해 어둠 속에서 밖으로 투창을 던졌다. 그리하여 그들은 에우오디아 출신 대장 히에로뉘모스와 로크리스 출신 대장 테오게네스에게 부상을 입혔다. 그러나 죽은 사람은 한 명도 없고, 다만 몇몇 사람의 옷과 집이 불에 탔을 뿐이었다. (19) 그사이 세우테스가 맨 선두에서 달리던 기병 7명과 나팔수를 데리고 그들을 도우러 왔다. 그는 상황을 파악하자마자 그들을 구원하는 내내 뿔나팔을 불게 했는데, 이 또한 적군에게 두려움을 불어넣었다. 그는 도착했을 때 그들의 손을 잡으며 그들 가운데 다수가 죽은 줄 알았다고 했다.

(20) 이어서 크세노폰은 인질들을 자기에게 넘겨주고, 원한다면 자기와 함께 산으로 출진하고, 그렇지 않다면 자기 혼자서 가게 해달라고 간청했다. (21) 그래서 이튿날 세우테스는 인질들을—소문에 따르면 이들은 이미 나이 지긋한 자들로, 산속 부족들 사이에서는 가장 명망이 높았다고 했다—넘겨주고 몸소 자신의 부대들을 데리고 왔다. 이때 세우테스의 군세는 세 배로 늘어나 있었다. 오드뤼사이족 가운데 많은 자들이 세우테스의 성공에 관해 듣고 같이 출진하려고 산에서 내려왔기 때문이다.

(22) 튀노이족은 산에서 수많은 중무장보병과 수많은 경방패병과 수많은 기병을 보고는 내려와 휴전을 청하며 무슨 짓이든 하겠다고 약속했고, 자신들에게서 서약을 받으라고 요구했다. (23) 그러자 세우테

스가 크세노폰을 불러 그들의 제의를 밝히며, 만약 크세노폰이 그들의 기습을 응징하고 싶다면 그들과 휴전협정을 맺지 않겠다고 했다. (24) 크세노폰이 말했다. "이들이 자유민 대신 노예가 된다면, 나로서는 그것으로 충분한 보상을 받았다고 생각하오." 그러나 그는 세우테스에게 앞으로는 해코지할 가능성이 가장 큰 자들은 인질로 잡되 노인들은 집에 있게 풀어주도록 충고하고 싶다고 덧붙였다. 그리하여 이 지역에 거주하는 자들은 모두 투항했다.

제 5 장

(1) 그러고 나서 그들은 뷔잔티온 위쪽에 있는 트라케인들의 나라를 향해 이른바 삼각주로 들어갔다. 그곳은 이미 마이사데스의 영토가 아니라 오드뤼사이족인 테레스의 나라였다. (2) 그곳에 헤라클레이데스가 전리품을 처분한 수익금을 가지고 나타났다. 그러자 세우테스가 세 쌍의 노새와—더는 없었다—그 밖에 몇 쌍의 황소를 끌어오게 하더니 크세노폰을 불러놓고 자기 몫을 갖고 나머지는 장군들과 대장들에게 나누어주라고 했다. (3) 크세노폰이 다음과 같이 말했다. "나로서는 다음번에 받아도 만족하오. 나와 함께 그대를 따라온 여기 이 장군들과 대장들에게 주시오."

(4) 그래서 노새들 가운데 한 쌍은 다르다노스 출신 티마시온이, 한 쌍은 오르코메노스 출신 클레아노르가, 또 한 쌍은 아카이아 출신 프뤼니스코스가 받았다. 황소의 쌍들은 대장들 사이에 분배되었다. 세우테스는 급료도 지급했으나, 한 달이 지났는데도 20일 치만 지급했다. 헤라클레이데스는 그것이 전리품을 처분해 얻은 수익금의 전부라고 말했다. (5) 하지만 크세노폰이 화가 나 맹세하며 말했다. "헤라클레이데스여, 생각건대 그대는 세우테스를 제대로 보필하지 못하는 것 같소. 제대로 보필한다면 그대는 달리 명령이 없을 경우 좀 빌리거나, 입고 있던 옷을 팔아서라도 우리 급료를 다 채워서 가져왔겠지요."

(6) 그러자 헤라클레이데스는 화가 나기도 하고 세우테스의 총애를 잃지 않을까 두렵기도 하여, 그날부터 세우테스 앞에서 크세노폰을 모함했다. (7) 군사들은 급료를 받지 못한 것을 크세노폰 탓으로 돌렸다. 한편 세우테스는 그가 군사들에게 급료를 지급하라고 집요하게 요구하자 역정을 냈다. (8) 지금까지 그는 해안지대로 돌아가면 크세노폰에게 비산테와 가노스와 네온테이코스를 넘겨주겠다고 늘 언급하곤 했으나, 이때부터는 그중 어느 한 군데도 언급하지 않았다. 헤라클레이데스가 모함하는 말로, 군세를 가진 자에게 요새를 넘겨주는 것은 위험할 수도 있다는 우려를 그의 마음속에 불러일으켰기 때문이다.

(9) 그래서 크세노폰은 더 깊은 내륙으로 행군하는 것과 관련해 어떻게 하는 것이 좋겠는지 숙고하기 시작했다. 한편 헤라클레이데스는 다른 장군들을 세우테스 앞으로 데려가면서, 그들에게 자기들도 크세노폰 못지않게 군대를 인솔할 수 있다고 주장하도록 요구했다. 그는 또 그들에게 며칠 내로 2개월분 급료를 전액 지급하겠다고 약속하며 함께 행군할 것을 요구했다. (10) 그러자 티마시온이 말했다. "적어도 나는 설사 5개월분 급료가 지급된다 해도 크세노폰 없이는 출진하지 않겠소." 그러자 프뤼니스코스와 클레아노르도 그에 동조했다. (11) 그러자 세우테스는 크세노폰도 부르지 않은 데 대하여 헤라클레이데스를 나무랐다. 그래서 그들은 크세노폰을 따로 불렀다. 그러나 그는 다른 장군들에게 자신을 모함하려는 헤라클레이데스의 사악한 의도를 알아차리고는 장군들과 대장들을 모두 데려갔다.

(12) 그들은 모두 설득되어 세우테스와 함께 행군을 계속했고, 흑해를 오른쪽에 끼고 이른바 기장을 주식으로 하는[16] 트라케인들의 나라를

---

16 원어는 Melinophagoi.

지나 살뮈뎃소스에 도착했다. 이곳에서는 흑해로 항해하는 많은 함선들이 좌초해 침몰했다. 이곳에는 얕은 여울이 넓게 펼쳐져 있기 때문이다. (13) 이 지역에 사는 트라케인들은 경계를 나타내는 돌기둥들을 세우고는, 각 부족이 자기들 영역 내에서 좌초하는 함선들을 약탈했다. 그러나 그들이 경계를 정하기 전에는 약탈하다가 서로 죽고 죽이는 일이 비일비재했다고 한다. (14) 이곳에서는 수많은 침대와 수많은 궤짝과 글자가 씌어진 수많은 종이와, 그 밖에 선주(船主)들이 나무상자 안에 넣어다니는 것 같은 물건들이 발견되곤 했다.

　(15) 이곳을 복속시킨 뒤 그들은 되돌아오기 시작했다. 그때는 벌써 세우테스의 군대가 헬라스군보다 더 많았다. 왜냐하면 점점 더 많은 오드뤼사이족이 내륙에서 내려오고, 그때그때 복속된 자들도 함께 행군했기 때문이다. 그들은 해안에서 30스타디온쯤 떨어져 있는, 셀륌브리아 위쪽에 있는 평야에서 야영했다. (16) 그러나 급료는 전혀 구경할 수가 없었다. 군사들은 크세노폰에게도 아주 좋지 못한 감정을 품었으며, 세우테스도 이제 더이상 그에게 상냥하게 대해주지 않았다. 그리고 크세노폰이 그와 면담하러 찾아갈 때마다, 그는 몹시 바쁘다는 핑계를 대곤 했다.

제 6 장

(1) 이때—그사이 어느새 두 달이 흘러갔다—라케다이몬 출신 카르미노스와 폴뤼니코스가 티브론의 사절로 찾아왔다. 그들이 말하기를, 라케다이몬인들은 팃사페르네스와 전쟁을 하기로 결정했고, 티브론은 전쟁을 시작하려고 함선을 타고 떠났으며, 그는 또 여기 있는 이 군대가 필요해 각자에게 급료로 매달 1다레이코스를, 대장들에게는 2배를, 장군들에게는 4배를 지급하기로 약속했다고 했다.

(2) 라케다이몬인들이 도착하자, 헤라클레이데스는 그들이 군대 때문에 왔다는 것을 알고 세우테스에게 천만다행이라고 말했다. "라케다이몬인들에게는 군대가 필요하고, 그대에게는 더이상 필요 없소. 군대를 넘겨줌으로써 그대는 그들에게 호의를 베풀게 될 것이고, 한편 군사들은 더이상 그대에게 급료 지급을 요구하지 않고 이 나라를 떠나게 될 테니 말이오." (3) 이 말을 듣고 세우테스는 사절들을 데려오게 했다. 그들이 군대 때문에 왔다고 밝히자, 그는 군대를 넘겨주고 그들의 친구 겸 우군이 되고 싶다며 그들을 연회에 초대하여 융숭히 대접했다. 그러나 그는 크세노폰과 그 밖의 다른 장군들은 아무도 초대하지 않았다.

(4) 라케다이몬인들이 그에게 크세노폰이 어떤 사람이냐고 묻자 그가 대답하기를, 크세노폰은 다른 점에서는 나쁜 사람이 아니지만 병사들의 친구이고, 그 때문에 손해를 본다고 했다. 그들이 또 물었다. "그자

가 병사들을 선동한다는 말인가요?" (5) 헬라클레이데스가 말했다. "바로 그것이오." "그렇다면" 하고 그들이 말했다. "우리가 군대를 데려갈 경우 그는 우리에게도 반항할까요?" "하지만" 하고 헤라클레이데스가 말했다. "그대들이 그들을 불러 모아놓고 급료를 약속한다면, 그들은 그자는 거들떠보지도 않고 그대들을 좇아갈 것이오." (6) "그렇다면 우리가 어떻게" 하고 그들이 말했다. "그들을 모을 수 있겠소?" "내일 아침에" 하고 헤라클레이데스가 말했다. "우리가 그대들을 그들에게 데려다 주겠소. 그리고," 하고 그는 말을 이었다. "그들은 그대들을 보자마자 흔쾌히 그대들을 따라갈 거라고 나는 확신하오." 이날은 그렇게 끝났다.

(7) 이튿날 세우테스와 헤라클레이데스가 라케다이몬인들을 군대가 있는 곳으로 데려가자 군대가 소집되었다. 그러자 두 라케다이몬인이 말했다. "라케다이몬인들은 여러분에게 불의한 짓을 한 팃사페르네스와 전쟁을 하기로 결정했소. 우리와 함께 가면 여러분은 적에게 복수하게 될 뿐 아니라 월급으로 각자 1다레이코스를, 대장은 2배를, 장군은 4배를 받게 될 것이오." (8) 군사들은 이 말을 듣자 기뻐했고, 즉시 한 아르카디아인이 일어서서 크세노폰을 고발했다. 세우테스도 그 자리에 있었으니, 이 일이 어떻게 되는지 알고 싶었던 것이다. 그래서 그는 통역을 대동하고 들릴 만한 거리에 서 있었다.

(9) 그러나 그는 헬라스어로 말하는 것을 혼자서도 대부분 이해할 수 있었다. 그러더니 그 아르카디아인이 말했다. "라케다이몬인들이여, 크세노폰이 우리를 설득해 이 지역으로 데려오지 않았더라면 우리는 벌써 오래전에 여러분 곁에 가 있었을 것이오. 이곳에서 우리는 추운 겨울에 밤낮으로 쉬지 않고 싸우고 있으나, 우리 노고의 열매는 저자가 누리고 있소. 세우테스가 저자를 개인적으로 부자로 만들어주고 우리에게서는 급료를 사취하기 때문이오. (10) 그래서 나로서는 저자가 우리를 이

처럼 끌고 다닌 벌로 돌에 맞아 죽는 것을 보게 된다면, 급료를 받은 것으로 여기고 지나간 노고들에 대해 더이상 원망하지 않을 것이오." 이어서 다른 사람이 일어서서 같은 말을 했고, 또 다른 사람도 그렇게 말했다. 그러자 크세노폰이 다음과 같이 말했다.

(11) "정말이지, 사람은 무엇이든 각오하고 있어야겠구려. 적어도 내 눈에는 여러분을 위해 내가 가장 큰 열성을 보였다고 생각하는 일로 여러분에 의해 내가 고발당하니 말이오. 벌써 귀향길에 올랐던 내가 되돌아온 것은, 제우스께 맹세코, 여러분이 잘 지내고 있다는 것을 알았기 때문이 아니라 여러분이 어려움에 처해 있다는 말을 들었기 때문이오. 그래서 나는 힘닿는 데까지 여러분을 도우러 왔던 것이오. (12) 내가 도착했을 때, 저기 있는 저 세우테스가 내게 사자 여러 명을 보내 약속하기를 내가 여러분을 그에게 가도록 설득해준다면 많은 것을 주겠다고 했지만, 여러분도 아시다시피 나는 그렇게 하려고 하지 않았소. 오히려 나는 여러분을 내가 생각하기에 가장 빨리 아시아로 건널 수 있는 곳으로 데려다주었소. 나는 그것이 여러분에게 상책이라고 생각했고, 여러분도 그것을 바란다는 것을 알고 있었기 때문이오.

(13) 그러나 아리스타르코스가 삼단노선들을 이끌고 와서 우리가 함선을 타고 건너는 것을 방해하자, 그때 나는, 당연한 일이지만, 우리가 어떻게 하는 것이 좋겠는지 의논하기 위해 여러분을 한자리에 모았소. (14) 그리하여 아리스타르코스는 케르소네소스로 행군하도록 여러분에게 지시하고 있고, 세우테스는 자기와 함께 출진하도록 여러분을 설득하고 있다는 말을 들었을 때 여러분은 다들 세우테스와 함께 가자고 말했고, 다들 그렇게 하기로 표결했소. 여러분이 다들 가기로 결정한 곳에 내가 여러분을 데려다주었는데, 그게 무슨 잘못이란 말이오?

(15) 세우테스가 여러분의 급료를 사취하기 시작했을 때 내가 그를

지지했다면, 여러분이 나를 고발하고 미워하는 것은 정당하겠지요. 그러나 전에는 누구보다도 그와 친했던 내가 지금은 누구보다 그와 사이가 나빠진 것이 사실일진대, 그리고 내가 세우테스 대신 여러분을 택했기에 그와 사이가 나빠진 것이 사실일진대, 그 때문에 내가 여러분에게 고발당한다면 어찌 이를 정당하다 할 수 있겠소?

(16) 그러나 여러분은 내가 세우테스에게서 여러분의 급료를 받고는 여러분을 속이려 든다고 말할 수 있겠지요. 하지만 이것만은 분명하오. 세우테스가 내게 실제로 뭔가를 지급했다면, 그것은 그가 나에게 주는 것도 빼앗기고 동시에 그 밖의 다른 금액을 여러분에게 지급하기 위해서가 아니라, 생각건대, 그가 내게 무엇인가를 주었다면 그것은 내게 적은 금액을 지불함으로써 여러분에게 더 큰 금액을 지불하지 않아도 되기 위해서였을 것이오. (17) 그것이 사실이라고 믿는다면, 여러분은 그에게 여러분의 돈을 요구함으로써 우리 둘 사이의 그러한 계약을 당장 무효화할 수 있을 것이오. 세우테스는 분명 그에게서 내가 무엇인가를 받았다면 그것을 돌려달라고 내게 요구할 것이고, 내가 선물을 받고도 과업을 완수하지 못했다면 그가 돌려달라고 요구하는 것은 정당하기 때문이오.

(18) 그러나 내 생각에, 내가 여러분의 급료를 받았다는 것은 사실과 거리가 먼 것 같소. 모든 신들과 여신들의 이름으로 여러분에게 맹세하노니, 나는 세우테스가 내게 개인적으로 약속한 것조차 받지 못했기 때문이오. 그 자신이 여기 있어 내 말을 듣고 있고, 내가 거짓 맹세를 하고 있는지 나만큼 잘 알고 있소. (19) 여러분이 더욱 놀라도록, 나는 그 밖의 다른 장군들이 받은 것만큼도, 아니, 몇몇 대장들이 받은 것만큼도 받지 못했다고 맹세하오.

(20) 그럼 왜 나는 그렇게 했던 것일까요? 전우들이여, 나는 그가 당

시 처해 있던 궁핍을 견디게 도와줄수록, 그가 권세를 쥐게 될 경우 그만큼 더 내 친구가 되어주리라고 믿었소. 하지만 사실 나는 그가 행복을 누리는 것을 보는 순간 마침내 그의 본성을 알게 되었소. (21) 누군가 말할 수 있겠지요. '그렇게 멍청하게 속다니, 그대는 부끄럽지도 않소?' 제우스께 맹세코, 내 적에게 속았다면 나는 당연히 부끄러워해야겠지요. 그러나 친구에게는, 내가 보기에, 속이는 것이 속는 것보다 훨씬 더 수치스러운 일이오.[17] (22) 친구에 대해서도 경계(警戒) 따위가 필요하다면, 그가 우리에게 약속한 것을 지불하지 않을 정당한 핑계를 주지 않기 위해, 내가 알기로 우리는 모든 조치를 다 취했소. 우리는 그에게 불의한 짓을 한 적도 없고, 그의 일을 망쳐놓은 적도 없으며, 그가 우리의 도움을 청하는 일에 겁쟁이처럼 물러선 적도 없으니 말이오.

(23) 그러나 여러분은, 그가 그러고 싶어도 우리를 속일 수 없도록 담보를 확보해두었어야 할 거라고 말할 수 있겠지요. 그에 관해서는 내 말을 들어보시오. 여러분이 완전히 무식해 보이거나 나에 대해 지나치게 배은망덕해 보이지 않았더라면, 나는 결코 저 사람 앞에서 이런 말까지 하지는 않았을 것이오. (24) 당시 여러분이 어떤 어려움에 처해 있었는지 회고해보시오. 나는 그 어려움으로부터 여러분을 세우테스에게 데려간 것이오. 여러분이 페린토스 시에 다가갔을 때, 라케다이몬 출신 아리스타르코스는 성문을 닫게 하여 여러분이 시내에 들어가지 못하도록 방해하지 않았던가요? 그래서 여러분은 한겨울에 노천에다 진을 치고 시장에서 식량을 구입했는데, 그곳에는 살 만한 것이 별로 보이지 않았고 또 여러분에게는 그것들을 구입할 돈도 별로 없었소.

(25) 여러분은 트라케의 해안에 머물 수밖에 없었소. 왜냐하면 여러

---

[17] 플라톤, 『향연』(*Symposion*) 185a~b 참조.

분 맞은편에 정박해 있던 삼단노선들이 여러분이 아시아로 건너는 것을 방해했기 때문이오. (26) 그곳에 머물렀더라면 여러분은 수많은 기병과 수많은 경방패병이 여러분을 적대시하는 적국에 머물러야 했을 것이오. 그러나 우리에게는 중무장보병밖에 없었소. 그래서 우리는 밀집대형을 이루고 마을들로 쳐들어가 식량을 구할 수는 있었겠지만 넉넉히는 구할 수 없었을 것이오. 하지만 우리에게는 추격해가서 노예나 양떼를 사로잡을 수 있는 부대들은 없었소. 나는 이미 여러분에게서 기병대나 경방패병 부대를 발견하지 못했기 때문이오.[18]

(27) 여러분이 그러한 곤경에 빠져 있을 때 내가 급료라고는 한 푼도 요구하지 않고 여러분에게 필요한 기병대와 경방패병을 가진 세우테스를 여러분의 우군으로 만들어주었더라면, 여러분 생각에 내가 여러분을 잘못 보살펴주었다고 생각되었을까요? (28) 이들 부대와 함께함으로써 여러분은, 트라케인들이 급히 도망치지 않을 수 없었던 까닭에 마을들에서 식량을 넉넉히 발견할 수 있었고 양떼와 노예들도 더 많이 노획할 수 있었소. (29) 실제로 우리는 기병대가 우리와 합류한 뒤에는 적군이라고는 한 명도 보지 못했소. 그러나 그전에는 적군이 대담하게 기병대와 경방패병 부대로 우리를 바싹 쫓아오며, 우리가 작은 부대들로 분산되어 식량을 넉넉히 구하는 것을 방해하곤 했소. (30) 그런데 여러분에게 이러한 안전을 제공한 사람이 동시에 여러분에게 안전에 대한 대가를 두둑이 지불하지 않았다고 해서, 그것이 그토록 엄청난 불행이며, 그 때문에 여러분은 나를 결코 살려두어서는 안 된다고 생각하는 것인가요?

(31) 지금 여러분은 어떤 상태로 떠나가고 있소? 여러분은 식량이 풍족한 가운데 겨울을 나지 않았소? 게다가 여러분이 세우테스에게 받은 것은 모두 덤으로 받은 것이 아닌가요? 여러분이 소비한 것은 적군의

재산이기 때문이오. 또한 이런 남부럽지 않은 상황에서 여러분은 여러분 가운데 누가 죽는 것을 보지도 않았거니와 산 채로 잃지도 않았소. (32) 그리고 여러분이 전에 아시아에 있는 비헬라스인들에게 혁혁한 전공을 세웠다면, 여러분은 그것을 안전하게 지켰을 뿐 아니라, 여러분이 치러 간 에우로페의 트라케인들을 이김으로써 거기에 덧붙여 지금 새로운 명성을 얻지 않았소? 나로서는 여러분이 내게 화를 내고 있는 바로 그 일들을 축복으로 여기고 신들께 감사하는 것이 옳다고 주장하오.

(33) 여러분들의 처지에 관해서는 그쯤 해두겠소. 이제는 제발 내 처지가 어떤지 살펴보시오. 내가 귀향하기 위해 처음 이곳을 출발했을 때 나는 여러분에게 큰 존경을 받았고, 또 여러분을 통해 다른 헬라스인들 사이에서도 명성이 자자했소. 나는 또 라케다이몬인들의 신뢰도 받았소. 그렇지 않았더라면 그들은 나를 여러분에게로 돌려보내지 않았을 것이오.

(34) 그런데 지금 나는 라케다이몬인들 앞에서 여러분에게 모함당한 채, 그리고 여러분 때문에 세우테스의 미움을 산 채 이곳을 떠나고 있소. 나는 여러분의 도움으로 세우테스에게 훌륭하게 봉사함으로써 그가 나에게, 그리고 내게 아이들이 태어날 경우 내 아이들에게 훌륭한 피난처를 제공해줄 거라고 믿었는데 말이오. (35) 여러분을 위해 나는 미움을, 그것도 나보다 훨씬 강력한 자들의 미움을 샀건만, 여러분을 위해 나는 지금 이 순간까지도 쉬지 않고 최선을 다했건만, 여러분이 어찌 나에게 이럴 수 있단 말이오!

(36) 지금 나는 도망치다가 또는 탈영하다가 잡힌 것도 아니건만 여

---

18 그리스인들의 기병대와 경방패병 부대는 크세노폰이 그리스로 배를 타고 떠난 뒤 해체된 것 같다.

러분의 수중에 들어가 있소. 만약 여러분이 위협하는 바를 실행에 옮기겠다면, 여러분을 위해 수많은 밤을 뜬눈으로 새웠고, 자기 의무일 때나 아닐 때나 여러분과 함께 수많은 노고와 위험을 견뎌냈고, 신들의 은총으로 여러분과 함께 비헬라스인들 사이에 수많은 승전비를 세웠으며, 여러분이 어떤 헬라스인의 적도 되지 않도록 여러분의 반대를 무릅쓰고 힘닿는 데까지 노력했던 사람을 여러분이 죽이게 되리라는 것을 알아두시오.

(37) 그랬기 때문에 여러분은 지금 육로로 또는 바닷길로 여러분이 택하는 곳으로 안전하게 여행할 수 있는 것이오. 하거늘 이제 행운이 여러분에게 미소 짓고, 여러분이 오래전부터 가고 싶어 했고 또 가장 강력한 자들이 여러분을 필요로 하는 곳으로 함선을 타고 가게 되자, 그리고 급료가 모습을 드러내고 가장 강력한 자들로 간주되는 라케다이몬인들이 여러분을 인솔하려고 나타나자, 지금이야말로 나를 되도록 빨리 죽일 절호의 기회라고 생각하는 것인가요?

(38) 하지만 우리가 곤경에 처해 있을 때는 그러지 않았소, 그대들 가장 기억력이 뛰어난 자들이여. 천만의 말씀! 그때는 여러분이 나를 '아버지'라고 부르며 나를 언제까지나 은인으로 기억하겠다고 약속했소! 그러나 지금 여러분을 찾아온 이분들은 결코 분별없는 사람들이 아니오. 그러니 생각건대, 그들도 나를 이렇게 대하는 여러분을 더 좋게 생각하지 않을 것이오." 이렇게 말하고 그는 입을 다물었다.

(39) 그러자 라케다이몬 출신 카르미노스가 일어서서 말했다. "전우들이여, 제우스의 두 분 아드님[19]께 맹세코, 여러분이 여기 이 사람에게 화를 내는 것은 내 눈에는 옳지 못한 듯하오. 나도 그를 위해 증언할 수 있기 때문이오. 나와 폴뤼니코스가 크세노폰에 관해 그가 어떤 사람인지 물었을 때, 세우테스는 그에게서 다른 흠은 아무것도 찾아내지 못

했고 다만 그가 지나치게 병사들의 친구이고 그 때문에 우리들 라케다이몬인과 세우테스와의 관계에서 손해를 본다고 말했소." (40) 그에 이어 루소이 출신 에우륄로코스가 일어서서 말했다. "라케다이몬인들이여, 생각건대 그대들은 맨 먼저 세우테스가 원하든 원하지 않든 간에 그에게서 밀린 급료를 받아내는 일로부터 우리에 대한 지휘권을 행사해야 할 것이고, 그전에는 우리를 인솔해가서는 안 될 것이오."

(41) 그러자 아테나이 출신 폴뤼크라테스가 크세노폰의 사주를 받아 말했다. "전우들이여, 보아하니 헤라클레이데스도 이 자리에 와 있는데, 그는 우리가 애써 얻은 재물을 맡아 그것들을 처분했으나 그 수익금을 세우테스에게도 우리에게도 넘겨주지 않고 횡령하여 자신을 위해 간직하고 있소. 그러니 우리가 현명하다면 그를 붙들 일이오. 왜냐하면 저자는 트라케인이 아니라," 하고 그는 덧붙였다. "헬라스인으로서 헬라스인들에게 불의한 짓을 했기 때문이오."

(42) 이 말을 듣고 헤라클레이데스는 깜짝 놀라 세우테스에게 가서 말했다. "우리가 현명하다면 이곳을 떠나 이자들의 세력권에서 벗어날 것이오." 그리하여 그들은 말에 올라 자신들의 진영으로 달렸다. (43) 그곳에서 세우테스는 자신의 통역 아브로젤메스를 크세노폰에게 보내, 중무장보병 1천 명과 함께 자기 곁에 머물도록 간청하면서 바닷가에 있는 요새들과 그 밖에 자기가 언약한 것들을 넘겨주겠다고 약속했다. 그는 또 비밀이라며, 크세노폰이 라케다이몬인들의 수중에 들어갈 경우 틀림없이 티브론에게 처형당할 것이라는 말을 폴뤼니코스에게서 들었다고 했다. (44) 그 밖의 다른 많은 사람들도 크세노폰에게, 그가 모함당하고 있으니 조심해야 할 것이라는 전갈을 보냈다. 그래서 그는 이런 전갈을

---

19 6권 6장 34절 참조.

받고 세우테스가 제시한 조건으로 세우테스 곁에 머무르는 것과 군대와 함께 떠나는 것 가운데 어느 쪽이 더 낫고 더 유리한지 알아보려고 가축 두 마리를 잡아 제우스 왕에게 제물로 바쳤다. 신은 크세노폰에게 떠나라고 지시했다.

제 7 장

(1) 그리고 나서 세우테스는 더 멀리 떨어진 곳으로 진영을 옮겼고, 한편 헬라스인들은 해안으로 행군하기 전에 식량을 아주 넉넉하게 구할 수 있을 만한 마을들로 가서 숙소를 잡았다. 그런데 이 마을들은 세우테스가 메도사데스에게 준 것들이었다. (2) 메도사데스는 마을 안에 있던 재물들이 헬라스인들에 의해 사용되는 것을 보자 화가 났다. 그래서 그는 내륙에서 내려온 자들 중 가장 세력이 강력한 한 오드뤼사이족과 30명쯤 되는 기병을 이끌고 와서 헬라스군 진영에서 크세노폰을 불러냈다. 그래서 크세노폰은 몇몇 대장과 그 밖의 다른 적임자들을 데리고 그를 만나러 갔다.

(3) 그러자 메도사데스가 말했다. "크세노폰이여, 당신들이 우리 마을들을 약탈하는 것은 불의한 짓이오. 그래서 우리는, 즉 나는 세우테스를 위해, 여기 이 사람은 내륙의 왕인 메도코스의 사절로서, 당신들이 이 나라를 떠날 것을 엄숙히 요구하는 바이오. 그러지 않는다면 우리는 당신들을 그냥 내버려두지 않을 것이며, 당신들이 계속해서 우리나라를 해칠 경우 우리는 마치 적군에 대항하듯 당신들에게 대항할 것이오."

(4) 이 말을 듣고 크세노폰이 말했다. "정말이지, 나는 그대의 그러한 말에 대답하기조차 싫소. 하지만 여기 이 젊은이를 위해 나는 말할 것이오, 당신들이 어떤 사람들이고 우리가 어떤 사람들인지 그가 알도록

말이오. (5) 우리는" 하고 그는 말을 이었다. "당신들의 친구가 되기 전에는 이 나라를 지나며 어디든 우리가 원하는 곳에 가서, 우리가 원하는 곳에서 약탈을 하고 우리가 원하는 곳에서 불을 질렀으며, (6) 그대는 사자로서 우리를 찾아올 때마다 적군에 대한 두려움 없이 우리와 함께 야영하곤 했소. 당신들은 이 나라에 들어오지 않았고, 혹시 들어온다 해도 마치 당신들보다 더 강력한 자들의 나라에 온 것처럼 말들에 고삐를 단 채[20] 야영하곤 했소.

(7) 하거늘 당신들이 일단 우리의 친구가 되고 또 우리를 통해 신들의 도움으로 이 나라를 차지하게 되자, 당신들이 우리한테 받은 이 나라에서 힘으로 이 나라를 지키고 있는 우리를 내쫓으려 하는구려. 당신도 알다시피, 적군은 우리를 이곳에서 내쫓을 수 없었소. (8) 하지만 당신은 우리에게 입은 은혜에 대한 보답으로 선물을 주고 호의를 베푼 뒤에 우리를 떠나보내는 것을 합당하다고 여기기는커녕, 그럴 힘을 갖게 되자, 우리가 이 나라에서 떠나며 야영하는 것조차 허용하지를 않는구려. (9) 그런 말을 하고도 당신은 신들이, 그리고 여기 이 오드뤼사이족이 부끄럽지 않소! 그는 지금, 우리의 친구가 되기 전에는 당신 입으로 말했듯이 약탈로 생계를 꾸려가던 당신이 부자가 되어 있는 것을 보고 있소.

(10) 그건 그렇고, 당신은 왜 그런 일들을 내게 이야기하는 것이오?" 하고 그는 말을 이었다. "지휘관은 이미 내가 아니라 라케다이몬인들이니 말이오. 당신들 자신이 그들에게 군대를 인솔해가라고 넘겨준 것이오, 이 가장 이상한 자들이여! 내가 군대를 당신들에게 데려다주었을 때 그들의 미움을 샀듯이 이제는 군대를 그들에게 돌려줌으로써 그들의 호감을 살 수 있도록 나를 그 자리에 부르지도 않고서 말이오."

(11) 오드뤼사이족은 이 말을 듣고 말했다. "메도사데스여, 나는 이 말을 들으니 부끄러워서 쥐구멍이라도 있으면 들어가고 싶은 심정이오.

미리 이 사실을 알았더라면 나는 결코 그대와 동행하지 않았을 것이오. 나는 지금 돌아가겠소. 내가 우리의 은인들을 내쫓는다면 메도코스 왕도 결코 나를 칭찬하지 않을 것이기 때문이오." (12) 이렇게 말하고 그가 말을 타고 달려가자 다른 기병도 네댓 명만 남고 그와 함께 가버렸다. 그러나 메도사데스는 나라가 약탈당하는 것이 괴로워 크세노폰에게 두 라케다이몬인들을 불러달라고 부탁했다. (13) 그래서 크세노폰은 가장 적임자들을 데리고 카르미노스와 폴뤼니코스를 찾아가, 메도사데스가 이 나라를 떠나도록 이미 자기에게 준 것과 똑같은 경고를 그들에게도 주기 위해 그들을 부른다고 말해주었다.

(14) "생각건대," 하고 그는 말을 이었다. "그대들은 군대를 위해 밀린 급료를 받아낼 수 있을 것이오. 세우테스가 원하든 원치 않든 급료를 받도록 도와달라고 군대가 그대들에게 간청했으며, 군사들은 급료만 받으면 기꺼이 그대들을 따르겠노라고 말하고 있다고 그대들이 주장한다면 말이오. 그대들은 또 말하시오. 군사들의 요구는 그대들이 보기에 정당한 것 같으며, 그래서 군사들이 정당한 급료를 받기 전에는 그대들이 출발하지 않겠노라고 군사들에게 약속했다고 말이오."

(15) 그의 말을 듣고 라케다이몬인들은 그 밖에도 그들이 할 수 있는 데까지 강력한 논거를 제시하겠다고 했다. 그들은 군대 내의 요인들은 모두 데리고 지체 없이 출발했다. 그들이 도착했을 때 카르미노스가 말했다. "메도사데스여, 우리에게 할 말이 있으면 하시오. 없다면 우리가 그대에게 할 말이 있소." 그러자 메도사데스가 아주 공손하게 말했다. (16) "나와 세우테스는 똑같은 생각을 하고 있소. 즉 우리가 요구하는 것은, 우리의 친구 된 자들은 그대들에게 피해를 입어서는 안 된다는 것이

---

20 언제든지 도망칠 수 있도록.

오. 그대들이 그들에게 어떤 피해를 주든, 그것은 또한 우리에게도 피해를 주는 것이기 때문이오. 그들은 우리 편이니까요."

(17) "우리로서는" 하고 라케다이몬인들이 말했다. "당신들을 위해 그 모든 일을 해낸 자들이 급료를 받는 대로 떠날 참이오. 그리 되지 않는다면 우리는 지금 당장 그들을 도와, 맹세를 어기고 그들에게 불의한 짓을 한 자들을 응징할 것이오. 당신들도 거기에 속한다면, 우리는 그들의 권리를 찾는 일을 당신들에게서 시작할 것이오." 크세노폰이 말했다. (18) "메도사데스여, 당신들은 이 나라를 떠나야 하는 것이 당신들인지 아니면 우리인지 그 결정을 우리가 지금 와 있는 이 나라 주민들의 표결에 맡기고 싶나요? 당신들은 그들이 당신들의 친구들이라고 주장하고 있으니 말이오." (19) 메도사데스는 아니라고 대답하고는 급료 때문이라면 라케다이몬인들이 직접 세우테스를 찾아가는 것이 가장 좋겠다고 말하며, 그들은 아마도 세우테스를 설득할 수 있을 거라고 덧붙였다. 그들이 가기를 원치 않는다면, 크세노폰을 자기와 함께 보내주면 그를 지원해주겠다고 약속했다. 그는 또 그들에게 마을들을 불태우지 말라고 간청했다.

(20) 그러자 그들은 크세노폰과 함께 가장 적임자라고 생각되는 자들을 보냈다. 그는 가서 세우테스에게 말했다. "세우테스여, 내가 그대를 찾아온 것은 그대에게 무엇을 요구하기 위해서가 아니라, 그것이 가능하다면, (21) 그대가 나에게 화를 내는 것은 부당하다는 것을 보여주기 위해서요. 나는 군사들을 위해 그대가 그들에게 약속했던 것을 그대에게 열심히 요구했는데, 그것은 급료를 받는 것이 그들에게 이익이 되는 것 이상으로 급료를 지급하는 것이 그대에게 이익이 된다고 믿었기 때문이오.

(22) 우선 첫째로, 내가 알기에 그대를 돋보이는 자리에 앉힌 것은

신들 다음으로 그들이오. 그들이 그대를 광대한 영토와 수많은 군사들의 왕으로 만들었기 때문이오. 그래서 그대는 좋은 일을 하든 수치스러운 짓을 하든 사람들의 눈을 피할 수 없는 것이오. (23) 생각건대, 그런 위치에 있는 사람에게는 은인들을 사의도 표하지 않고 보냈다는 인상을 주지 않는 것이 중요하며, 6천 명의 사람들[21]에게 좋은 평을 듣는 것도 중요하오. 그러나 가장 중요한 것은 그대가 스스로 한 말에 결코 불성실해지지 않는 것이오.

(24) 내가 보기에, 불성실한 자들의 말은 무의미하게, 무력하게, 명예도 없이 이리저리 떠돌기 때문이오. 그러나 만인이 보기에 진리를 실천하는 자들의 말은, 그들에게 무엇이 필요할 경우, 다른 사람들의 완력 못지않게 많은 일을 해낼 수 있소. 또한 그들이 누군가에게 도리를 깨쳐 주려고 할 경우, 그들의 위협은 다른 사람들의 즉각적인 징벌 못지않게 효과가 있다고 나는 확신하오. 그리고 그런 사람들은 누구에게 무엇을 약속하면, 다른 사람들이 즉각 현금으로 지불하는 것 못지않은 일을 해낼 수 있소.

(25) 그대는 또 우리를 우군으로 삼기 위해 우리에게 얼마나 많은 선금(先金)을 지불했는지 돌이켜보시오. 그대도 아시다시피, 아무것도 지불하지 않았소. 그러나 그대는 스스로 약속한 것을 이행하리라고 믿어졌기에 그토록 많은 사람들을 함께 출진시켜, 그들이 지금 받아야 한다고 믿고 있는 30탈란톤이 아니라 그 몇 배의 값어치 있는 통치권을 그대에게 얻어주도록 움직일 수 있었던 것이오. (26) 그러니까 맨 먼저, 그대를 위해 왕국을 얻어준 그대에 대한 신뢰가 그대에 의해 그 금액에 팔린 셈이오.

---

21 그리스인 용병의 수에 관해서는 5권 3장 3절 참조.

(27) 이번에는, 그대가 지금 복속시켜 소유하고 있는 나라를 정복하는 것을 그대가 당시 얼마나 대단한 일로 생각하고 있었는지 회고해보시오. 그대는 앞서 말한 것의 몇 배나 되는 금액이 그대의 수중에 들어오는 것보다도 오히려 지금 이루어진 일이 그대에게 성취되게 해달라고 기원했을 거라고 나는 확신하오. (28) 내가 보건대, 지금 소유하고 있는 것을 지키지 못하는 것은 그것을 아예 얻지 못하는 것보다도 더 큰 손해이자 치욕이오. 그것은 마치 아예 부자가 되지 못하는 것보다 부자에서 가난뱅이가 되는 것이 더 견디기 어렵고, 아예 왕이 되지 못하는 것보다 왕에서 평민이 되는 것이 더 고통스러운 것과 같은 이치요.

(29) 그대도 아시다시피, 지금 그대의 신하가 된 자들이 그대에게 복종하는 것은 그대에 대한 애정이 아니라 강압 때문이며, 어떤 두려움이 그들을 억압하지 않는다면 그들은 다시 자유로워지려고 할 것이오. (30) 그대는 그들이 어떤 경우에 그대에게 두려움과 충성심을 더 품게 되리라고 생각하시오? 그대의 군사들이 그대에게 그런 감정을 품고 그대의 명령에 따라 지금도 그대와 함께 머무르는가 하면 필요할 때는 재빨리 되돌아오기도 하고, 또 다른 군사들이 그대에 관한 좋은 소문을 이들에게서 듣고 그대가 원할 때 재빨리 달려오는 것을 그들이 보게 되는 경우일까요, 아니면 그들이 그대에게 불리한 여론을 조성하여 다른 군사들이 이번 사건에서 비롯된 불신으로 말미암아 그대를 찾아오지 않고 현재의 군사들마저 그대보다는 그대의 신하들에게 더 호의적인 경우일까요?

(31) 그리고 그대의 신하들이 그대에게 복종하게 된 것은 그들이 우리보다 수가 적어서가 아니라 그들에게는 지휘관이 없기 때문이오. 따라서 그대에게 부당한 대접을 받았다고 믿는 이들 군사 가운데 몇 명을, 또는 이들보다 더 강력한 라케다이몬인들을 그들이 지휘관으로 삼을 위

험은 상존하고 있소. 만약 밀린 급료만 받아준다면 군사들이 더욱더 열심히 따르겠다고 약속하고, 라케다이몬인들도 군대가 필요한 까닭에 그들의 요구에 응하게 된다면 말이오. (32) 또한 지금 그대에게 복속된 트라케인들은 그대와 함께할 때보다는 그대에게 맞서 출진할 때 훨씬 더 열성적이리라는 것은 불을 보듯 뻔하오. 왜냐하면 그대가 이기면 그들은 노예가 되지만, 그대가 지면 그들은 자유를 얻게 될 것이기 때문이오.

(33) 또한 그대가 그대의 것이 된 이 나라의 장래를 염려한다면, 그대는 어떤 경우에 이 나라가 재앙을 면하게 되리라고 생각하시오? 이들 군사들이 요구하던 것을 받아 가지고 고이 떠나가는 경우일까요, 아니면 그들은 마치 적국에 머물듯 이곳에 머물고 그대는 역시 식량을 필요로 하게 될 더 많은 다른 군사들로 그들과 대치하려고 할 경우일까요? (34) 그리고 어떤 경우에 돈이 더 많이 들까요? 그대가 그들에게 빚진 것을 갚는 경우일까요, 아니면 그 금액은 계속해서 빚진 채 놓아두고 그들보다 더 강한 다른 군대를 고용해야 하는 경우일까요?

(35) 하지만 헤라클레이데스에게는, 그가 내게 전해준 바에 따르면, 그 금액은 엄청난 것으로 생각되었던 듯하오. 지금의 그대에게는 이 금액을 징수하여 지불하는 것이, 우리가 그대에게 오기 전에 그 10분의 1을 징수하여 지불하는 것보다 훨씬 더 수월할 것이오. (36) 많고 적음을 결정하는 것은 수(數)가 아니라 주는 이와 받는 이의 능력이기 때문이오. 이제 그대의 연수(年收)는 이전에 그대의 재산을 다 합친 것보다 더 많아지고 있소.

(37) 세우테스여, 나는 그대를 친구라고 믿고 이런 염려를 했던 것이오. 그대는 신들께서 그대에게 주신 좋은 것들을 받을 만한 자격이 있어 보이고, 나는 군대 내에서 신망을 잃지 않도록 말이오. (38) 그대도 잘 아시다시피, 나는 지금 적에게 피해를 주고 싶어도 이 군대로는 그렇게

할 수가 없고, 또다시 그대를 도우러 오고 싶어도 그럴 능력이 없소. 나에 대하여 군대가 그런 감정을 품고 있기 때문이오.

(39) 그러나 모든 것을 알고 계시는 여러 신들과 함께 그대 자신이 내 증인이 되어주시오. 나는 군사들을 위해 그대에게서 아무것도 받은 적이 없고, 군사들의 것을 내 개인 용도로 요청한 적도 없으며, 그대가 내게 약속한 것을 그대에게 요구한 적도 없다는 사실에 대해. (40) 내 그대에게 맹세하노니, 설사 그대가 주었다 해도 나는 받지 않았을 것이오, 군사들도 동시에 그들의 몫을 받지 않았다면 말이오. 내 요구는 충족시키면서 그들의 요구는 충족되지 않은 채 방치해둔다는 것은 그들에게 남달리 존경받는 나로서는 수치스러운 일이 아닐 수 없소.

(41) 하지만 헤라클레이데스에게는 수단과 방법을 가리지 않고 돈을 모으는 일에 견주면 그 모든 것이 허튼소리라고 생각될 것이오. 그러나 세우테스여, 남자에게는 특히 통치자에게는 용기와 정의와 관용보다 더 아름답고 더 빛나는 재산은 없다고 나는 생각하오. (42) 이런 것들을 가진 사람은, 많은 사람들이 그의 친구인 까닭에 부자이며, 또 다른 사람들도 그의 친구가 되고 싶어 하는 까닭에 부자인 것이오. 또 그가 번성할 때 함께 기뻐할 사람들이 있고, 넘어질 때 도와줄 사람들이 없지 않을 것이오.

(43) 그러나 내가 마음속으로부터 그대의 친구였다는 것을 그대가 내 행동을 보고도 알지 못했고 내 말을 듣고도 알 수 없다면, 아무튼 군사들이 하는 말에 귀를 기울이도록 하시오. 그대는 그 자리에 있었고, 나를 헐뜯고자 하는 자들이 하는 말을 들었소. (44) 그들은 라케다이몬인들 앞에서, 라케다이몬인들보다 그대를 더 존중했다는 이유로 나를 고발했으며, 내가 그들의 일보다는 그대의 일이 잘되는 것에 더 관심이 많다고 그들 스스로 나를 비난했소. 그들은 또 내가 그대에게서 선물을 받았다

고 했소. (45) 내가 그대한테 선물을 받았다고 그들이 나를 고발한 것은 그들이 나에게서 그대에 대한 악의를 발견했기 때문이라고 그대는 생각하시오, 아니면 나에게서 그대에 대한 큰 호의를 보았기 때문이라고 생각하시오?

(46) 아무튼 나로서는, 선물을 준 사람에게는 모름지기 호의를 품어야 한다는 것이 모든 사람들의 견해라고 생각하오. 하지만 그대는 내가 그대에게 봉사하기 전에는 나를 반가이 맞아주었고, 내가 받게 될 온갖 것을 약속하는 일에 물릴 줄 몰랐소. 그런데 이제 와서 그대가 소원을 이루고, 내가 해줄 수 있는 한 가장 위대해지자, 내가 군사들 사이에서 이런 불명예를 당하는 것을 그대는 감히 수수방관하는 것인가요? (47) 하지만 나는 그대가 빚진 것을 갚아야 한다는 것을 시간이 그대에게 가르쳐줄 것이며, 그대에게 자진해 호의를 베푼 자들이 그대에게 불평하는 것을 그대 자신이 차마 보지 못할 거라고 확신하오. 청컨대, 그대가 급료를 지급할 경우, 내가 군사들 사이에서 이전의 명망을 회복할 수 있도록 최선을 다해주시오."

(48) 이 말을 듣고 세우테스는 군사들의 급료가 벌써 오래전에 지급되지 않은 것에 책임이 있는 자를 저주했다. 그러자 모두들 그것은 헤라클레이데스를 두고 하는 말이라고 추측했다. "나는" 하고 그는 말했다. "그들의 급료를 빼앗을 생각을 해본 적이 없는 만큼 지금 그것을 지급할 것이오." (49) 그러자 크세노폰이 다시 말했다. "그대가 급료를 지급하겠다니, 청컨대 이번에는 나를 통해 지급하여, 내가 지금 그대 때문에 군사들 사이에서 우리가 그대에게 왔을 때와는 다른 처지가 되지 않도록 해주시오." (50) 세우테스가 대답했다. "그대는 나로 인하여 군사들 사이에서 명망을 잃게 되지는 않을 것이오. 아니, 그대가 단지 1천 명의 중무장보병을 이끌고 내 곁에 머무르겠다면 나는 그대에게 요새들과 그

밖에 내가 약속한 것들을 넘겨줄 것이오."

(51) 크세노폰이 대답했다. "그것은 안 될 일이오. 그러니 우리를 보내주시오." "하지만 내가 알기로," 하고 세우테스가 말했다. "그대는 떠나는 것보다는 내 곁에 머무르는 것이 더 안전할 것이오." (52) 크세노폰이 말했다. "염려해주어서 고맙소. 그렇지만 나는 머물 수 없소. 그러나 내가 어디서 더 큰 명망을 누리게 되든, 그것은 그대에게도 좋은 일이 될 거라고 확신하시오."

(53) 그러자 세우테스가 말했다. "나는 돈은 조금밖에 없소. 하지만 내가 가진 것을, 즉 1탈란톤을 그대에게 주겠소. 그리고 소 6백 마리와 양 4천 마리쯤과 노예 약 120명도 주겠소. 그대는 이것들과 또 그대에게 해코지한 자들[22]의 인질들을 데리고 가도록 하시오." (54) 크세노폰이 웃으며 말했다. "만약 이 모든 것으로도 급료를 충당할 수 없다면, 누가 물을 경우 나는 그것이 누구의 탈란톤이라고 말해야 하나요? 이것은 내게 위험의 불씨가 될 수 있으니 귀향하기 전에 돌에 맞아 죽지 않도록[23] 조심하는 편이 더 낫지 않을까요? 그대도 그들이 위협하는 것을 들었을 것이오." 그리하여 그는 그때 그곳에 머물렀다.

(55) 이튿날 세우테스는 약속한 것을 그들에게 넘겨주었고 소몰이꾼들도 함께 딸려 보냈다. 군사들은 그때까지도 크세노폰이 세우테스에게 간 이유는, 그의 곁에 살면서 그가 자기에게 약속한 것을 받기 위해서라고 주장하고 있었다. 그러나 크세노폰이 도착한 것이 보이자 그들은 기뻐하며 그를 만나러 달려갔다.

(56) 크세노폰은 카르미노스와 폴뤼니코스를 보자 말했다. "이것들은 그대들 덕분에 군대를 위해 구(救)해진 것들이니, 내가 그대들에게 넘겨주겠소. 그대들은 이것들을 처분해 그 수익금을 군대에 나누어주시오." 이들은 그것들을 받은 다음 전리품 판매자들을 정하여 팔게 했는데,

그 과정에서 많은 원망을 샀다. (57) 한편 크세노폰은 거기에 개입하지 않았고, 분명 귀향할 준비를 하는 것 같았다. 왜냐하면 그때까지만 해도 아테나이에서는 그에 대한 추방이 선고되지 않았기 때문이다.[24] 그러나 진영 안에 있는 그의 친구들은 그를 찾아가, 그가 군대를 인솔하여 티브론에게 넘겨줄 때까지는 떠나지 말라고 간청했다.

22 7권 4장 12~24절 참조.
23 7권 6장 10절 참조.
24 크세노폰이 언제 아테나이에서 추방되었는지는 확실하지 않다.

제 8 장

(1) 그곳을 뒤로하고 그들은 함선을 타고 람프사코스로 건너갔다. 그곳에서 크세노폰은 플레이우스 출신 예언자 에우클레이데스를 만났는데, 그는 뤼케이온에 벽화를 그렸던 클레아고라스의 아들이었다. 에우클레이데스는 크세노폰이 무사히 돌아온 것을 축하하며 그가 돈을 얼마나 갖고 있는지 물었다. (2) 그러자 크세노폰은 자신의 말과 자기가 갖고 다니던 자질구레한 물건들을 팔지 않으면 귀향할 여비도 모자랄 지경이라고 맹세하며 대답했다. 하지만 에우클레이데스는 그의 말을 믿으려 하지 않았다.

(3) 람프사코스인들이 크세노폰에게 손님 선물들을 보내주고 그가 아폴론 신에게 제물을 바칠 때, 그는 에우클레이데스가 옆에 서 있게 했다. 그리하여 에우클레이데스는 제물로 쓴 가축들을 살펴보고 나서 크세노폰에게 돈이 없다는 것을 믿는다고 말했다. "그리고 내가 알기로" 하고 그는 말을 이었다. "언젠가 그대에게 돈이 생긴다 해도 언제나 장애물이 나타날 것이며, 다른 장애물이 없다면 그대가 그대에게 장애물이 될 것이오."

(4) 크세노폰은 이에 동의했다. 그러자 에우클레이데스가 "그러니까 그대에게는 제우스 메일리키오스[25]가 장애물이오"라고 말을 이으며 그 신에게 제물을 바친 적이 있느냐고 물었다. "내가 그대들 헬라스인을

위해 집에서" 하고 그는 말을 이었다. "제물과 전번제(全燔祭)를 바치곤 하듯이 말이오." 크세노폰은 집을 떠난 뒤로 그 신에게 제물을 바치지 않았다고 대답했다. 그러자 에우클레이데스는 그가 전에 늘 그랬듯이 그 신에게 제물을 바치라고 권하며, 그것이 그에게 이익이 될 거라고 했다. (5) 그래서 크세노폰은 이튿날 오프뤼니온에 가서 제물을 바치며 고향의 관습에 따라 새끼돼지들을 통째로 구워 바치게 했고 좋은 전조를 얻었다.

(6) 이날 비톤과 나우시클레이데스가 군대에 급료를 지급하러 왔다가 크세노폰의 접대를 받았다. 그리고 그들은 크세노폰이 람프사코스에서 50다레이코스를 받고 팔았던 말을 되사서 그에게 돌려주었으니, 그가 그 말을 좋아한다는 말을 들었기 때문이다. 그러나 그들은 그가 궁해서 말을 팔았으리라 짐작하고는 그 대금은 받으려 하지 않았다.

(7) 그곳을 뒤로하고 그들은 트로아스를 지나고 이데산을 넘어 먼저 안탄드로스에 도착했고, 그 뒤에는 바닷가를 따라 나아가 뮈시아에 있는 테베 평야에 도착했다. (8) 그곳을 뒤로하고 그들은 아트라뮛테이온과 케르토니온을 거치고 아타르네우스 옆을 지나 카이코스 평야로 들어갔다가 뮈시아의 페르가모스에 도착했다.

이곳에서 크세노폰은 에레트리아 출신 공귈로스의 아내이자 고르기온의 어머니인 헬라스의 환대를 받았다. (9) 그녀가 그에게 말하기를, 평야에는 아시다테스라는 페르시아인이 있는데, 밤에 3백 명의 대원을 이끌고 출동하면 그자를 아내와 자식들과 함께 사로잡고 상당한 재산을 노획할 수 있을 거라고 했다. 또한 그녀는 길라잡이들로 자신의 조카와 그녀가 누구보다도 높이 평가하는 다프나고라스를 딸려 보냈다.

---

25 메일리키오스(meilichios '자비로운 이')는 제우스의 별명 중 하나이다.

(10) 그래서 크세노폰은 이들이 동석한 가운데 제물을 바쳤다. 엘리스 출신 예언자 바시아스도 동석했다가, 제물이 그에게 썩 좋은 전조를 보여주었으니 아시다테스가 사로잡히게 될 거라고 말했다. (11) 식사를 마치고 크세노폰은 가장 친했던 대장들과 그동안 내내 믿음직했던 다른 대장들을 데리고 길을 떠났으니, 이들에게 호의를 베풀기 위해서였다. 그 밖에도 약 6백 명이 억지로 끼어들어 함께 행군했다. 그러자 대장들은 자신들의 몫을 나누지 않으려고 이들을 쫓아버리려 했다. 마치 전리품이 벌써 손안에 들어오기라도 한 양.

(12) 그들이 밤중쯤 그곳에 도착했을 때 탑 근처에 있던 노예들과 대부분의 가축들은 달아나버렸다. 그들은 아시다테스 자신과 그의 재물을 손에 넣으려고 이것들에는 별로 주의를 기울이지 않았던 것이다. (13) 공격을 해도 탑을 함락할 수 없자—탑은 높고 큰 데다 흉벽들이 갖추어져 있고 호전적인 전사들이 그 안에 상당수 있었기 때문이다—그들은 탑 안으로 파들어가려고 했다. (14) 그 벽은 벽돌 여덟 장만큼이나 두꺼웠다. 날이 샐 무렵 구멍이 뚫렸다. 그래서 구멍 속으로 햇빛이 비치자 안에서 누가 쇠고기를 굽는 쇠꼬챙이로 가장 가까이 있던 자의 넓적다리를 찔러댔다.

(15) 그리고 그때부터 그들이 화살을 쏘아대니, 그곳은 접근하는 것조차도 위험했다. 그들이 고함을 지르고 봉화를 올리자 이타메네스가 자신의 군세를 이끌고 그들을 도우러 왔고, 코마니아에서는 앗쉬리아의 중무장보병과 휘르카니아인들의 기병대—이들도 대왕의 용병이었다—80명 정도와 약 8백 명의 경방패병이 왔으며, 그 밖에도 더러는 파르테니온에서, 더러는 아폴로니아와 인근 지역들에서 왔는데, 그중에는 기병도 섞여 있었다.

(16) 그래서 헬라스인들에게는 어떻게 해야 물러갈 수 있을지 살펴

볼 시간이 되었다. 그들은 그곳에 있던 소떼와 양떼뿐 아니라 노예들까지 사로잡아 방진 안에다 넣고는 몰고 가기 시작했으니, 그들이 전리품에 연연해서가 아니라 그들이 전리품을 남겨두고 떠나면 퇴각이 패주가 되어 적군은 더욱 대담해지고 군사들은 더욱 사기가 떨어질까 겁이 났기 때문이다. 그래서 그들은 마치 전리품을 위해 싸울 의사가 있는 것처럼 물러간 것이다.

(17) 공귈로스는, 헬라스인들은 적고 그들을 공격하는 자들은 많은 것을 보자 어머니의 반대를 무릅쓰고 전투에 참가하기 위해 자신의 군세를 이끌고 출진했다. 다마라토스의 후손 프로클레스도 할리사르나와 테우트라니아에서 그들을 도우러 왔다. (18) 크세노폰과 그의 대원들은 화살과 투석에 몹시 시달렸기에 방패로 날아다니는 무기들을 막으려고 원(圓)을 이루고 행군하다가 가까스로 카르카소스강을 건넜고, 그들 가운데 거의 반수가 부상을 입었다. (19) 스튐팔로스 출신 대장 아가시아스도 계속해서 적군과 싸우다가 이곳에서 부상당했다. 그리하여 그들은 약 2백 명의 노예들과 제물로 쓰기에 충분한 양떼를 몰고 무사히 빠져나왔다.

(20) 이튿날 크세노폰은 제물을 바친 뒤 전군을 이끌고 뤼디아를 지나 되도록 먼 거리를 행군할 양으로 밤에 출발했으니, 아시다테스가 그와 멀리 떨어져 있음으로 해서 두려움을 느끼지 않고 안심하게 하기 위해서였다. (21) 그러나 아시다테스는, 크세노폰이 다시 자기를 치기 위해 제물을 바치고 나서 전군을 이끌고 다가오고 있다는 말을 듣고는 탑에서 나가 파르테니온 시 아래에 있는 마을들에 진을 쳤다. (22) 그곳에서 크세노폰과 그의 대원들은 그와 마주쳐 그 자신과 아내와 자식들을 사로잡고 말들과 그가 갖고 있던 모든 것을 노획했다. 그리하여 전에 제물들이 보여준 전조들이 실현되었다.

(23) 그러고 나서 그들은 페르가모스로 돌아갔다. 그리고 그곳에서 크세노폰은 신[26]에게 감사했다. 라케다이몬인들과 대장들과 다른 장군들과 군사들도 말이든 소든 그 밖의 다른 것이든 그가 가장 좋은 것을 받는 것에 모두 찬성했기 때문이다. 그래서 그는 남에게 호의를 베풀 수도 있는 처지가 되었다.

(24) 그사이 티브론이 도착해 군대를 인수했다. 그는 군대를 자신의 다른 헬라스군과 합친 다음 팃사페르네스와 파르나바조스를 치러 출진했다.

(25) [우리가 지나온 대왕의 영토의 통치자들은 다음과 같다. 뤼디아에서는 아르티마스, 프뤼기아에서는 아르타카마스, 뤼카오니아와 캅파도키아에서는 미트라다테스, 킬리키아에서는 쉬엔네시스, 포이니케와 아라비아에서는 데르네스, 쉬리아와 앗쉬리아에서는 벨레쉬스, 바빌론에서는 로파라스, 메디아에서는 아르바카스, 파시아노이족과 헤스페리타이족의 경우 티리바조스였다. 카르두코이족, 칼뤼베스족, 칼다이오이족, 마크로네스족, 콜키스인들과 못쉬노이코이족, 코이토이족, 티바레노이족은 독립되어 있다. 그리고 파플라고니아에서는 코륄라스, 비튀니스에서는 파르나바조스, 에우로페 쪽 트라케에서는 세우테스였다.

전체 행군의 길이는 왕복 215개 휴식처에, 1,150파라상게스에, 3만 4,255스타디온이었다. 그리고 왕복 행군의 날수는 1년하고도 3개월이었다.]

---

[26] 제우스 메일리키오스.

부록

그리스인 용병대의 성격과 편제

그리스인 용병대의 병력

연대표

화폐 단위와 도량형 환산표

쿠낙사 전투 개념도

퀴로스군의 행군로

그리스인 용병대의 성격과 편제

퀴로스가 모집한 그리스군은 용병으로, 이들은 지속적인 훈련을 통해 시민군보다 뛰어난 전투 능력을 발휘했다. 하지만 유능하고 강력한 지도자가 없을 경우 공동체 의식이 결여되어 언제든 오합지졸로 전락할 위험을 안고 있었다. 그리스인 용병대는 여러 명의 장군(將軍 strategos)들이 지휘했다. 각각의 장군은 자신이 모집한 부대를 지휘하게 되어 있어, 부대는 5백~4천 명으로 그 규모가 일정치 않았다. 장군은 부대를 지휘할 때 여러 명의 대장(隊長 lochagos)들의 지원을 받게 되는데, 대장들은 50~4백 명 규모의 대원들을 지휘했다.

그리스인 용병대는 주축을 이루는 중무장보병(重武裝步兵 hoplites) 외에 경무장보병(輕武裝步兵 gymnes 또는 gymnetes)과 기병대(騎兵隊), 수송대(輸送隊)로 이루어져 있었다.

중무장보병들은 근접전에 투입되는데 이들의 무구(武具)는 투구, 흉갑(胸甲), 정강이받이, 방패(어른 키만 한 타원형 방패 또는 턱에서 무릎에 이르는 원형 방패)로 이루어진다. 이들의 공격용 무기는 약 0.5미터 길이의 쌍날칼과 약 2.5미터 길이의 창이다.

경무장보병은 약 2미터 길이의 투창으로 무장한 창수(槍手 akontistes), 활과 화살과 화살통과 경우에 따라 작은 방패를 들고 다니는 궁수(弓手 toksotes), 투석구와 돌 자루를 갖고 다니는 투석병(投石兵 sphendonetes),

약 1.5미터 길이의 창과 칼과 가죽 정강이받이와 작은 방패(pelte)로 무장한 경방패병(輕防牌兵 peltastes)으로 나뉜다. 이 가운데 창수와 궁수와 투석병은 원거리 공격에 투입되고, 경방패병은 정찰과 추격 외에 특히 대부대가 통행하기 어려운 곳에서는 근접전에도 투입되었다.

기병대는 창 한 자루와 길이가 그보다 짧은 투창 두 자루, 짧은 칼 한 자루를 갖고 다녔으며 방어 무기로는 무거운 금속 흉갑을 입고 다녔다. 이들은 주로 패주하는 적군을 추격하는 데 투입되었다.

수송대는 함께 행군하는 비전투원들을 말한다. 여기에는 방패나 무구를 운반해주는 자들, 가축을 돌보는 자들, 수공업자, 의사, 예언자, 창녀 등이 포함된다.

그리스인 용병대는 퀴로스에게서 처음에는 병사는 1다레이코스(dareikos)를, 대장은 그 2배를, 장군은 그 4배를 월급으로 받았다. 이 급료로 용병들은 스스로 식량 문제를 해결해야 했으나, 행군 도중 개인적인 치부 목적으로 약탈을 할 수 있었고, 또 그것을 팔아 별도의 수입을 올리기도 했다.

그리스인 용병대의 병력

(이하 연대는 모두 기원전이다)

401년 7월	잇소이에서	중무장보병 11,700명
		경무장보병 2,300명
9월	쿠낙사(Kounaxa)에서	중무장보병 10,400명(1권 7장 10절)
		경무장보병 2,500명
400년 1월 말	트라페주스에 조금	전투력 있는 중무장보병 8,000명
	못 미친 곳에서	전투력 있는 경무장보병 1,800명(4권 8장 15절)
3월	케라수스에서	총 8,600명(5권 3장 3절)
5월	헤라클레이아에서	총 8,100명쯤(6권 2장 16절). 디오도로스 시쿨루스(Diodorus Siculus)의 『세계사』(*Bibliotheke historike*)에 따르면 크뤼소폴리스에서는 8,300명
399년 1월	세우테스와의 행군 뒤	약 6,000명(7권 7장 23절)
3월	티브론에게 군대를	약 5,000명
	넘겼을 때	(디오도로스, 14권 37장 1절에 따르면)

연대표

(이하 연대는 모두 기원전이다)

401년	3월	사르데이스를 출발하다.
	7월	타프사코스에서 에우프라테스강을 건너다.
	9월	쿠낙사 전투.
	10월	자파타스 강변에서 팃사페르네스가 배신하다.
10~11월~ 400년 2월		카르두코이족의 나라와 아르메니아를 통과하다.
	2월	흑해 남동해안의 트라페주스에 도착하다.
	3월	트라페주스를 출발하다.
	10월	뷔잔티온으로 건너가다.
399년	1월	세우테스와 함께하다.
	2월	트로아스 지방으로 건너가다.
	3월	군대가 페르가모스에서 티브론에게 넘겨지다.

화폐 단위와 도량형 환산표

(화폐 단위는 은화 기준이며, 금화는 은화의 10~13배 가치가 있었다)

1) 그리스의 화폐 단위와 무게단위

탈란톤(talanton)	므나(mna)	드라크메(drachme)	오볼로스(obolos)
1	60	6,000	36,000
	1	100	600
		1	6
26.196킬로그램	436.6그램	4.36그램	0.72그램

2) 페르시아의 화폐 단위

1다레이코스(dareikos 금화) = 20드라크메(은화)

1퀴지케노스(kyzikenos 금화) = 28드라크메(은화)

1시글로스(siglos) = 은 5.61그램

3) 길이

푸스(pous)	30센티미터	플레트론(plethron)	30미터
완척(腕尺 pechys)	45센티미터	스타디온(stadion)	178.6미터
발(orgyia)	1.78미터	파라상게스(parasanges)	5.5킬로미터

4) 양(量)

코이닉스(choinix)	1.1리터
카피테(kapithe)	2.2리터
메딤노스(medimnos)	52.5리터

쿠낙사 전투 개념도

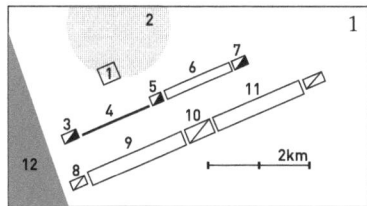

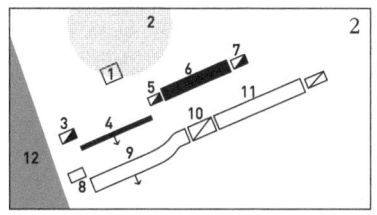

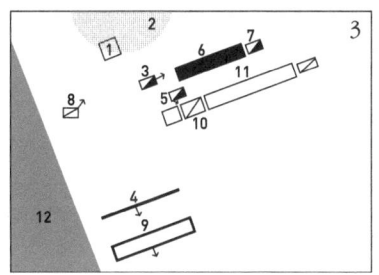

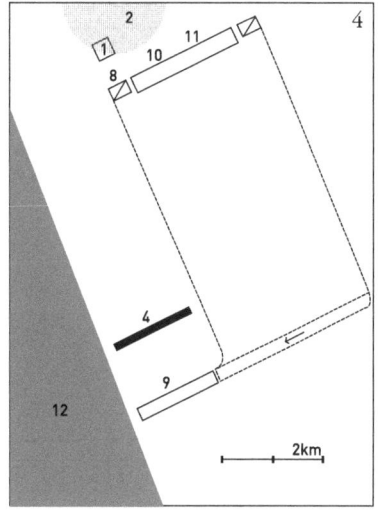

그림 1) 양군(兩軍)의 전투대형

그림 2) 그리스군이 공격하기 직전의 상황

그림 3) 15분 후의 상황

그림 4) 페르시아군의 우회 행군

1. 그리스군 진영
2. 퀴로스와 함께하는 페르시아인의 진영
3. 파플라고니아인들
4. 그리스인들
5. 퀴로스
6. 퀴로스와 함께하는 페르시아인 부대들
7. 아리아이오스
8. 팃사페르네스
9. 페르시아군의 왼쪽 날개
10. 대왕
11. 페르시아군의 오른쪽 날개
12. 에우프라테스강

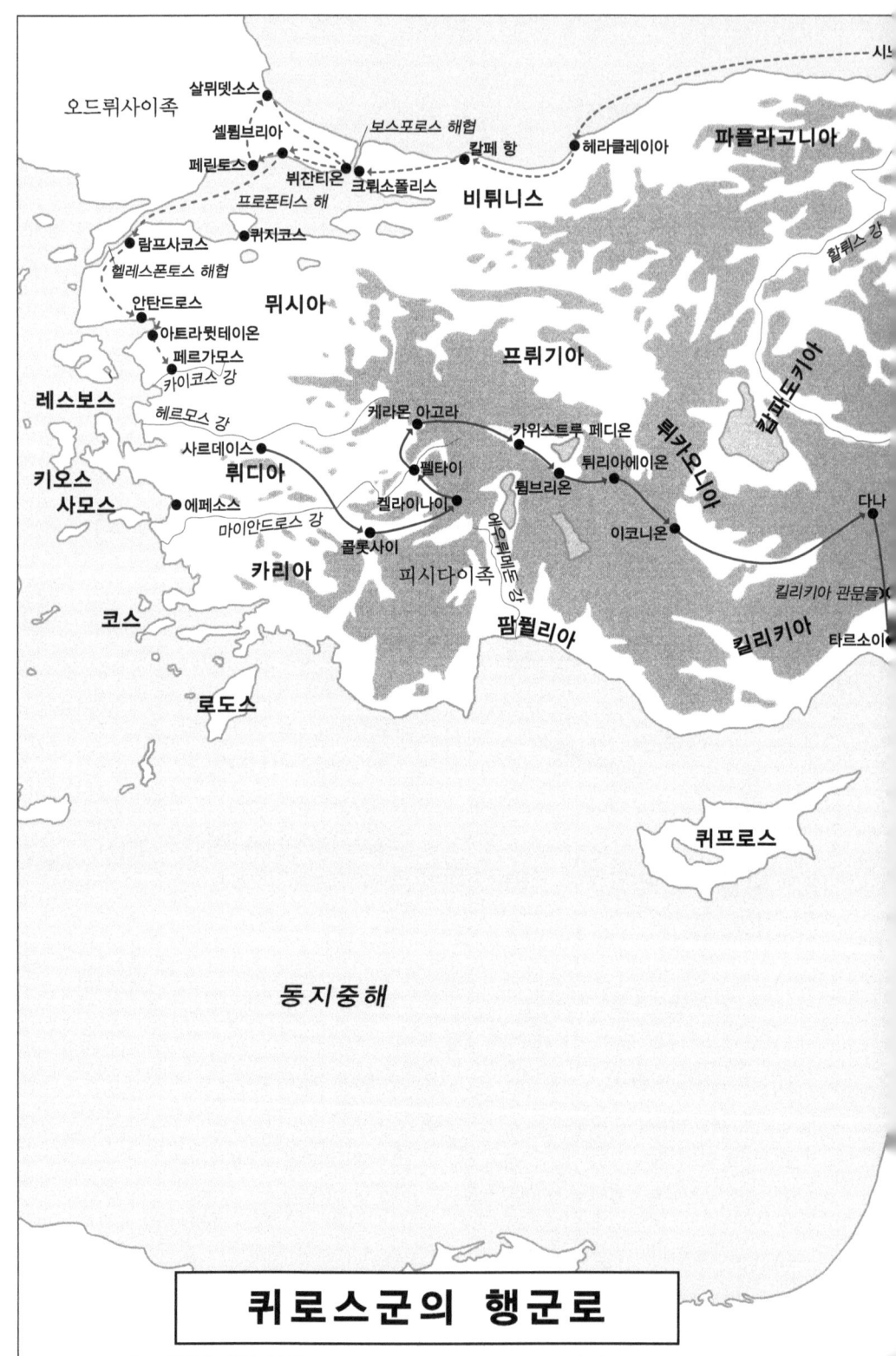

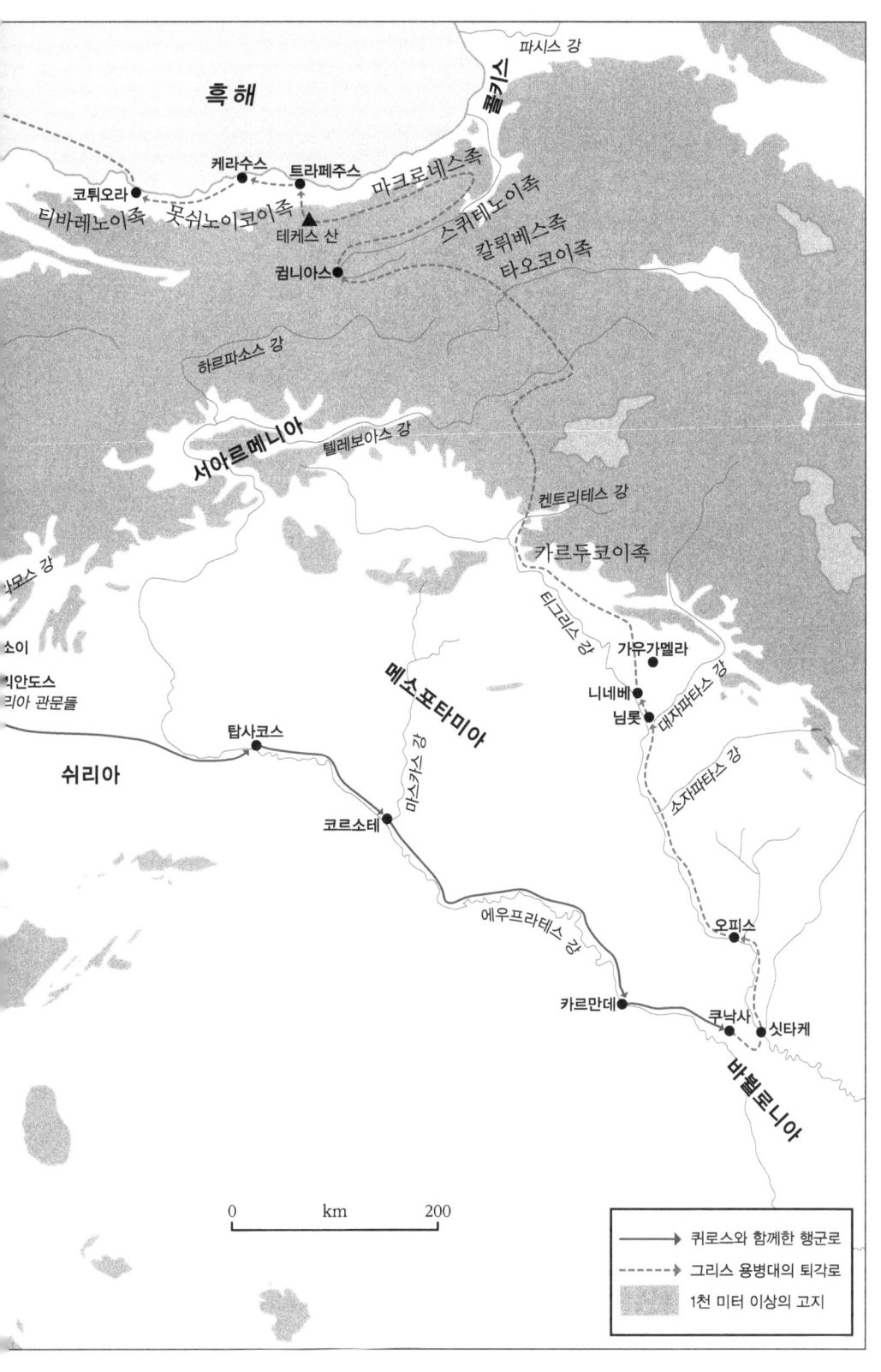

참고문헌

찾아보기

참고문헌

(더 자세한 최신 참고문헌은 Xenophon, *The Expedition of Cyrus*, A new translation by Robin Waterfield, Oxford ²2009 'Oxford World's Classics' xxxvi~xxxviii 참조)

텍스트

Xenophontis, *Opera Omnia, tomus III: Expeditio Cyri*, ed., E. C. Marchant, Oxford 1904.

Xenophon, *Anabase*, 2 vols., P. Masqueray, Paris 1930~31 (Les Belles Lettres).

Xenophon, *Expeditio Cyri*.(Anabasis), ed., C. Hude, Leipzig 1931 (Stuttgart 1969) (Bibliotheca Teubneriana).

Xenophon, *Anabasis*, ed., C. L. Brownson, revised by J. Dillery, Harvard University Press 1998 (Loeb Classical Library).

연구서

Anderson, J. K., *Xenophon*, London 1974 (Duckworth).

Austin, M. M. and P. Vidal-Naquet, *Economic and Social History of Ancient Greece*, Berkeley and Los Angeles 1977 (University of California Press).

Breitenbach, H. R., "Xenophon," RE 9A part 2: 1569~2052 Stuttgart 1967.

Briant, P., *Histoire de l'empire perse de Cyrus a Alexandre* 2 vol = Achaemenid History 10, Leiden 1996: Nederlands Institutt voor het Nabije Oosten.

Cawkwell, G., *Introduction and notes to Xenophon: The Persian Expedition*, translation of the Anabasis by R. Warner, Harmondsworth 1972 (Penguin Books).

Dillery, J., *Xenophon and the History of His Times*, London and New York 1995 (Routledge).

Erbse, H., "Xenophons Anabasis," *Gymnasium* 73: 485~505 (1966).

Fornara, C. W., *The Nature of History in Ancient Greece and Rome*, Berkeley and Los Angeles 1983 (University of California Press).

Kuhrt, A., *The Ancient Near East* 2 vols., London and New York 1955 (Routledge).

Lendle, O.,*Kommentar zu Xenophons Anabasis*, Darmstadt 1995 (Wissenschaftliche Buchgesellschaft).

Luce, T. J., *The Greek Historians*, London and New York 1997 (Routledge).

Marincola, J., *Authority and Tradition in Ancient Historiography*, Cambridge 1997.

Nickel, R., *Xenophon*, Darmstadt 1979 (Wissenschaftliche Buchgesellschaft).

Nussbaum, G. B., *The Ten Thousand. A Study in Social Organisation and Action in Xenophon's Anabasis*, Leiden 1967.

Perlman, S., "The Ten Thousand: A Chapter in the Military, Social and Economic History of the Fourth Contury," *Rivista storica dell'Antichita* 6/7: 242~284 (1976/1977).

Roy, J., "The Mercenaries of Cyrus," *Historia* 16: 287~323 (1967).

Roy, J., "Xenophon's Evidence for the Anabasis," *Athenaeum* 46: 37~46 (1968).

Tuplin, C., "The Administration of the Achaemenid Empire," in *Coinage and Administration in the Athenian and Persian Empires*, I. Carradice ed., Oxford 1987: British Archaeological Reports series 343: 109~166.

Tuplin, C., "Modern and Ancient Travellers in the Achaemenid Empire: Byron's Road to Oxiana and Xenophon's Anabasis," *Achaemenid History* 7: 37~57 (1991).

찾아보기

(지명에는 그곳 주민들도 포함시켰다. 예: 아테나이인들은 아테나이에, 라케다이몬인들은 라케다이몬에 포함시켰다. 드물지만 반복을 피하기 위하여 고유명사를 대명사로, 모호한 것을 확실히 하기 위해서 대명사를 고유명사로 바꾼 곳도 있다)

(가)

가노스(Ganos 지금의 마르마라해 연안의 요새) 7, 5, 8

가울리테스(Gaulites 사모스 출신 망명자) 1, 7, 5

고르기아스(Gorgias 시칠리아 레온티노이 시 출신 수사학자이자 소피스트) 2, 6, 16

고르기온(Gorgion 공귈로스①의 아들) 7, 8, 8

고브뤼아스(Gobryas 페르시아 장군) 1, 7, 12

공귈로스(Gongylos) ①에레트리아 출신으로 페르가모스에 거주 7, 8, 8 ②전자의 아들 7, 8, 8; 7, 8, 17

귐니아스(Gymnias 스퀴테노이족의 도시) 4, 7, 19

그네십포스(Gnesippos 아테나이인) 7, 3, 28

글루스(Glous 이집트 출신 타모스의 아들로 처음에는 퀴로스 편이었으나 나중에는 대왕 편이 된다) 1, 4, 16; 1, 5, 7; 2, 1, 3; 2, 4, 24

(나)

나우시클레이데스(Nausikleides 티브론에게 봉사하는 스파르테인) 7, 8, 6

네온(Neon 아시네 출신 장군) 5, 3, 4; 5, 6, 36; 5, 7, 1; 6, 2, 13~14; 6, 4, 11; 6, 5, 4; 7, 2, 2; 7, 3, 2

네온테이코스(Neonteichos 지금의 마르마라해 연안의 요새) 7, 5, 8

니카르코스(Nikarchos 아르카디아 출신 대장) 2, 5, 33; 3, 3, 5

니칸드로스(Nikandros 스파르테인) 5, 1, 15

니코마코스(Nikomachos 오이테 출신 경방패병 대장) 4, 6, 20

(다)

다나(Dana 캅파도키아 지방의 도시) 1, 2, 20

다레이오스(Dareios 라/ Darius 2세, 페르시아 왕) 1, 1, 1~2; 1, 7, 9

다르다노스(Dardanos 옛날의 Dardanie, 헬레스폰토스 해협의 소아시아 쪽 도시) 3, 1, 47; 5, 6, 19; 5, 6, 21; 5, 6, 37; 6, 1, 32

다르다스(Dardas 쉬리아 지방의 강) 1, 4, 10

다마라토스(Damaratos 스파르테 왕) 2, 1, 3; 7, 8, 17

다프나고라스(Daphnagoras 뮈시아인) 7, 8, 9

데르퀼리다스(Derkylidas 스파르테 출신 장군) 5, 6, 24

데모크라테스(Demokrates 템노스 출신의 그리스인 척후) 4, 4, 15

덱십포스(Dexippos 스파르테인) 5, 1, 15; 6, 1, 32; 6, 6, 5; 6, 6, 7

델포이(Delphoi 포키스 지방의 도시로 아폴론의 신탁으로 유명한 곳) 3, 1, 5; 5, 3, 5; 6, 1, 22

돌로피아(Dolopia 텟살리아 지방의 남서부) 1, 2, 6

드라콘티오스(Drakontios 추방된 스파르테인) 4, 8, 26; 6, 6, 30

드릴라이족(Drilai 트라페주스 동쪽의 산악부족) 5, 2, 1~2

(라)

라리사(Larisa 티그리스 강변의 폐허가 된 도시) 3, 4, 7

라케다이몬(Lakedaimon 스파르테 또는 라코니케 지방) 1, 2, 21; 2, 6, 2; 3, 1, 5; 4, 6, 14; 5, 3, 7; 6, 1, 27; 6, 1, 30 ; 7, 1, 25~26; 7, 2, 37; 7, 6, 1~2; 7, 7, 10

라티네스(Rhathines 파르나바조스 휘하의 장군) 6, 5, 7

람프사코스(Lampsakos 헬레스폰토스 해협의 소아시아 쪽 도시) 7, 8, 1; 7, 8, 3

레온(Leon 남이탈리아 투리오이인) 5, 1, 2

레온티노이(Leontinoi 시칠리아의 그리스 식민시) 2, 6, 16

로도스(Rhodos 소아시아 남서지방 앞바다의 섬) 3, 3, 16~17; 3, 4, 15~16; 3, 5, 8

로크리스(Lokris 그리스 중부지방) 7, 4, 18

루소이(Lousoi 아르카디아 지방의 도시) 4, 2, 21; 4, 7, 11~12; 7, 6, 40

뤼디아(Lydia 소아시아 서부지방) 1, 2, 5; 1, 5, 6; 1, 9, 7; 3, 1, 31; 3, 5, 15

뤼카오니아(Lykaonia 소아시아 중부지방) 1, 2, 19; 3, 2, 23

뤼카이아 제(Lykaia 제우스 뤼카이오스를 위한 축제. 뤼카이오스라는 별명은 아르카디아 남서부의 뤼카이온산에서 유래한 것이다) 1, 2, 10

뤼케이온(Lykeion 아테나이 근교의 체력 단련장) 7, 8, 1

뤼코스(Lykos 헬라클레이아 근처의 강) 6, 2, 3

뤼콘(Lykon 아카이아인) 5, 6, 27; 6, 2, 4

뤼키오스(Lykios) ① 쉬라쿠사이인 1, 10, 14~15 ② 아테나이 출신 기병대장 3, 3, 20; 4, 3, 22; 4, 7, 24

(마)

마그네시아(Magnesia 텟살리아 지방의 남부) 6, 1, 7

마로네이아(Maroneia 트라케 해안지대의 그리스 도시) 7, 3, 16

마뤼안뒤노이족(Maryandynoi 흑해 남안 비튀니스 지방의 부족) 6, 2, 2

마르도이족(Mardoi 아르메니아 지방의 부족) 4, 3, 4

마르쉬아스(Marsyas) ① 프뤼기아 지방의 사튀로스 1, 2, 8 ② 전자에게서 이름을 따온 프뤼기아 지방의 강 1, 2, 8

마스카스(Maskas 메소포타미아 지방의 강) 1, 5, 4

마이사데스(Maisades 세우테스의 아버지) 7, 2, 32; 7, 5, 1

마이안드로스(Maiandros 소아시아 서부지방의 강) 1, 2, 5~6

마크로네스족(Makrones 트라페주스 남쪽의 부족) 4, 7, 27; 4, 8, 1~2; 5, 5, 18

마키스토스(Makistos 그리스 엘리스 지방의 도시) 7, 4, 16

만티네이아(Mantineia 아르카디아 지방의 도시) 6, 1, 11

메가라(Megara 아테나이와 코린토스 사이의 도시) 1, 2, 3; 1, 4, 7; 6, 2, 1

메가뷔조스(Megabyzos 에페소스에 있는 아르테미스 여신의 신전지기) 5, 3, 6~7

메가페르네스(Megaphernes 페르시아의 귀족) 1, 2, 20

메논(Menon 텟살리아 출신 장군) 1, 2, 15; 1, 4, 13; 1, 5, 11~12; 1, 7, 1; 1, 8, 4; 2, 6, 21; 2, 6, 26

메데이아(Medeia 메디아 왕의 아내) 3, 4, 11

메도사데스(Medosades 세우테스의 사자) 7, 1, 5; 7, 2, 10; 7, 2, 23; 7, 7, 2

메도코스(Medokos 오드뤼사이족의 왕) 7, 2, 32; 7, 3, 16~17; 7, 7, 3

메디아(Media 카스피해 남동지방. 『페르시아 원정기』에서는 티그리스강 유역의

지방) 1, 7, 15; 2, 4, 12; 3, 2, 25 ; 3, 4, 7~8; 3, 5, 15

메스필라(Mespila 티그리스 강변의 폐허가 된 도시) 3, 4, 10

메튀드리온(Methydrion 아르카디아 지방의 도시) 4, 1, 27; 4, 7, 9; 4, 7, 12

멜란디타이족(Melanditai 유럽 쪽 트라케에 살던 부족) 7, 2, 32

못쉬노이코이족(Mossynoikoi 흑해 남안의 야만적인 부족) 5, 4, 2~3; 5, 5, 1

뮈리안도스(Myriandos 시리아 지방의 도시) 1, 4, 6

뮈시아(Mysia 소아시아의 서북지방) 1, 2, 10; 1, 6, 7; 1, 9, 14; 2, 5, 13; 3, 2, 23~24; 5, 2, 29~30; 6, 1, 9; 7, 8, 8

미다스(Midas 프뤼기아 지방의 전설적인 왕) 1, 2, 13

미트라다테스(Mithradates 퀴로스의 페르시아인 친구) 2, 5, 35; 3, 3, 1~2; 3, 4, 2~3

밀레토스(Miletos 이오니아 지방의 도시) 1, 1, 6~7; 1, 1, 11; 1, 2, 2~3; 1, 4, 2; 1, 9, 9; 1, 10, 3; 6, 1, 15

밀토퀴테스(Miltokythes 트라케 출신 기병대장) 2, 2, 7

(바)

바뷜로니아(Babylonia 바뷜론의 주변지역) 1, 7, 1; 2, 2, 13

바뷜론(Babylon 에우프라테스 강변의 대도시) 1, 4, 11~12; 1, 5, 5; 2, 4, 12; 3, 5, 15

바시아스(Basias) ①아르카디아 출신 4, 1, 18 ②엘리스 출신 예언자 7, 8, 10

벨레쉬스(Belesys 시리아 지방의 태수) 1, 4, 10; 7, 8, 25

보이스코스(Boiskos 텟살리아 출신 권투선수) 5, 8, 23

보이오티아(Boiotia 그리스반도 중동부지방) 1, 1, 11; 2, 5, 31; 2, 6, 16; 3, 1, 31; 5, 6, 19; 5, 6, 21

뷔잔티온(Byzantion 라/Byzantium 보스포로스 해협에 있는 지금의 이스탄불) 6, 2, 13; 6, 4, 2~3; 6, 6, 13; 7, 1, 2; 7, 1, 19; 7, 2, 1; 7, 3, 3; 7, 5, 1

비산테(Bisanthe 마르마라해 연안의 요새) 7, 2, 38 ; 7, 5, 8

비톤(Biton 티브론에게 봉사하는 스파르테인) 7, 8, 6

비튀니스(Bithynis 흑해 남서부 해안지방) 6, 2, 17; 6, 4, 24; 6, 4, 26; 6, 5, 26; 6, 6, 37; 7, 8, 25

(사)

사르데이스(Sardeis 뤼디아 지방의 수도) 1, 2, 2~3; 1, 6, 6; 3, 1, 8

사모스(Samos 소아시아 서해안 앞바다의 섬) 1, 7, 5

사몰라스(Samolas 아카이아 출신 대장) 5, 6, 14; 6, 5, 11

살뮈뎃소스(Salmydessos 흑해 서안의 도시) 7, 5, 12

세우테스(Seuthes 오드뤼소이족의 왕자) 5, 1, 15; 7, 1, 5~6; 7, 2, 2; 7, 2, 10; 7, 3, 4; 7, 4, 1~2; 7, 5, 2; 7, 6, 2~3; 7, 7, 1

셀륌브리아(Selymbria 마르마라해 유럽 쪽 해안도시) 7, 2, 28; 7, 5, 15

셀리누스(Selinous) ①에페소스의 시내 5, 3, 8 ②스킬루스의 시내 5, 3, 8

소시스(Sosis 쉬라쿠사이 출신 장군) 1, 2, 9

소크라테스(Sokrates) ①아테나이 출신 철학자 3, 1, 5; 3, 1, 7 ②아카이아 출신 장군 1, 1, 11; 1, 2, 3; 2, 5, 31; 2, 6, 30; 3, 1, 47

소테리다스(Soteridas 시퀴온인) 3, 4, 47~49

소파이네토스(Sophainetos 스튐팔로스 출신 장군) 1, 1, 11; 1, 2, 3; 2, 5, 37; 4, 4, 19; 5, 3, 1; 5, 8, 1; 6, 5, 13

솔로이(Soloi 킬리키아 지방의 해안도시) 1, 2, 24

수사(Sousa 메디아 지방의 수도) 2, 4, 25; 3, 5, 15

쉬라쿠사이(Syrakousai 시칠리아의 그리스 식민시) 1, 2, 9; 1, 10, 14

쉬리아(Syria 메소포타미아와 아라비아와 페니키아 지방 사이에 있는 나라) 1, 4, 4~5; 1, 4, 9~10

쉬엔네시스(Syennesis 킬리키아 왕) 1, 2, 12; 1, 2, 21; 1, 4, 4

스퀴타이족(Skythai 흑해 북동지방의 기마유목부족) 3, 4, 15

스퀴테노이족(Skythenoi 흑해 남안지방의 부족) 4, 7, 18; 4, 8, 1

스킬루스(Skillous 올륌피아 근처에 있는 엘리스 지방의 도시) 5, 3, 7~8

스튐팔로스(Stymphalos 아르카디아 지방의 도시) 1, 1, 11; 1, 2, 3; 2, 5, 37; 3, 1, 31; 4, 1, 27; 4, 4, 19; 4, 7, 9; 5, 2, 15; 6, 1, 30; 6, 2, 7; 6, 4, 10; 7, 8, 19

스트라토클레스(Stratokles 크레테 출신 궁수들의 대장) 4, 2, 28

스파르테(Sparte 라/Sparta 라코니케 지방의 수도) 2, 6, 4; 4, 8, 25; 6, 6, 30

스피트리다테스(Spithridates 파르나바조스 휘하의 장군) 6, 5, 7

시노페(Sinope 흑해 남안 파플라고니아 지방의 그리스 식민시) 4, 8, 22; 5, 3, 2; 5,

5, 3 ; 5, 5, 7~8 ; 5, 6, 1 ; 5, 6, 10~11 ; 6, 1, 15

시퀴온(Sikyon 펠로폰네소스반도 북부 도시) 3, 4, 47

시탈카스(Sitalkas 트라케의 전투가) 6, 1, 6

실라노스(Silanos) ① 암프라키아 출신 예언자 1, 7, 18 ; 5, 5, 16~17 ; 6, 4, 13 ② 마키스토스 출신의 나팔수 7, 4, 16

싯타케(Sittake 티그리스 강변의 바빌로니아 도시) 2, 4, 13

(아)

아가시아스(Agasias 스튐팔로스 출신 대장) 3, 1, 31 ; 4, 1, 27 ; 4, 7, 9 ; 5, 2, 15 ; 6, 1, 30 ; 6, 2, 7 ; 6, 4, 10 ; 6, 6, 7 ; 7, 8, 19

아게실라오스(Agesilaos 스파르테 왕) 5, 3, 6

아기아스(Agias 아르카디아 출신 장군) 2, 5, 31 ; 2, 6, 30 ; 3, 1, 47

아낙시비오스(Anaxibios 스파르테 제독) 5, 1, 4 ; 6, 1, 16 ; 6, 6, 13 ; 7, 1, 2~39, 2, 4~13

아라비아(Arabia) 1, 5, 1

아락세스(Araxes 시리아 지방의 강, 에우프라테스강의 지류) 1, 4, 19

아렉시온(Arexion 파르라시아 출신 예언자) 6, 4, 13 ; 6, 5, 2

아뤼스타스(Arystas 아르카디아 출신 대장) 7, 3, 23~24

아르고스(Argos 펠로폰네소스반도의 북동지방) 4, 2, 13 ; 4, 2, 17

아르메니아(Armenia 페르시아 제국의 북부지방) 3, 5, 17 ; 4, 3, 1 ; 4, 3, 3~4 ; 4, 3, 20 ; 4, 4, 1 ; 4, 5, 33~34

아르바케스(Arbakes 페르시아 장군) 1, 7, 12

아르카고라스(Archagoras 아르고스 출신 대장) 4, 2, 13 ; 4, 2, 17

아르카디아(Arkadia 펠로폰네소스반도의 내륙지방) 1, 2, 1 ; 1, 2, 9~10 ; 1, 4, 7 ; 2, 1, 10 ; 2, 5, 31 ; 2, 6, 30 ; 3, 1, 47 ; 3, 3, 5 ; 4, 1, 18 ; 4, 8, 18 ; 5, 6, 14 ; 6, 1, 11~12 ; 6, 2, 9 ; 6, 3, 2 ; 6, 4, 9~10 ; 6, 5, 11 ; 7, 3, 23 ; 7, 6, 8~9

아르타게르세스(Artagerses 페르시아 왕의 호위대장) 1, 7, 11 ; 1, 8, 24

아르타오조스(Artaozos 퀴로스의 친구) 2, 4, 16 ; 2, 5, 35

아르타파테스(Artapates 퀴로스의 대신) 1, 6, 11 ; 1, 8, 28

아르테미스(Artemis 그리스의 여신) 1, 6, 7 ; 3, 2, 12 ; 5, 3, 4 ; 5, 3, 6

아르투카스(Artouchas 페르시아의 장군) 4, 3, 4

아리스타르코스(Aristarchos 스파르테인, 뷔잔티온 총독) 7, 2, 5~6; 7, 3, 2~3; 7, 6, 13~14

아리스테아스(Aristeas 키오스 출신, 경방패병들의 대장) 4, 1, 28; 4, 6, 20

아리스토뉘모스(Aristonymos 메튀드리온 출신, 중무장보병대의 대장) 4, 1, 27; 4, 6, 20; 4, 7, 9

아리스톤(Ariston 아테나이인) 5, 6, 14

아리스팁포스(Aristippos 텟살리아 출신, 퀴로스의 친구) 1, 1, 10; 2, 6, 28

아리아이오스(Ariaios 페르시아인, 퀴로스의 페르시아인 부대 지휘관) 1, 8, 5; 1, 9, 31; 1, 10, 1; 2, 1, 3~5; 2, 2, 1~14; 2, 4, 1~16; 2, 5, 28~40; 2, 6, 28; 3, 2, 2; 3, 2, 5; 3, 1, 17; 3, 5, 1

아마조네스족(Amazones 호전적인 여인족) 4, 4, 16

아브로젤메스(Abrozelmes 세우테스의 통역) 7, 6, 43

아브로코마스(Abrokomas 페니키아 지방의 태수) 1, 3, 20; 1, 4, 3; 1, 4, 5; 1, 4, 18; 1, 7, 12

아뷔도스(Abydos 헬레스폰토스 해협의 소아시아 쪽 도시) 1, 1, 9

아스펜도스(Aspendos 소아시아 남안 팜퓔리아 지방의 도시) 1, 2, 12

아시네(Asine 라코니케 지방의 도시) 5, 3, 4; 5, 6, 36; 6, 4, 11; 7, 1, 40; 7, 2, 1

아시다테스(Asidates 부유한 페르시아인) 7, 8, 9

아시아(Asia 대개 소아시아) 5, 3, 6; 6, 4, 1; 7, 1, 2; 7, 1, 27; 7, 2, 2; 7, 6, 12; 7, 6, 32

아이귑토스(Aigyptos 이집트) 1, 4, 2; 1, 8, 9; 2, 1, 6; 2, 1, 14; 2, 5, 13

아이네이아스(Aineias 스튐팔로스 출신 대장) 4, 7, 13

아이니아네스족(Ainianes 텟살리아 남부지역의 부족) 1, 2, 6; 6, 1, 7

아이스키네스(Aischines 아카르나니아 출신, 경방패병들의 대장) 4, 3, 22; 4, 8, 18

아이에테스(Aietes 콜키스의 전설적인 왕) 5, 6, 37

아이올리스(Aiolis 소아시아 서북부 해안지방) 5, 6, 24

아카르나니아(Akarnania 그리스 중서부 지방) 4, 8, 18

아카이아(Achaia 펠로폰네소스반도 북부 해안지방) 1, 1, 11; 1, 2, 3; 2, 5, 31; 2, 6, 30; 3, 1, 47; 5, 6, 14; 6, 2, 4; 6, 2, 9~10; 6, 3, 24; 6, 5, 11; 7, 1, 32; 7, 2, 1; 7, 5, 4

아케루시아스(Acherousias 헤라클레이아의 강) 6, 2, 2

아테나(Athena 원전에는 Athenaia 아테나이 시의 수호여신) 7, 3, 39

아트라밋테이온(Atramytteion 또는 Atramyttion 뮈시아 지방의 도시) 7, 8, 8

아폴로니데스(Apollonides 소아시아 뤼디아 출신 대장) 3, 1, 26; 3, 1, 31

아폴로니아(Apollonia 소아시아 뮈시아 지방의 도시) 7, 8, 15

아폴론(Apollon 라/Apollo 그리스의 신) 1, 2, 8; 3, 1, 6; 5, 3, 4~5; 7, 8, 3

안탄드로스(Antandros 소아시아 트로아스 지방의 도시) 7, 8, 7

암프라키아(Amprakia 그리스 북서부 에페이로스 지방의 도시) 5, 6, 16; 6, 4, 13

암피데모스(Amphidemos 아테나이인) 4, 2, 13

암피크라테스(Amphikrates 아테나이 출신 대장) 4, 2, 13; 4, 2, 17

암피폴리스(Amphipolis 마케도니아 지방의 도시) 1, 10, 7; 4, 6, 1

앗쉬리아(Assyria 아시리아) 7, 8, 15

앗티케(Attike 라/Attica 아테나이 주변 지역) 1, 5, 6

에뉘알리오스(Enyalios 전쟁의 신 아레스의 별명) 1, 8, 18; 5, 2, 14

에레트리아(Eretria 에우보이아섬의 도시) 7, 8, 8

에우로페(Europe 유럽) 7, 1, 27; 7, 6, 32

에우뤼마코스(Eurymachos 다르다노스인) 5, 6, 21

에우뤼로코스(Eurylochos 루소이 출신 중무장보병) 4, 2, 21; 4, 7, 11~12; 7, 1, 32; 7, 6, 40

에우오디아(Euodia 로도스섬의 도시) 7, 4, 18

에우클레이데스(Eukleides 플레이우스 출신 예언자) 7, 8, 1; 7, 8, 3

에우프라테스(Euphrates 메소포타미아 지방의 강) 1, 3, 20; 1, 4, 11; 1, 4, 14; 1, 5, 1; 1, 5, 5; 1, 5, 10; 1, 7, 15; 1, 8, 4; 2, 4, 6; 4, 5, 2

엑바타나(Ekbatana 메디아의 수도) 2, 4, 25; 3, 5, 15

에테오니코스(Eteonikos 아낙시비오스 휘하의 스파르테 출신 대장) 7, 1, 12; 7, 1, 15; 7, 1, 20

에페소스(Ephesos 이오니아 지방의 도시) 1, 4, 2; 5, 3, 4; 5, 3, 6; 5, 3, 8; 5, 3, 12; 6, 1, 23

에퓌악사(Epyaxa 킬리키아 왕비) 1, 2, 12; 1, 2, 25

에피스테네스(Episthenes) ①암피폴리스 출신으로 경방패병들의 대장 1, 10, 7; 4,

6, 1; 4, 6, 3 ② 올륀토스 출신 7, 4, 7~8

엘리스(Elis 펠로폰네소스반도의 서북지방) 2, 2, 20; 3, 1, 34; 6, 4, 10; 7, 1, 32; 7, 8, 10

오뒷세우스(Odysseus 호메로스의 서사시 『오뒷세이아』의 주인공) 5, 1, 2

오드뤼사이족(Odrysai 트라케 지방의 부족) 7, 2, 32; 7, 3, 16; 7, 4, 21; 7, 5, 1; 7, 5, 15; 7, 7, 2; 7, 7, 11

오론타스(Orontas) ① 페르시아의 왕족 1, 6, 1~2; 1, 9, 29 ② 아르타크세르크세스의 사위. 아르메니아 지방의 태수 2, 4, 8~9; 2, 5, 40; 3, 4, 13; 3, 5, 17; 4, 3, 4

오르코메노스(Orchomenos 아르카디아 지방의 도시) 2, 5, 37; 2, 5, 39; 3, 2, 4; 4, 8, 18; 7, 1, 40; 7, 5, 4

오이테(Oite 텟살리아 지방의 산) 4, 6, 20

오프뤼니온(Ophrynion 트로아스 지방의 도시) 7, 8, 5

오피스(Opis: 아시리아의 상업도시) 2, 4, 25

올륀토스(Olynthos 칼키디케반도의 그리스 식민시) 1, 2, 6; 7, 4, 7

올륌피아(Olympia 엘리스 지방의 평야) 5, 3, 7; 5, 3, 11

이데(Ide 트로아스 지방의 산) 7, 8, 7

이리스(Iris 소아시아 북부지방의 강) 5, 6, 9

이스트모스(Isthmos 코린토스 지협) 2, 6, 3

이오니아(Ionia 소아시아 서해안 지방과 그 앞바다의 섬들) 1, 1, 6; 1, 2, 21; 1, 4, 13; 2, 1, 3 ; 3, 5, 15

이코니온(Ikonion 프뤼기아 지방의 도시) 1, 2, 19

이타메네스(Itamenes 페르시아군 지휘관) 7, 8, 15

잇소이(Issoi 또는 Issos 킬리키아 지방의 도시) 1, 2, 24; 1, 4, 1

(자)

자파타스(Zapatas 아시리아 지방의 강, 티그리스강의 지류) 2, 5, 1; 3, 3, 6

제우스(Zeus 그리스 신화에서 최고신) 3, 4, 12; 5, 3, 11/구원자 제우스 1, 8, 16; 3, 2, 9; 4, 8, 25; 6, 5, 25/제우스 왕 3, 1, 12; 6, 1, 22; 7, 6, 44/주인과 손님의 보호자로서의 제우스 3, 2, 4/제우스 메일리키오스 7, 8, 4

젤라르코스(Zelarchos 시장 감독관) 5, 7, 24; 5, 7, 29

(카)

카르두코이족(Kardouchoi 지금의 쿠르드족, 티그리스강 동쪽의 산악부족) 3, 5, 15; 3, 5, 17; 4, 1, 8~9; 4, 3, 1~2; 4, 4, 1; 5, 5, 17

카르만데(Charmande 에우프라테스 강변의 도시) 1, 5, 10

카르미노스(Charminos 티브론 휘하의 스파르테인) 7, 6, 1; 7, 6, 39; 7, 7, 13; 7, 7, 15; 7, 7, 56

카르소스(Karsos 킬리키아와 시리아 사이의 강) 1, 4, 4

카르카소스(Karkasos 뮈시아 지방의 강) 7, 8, 18

카스톨로스(Kastolos 뤼디아 지방의 도시) 1, 1, 2; 1, 9, 7

카위스트루 페디온(Kaystrou pedion 프뤼기아 지방의 도시) 1, 2, 11

카이나이(Kainai 메소포타미아 지방의 도시) 2, 4, 28

카이코스(Kaikos 뮈시아 지방의 강) 7, 8, 8

칼다이오이족(Chaldaioi 아르메니아 지방의 부족) 4, 3, 4; 5, 5, 17

칼로스(Chalos 시리아 지방의 강) 1, 4, 9

칼뤼베스족(Chalybes 흑해 남동 해안지대의 부족) 4, 4, 18; 4, 5, 34; 4, 6, 5; 4, 7, 15; 5, 5, 1

칼리마코스(Kallimachos 파르라시아 출신 대장) 4, 1, 27; 4, 7, 8; 4, 7, 10~11; 5, 6, 14; 6, 2, 7; 6, 2, 9

칼케도니아(Kalchedonia 칼케돈 주변 지역) 6, 6, 38

칼케돈(Kalchedon 뷔잔티온 맞은편 도시) 7, 1, 20; 7, 2, 24; 7, 2, 26

칼페(Kalpe 비튀니스 지방의 항구) 6, 2, 13; 6, 2, 17; 6, 3, 2; 6, 3, 10; 6, 3, 14; 6, 3, 24; 6, 4, 1; 6, 4, 3

캅파도키아(Kappadokia 소아시아의 중부지방) 1, 2, 20; 1, 9, 7

케라몬 아고라(Keramon agora 프뤼기아 지방의 도시) 1, 2, 10

케라수스(Kerasous 흑해 연안에 시노페인들이 세운 그리스 식민시) 5, 3, 2; 5, 4, 1; 5, 7, 16~17; 5, 7, 19; 5, 7, 30

케르베로스(Kerberos 저승의 출입문을 지키는 괴물 개) 6, 2, 2

케르소네소스(Chersonesos) ①헬레스폰토스 해협 북쪽의 트라케 지방 반도. 지금의 갈리폴리(Gallipoli) 1, 1, 9; 1, 3, 4; 2, 6, 2; 5, 6, 25; 7, 1, 13; 7, 2, 2; 7, 2, 15 ; 7, 3, 3; 7, 6, 14 ②헤라클레이아 근처 아케루시아스(Acherousias)반도 6, 2, 2

케이리소포스(Cheirisophos 스파르테 출신 장군) 1, 4, 3; 2, 1, 5; 2, 2, 1; 2, 5, 37; 3, 1, 45; 3, 2, 1; 3, 2, 33; 3, 2, 37; 3, 3, 3; 3, 3, 11; 3, 4, 38~39; 3, 5, 1~2; 3, 5, 4; 3, 5, 6; 4, 1, 6~7; 4, 2, 8; 4, 2, 23; 4, 2, 26; 4, 3, 8~9; 4, 5, 9~10; 4, 6, 1~2; 4, 7, 2~3; 4, 8, 16; 5, 1, 3~4; 5, 3, 1; 5, 3, 4; 5, 6, 36; 6, 1, 16; 6, 1, 32; 6, 2, 6~18; 6, 3, 10~15; 6, 4, 11; 6, 4, 23

케피소도로스(Kephisodoros 아테나이 출신 대장) 4, 2, 13; 4, 2, 17

케피소폰(Kephisophon 아테나이인) 4, 2, 13

켄트리테스(Kentrites 카르두코이족의 나라와 아르메니아 사이의 강) 4, 3, 1

켈라이나이(Kelainai 프뤼기아 지방의 도시) 1, 2, 7~9

코륄라스(Korylas 파플라고니아인들의 우두머리) 5, 5, 12; 5, 5, 22; 5, 6, 11; 6, 1, 2

코르소테(Korsote 메소포타미아 지방의 도시) 1, 5, 4

코마니아(Komania 페르가모스 근처의 요새) 7, 8, 15

코이라타다스(Koiratadas 테바이 출신 군사 전문가) 7, 1, 33~34

코튀오라(Kotyora 흑해 연안에 시노페인들이 세운 그리스인 식민시) 5, 5, 3; 5, 5, 6~7; 5, 8, 23

콜롯사이(Kolossai 프뤼기아 지방의 도시) 1, 2, 6~7

콜키스(Kolchis 흑해 동안지방) 4, 8, 8~9; 4, 8, 22; 5, 2, 1; 5, 3, 2; 5, 7, 2

퀴드노스(Kydnos 킬리키아 지방의 강) 1, 2, 23

퀴로스(Kyros) ①대(大)퀴로스. 페르시아 제국의 창건자 1, 9, 1 ②소(小)퀴로스. 페르시아 왕 아르타크세르크세스의 아우 1, 1, 1~2; 2, 1, 1~2; 2, 2, 3; 2, 3, 19; 2, 3, 21; 2, 3, 23; 2, 4, 1; 2, 4, 9; 2, 4, 16; 2, 4, 25; 2, 4, 27; 2, 5, 11; 2, 5, 22; 2, 5, 35; 2, 5, 38~39; 2, 6, 4~5; 2, 6, 17; 2, 6, 29; 3, 1, 2; 3, 1, 4~5; 3, 1, 8~9; 3, 1, 27; 3, 2, 5; 3, 2, 15; 3, 3, 2; 3, 4, 13; 5, 6, 16; 5, 6, 18; 5, 7, 34; 6, 1, 23; 6, 4, 8; 7, 2, 6~7

퀴지코스(Kyzikos 지금의 마르마라해 소아시아 쪽 해안도시) 7, 2, 5

크레테(Krete 라/Creta 그리스에서 가장 큰 섬) 1, 2, 9; 3, 3, 7; 3, 3, 15; 3, 4, 17; 4, 2, 28; 4, 8, 27; 5, 2, 29; 5, 2, 31~32

크뤼소폴리스(Chrysopolis 보스포로스 해협 건너 뷔잔티온 맞은편의 도시) 6, 3, 14; 6, 6, 38

크산티클레스(Xanthikles 아카이아 출신 장군) 3, 1, 47; 5, 8, 1; 7, 2, 1

크세노폰(Xenophon 아테나이 출신 장군, 이 책의 저자) 1, 8, 15; 2, 4, 15; 2, 5, 37;

3~7권에서는 곳곳에 나온다

크세니아스(Xenias 파르라시아 출신 장군) 1, 1, 2; 1, 2, 1; 1, 2, 3; 1, 3, 7; 1, 4, 7~8

크세르크세스(Xerxes 페르시아 왕) 1, 2, 9; 3, 2, 13

크테시아스(Ktesias 아르타크세르크세스의 그리스인 시의) 1, 8, 26~27

클레아고라스(Kleagoras 플레이우스인) 7, 8, 1

클레아노르(Kleanor 오르코메노스 출신 장군) 2, 1, 10; 2, 5, 37; 2, 5, 39; 3, 1, 47; 3, 2, 4; 3, 2, 8; 4, 6, 9; 4, 8, 18; 6, 4, 22; 7, 1, 40; 7, 2, 2; 7, 3, 46; 7, 3, 48; 7, 5, 4; 7, 5, 10

클레아레토스(Klearetos 대장) 5, 7, 14; 5, 7, 16

클레아르코스(Klearchos 스파르테 출신 장군) 1, 1, 9; 1, 2, 1; 1, 2, 9; 1, 2, 15; 1, 3, 1~2; 1, 4, 7; 1, 5, 11~12; 1, 6, 5; 1, 6, 9; 1, 7, 1; 1, 7, 9; 1, 8, 4~5; 1, 8, 12~13; 1, 10, 5; 1, 10, 14; 2, 1, 4~5; 2, 2, 2~3; 2, 3, 2~3; 2, 4, 2~3; 2, 5, 2~3; 2, 6, 1; 2, 6, 8; 2, 6, 29; 3, 1, 10; 3, 1, 47; 3, 2, 4; 3, 2, 31; 5, 3, 5; 5, 6, 24; 6, 1, 32; 6, 2, 16

클레아이네토스(Kleainetos 대장) 5, 1, 17

클레안드로스(Kleandros 스파르테인, 뷔잔티온 총독) 6, 2, 13; 6, 4, 18; 6, 6, 1; 7, 1, 8; 7, 1, 38~39; 7, 2, 5~6

클레오뉘모스(Kleonymos 스파르테인) 4, 1, 18

키오스(Chios 뤼디아 지방 앞바다의 섬) 4, 1, 28; 4, 6, 20

킬리키아(Kilikia 소아시아의 남동 해안지방) 1, 2, 12~13; 1, 2, 20~21; 1, 3, 14; 1, 4, 1; 1, 4, 4~5; 3, 1, 10

(타)

타뤼파스(Tharypas 메논의 동성애자) 2, 6, 28

타르소이(Tarsoi 또는 Tarsos 킬리키아 지방의 수도) 1, 2, 23; 1, 2, 25~26

타모스(Tamos 이집트 출신, 퀴로스의 제독) 1, 2, 21; 1, 4, 2; 2, 1, 3

타오코이족(Taochoi 흑해 남동해안의 산악부족) 4, 4, 18; 4, 6, 5; 4, 7, 1; 5, 5, 17

탑사코스(Thapsakos 에우프라테스 강변의 도시) 1, 4, 11; 1, 4, 18

태양신(Helios) 4, 5, 35

테레스(Teres) ①세우테스의 선조 7, 2, 22 ②오드뤼사이족 7, 5, 1

테르모돈(Thermodon 소아시아 북부지방을 지나 흑해로 흘러드는 강) 5, 6, 9

테바이(Thebai 보이오티아 지방의 수도) 2, 1, 10; 7, 1, 33

테베(Thebe 뮈시아 지방의 도시) 7, 8, 7

테오게네스(Theogenes 로크리스 출신 대장) 7, 4, 18

테오폼포스(Theopompos 아테나이인) 2, 1, 11

테우트라니아(Teuthrania 뮈시아 지방의 도시) 2, 1, 3; 7, 8, 17

테케스(Theches 흑해가 내려다보이는 산) 4, 7, 21

텔레보아스(Teleboas 아르메니아 지방의 강) 4, 4, 3

템노스(Temnos 아이올리스 지방의 도시) 4, 4, 15

텟살리아(Thessalia 그리스의 북부지방) 1, 1, 10; 1, 2, 6; 2, 1, 5; 2, 5, 31; 2, 6, 21; 5, 8, 23

토락스(Thorax 보이오티아인) 5, 6, 19; 5, 6, 21; 5, 6, 25; 5, 6, 35

톨미데스(Tolmides 엘리스 출신 전령) 2, 2, 20; 3, 1, 46; 5, 2, 18

투리오이(Thourioi 남이탈리아의 그리스 식민시) 5, 1, 2

튀노이족(Thynoi 트라케 지방의 부족) 7, 2, 22; 7, 2, 32; 7, 4, 2; 7, 4, 14; 7, 4, 18; 7, 4, 22

튀리아에이온(Tyriaeion 프뤼기아 지방의 도시) 1, 2, 14

튐브리온(Thymbrion 프뤼기아 지방의 도시) 1, 2, 13

트라닙사이족(Tranipsai 트라케 지방의 부족) 7, 2, 32

트라케(Thraike) ①에우로페 쪽(발칸반도의 남동부) 5, 1, 15; 7, 1, 14; 7, 1, 33; 7, 2, 9; 7, 6, 25 ②아시아 쪽(일명 비튀니스) 6, 2, 17~18; 6, 4, 1

트라케 광장(뷔잔티온 시의 광장) 7, 1, 24

트라케인: 1, 1, 9; 1, 2, 9; 1, 3, 4; 1, 5, 13; 2, 2, 7; 2, 6, 2; 2, 6, 5; 6, 1, 5~6; 6, 2, 16; 6, 3, 4; 6, 3, 6; 6, 3, 8~9; 6, 4, 2; 7, 1, 13; 7, 2, 1; 7, 2, 23; 7, 2, 38; 7, 3, 21; 7, 3, 26; 7, 3, 34; 7, 4, 4; 7, 4, 11~12; 7, 5, 1; 7, 5, 12~13; 7, 6, 28; 7, 6, 32; 7, 6, 41; 7, 7, 32

트라페주스(Trapezous 흑해 남동해안에 시노페인들이 세운 그리스 식민시) 4, 8, 22~23; 5, 1, 11; 5, 1, 15; 5, 2, 1~2; 5, 2, 28; 5, 4, 2; 5, 5, 10; 5, 5, 14; 6, 6, 5; 6, 6, 22~23

트랄레이스(Tralleis 소아시아 카리아 지방의 도시) 1, 4, 8

트로아스(Troias 소아시아 서북지방) 5, 6, 23~24; 7, 8, 7

티그리스(Tigris 메소포타미아 지방의 강) 2, 2, 3; 2, 4, 13~14; 3, 4, 6; 3, 5, 1; 4, 4, 3

티리바조스(Tiribazos 서아르메니아 지방의 태수) 4, 4, 4; 4, 4, 7; 4, 4, 17~18; 4, 5, 1

티마시온(Timasion 다르다노스 출신 장군) 3, 1, 47; 3, 2, 37; 5, 6, 19; 5, 6, 21; 6, 1, 32; 6, 3, 17; 6, 5, 28; 7, 1, 40; 7, 2, 1~2; 7, 3, 18; 7, 5, 4; 7, 5, 10

티메시테오스(Timesitheos 트라페주스인) 5, 4, 2~3

티바레노이족(Tibarenoi 흑해 남동해안의 부족) 5, 5, 1~2

티브론(Thibron 스파르테 장군) 7, 6, 1; 7, 7, 57; 7, 8, 24

팃사페르네스(Tissaphernes 페르시아의 장군, 이오니아 지방의 태수) 1, 1, 2~3; 1, 1, 6~7; 1, 2, 4~5; 1, 4, 2; 1, 7, 12; 1, 8, 9; 1, 9, 9; 1, 10, 5~6; 2, 1, 7; 2, 3, 17; 2, 3, 23; 2, 3, 28~29; 2, 4, 1; 2, 4, 8~9; 2, 5, 2~3; 2, 5, 15; 2, 5, 25~26; 3, 1, 35; 3, 2, 4; 3, 2, 20; 3, 3, 4; 3, 4, 2; 3, 4, 13~14; 3, 5, 1~3; 4, 3, 2; 7, 1, 28; 7, 6, 1; 7, 6, 7; 7, 8, 24

(파)

파뤼사티스(Parysatis 다레이오스 2세의 부인, 아르타크세르크세스와 퀴로스의 어머니) 1, 1, 1; 1, 1, 4; 1, 4, 9; 1, 7, 9; 2, 4, 27

파르나바조스(Pharnabazos 소프뤼기아와 뷔티니스 지방의 태수) 5, 6, 24; 6, 4, 24; 6, 5, 7; 6, 5, 30; 7, 1, 2; 7, 2, 4; 7, 2, 7; 7, 2, 12; 7, 2, 14; 7, 8, 24

파르라시아(Parrhasia 아르카디아 지방의 남부) 1, 1, 2; 4, 1, 27; 4, 7, 8; 6, 2, 7; 6, 2, 9; 6, 5, 2

파르테니오스(Parthenios 소아시아 북부지방의 강) 5, 6, 9

파르테니온(Parthenion 뮈시아 지방의 도시) 7, 8, 15; 7, 8, 21

파리온(Parion 지금의 마르마라해 소아시아 쪽 해안도시) 7, 2, 7; 7, 2, 25; 7, 3, 16; 7, 3, 20

파시스(Phasis) ①아르메니아 지방의 강 4, 6, 4~5 ②콜키스 지방의 강 5, 6, 36; 5, 7, 1; 5, 7, 5; 5, 7, 7; 5, 7, 9

파시온(Pasion 메가라 출신 장군) 1, 2, 3; 1, 3, 7; 1, 4, 7~8

파테귀아스(Pategyas 퀴로스의 페르시아인 참모) 1, 8, 1

파플라고니아(Paphlagonia: 소아시아 북부지방) 1, 8, 5; 5, 2, 22; 5, 4, 13; 5, 5, 6; 5, 5, 12; 5, 5, 22; 5, 6, 1; 5, 6, 3; 5, 6, 6; 6, 1, 1~2; 6, 1, 6; 6, 1, 11; 6, 1, 13~14

팔리노스(Phalinos 팃사페르네스에게 봉사하는 그리스인 군사 전문가) 2, 1, 7~22; 2, 2, 1

페르가모스(Pergamos 뮈시아 지방의 도시) 7, 8, 8; 7, 8, 23

페르시아(Persia 대퀴로스가 세운 제국. 그 영토는 서쪽으로는 이오니아 지방을, 남쪽으로는 이집트를 포함했고, 북쪽으로는 코카서스 지방에, 동쪽으로는 인도에 닿았다) 1, 2, 20; 1, 2, 27; 1, 5, 8; 1, 6, 1; 1, 6, 4; 1, 8, 1; 1, 8, 21; 1, 8, 29; 1, 9, 1; 1, 9, 3; 2, 2, 1; 2, 3, 17; 2, 4, 1; 2, 4, 26; 2, 5, 35; 3, 2, 11; 3, 2, 25; 3, 3, 16; 3, 4, 8; 3, 4, 11~12; 3, 4, 16~17; 4, 4, 16~17; 4, 5, 36; 4, 7, 27; 6, 1, 10; 7, 8, 9

페린토스(Perinthos 마르마라해의 유럽 쪽 해안도시) 2, 6, 2; 7, 2, 8; 7, 2, 11; 7, 2, 28; 7, 4, 2; 7, 6, 24

펠레네(Pellene 아카이아 지방의 도시) 5, 2, 15

펠로폰네소스(Peloponnesos 그리스 남부의 반도) 1, 1, 6; 1, 4, 2; 6, 2, 10

펠타이(Peltai 프뤼기아 지방의 도시) 1, 2, 10

포이니케(Phoinike 지중해 동안지방, 지금의 페니키아) 1, 4, 5~6; 1, 7, 12

포카이아(Phokaia 이오니아 지방의 도시) 1, 10, 2

폰토스(Pontos '흑해'로 번역) ①흑해 4, 8, 22; 5, 1, 15; 5, 2, 2; 5, 6, 16; 5, 6, 20; 5, 7, 7; 5, 7, 15; 6, 1, 16; 6, 4, 1; 6, 5, 20; 7, 5, 12 ②흑해의 남동 해안지역 5, 6, 15; 5, 6, 19; 5, 6, 25; 6, 2, 4

폴로스(Polos 스파르테 제독) 7, 2, 5

폴로에(Pholoe 아르카디아 지방 서북부의 산) 5, 3, 10

폴뤼니코스(Polynikos 티브론 휘하의 스파르테인) 7, 6, 1; 7, 6, 39; 7, 6, 43; 7, 7, 13; 7, 7, 56

폴뤼스트라토스(Polystratos 아테나이인) 3, 3, 20

폴뤼크라테스(Polykrates 아테나이 출신 대장) 4, 5, 24; 5, 1, 16; 7, 2, 17; 7, 2, 29~30; 7, 6, 41

퓌라모스(Pyramos 소아시아 동부지방의 강) 1, 4, 1

퓌르리아스(Pyrrhias 아르카디아 출신 대장) 6, 5, 11

퓌스코스(Physkos 아시리아 지방의 강, 티그리스강의 지류) 2, 4, 25

퓌타고라스(Pythagoras 스파르테 제독) 1, 4, 2

프라시아스(Phrasias 아테나이 출신 대장) 6, 5, 11

프로클레스(Prokles 테우트라니아의 통치자) 2, 1, 3; 2, 2, 1; 7, 8, 17

프록세노스(Proxenos 보이오티아 출신 장군) 1, 1, 11; 1, 2, 3; 1, 5, 14; 1, 8, 4; 1, 10, 5; 2, 1, 10; 2, 4, 15~16; 2, 5, 31; 2, 5, 37~38; 2, 6, 16; 3, 1, 4; 3, 1, 8~9; 5, 3, 5

프뤼기아(Phrygia) ①대(大)프뤼기아(소아시아 중앙부) 1, 2, 6~7; 1, 2, 13; 1, 2, 19; 1, 9, 7 ②소(小)프뤼기아 (소아시아 서북부) 5, 6, 24; 6, 4, 24

프뤼니스코스(Phryniskos 아카이아 출신 장군) 7, 2, 1~2; 7, 2, 29; 7, 5, 4; 7, 5, 10

프사로스(Psaros 킬리키아 지방의 강) 1, 4, 1

플레이우스(Phleious 또는 Phlious 펠로폰네소스반도의 도시) 7, 8, 1

피그레스(Pigres 퀴로스의 통역) 1, 2, 17; 1, 5, 7; 1, 8, 12

피시다이족(Pisidai 소아시아 남부 지방의 호전적인 부족) 1, 1, 11; 1, 2, 1; 1, 2, 4; 1, 9, 14; 2, 5, 13; 3, 1, 10; 3, 2, 23

필레시오스(Philesios 아카이아 출신 장군) 3, 1, 47; 5, 3, 1; 5, 6, 27; 5, 8, 1; 7, 1, 32; 7, 2, 1

필록세노스(Philoxenos 펠레네인) 5, 2, 15

(하)

하르메네(Harmene 시노페 인근 항구) 6, 1, 15; 6, 1, 17

하르파소스(Harpasos 칼뤼베스족의 나라와 스퀴타이족의 나라의 경계를 이루는 강) 4, 7, 18

할뤼스(Halys 파플라고니아 지방의 강) 5, 6, 9

할리사르나(Halisarna 뮈시아 지방의 도시) 7, 8, 17

헤게산드로스(Hegesandros 아르카디아 출신 대장) 6, 3, 5

헤라클레스(Herakles 그리스의 영웅) 4, 8, 25; 6, 2, 2; 6, 2, 15; 6, 5, 24~25

헤라클레이데스(Herakleides 트라케 마로네이아 출신으로 세우테스에게 봉사하고 있다) 7, 3, 16; 7, 3, 29; 7, 4, 2; 7, 5, 2; 7, 5, 4~5; 7, 5, 8~9; 7, 5, 11; 7, 6, 2; 7, 6, 5~6; 7, 6, 41~42; 7, 7, 35; 7, 7, 41; 7, 7, 48

헤라클레이아(Herakleia 소아시아 비튀니스 해안지방의 그리스 식민시) 5, 6, 10; 5, 6, 19; 5, 6, 21; 5, 6, 26; 5, 6, 31; 5, 6, 35; 6, 1, 33; 6, 2, 1; 6, 2, 3~4; 6, 2, 8; 6, 2,

찾아보기 **379**

17~18; 6, 3, 14; 6, 4, 1~2; 6, 4, 13; 6, 4, 23; 6, 5, 1

헤카토뉘모스(Hekatonymos 시노페인들의 사절) 5, 5, 7; 5, 5, 24; 5, 6, 3

헬라스(Hellas) ①그리스의 그리스어 이름. 이 책 곳곳에 나온다 ②공귈로스 1세의 아내 7, 8, 8

헬레스폰토스(Hellespontos 아시아와 유럽을 갈라놓는 지금의 다르다넬스 해협) 1, 1, 9; 2, 6, 3; 7, 2, 5

휘르카니아(Hyrkania 카스피해 남동지방) 7, 8, 15

흑해: Pontos 참조.

히에로뉘모스(Hieronymos) ①엘리스 출신 대장 3, 1, 34; 6, 4, 10; 7, 1, 32 ②에우오디아 출신 대장 7, 4, 18